*Cahiers libres*

Michel Peraldi et Michel Samson

# Gouverner Marseille

*Enquête sur les mondes politiques marseillais*

La Découverte
9 *bis*, rue Abel-Hovelacque
75013 Paris

ISBN 2-7071-4099-6

*À la mémoire de Michel Anselme*

*Les quartiers de Marseille*

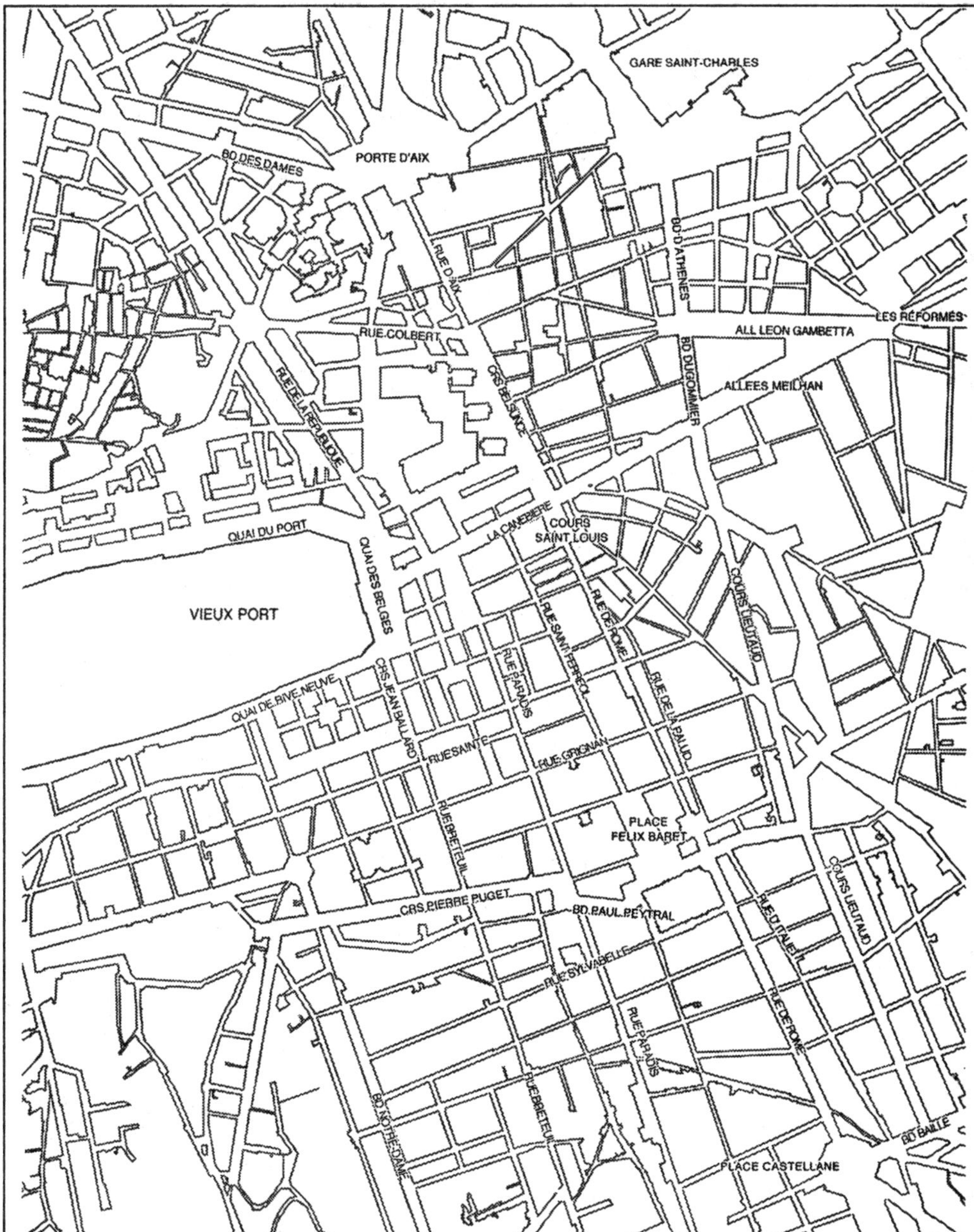


© AGAM

*Le centre-ville de Marseille*

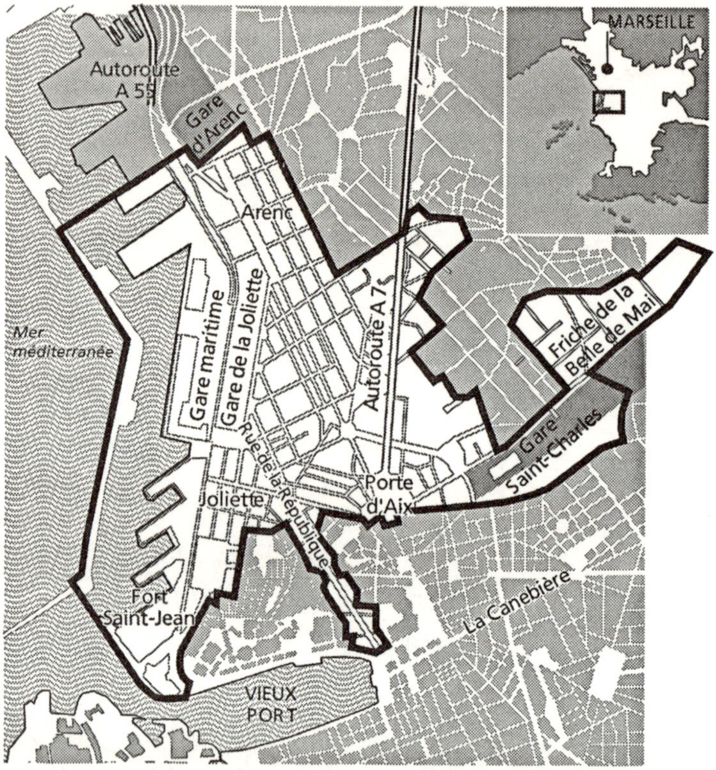


© *Le Monde*

*Le périmètre d'Euroméditerranée*

# Avant-propos

## *Marseille, le journaliste et le sociologue*

### *Pour en finir avec quelques lieux communs sur la « Porte sud » de la France*

Un sociologue et un journaliste pour un livre. L'un et l'autre travaillent sur Marseille depuis longtemps. Ils y habitent, en partent et y reviennent au gré des exigences de leurs engagements professionnels. Et ils ont parfois l'impression de vivre dans un film, plutôt mauvais et répétitif, ou sous les caméras de télévision dans une sorte de *reality show*, car Marseille est l'objet d'une obscure passion de la part de la presse nationale, écrite, en voix ou en images.

La curiosité vient de loin : entre les deux guerres, la pègre locale, les aventures du port et celles des élus locaux fascinent déjà. Mais la vogue médiatique récente est particulièrement intéressante, car elle a connu plusieurs phases. Jusqu'au milieu des années 1980, le thème marseillais est celui de la crise. Crise économique d'abord, liée à la fin de l'économie coloniale, qui entraîne dans sa très longue chute le port, poumon économique de la ville. Ne resterait pour survivre dans cette cité déchue qu'un « bizness » plus ou moins honnête pratiqué par des trabendistes [1] du sud de la Méditerranée. Crise démographique et sociale dans le même temps, laissant la cité envahie de friches et de chômeurs, expulsés des grands secteurs

1 Le *trabendo* – contraction du mot *contrabendo*, contrebande – désigne la circulation informelle des biens ; celui qui le pratique est un « trabendiste ».

industriels de la réparation navale, des docks ou de l'alimentation. Cumulant ces handicaps, Marseille subirait aussi ses immenses cités des « quartiers nord », symboles de l'échec de l'intégration des populations « issues de l'immigration ».

Crise de la politique, pour couronner le tout. Ville test, laboratoire, la cité est examinée sous toutes ses coutures politiques à plusieurs moments clés de son histoire récente. Dès le milieu des années 1980, l'irruption du Front national dans les quartiers populaires du centre et du nord attire les journalistes, puis les politologues, qui scrutent le bureau de vote et l'électeur pour comprendre comment une telle chose est possible. Mixage raté des populations, présence étrangère, ville frontière, effondrement du PCF, toutes les explications sont avancées à cette douleur marseillaise, avant qu'on découvre que le Front national prospère aussi dans l'Oise et en Alsace.

La presse et les leaders nationaux des partis se gaussent aussi volontiers de la crise de succession, tellement marseillaise, qui mine le PS local, orphelin de Gaston Defferre, disparu en 1986. Avant qu'à Rennes, en 1990, le congrès national du PS soit l'enjeu d'une irréductible lutte de succession et se termine dans la plus grande confusion, sans pouvoir même élire son chef. Évidemment, tout article sérieux sur la politique dans cette ville si exotique comprend à l'époque une analyse sur les méfaits du clientélisme. Comme si le chiraquisme parisien, et le système de son successeur Jean Tibéri, fondé sur des allégeances familiales dans chacune des mairies de secteur, étaient très différents du système de gouvernement marseillais. *Last but not least*, la politique est censée se faire, ici, sous l'influence à peine masquée de sourdes mafias ayant barre sur le palais de justice. En d'autres termes, Marseille semble servir, durant ces années-là, à tisser la légende noire de la vie politique.

Par un étrange retournement, une nouvelle légende a désormais pris le pas, ou plutôt s'est greffée, sur les anciennes, car rien n'oblige les récits légendaires à être cohérents entre eux. Sous l'influence d'une *movida* inattendue, la cité phocéenne est devenue à la mode. L'écrivain Jean-Claude Izzo bat les records de vente de la « Série noire », le groupe I'am rafle des victoires de la musique, Robert Guédiguian crève l'écran, la « Fiesta des Suds » attire France Inter, *Télérama* et Arte. Le cosmopolitisme local devient un modèle d'intégration réussie, les artistes de la rue défilent avec le bon peuple. Quant à l'établissement public Euroméditerranée, il séduit les architectes de renom comme Yves Lion ou Zaha Hadid, au moment où des élus locaux, dignes représentants de la bien-aimée « France d'en bas », deviennent ministres [2].

Le propre des clichés est d'être inoxydables. Pour tenter de voir un peu clair dans ce déferlement d'images, il faut faire preuve d'un minimum de sang-froid. Et observer, modestement, ce qu'on a sous les yeux. Les deux auteurs, qui se connaissent depuis longtemps, le faisaient chacun avec ses armes. Le sociologue du tandem, Michel Peraldi, a longtemps travaillé sur les villes, les politiques sociales, les dynamiques migratoires et les territoires, contraints ou choisis, que les migrants ont inventés en posant leur sac. Il a aussi décortiqué les mille manières de faire du commerce informel autour de la Méditerranée, d'Oran à Istanbul, en partant de Marseille qui a été, un temps, la ville phare du *trabendo*. Et il garde une vieille nostalgie pour la description fine des paysages urbains et leurs transformations, ce qui ne l'empêche pas de s'intéresser à la scène politique. Le journaliste de l'équipe, Michel Samson, est un observateur minutieux de la scène politique locale, même s'il a longtemps travaillé sur d'autres lieux et d'autres aspects de la vie politique. Son péché mignon : raconter l'agir politique lorsqu'il prend, et c'est le cas à chaque élection, les formes du théâtre. Il l'a fait dans des quotidiens et dans des films documentaires. Mais il écrit aussi dans son journal, *Le Monde*, sur les politiques urbaines, l'aménagement du territoire, la spéculation immobilière et la vie des quartiers.

Leurs centres d'intérêt sont donc assez proches, partagés entre scène politique et scène urbaine, mais différemment organisés : intérêt majeur pour la scène politique chez Samson (il a fait, avec son compère cinéaste Jean-Louis Comolli, sept films là-dessus [3]), mineur pour la scène urbaine. Intérêt majeur pour la scène urbaine et ces acteurs qu'en sont les habitants chez Peraldi (qui participe, dès l'année 1978 avec son ami Michel Anselme, à l'invention des premières opérations de réhabilitation des cités HLM [4]), intérêt mineur pour la scène politique. L'un et l'autre pensent cependant que scène politique et scènes urbaines doivent être combinées pour comprendre la ville. Mineur et majeur ne sont en rien des oppositions, mais

2 Voir *infra*, chapitre 7, une analyse de tous ces clichés.

3 *Marseille contre Marseille*, série documentaire de Jean-Louis COMOLLI et Michel SAMSON, Dvd Doriane Films, Paris, 2005.

4 Les conditions politiques de ces opérations, menées entre 1978 et 1992 au sein du Cerfise, un collectif de recherche indépendant, sont décrites *in* Michel ANSELME (dir.), *Du bruit à la parole. La scène politique des cités*, L'Aube, La Tour d'Aigue, 2000. Voir également les quatre tomes de *Entre logeurs et logés*, rédigés alternativement par Michel ANSELME et Michel PERALDI entre 1987 et 1990 (Cerfise, Marseille).

des régimes d'intensité : le chaud et le froid, disons plutôt le chaud et le tiède.

Les deux ont une passion commune et discrète pour la philosophie politique. Ni l'un ni l'autre n'en sont des spécialistes, mais ils savent qu'elle est au cœur de la compréhension des rapports entre les hommes et surtout qu'il n'y a pas – qu'il ne devrait pas y avoir – d'écart entre philosophie et théâtre. Ou que rien n'est plus obscurantiste que de penser l'une contre l'autre. Ils ont en commun, encore, le souci que le descriptif l'emporte sur le prescriptif, et ils pensent qu'il est important de « regarder les gens dormir » comme le dit le sociologue américain Erwing Goffman, plutôt que de prétendre les réveiller [5]. Appliquée aux mondes politiques, cette posture signifie que l'on peut approcher du sens politique en décrivant les dispositifs et les actions aussi bien que les idées ; et que l'on peut décrire – juste décrire – sans avoir à se poser en donneur de leçons et croire que seul serait légitime et profond un discours engagé à dire ce que la politique devrait être.

D'accord sur l'ensemble de ces points, les deux auteurs qui se connaissent depuis des lustres ont donc eu envie de travailler ensemble, manière de confronter leurs expériences et leurs regards.

À ce point de l'exposé, nous devons mettre le lecteur en garde, presque solennellement. Et, par la même occasion, endosser les habits de l'auteur collectif que nous sommes devenus. Nous pensons que ce livre est bien informé, comme on le dit par convention. Les événements, les stratégies et les faits historiques sont décrits le plus minutieusement possible. Autant que faire se peut, les données fournies sont « falsifiables », comme disent les scientifiques : dans l'idéal, il est toujours possible au lecteur d'accéder directement à la source pour vérifier le fil du raisonnement. Enfin, les nombreux entretiens effectués pour écrire ce livre ont été longs, approfondis, laissant le temps aux acteurs de développer leur argumentaire qui est restitué tel qu'en lui-même, pensé dans leur propre langue. Mais le lecteur ne trouvera dans ce livre aucune « révélation ». Rien de spectaculaire, pas l'ombre d'un scoop qui pourrait jeter en prison un homme politique en même temps que l'opprobre sur un promoteur immobilier, ou le soupçon

---

5 Voici plus précisément ce qu'il dit : « Celui qui voudrait lutter contre l'aliénation et éveiller les gens à leurs véritables intérêts aura fort à faire, car le sommeil est profond. Mon intention ici n'est pas de leur chanter une berceuse, mais seulement d'entrer sur la pointe des pieds et d'observer comment ils ronflent » (Erwing Goffman, *Les Cadres de l'expérience*, Minuit, Paris, 1991). Ce texte est écrit en 1974, dans un contexte où la sociologie est alors nettement dominée par la controverse entre marxistes et « conservateurs » – on ne dit pas encore libéraux.

sur un juge qui serait lié en secret à un truand notoire. Pas de révélation non plus, au sens religieux du terme cette fois, qui donnerait la recette miracle pour la résolution de toutes les injustices et de tous les dysfonctionnements dont la ville est le théâtre et les acteurs politiques les responsables.

Cette précision nous paraît essentielle, car nous avons compris que l'on nous « attendait », à tous les sens du terme, sur ce terrain piégé des révélations : amis, connaissances, et souvent même ceux que nous rencontrions pour faire ce livre, nous ont semblé attendre que nous leur révélions la vérité cachée du politique. Une vérité si peu cachée, d'ailleurs, que tout le monde sait toujours dans quelle soute il faut aller chercher : l'argent, le sexe, les réseaux, corses ou francs-maçons. Des mystères dont, deux ou trois fois par an, un dossier de presse ou un article choc donne enfin « la » clef, celle des réseaux de pouvoir, des affaires, toujours « juteuses », et des « mafias ».

Cette manière de concevoir la vérité du politique dans la révélation et la dénonciation nous paraît être une dérive médiatique plutôt que journalistique, et militante plutôt qu'analytique [6]. Il nous semble au contraire que, si vérité du politique il y a, elle prend forme dans la consistance sociale et humaine de jeux d'acteurs qui sont, paradoxalement, sinon de notoriété publique, tout du moins parfaitement observables. Le secret, dès lors, relève du mystère de la lettre cachée d'Edgar Poe : on ne la voit pas parce qu'elle est sur la cheminée quand on la cherche sous la table. Insistons-y : il nous est très souvent arrivé, au cours des deux années d'entretiens et d'enquête menés pour la réalisation de ce livre, de nous trouver pris dans cette passion du secret et du dévoilement qui biaise une bonne part des analyses et des informations dès lors qu'on touche à la sphère politique ; tel informateur livre en exclusivité l'un des ragots qui traîne à côté des cacahuètes sur tous les comptoirs des bars de Marseille, tel autre raconte par le menu une délibération municipale sur le ton de la confidence en caméra cachée. Tel article de presse, à grand renfort de titre choc sur les dessous du pouvoir ou les hommes influents, nous apprend que l'homme le plus influent à la mairie n'est autre que le directeur de cabinet du maire, ce dont on aurait pu se douter...

Et puisqu'on en est aux avertissements, celui-ci encore, d'un autre ordre : nulle perspective comparatiste dans ce livre. La question, dont nous savons déjà qu'elle nous sera mille fois posée, de savoir si ce que nous

6 Nous sommes comme d'autres assez inquiets de la dérive « judiciarisante » que prend aujourd'hui en Europe le discours sur le politique (voir notamment Jean-Louis BRIQUET et Philippe GARRAUD, *Juger la politique. Entreprises et entrepreneurs critiques de la politique*, Presses universitaires de Rennes, Rennes, 2001).

racontons se passe différemment à Lyon, Tombouctou ou Angoulême est ici sans réponse, puisque nous n'avons pas mené d'enquête dans ces villes lointaines. Agacés par les analyses à l'emporte-pièce qui fleurissent sur Marseille, nous nous sommes tenus à la description et à l'analyse de ce que nous avions sous les yeux, résistant du mieux que nous l'avons pu à ces comparaisons spontanées qui font le sel des polémiques de salon.

## *Méthode et inspirations*

Ces précisions données, il faut expliquer en quelques mots la méthode de conception et d'écriture de ce livre, écrit à quatre mains de la première à la dernière ligne. Persuadés qu'il faut écouter les gens pour en parler – évidence réaffirmée tant il arrive qu'elle soit oubliée –, nous avons interrogé très longuement les acteurs essentiels du pouvoir local. Acteurs politiques bien sûr, de droite ou de gauche, petits et grands, anciens et nouveaux, héritiers et conquérants ; acteurs économiques, c'est-à-dire armateurs, promoteurs ou banquiers ; mais aussi représentants connus ou non des communautés religieuses de la ville, syndicalistes, supporteurs de football, avocats, juges, journalistes, artistes – on en oublie, mais pas les technocrates et techniciens des services de l'État, dont le rôle est essentiel dans la métropole. Cette masse de paroles est au cœur du livre [7]. D'ailleurs, toutes les citations qui y figurent proviennent de ces entretiens, à l'exception de celles qui sont signalées en note comme issues d'autres sources.

Bien sûr, nous avons comparé ce qui était dit à ce que nous voyions ou que nous avions observé depuis des années : nous pensons qu'arpenter un terrain, décrypter une scénographie, analyser un comportement est un autre moment de la compréhension de ces mondes. Enfin, nous avons beaucoup dépouillé, crayon en main : livres et brochures de toutes époques et natures, thèses et rapports, statistiques et revues, romans et journaux, car la matière urbaine, marseillaise en particulier, laisse des traces partout. Précisons : des journalistes, des sociologues, des auteurs de romans, des essayistes proclament volontiers qu'avant eux il n'y avait pas grand-chose, ou si peu. Alors que les écrits sur Marseille sont, au contraire, de longue date surabondants. Écrits d'historiens bien sûr, inépuisables, d'Hérodote à Émile Témime, de Robert Menchérini à Pierre-Paul Zalio. Écrits de géographes, avec Marcel Roncayolo, qui a consacré à Marseille une part majeure et très

7 La liste de personnes interviewées figure en annexe, p. 301.

éclairante de son œuvre ; d'économistes comme Bernard Morel ou Philippe Langevin. Travaux de sociologues, plus nombreux que ce qu'on pourrait croire, mais toujours très « ciblés », comme par peur de s'affronter à la complexité de la ville en son entier (citons particulièrement ceux de feu Michel Anselme, qui fut pour chacun d'entre nous un ami autant qu'un inspirateur). D'ethnologues aussi, avec Christian Bromberger et son livre pionnier sur les supporteurs de football [8].

Textes d'écrivains, bien sûr : un livre, *Les Écrivains et Marseille*, en a donné un beau panorama, qui court d'Aristote à Tahar Ben Jelloun, en passant par Stendhal et Casanova [9]. Mais les auteurs de ce qu'on appelle aujourd'hui le « polar marseillais » ont aussi de glorieux ancêtres, avec Émile Zola et ses *Mystères de Marseille*, ou Yvon Audouard et *Les Aventures d'Antoine le Vertueux*. Quant à la littérature contemporaine réputée de meilleur aloi, elle a visité la cité à maintes reprises : Giono y a situé *Noe*, Anna Seghers *Transit*, Jean Malaquais son incroyable *Planète sans visa*, quand Alvaro Mutis y a fait passer son héros Maqroll El Gaviero et Nikos Kavvadias ses marins cherchant femme. La tradition se perpétue en 2005, par exemple avec Frédéric Valabrègue et son formidable roman *Les Mauvestis* [10].

Journalistes et philosophes ont aussi raconté Marseille : Albert Londres a exalté la ville-port et son phare du Planier, Walter Benjamin, la tête un peu dans les nuages, a raconté ses bars, quand le Marseillais André Suarès éructait contre elle. Et il n'est pas une collection de livres sur les grandes villes du monde ou de France qui n'ait son volume marseillais, comme le *Marseille* d'Edmond Jaloux en 1926, ou celui de Francine de Martinoir, en 1989. On ajoutera que les guides pour touristes éclairés, qui citent jusqu'à plus soif les mêmes textes littéraires, forment à eux seuls un corpus impressionnant. Nous avons donc, autant que faire se peut, rendu à César ce qui lui revenait et aux auteurs ce qu'ils nous avaient appris, afin que le lecteur, là aussi, puisse remonter à la source.

---

8 Christian Bromberger, *Le Match de football. Ethnologie d'une passion partisane à Marseille, Naples et Turin*, Éditions de la Maison des sciences de l'homme, Paris, 1995.

9 Julie Agostini et Yannick Forno (dir.), *Les Écrivains et Marseille. Anthologie commentée de textes littéraires sur Marseille du v^e^ siècle avant J.-C. à nos jours*, Jeanne Laffitte, Marseille, 1997.

10 Frédéric Valabrègue, *Les Mauvestis*, POL, Paris, 2005.

## *Prendre au sérieux l'art du politique et les acteurs de la scène urbaine*

Fidèle à sa discipline, qu'on pourrait dire verticale, le sociologue a toujours cherché à donner de la profondeur historique et généalogique aux choses vues, à chercher le pourquoi – ou plutôt le comment –, en tirant le fil généalogique de l'historicité. Le journaliste, quant à lui, a souvent insisté sur l'autonomie du champ politique, scrutant parfois les plus infimes événements pour en chercher la cohérence interne et traquant dans ses inflexions la clef de leur mystère – en vain le plus souvent. Ces deux « plans de consistance [11] » ne sont pas toujours compatibles. Mais quand ils le sont, leur articulation devient fascinante, qui laisse entrevoir quelques principes explicatifs des actes, discours, jeux et postures des acteurs dans ce chaos urbain qui toujours échappe aux politiques. Pour atteindre cet objectif, sociologiser les mondes politiques et inclure l'intensité politique dans les mondes sociaux, il fallait d'abord prendre au sérieux chacun des plans.

Selon nous, le jeu politique est un art – pas une science – qui se joue avec des ressources effectivement politiques (statut, relations, ressources culturelles, partidaires, d'argent, etc.) que les acteurs amassent pour les utiliser en situation : rien n'est jamais définitivement donné (« je serai candidat et je gagnerai »), mais rien n'est jamais non plus hasardeux. L'analyse des situations présentes ou des possibles configurations futures, ce qu'on peut appeler la stratégie, est précisément l'art politique, qui est tout d'exécution. Cette façon de l'envisager est une manière de se situer contre – ou du moins hors de – la vieille tentation marxiste, incapable de prendre en compte l'autonomie du champ politique, toujours ramené, *nolens volens*, à la soumission aux ordres et ordonnancements du capital. Autre point, majeur à nos yeux, la politique comme action permanente est exercée par des hommes que leur métier place au cœur de densités relationnelles dessinant des hiérarchies : chefs et sous-chefs, respect et mépris. Un ordre qui, dans les systèmes démocratiques, reste susceptible d'être déjoué : alternance, usure et ratages peuvent survenir, même s'il n'y a jamais d'imprévu total.

Le discours politique, dans cette acception, prétend concourir à l'intérêt général. C'est d'ailleurs une des façons de le caractériser : le chef d'entreprise dirige pour le bénéfice de son entreprise, même si son produit

11 L'expression est de Gilles Deleuze et Félix Guattari, *Mille plateaux*, Minuit, Paris, 1980.

sert à tous. *Idem* pour le peintre, le menuisier ou le footballeur. Quand le discours devient plus général, ou prétend le devenir, il prend tournure politique. C'est pourquoi ce livre sur le pouvoir à Marseille comprend, naturellement, un chapitre centré sur les supporteurs de football, puisqu'ils affirment parler au nom de la ville victime. Dit très simplement : la politique revient à faire vivre les gens ensemble de façon continue et relativement paisible, c'est-à-dire acceptée – ce qui ne veut pas dire juste ou honnête...

Il faut aussi prendre au sérieux la scène urbaine et la résistance de la « grammaire urbaine [12] » aux versions qu'en donnent les « spécialistes » : nous l'avons constaté à maintes reprises tout au long des entretiens, les acteurs politiques, comme les technocrates, tissent une *version légendaire* de la ville et de son histoire. Que faut-il entendre par cette expression ? Sûrement pas que les acteurs produiraient une version erronée ou « litigieuse » de l'histoire de la ville. Mais tout simplement que leur vision est ordonnée, construite comme les récits mythiques, sur la base d'une intrigue. Or, pour continuer dans la métaphore, la ville n'est pas récit, mais palimpseste, voire graffiti : tous les textes s'écrivent les uns sur les autres, sans que le dernier efface efficacement celui qu'il vient recouvrir. Chaos, cacophonie, la ville est complexité. La société urbaine est une société d'accumulation, de développement et de superposition, dont jamais personne n'a tout à fait le temps de mettre en phase les pièces et les morceaux. C'est cette cohérence que le récit légendaire vient suturer symboliquement.

Cette opération de rationalisation se fait le plus souvent au prix de l'amnésie, qui n'est jamais loin des processus de meurtres symboliques. La ville regorge ainsi d'acteurs urbains dont personne n'a jamais entendu parler. Le simple fait de prononcer leur nom fait parfois basculer le sens ordinaire, dominant, par lequel on s'explique le monde urbain et son fonctionnement. Toute la (bonne ?) anthropologie urbaine est pleine de ces acteurs extirpés de leur silence et qui redonnent un sens différent aux lieux. C'est l'une des raisons qui nous fait croire un peu plus aux vertus pédagogiques de la description. Et c'est pourquoi nous avons exhibé parfois dans notre propre récit, quelques-uns des acteurs silencieux, « déparlés [13] », de la

12 Formule de Marcel Roncayolo, dans *Les Grammaires d'une ville : essais sur la genèse des structures urbaines à Marseille*, Éditions de l'EHESS, Paris, 1996. Le citer ici est encore rendre hommage à ce grand géographe.

13 Le mot est peu usité, expliquons donc : le dictionnaire dit que déparler signifie « parler à tort et à travers, sans discernement ». C'est très exactement ce que nous voulons dire ici.

ville. Leur seule présence donne un sens nouveau à des processus auxquels les acteurs reconnus donnent des sens trop univoques.

Un exemple seulement, les autres viendront au fil du texte : Marseille a connu ces trente dernières années un processus accéléré de décadence économique. Des dizaines d'usines ont fermé, des milliers d'habitants sont partis, le mistral hurle sur les quais du port désertés par les navires de commerce. Pas un texte dit sérieux qui ne mentionne cette « crise » en préalable à toute construction d'un objet local. Cette crise n'est évidemment pas une légende. Mais elle est néanmoins une trame des légendes que les acteurs urbains se fabriquent pour se rendre intelligible la ville d'aujourd'hui. Et elle passe sous silence ce fait, majeur et trivial : le commerce marche très bien à Marseille. Il est même, avec les services publics, au cœur de l'économie urbaine. Mais il est commerce de faibles, de minorités et d'exclus, ou bien commerce de chaînes nationales ou de « majors » mondialisés. Et il exclut de fait la petite bourgeoisie qui fut la base sociale et la clientèle des pouvoirs locaux pendant des décennies et que, d'une certaine manière, ils continuent de représenter.

## *Sortir des légendes urbaines*

Il faut noter également à quel point les légendes urbaines sont désormais vides de tout face-à-face social. Il y a par exemple des riches et des pauvres dans les légendes urbaines. Mais ils semblent désormais ne plus être installés dans un rapport mutuel de codépendance, comme l'étaient les patrons et les ouvriers du siècle industriel. La ville des légendes post-industrielles semble avoir liquidé, avec les ouvriers, l'essence même des rapports de cohabitation, comme si désormais elle n'était plus qu'enjeu de confrontations sociales à distance, sans corps à corps. Or on peut repérer dans les affrontements discrets qui se font jour autour de nouveaux projets urbains une sourde lutte, larvée mais intense, entre petits propriétaires et locataires.

Autre légende, le « cosmopolitisme marseillais ». Il ne mentionne jamais que de vieilles, parfois très vieilles, migrations. Autrement dit, il ne parle de différence culturelle qu'à partir du moment où elle n'est plus qu'un écart, une variation sur des registres sociaux partagés, presque une coquetterie. Résultat de cette occultation, personne ne mentionne jamais les gitans dans la liste égrenée sans fin des « cultures marseillaises », pas davantage qu'ils ne participent aux scénographies, politiques ou festives, de la différence, alors même qu'ils sont aujourd'hui plus nombreux que certaines autres minorités qui tiennent le devant de la scène. Il y a donc des « différents », désignés et nommés comme tels, parfois même stigmatisés, puis il y a l'Autre, qui est tu.

Enfin, et ce n'est pas la moindre des figures de cette légende urbaine, Marseille serait encore une échelle pertinente de compréhension des phénomènes sociaux. Or rien aujourd'hui n'est moins simple que de penser à quelle échelle et pour quel type d'activité la « ville » de l'ère industrielle est pertinente. Nombre d'analystes en parlent, la métropole plus que la ville est aujourd'hui une des dimensions de la vie urbaine, sans doute la plus stratégique, disent-ils, pour comprendre les repositionnements sociaux issus de la crise [14].

Nous n'avons évidemment pas tenté de sortir tous les acteurs cachés des placards idéologiques où on les tient amnésiés, pas plus que nous ne pourrions restituer la totalité des échelles que la vie urbaine oblige à traverser. Nous avons seulement choisi de ne pas nous défiler devant la complexité urbaine, en pensant là encore que la description la plus précise possible des configurations d'acteurs pouvait aider à sortir des versions légendaires. Et sans anticiper sur le dénouement, il nous est apparu alors que certains acteurs sociaux, négligés, voire absents des récits marseillais, étaient bien présents et bien plus agissants que ne le dit la légende. Ces classes moyennes, par exemple, ces artistes, que nous préférons appeler « classe créative [15] », que l'on dit absents du centre et pour lesquels on semble vouloir justement reconfigurer cet espace, sont bien présentes sur la scène urbaine. Nous pouvons même dire maintenant que nous les avons vues surgir à peu près à chaque chapitre, parfois inopinément, comme un acteur caché dont la présence donnait tout d'un coup bien du sens aux agissements des acteurs politiques que nous décrivions.

Le propos de ce livre, dont l'inspiration première est celle du formidable *opus* du sociologue américain Mike Davis sur Los Angeles, *City of Quartz* [16], est donc de mettre en perspective scènes urbaines et scène

14 Signalons à ce propos les travaux d'André DONZEL, *Marseille, l'expérience de la cité*, Anthropos, Paris, 1998, ou encore André DONZEL (dir.), *Métropolisation, gouvernance et citoyenneté dans la région urbaine marseillaise*, Maisonneuve et Larose, Paris, 2001. Évidemment ceux de Bernard MOREL, *Marseille, naissance d'une métropole*, L'Harmattan, Paris, 1999. Citons enfin Philippe LANGEVIN et Édith CHOURAQUI (dir.), *Aire métropolitaine marseillaise, encore un effort...*, L'Aube, La Tour d'Aigue, 2000.

15 Selon les termes traduits littéralement du livre de l'économiste américain Richard FLORIDA, *The Rise of the Creative Class. And How it's Transforming Work, Leisure Community and Everyday Life*, Basic Book, New York, 2002.

16 Mike DAVIS, *City of Quartz. Los Angeles, capitale du futur*, La Découverte, Paris, 1997.

politique à Marseille. De traiter ensemble la société locale urbaine et ses formes politiques, en posant que la politique peut être un analyseur social plus qu'un réel moteur des transformations de la ville des cinquante dernières années.

Une fois entamée, l'entreprise paraît naturelle, tant elle ouvre de fenêtres et de boîtes noires. Elle est pourtant rare et, en tout cas, sauf erreur, inédite en France [17]. Dans notre pays, en effet, les politiques urbaines sont le plus souvent considérées comme des processus sans acteurs, ou, si elles le sont, c'est à l'échelle nationale et dans un comparatisme qui écrase la perspective et les reliefs relationnels. Inversement, on manque terriblement en France, sur le local comme à d'autres niveaux, de sociologie ou d'ethnologie politique qui analyserait les formes d'interactions, d'ancrage, d'affranchissement ou au contraire de dépendance du politique et des mondes sociaux professionnels, confessionnels, sportifs, communautaires. Comme si une conception révérencieuse, presque religieuse, de la politique interdisait toute analyse désacralisée du métier, de son éthique. C'est probablement cette opacité qui rend le public des journaux et les citoyens électeurs avides de révélations plus ou moins « croustillantes » sur les réseaux cachés et leurs obscurs complots.

Nous avons donc tenté, modestement, cette expérience de mêler les compétences professionnelles du journaliste et du sociologue, deux corporations qui nourrissent habituellement l'une pour l'autre autant de mépris que de fascination réciproques. Pour mettre un peu de sociologie dans le journalisme politique et de journalisme dans la sociologie urbaine.

---

17 Il existe par contre des mètres de littérature sur ce qui est nommé « machines politiques » aux États-Unis, mais nous serions malhonnêtes de prétendre les avoir tous lus. Nous avons fait en revanche beaucoup de profit de notre lecture du travail de John Mollenkopf sur New York et l'arrivée au pouvoir en 1978 de son maire charismatique, Edward Irving Koch (John H. MOLLENKOPF, *A Phoenix in the Ashes. The Rise and the Fall of the Koch Coalition in New York Politics*, Princeton University Press, New York, 1994). Nous avons lu aussi avec grand intérêt le travail de Percy ALLUM, *Il potere a Napoli*, L'Ancora, Napoli, 2001.

# I

## *Le monde politique*

# 1

## *L'énigme des trois maires*

En un demi-siècle, Marseille n'aura connu que trois maires. Alors que l'empire colonial disparaissait, achevant de liquider un système économique et social portuaire désuet, que le Front national faisait une irruption tonitruante, que Bernard Tapie passait comme un météore dévastateur, trois hommes seulement, qui plus est issus de la même majorité politique, ont dirigé la ville. Bien sûr, le conseil municipal sera entre-temps passé de la gauche à la droite. Mais le maire d'aujourd'hui a appris son métier dans la majorité du maire d'avant-hier, qu'il a loyalement servi, et il dit s'inspirer de ses méthodes pour gouverner sa ville. Comme si, finalement, ce devait être les mêmes, disons des cousins plus que des clones, qui représentent la ville, parlent en son nom et lui donnent figure.

Tout peut sembler s'effondrer, la France et la Provence changer de base économique, la ville éclater au sein d'une métropole qui l'englobe et la dévore, les catégories sociales se renouveler largement dans la cité, les mêmes, alliés ou adversaires, restent aux commandes du conseil municipal, s'y côtoient, se connaissent, se tutoient, se tuent symboliquement, mais finalement se respectent entre les campagnes électorales, moments d'affrontements verbalement aussi violents qu'à peu près consensuels sur le plan des idées. Passé les fausses évidences et les discours convenus, cette continuité est une énigme. C'est avec l'ambition de la résoudre que le projet de ce livre a d'abord pris forme.

## *Les trente-six ans de règne de Gaston Defferre*

Avant de s'y attaquer, il faut d'abord rappeler qui sont ces maires et dans quelles conditions ils se sont succédé. Le premier des trois, Gaston Defferre, a régné durant trente-six ans, de 1953 à 1986 : socialiste et patricien, hautain et coléreux, il a été le leader incontesté d'une majorité locale alliant, durant l'essentiel de ses mandats, le Parti socialiste à une droite modérée au sein d'une alliance interclassiste qui excluait le Parti communiste. Son successeur Robert-Paul Vigouroux, chirurgien distant et silencieux, choisi comme chef de transition parce que personne ne pouvait trancher entre les factions socialistes rivales, réussit le tour de force de gouverner pendant neuf ans, en passant d'une alliance à gauche au soutien à Édouard Balladur (RPR), avant de s'effondrer au point de ne pas se représenter en 1995 à sa propre succession. Arrive alors Jean-Claude Gaudin, dont la carrière, entamée dans la majorité de Gaston Defferre, l'a conduit à devenir chef d'une droite locale devenue prédominante. Il passera successivement du Centre national des indépendants aux Républicains indépendants et au Parti républicain, avant de devenir vice-président de l'UMP. Cet enfant d'artisan maçon, le premier des trois à avoir l'accent marseillais, chrétien-démocrate dans l'âme, chaleureux et roublard, a, en 2005, déjà régné dix ans et il a l'intention de continuer à occuper ce siège si longtemps convoité bien après 2006. « Si Dieu me prête vie », dit-il en touchant le bois de ce bureau qui appartint à Siméon Flaissières, maire des années 1900, avant d'être celui de Gaston Defferre et désormais le sien.

On a daté cette continuité de l'installation de Gaston Defferre à la présidence du conseil municipal. Mais quand arrivent les élections municipales de 1953 qui marquent le début de son règne, il a déjà gouverné la ville et dispose de réseaux locaux et nationaux construits durant la guerre et consolidés depuis. Le jeune résistant a en effet été président de la délégation municipale à la libération de Marseille et son mandat a été confirmé en avril 1945 lorsque la liste Defferre-Billoux remporte les premières élections d'après guerre. Pourtant, face au raz-de-marée communiste, il doit céder la place dès octobre de la même année à un dirigeant du PCF, Jean Christofol. En décembre 1946, celui-ci devient un maire de plein exercice, puisque la ville retrouve le statut ordinaire dont elle avait été déchue en mars 1939, après l'incendie des Nouvelles Galeries qui avait révélé à la France entière l'incurie de l'administration municipale. Dans ce moment d'après guerre, socialistes et communistes restent alliés, mais les disputes naissantes conduisent les premiers à s'abstenir lors de la désignation du maire : on verra bientôt qu'il ne s'agit pas d'un incident de parcours puisque le changement d'alliance qu'il annonce, s'il s'inscrit dans le cadre international et national de la guerre froide, marquera la vie politique locale durant plus de trente ans.

Arrive donc le scrutin de 1953, celui qui verra l'installation de l'encore jeune avocat socialiste pour trente-six ans dans ce bureau solennel dont les deux grandes fenêtres donnent sur le Vieux-Port. Qui regarde l'histoire rétrospectivement pourrait croire que cette longévité était inscrite dans une puissance hégémonique à l'orée du règne. Il n'en est rien : Gaston Defferre obtient son premier mandat au terme de trois tours de scrutin serrés où chaque voix est arrachée après de vives négociations et des concessions importantes faites aux concurrents d'hier – et alors même que son parti, la SFIO, ne représente que 17 % des inscrits, face à un PC qui en rassemble 28 % ! Après deux tours de scrutin au sein des soixante-trois conseillers municipaux, Gaston Defferre propose au candidat de droite qu'il lui donne ses suffrages afin de battre définitivement les communistes. Jacques Rastoin, représentant patenté de la bourgeoisie locale qui dirige la chambre de commerce, accepte le deal : il devient premier adjoint, en même temps que le PCF est cantonné dans l'opposition jusqu'en... 1983 !

À partir de 1953 donc, le socialiste Gaston Defferre est à la tête d'une coalition centriste reconduite sous une forme ou une autre durant vingt-quatre ans et six échéances. Et c'est dans ce camp qu'on retrouvera deux élus qui feront parler d'eux plus tard, Robert-Paul Vigouroux, socialiste de stricte observance mais de souche modérée, et Jean-Claude Gaudin, entré au conseil municipal en 1965 sous la houlette de l'avocat de droite et premier adjoint Théo Lombard. Le futur maire de la droite unie obtient un poste de conseiller municipal délégué à l'urbanisme. Il avoue volontiers aujourd'hui que, durant ces longues années de coalition, jamais ni lui ni ses amis n'auront la moindre objection à faire à la politique suivie par leur maire socialiste – d'autant que le moindre désaccord était immédiatement sanctionné par une mise à l'écart. Ils voteront sans barguigner chacun des budgets, ils seront même réunis, sages et disciplinés dans le bureau du maire, chaises alignées devant l'impressionnant bureau, rendant compte, écoutant, acquiesçant à toutes les décisions du chef avant la séance publique que le même chef dirigeait d'une main de fer.

Au-delà de l'anecdote, se dessine une histoire, celle d'une même vision de la ville, d'un même rapport aux choses (le bâti) et aux hommes (les clients), les hommes de la droite étant plutôt en charge des premières, ceux de la gauche des seconds. Se dessine aussi celle de générations d'hommes – peu de femmes dans le lot – qui se connaissent tous, sont issus de milieux sociaux proches, pauvres parfois, petit-bourgeois souvent, et devenant, tous en même temps, les notables de la cité : à la fois un métier et une identité.

La vie politique permet quelques contradictions, mais oblige parfois à trancher dans le vif : au milieu des années 1970, l'union de la gauche à laquelle est associé le leader national du PS Gaston Defferre devient une réalité électorale qu'il faut bien traduire au plan local. Habile, le maire tente de faire porter la rupture à la droite et, en 1977, réussit à conserver quelques noms de la bourgeoisie locale dans sa liste. Il annexe par exemple un Pierre Rastoin, fils de Jacques, son ancien premier adjoint. Mais l'affaire a un coût, et Jean-Claude Gaudin le sait bien qui date le début de son ascension de cette date fatidique : c'est à partir du moment où lui et ses amis sont sortis, contraints et forcés, de la coalition qui les étouffait, que la droite a pu imaginer diriger la mairie un jour. En les chassant, Gaston Defferre se créait donc des adversaires qu'il avait jusque-là cantonnés et leur ouvrait la perspective d'une carrière autonome. Son changement de pied, qui le voit s'allier avec les communistes en 1983, ses subterfuges qui vont jusqu'à un découpage électoral assez habile pour le faire gagner alors que son adversaire Jean-Claude Gaudin rassemble plus de voix que lui, s'ils réussissent à lui faire conserver le pouvoir pour la dernière fois, masquent mal son affaiblissement politique. L'alliance avec la bourgeoisie est morte, celle avec le Parti communiste est vivante mais ce parti est mourant.

## *Le long intermède Vigouroux*

Le changement d'étiquette politique, pourtant, ne se fera pas directement, car la mort brutale de Gaston Defferre en 1986 propulse au devant de la scène un homme discret, un peu éloigné du sérail et décrit comme fidèle, ce qui signifie souvent docile dans le langage politique. Choisi précisément pour cette qualité et appelé à s'effacer si le Parti retrouvait un leader consensuel, il va contre toute attente gouverner la ville durant neuf ans : Robert-Paul Vigouroux, chirurgien réputé et mutique, jouera le rôle étrange de passeur entre deux périodes. Ses trois premières années, entre 1986 et 1989, exécutées sans retour au suffrage universel, furent celles d'un apprentissage ainsi que de graves craquements au sein de la gauche, orpheline d'un chef incontestable. En 1989, l'échéance arrive : Vigouroux gagne dans le coup de tonnerre d'une élection triomphale.

L'homme qui a succédé en 1986 à Gaston Defferre par un vote au sein du conseil se présente pour la première fois devant les électeurs, au terme d'un bras de fer interminable au sein du PS, qui l'exclut quelques mois avant le scrutin. Se présentant comme au-dessus des partis, il est soutenu discrètement par le président Mitterrand, par la veuve de Defferre, Edmonde Charles-Roux, par l'essentiel de la presse parisienne et par des réseaux locaux que le clientélisme du PS exaspère. Discret jusqu'à l'effacement, il est porté au pouvoir par une vague inouïe : il devance son adversaire de droite, Jean-Claude Gaudin, de plus de 50 000 voix (125 000 contre 75 000) et de presque 20 %, il écrabouille son rival socialiste Michel Pezet (15 % des voix, alors qu'il est allié au PCF...). Le chirurgien muet et ex-socialiste gagne dans les huit secteurs et semble avoir laminé toutes les forces politiques connues, obtenant dans la foulée quatre-vingt-quatre élus au conseil municipal, la droite en ayant neuf, la gauche cinq et le FN sept !

Le bon docteur a rassemblé autour de lui divers acteurs dits de la « société civile », expression énigmatique et vide de sens qui désigne des hommes de centre droit et de centre gauche, éternels pivots de la vie politique locale. Certains ont déjà participé à la vie publique, d'autres démarrent. Durant six ans, ces hommes, novices ou expérimentés, vont travailler sous la férule silencieuse et souvent méprisante de Robert Vigouroux, qui se coupe de ses amis, de ses clients et exaspère tout le monde. Corseté dans cette certitude qu'une ville peut se gouverner comme une salle d'opération, s'appuyant sur des techniciens, souvent issus des corps ou des services de l'État, il relègue ses adjoints dans des bâtiments éloignés, méprise ses adversaires, néglige ses relais. Enfin, convaincu que la politique se pense comme un diagnostic médical, il rallie la droite lors des élections présidentielles de mars 1995 qui précèdent d'un mois les élections municipales : Édouard Balladur ayant engagé la création de l'établissement public Euroméditerranée [1], qu'il croit décisif pour sa ville, Robert-Paul Vigouroux se prononce finalement pour lui. Cela achève d'ébranler une majorité déjà bien abîmée. La débâcle électorale s'annonce ; elle aura lieu.

Le plus grand vainqueur électoral que Marseille ait jamais connu finit sa carrière dans des scènes baroques où ses anciens alliés se déchirent lors d'un meeting public, annoncent les uns après les autres qu'ils vont s'emparer du sceptre et se dispersent dans le désordre. Abattu par des sondages qui ne lui accordent pas plus de 10 % des voix, record incroyable pour un maire élu triomphalement six ans plus tôt, Vigouroux annonce par un communiqué laconique qu'il ne se représente pas, rentre chez lui, reprend son hobby préféré, la peinture, et disparaît. Ennemi de la classe politique

1 Voir *infra*, chapitre 15.

contre laquelle il a gouverné durant neuf ans, Robert-Paul Vigouroux en subit la vengeance : il disparaît de la scène et des mémoires.

Ces épisodes confus, ce règne achevé en queue de poisson correspondent à un moment très troublé de l'opinion publique marseillaise. La gauche continue de se diviser interminablement et semble ne pas savoir clore le deuil de son ancien chef Defferre. Certains socialistes qui avaient rallié Vigouroux l'abandonnent, d'autres, comme Michel Pezet qui fut le candidat officiel du parti six ans plus tôt, font dissidence. Tous sont attirés par Bernard Tapie, qui les a conduits aux régionales de 1992 et apparaît comme leur seul espoir pour peu qu'il échappe à l'inégibilité que ses ennuis judiciaires promettent. Le président de l'Olympique de Marseille, qui emmène son équipe sportive au sommet européen, charme le petit peuple de la ville et attire une partie de ses élites. Jean-Claude Gaudin se dit prêt à renoncer, craignant de perdre une bataille de trop après deux tentatives infructueuses. Il redoute plus que tout que Bernard Tapie mène une bataille déloyale en attaquant une vie privée sur laquelle il tient à rester discret.

Déclaré inéligible à la suite du procès pour corruption d'une équipe de football adverse, le président de l'OM renonce finalement à se lancer et soutient la gauche du bout des lèvres. Le dissident Pezet échoue de très loin dans sa tentative de dépasser la gauche officielle, mais affaiblit la liste PS-PC. Jean-Claude Gaudin, qui soutenait Balladur, a l'intelligence de passer un pacte avec le jeune chiraquien Renaud Muselier, avant le résultat d'une élection présidentielle qui voyait Chirac et Balladur se déchirer.

## *1995 : la victoire tant attendue de Jean-Claude Gaudin*

L'année 1995 est la sienne : il remporte la mairie à sa troisième tentative. Certainement parce que la droite est devenue majoritaire sur la ville, certainement parce que le Front national n'arrive pas à peser dans ce scrutin local décisif. Mais certainement aussi parce qu'il représente une continuité dans la gestion de la ville : chacun sait qu'il connaît la mairie, qu'il a appris le métier avec l'ancien maire tutélaire et qu'il fait partie de la famille. D'ailleurs le maire qu'il est aujourd'hui raconte volontiers que Gaston Defferre lui avait dit, le recevant après son élection à la présidence du conseil régional en 1986 : « Sans doute qu'un jour vous serez dans ce bureau... Mais ça ne presse pas. » Une façon de se prétendre héritier, en quelque sorte.

En tout cas, l'enfant de Mazargues, un quartier tranquille du sud de la ville, arrive au terme d'un espoir qu'il caressait depuis longtemps. Sans doute depuis ce jour crucial de 1977 où Gaston Defferre lui propose de remplacer au poste d'adjoint Théo Lombard, qui est alors le mentor politique du jeune et ambitieux Jean-Claude Gaudin. Le maire, pour cause de nouvelle alliance nationale, vient en effet de congédier brutalement ses anciens alliés de la droite bourgeoise, mais veut y garder quelques alliés. Jean-Claude Gaudin se souvient parfaitement de l'épisode, qu'il raconte sans se donner le meilleur rôle : il avoue qu'il fut tenté d'accepter, flatté qu'on pense à lui, croyant qu'ainsi il progresserait encore dans cette carrière politique qu'il venait d'embrasser de toute sa volonté. Il aura fallu qu'un obscur employé du groupe politique de la droite, Claude Bertrand, devenu depuis son omnipotent directeur de cabinet, lui dise la vanité d'un tel comportement pour qu'il renonce à prendre la place qu'on lui offrait. Pour qu'il rompe ainsi, dans sa tête, avec la domination de Gaston Defferre et qu'il arrive, dix-huit ans plus tard, à devenir celui qui dirige la ville à la tête d'une droite qui y obtient désormais souvent la majorité des suffrages.

Aussitôt assis dans ce siège qu'il lorgnait quand il siégeait dans la majorité defferriste, Jean-Claude Gaudin en assume donc l'héritage. S'il critique la gestion de la gauche dans la polémique publique, il se réfère constamment à la pratique de Gaston Defferre quand il décrit la fonction et le métier de maire. À cet héritage intellectuel assumé qui dit déjà une continuité dans l'idée qu'on se fait de la ville et du pouvoir qu'elle exige, il faut ajouter d'autres éléments. Dès son installation, le nouveau maire rassure les milliers d'employés municipaux sur son respect des traditions : il fait l'éloge du service public municipal, répète qu'il n'a aucune intention de privatiser les services, et affiche sa préférence envers Force ouvrière, syndicat majoritaire à la Ville et qui fut un des piliers des gestions de Defferre et Vigouroux. Dès son installation, il fait savoir qu'il écoutera d'une oreille plus qu'attentive la voix des comités d'intérêt de quartier, qui furent un des relais de la gestion de Gaston Defferre dans les différents secteurs de la ville.

Mais le virage est aussi d'ordre idéologique. Installé dans le fauteuil de ses prédécesseurs, Jean-Claude Gaudin, issu d'une droite assez radicale, colonialiste et brutale dans son anticommunisme, qui a dirigé la région en « accord technique » avec le Front national, gauchit insensiblement son discours et sa pratique pour se retrouver, à la fin de son premier mandat, plus au centre qu'au début. Bien sûr, à l'orée du premier sextennat, il prend quelques mesures ou lance quelques déclarations qui provoquent les hauts cris de la gauche. Il interrompt discrètement la construction de sept cents logements sociaux déjà programmés. Parlant de la rue Longue des

Capucins, artère marchande et populeuse du centre-ville, il la déclare « trop colorée ». Mais, très vite, il retrouve des accents centristes, vantant la France « black, blanc, beur » après la Coupe du monde de football en 1998, faisant l'éloge du métissage dans des fêtes de rue réunissant toute la ville, se ralliant à l'idée vague mais consistante que cette ville ne fonctionne que quand toutes ses communautés, quelle qu'en soit la nature, se parlent et se côtoient sans trop de haine. Même si sa deuxième mandature, à partir de 2001, marque plus nettement son ancrage à droite, tant le vent national souffle de ce côté.

## *Sous la stabilité, l'effervescence*

On l'a dit, cette stabilité dans la direction de la ville est d'autant plus paradoxale qu'elle s'inscrit dans un paysage politique en perpétuelle effervescence. Les luttes électorales phocéennes ont la réputation d'être violentes : pour une fois, le cliché est juste. Les années Defferre furent celles où les joutes politiques se jouaient à coups de poing, avec des menaces à main armée, du chantage et souvent dans des urnes truquées.

Les porte-parole de la droite indépendante furent des polémistes d'une violence qui nous paraît aujourd'hui incroyable. En septembre 1973, l'éditorialiste du *Méridional*, le quotidien des droites locales, Gabriel Domenech, écrivait ainsi : « Assez des voleurs algériens, assez des casseurs algériens, assez des fanfarons algériens, assez des syphilitiques algériens, [...] assez des proxénètes algériens, assez des fous algériens, assez des tueurs algériens ! » Et la montée du Front national a provoqué des remous rarement connus dans d'autres villes : trois de ses militants ont tué en février 1995 un jeune Comorien d'une balle dans le dos ; et la virulence des propos tenus par Jean-Marie Le Pen lors de la manifestation organisée en septembre 1996 après le meurtre par un adolescent du jeune Nicolas Bourgat n'a probablement pas eu d'équivalent ailleurs. Quant à Bernard Tapie, il a récolté l'adhésion de dizaines de milliers de Marseillais avec un verbe ravageur (« Les électeurs du Front national sont des salauds ») qui a tétanisé le monde politique local, gauche et droite confondues. Ces secousses traduisent des mouvements de fond qui travaillent le champ politique : celui-ci a connu en un demi-siècle des changements profonds, qu'une analyse succincte des résultats électoraux décrit parfaitement.

En ce qui concerne les grands courants, leur vitesse est lente, les mouvements progressifs. En 1983, première des années où gauche et droite s'affrontent pour le contrôle de la mairie, la bataille se joue à 3 300 voix près : Gaudin est en tête devant le maire installé depuis trente ans, son ancien mentor Gaston Defferre, mais le découpage des circonscriptions est tel qu'il perd. En 1995, année où la droite triomphe, le cas est inverse : la gauche de Lucien Weygand dispose de quelques voix de plus (544), mais de la répartition sort un conseil de cinquante-cinq membres pour la droite et de trente-sept pour la gauche. En 2001, Gaudin est bien mieux réélu, puisqu'il distance René Olmetta de 17 000 voix sur 178 000 votes exprimés. Ce mouvement traduit une lente ascension de la droite, dont témoignent également les scrutins nationaux. La courbe du nombre de députés est incontestable : en 1973, sur les huit élus que comptaient la ville et ses alentours proches, sept étaient à gauche et un à droite. En 1981, six étaient à gauche, deux à droite ; en 1988, ils sont trois à droite ; en 1993, grande vague bleue, ils sont six. Depuis, scrutin après scrutin (1997, 2001), ils sont invariablement cinq élus de droite, contre deux socialistes et un communiste. Et la courbe des résultats présidentiels est sensiblement la même. Bref, le vent souffle à droite, la gauche baisse sans disparaître. Tectonique des plaques électorales : lente.

Autre mouvement de long terme, celui-là inexorable : la dépression du Parti communiste français, dont on a vu qu'en 1953, date de l'installation du defferrisme et de son exclusion de l'administration locale, il représentait 28 % des voix municipales. En 1978, son influence est telle qu'il dispose encore de cinq députés sur les huit que compte Marseille. La baisse commence pourtant, masquée par la performance électorale du candidat communiste à la présidentielle de 1981 : Georges Marchais est en tête sur la ville. Mais, aux législatives de la même année, il n'y a plus que deux députés PCF. Et en 1988, il n'en reste qu'un. Ce chiffre ne variera plus, le dernier des rouges, fixé dans les quartiers nord, étant en quelque sorte protégé par les accords nationaux et locaux avec le PS, qui refuse de lui disputer son siège quitte à écraser une dissidence interne. La courbe présidentielle est la même : le candidat Lajoinie capte encore 11 % des suffrages en 1988 (39 500 voix), mais Robert Hue, en 2001, n'en rassemble plus que 4,5 % (13 128 voix). Rien ne vient contrarier une chute implacable, qui marque un changement radical de la sensibilité politique de la ville.

Cette lente décadence croise, à la fin des années 1980, un mouvement d'une brutalité inouïe : l'irruption du Front national, qui, en quelques scrutins, s'enracine. On oublie souvent qu'en 1981 Jean-Marie Le Pen n'avait pu se présenter à la présidentielle : le manque de signatures d'élus avait empêché celui qui avait totalisé 3 753 voix (1,1 %) en 1974 sur Marseille de se représenter. Il fit donc retour douze ans après, en 1988. Retour explosif : Le Pen réunit soudain 102 541 voix, 28 % des suffrages, vingt-huit fois plus que le coup d'avant, loin devant François Mitterrand, avec (presque) deux fois plus de voix que Jacques Chirac. On imagine les stupeurs et les tremblements causés dans la classe politique locale, qui avait considéré le bon résultat de l'extrême droite aux législatives de 1986 (24 % des voix) comme un accident lié au mode de scrutin proportionnel.

La force du FN dans toutes les élections depuis cette année-là perturbe profondément le jeu : menaçant lors des élections régionales de 1986, il obtient de Jean-Claude Gaudin, qui prenait alors les destinées régionales en main, un accord de gestion qui le légitime. Lors des législatives de 1988, il bénéficie d'un accord de la droite qui se retire en silence devant ses candidats arrivés en tête : l'affaire ne permet à aucun de ses postulants l'accès à l'Assemblée, mais le paysage politique local en est profondément marqué. D'autant que, depuis 1993, ses candidats sont présents au deuxième tour dans chacune des huit circonscriptions de la ville. Pourtant, et c'est une autre façon d'évoquer le paradoxe de la stabilité des trois maires, sa puissance politique ne lui donne que peu de force en termes municipaux : dans le combat local, l'extrême droite n'a obtenu que 13,5 % des voix en 1989, un an après le premier triomphe de Le Pen, 19 % en 1995 et 17 % en 2001 – et toujours un nombre d'élus dérisoire.

Autre choc de cette fin des années 1980 dans ce champ électoral, celui provoqué par l'atypique Bernard Tapie : le patron de l'OM a déboulé comme un météore pour une fugace apparition. Premier combat, la législative de juin 1988 : il se parachute dans les quartiers populaires du sud-est avec l'accord enthousiaste de l'Élysée et celui, contraint, du PS. Il manque l'élection de 84 voix dans une circonscription réputée ingagnable pour la gauche. L'élection est annulée et, en janvier 1989, il gagne de 623 voix (50,85 % contre 49,14 %) au terme d'une bataille furieuse, où il a beaucoup promis – par exemple la venue de l'international Manuel Amoros dans son équipe de football. Propulsé tête de liste de la gauche aux régionales, il arrive en deuxième position derrière Jean-Claude Gaudin à Marseille en mars 1992. En 1993, il se réfugie dans la circonscription ouvrière de Gardanne, hors Marseille. Mais en 1994, il mène la liste des Radicaux aux européennes et arrive en tête dans sept secteurs municipaux marseillais sur huit. À un an des municipales, il tétanise la famille politique locale, la droite qui se sent incapable de lui résister, la gauche qui ne sait pas faire plus avec lui que sans. Car, si l'homme est atypique, son électorat l'est aussi : il puise massivement à gauche, prend à la droite et au centre et probablement un peu à l'extrême droite – disons plus prudemment qu'il fixe des électeurs tentés par un vote de protestation alors même qu'il est ministre. C'est là que réside sa puissance : il nuit à tout le monde.

Ses démêlés judiciaires vont le neutraliser. Déclaré inéligible, il ne peut se présenter aux municipales de 1995, où il apporte un soutien minimal à la gauche. Son piteux retour à la tête de l'OM en 2001 contribuera à son discrédit : quand, lors des élections régionales de 2004, il se démène pour soutenir Renaud Muselier, il n'intéresse plus personne et n'empêche pas le secrétaire d'État aux Affaires étrangères de subir un échec cuisant.

En 1988, trois phénomènes politiques majeurs se sont donc croisés, qui font de cette année un moment décisif de la vie politique locale : le début de l'agonie du PC, que chacun perçoit avec le score piteux de Lajoinie (10,94 %) ; l'explosion du Front national, avec le score faramineux de Le Pen (22,32 %) ; l'irruption de Bernard Tapie. Ainsi, l'élection municipale, prévue pour mars 1989, intervient à un moment où l'électorat marseillais est profondément déboussolé : le résultat sera aussi atypique, rompant avec les lents mouvements tectoniques entre gauche et droite décrits plus haut au profit d'une sorte d'éruption, l'élection de Robert Vigouroux. Mais, on l'a vu, le « vigourisme » ne fut qu'un étrange éclatement. Six ans après, il avait fondu et le maire en prit acte en refusant le combat en 1995, avant de disparaître de la scène politique piteusement : tentant la députation en 1997, il n'obtenait que 2,7 % des voix...

La stabilité que manifeste la vie politique marseillaise, puisque c'est pour l'essentiel des hommes de même filiation qui accèdent au pouvoir local, n'a rien d'une perpétuation tranquille : sous cette stabilité, c'est le chaos, l'agitation effrénée des appétits et des ambitions. La vie politique marseillaise est d'autant plus agitée, et les luttes d'autant plus âpres, qu'elle apparaît aussi comme une arène pour des luttes et des enjeux nationaux.

L'équilibre sur le chaos, plutôt que la transmission sereine d'une hégémonie, telle est la figure symbolique sous laquelle se comprend la vie politique locale de ce demi-siècle. Reste donc à comprendre, du plus profond de la ville, les forces sociales qui s'y agitent...

# 2

# *Une sociologie des politiques marseillais*

## *Médecins, enseignants et avocats*

Gaston Defferre, le premier des trois maires d'après guerre, a exercé la profession d'avocat, en Afrique noire auprès de son père, puis à Marseille à partir de 1931. Après son entrée dans la clandestinité en février 1943, il n'a plus exercé d'autre métier que celui de politique qui, en principe, n'en est pas un. Le deuxième, Robert-Paul Vigouroux, est arrivé tardivement au premier rang de la politique après avoir exercé la médecine. Sa spécialité de neurochirurgien et la réputation qu'il y avait acquise ne sont pas pour rien dans son succès. C'est du moins ce qu'il aimait à affirmer, car il voulait donner de lui l'image d'un maire non issu de ce qu'il appelait le « sérail » : avant de succéder à Gaston Defferre à rebours de la logique des partis, il n'était qu'un adjoint discret. Plus que les deux autres, Jean-Claude Gaudin est, quant à lui, le prototype de ces militants qui font très jeune de leur engagement un métier ou, comme il aime à le rappeler en son langage pétri de métaphores religieuses, un « sacrement ». Il a cependant exercé brièvement la profession d'enseignant dans une école privée.

Avocat, médecin, enseignant, voilà donc l'univers professionnel des derniers maires de Marseille. Ils sont à l'image de la plupart des membres des conseils municipaux depuis les années 1970 : ces groupes professionnels sont en effet dominants parmi les élus locaux de tous bords. Le conseil municipal élu en 2001 est ainsi largement dominé par les professions médicales, dont une majorité de médecins (dix-neuf des quatre-vingt-cinq conseillers qui déclarent une profession exercent ou ont exercé une profession médicale [1]).

Renaud Muselier (UMP), premier adjoint, a longtemps dirigé la clinique qui est propriété familiale. Claude Valette (UMP), adjoint à l'urbanisme, retraité, a été chef de la maternité d'un grand hôpital privé de la ville – comme son père. Michel Bourgat (UMP) est médecin généraliste, même si son entrée en politique ne doit rien à sa profession [2]. Bernard Leccia (UMP) a exercé la médecine en tant que généraliste dans les quartiers nord, dont il a été député. Ses amis politiques et lui-même sont persuadés qu'il doit son mandat à sa réputation sans faille de médecin des pauvres. Roger Luccioni (UMP), en charge des musées, comme l'adjoint au sport Robert Villani (UMP) appartiennent également au même monde. Bruno Gilles, député et maire de secteur, a été visiteur médical.

Lorsqu'ils entrent en politique, les médecins le font plutôt dans les rangs de la droite, comme cette liste le laisse supposer. De Maurice Toga, doyen de l'Université de médecine jusque dans les années 1970, mentor politique de nombre d'élus actuels, en passant par Joseph Comiti ou Hyacinthe Santoni, il y a à Marseille une solide tradition de médecins de droite et corses. Mais cette dominante est relative, comme en témoigne Robert Vigouroux, étiqueté à gauche même s'il a été exclu du PS.

L'autre groupe professionnel d'importance est celui des enseignants : ils sont onze dans cette mandature. Lorsqu'ils entrent en politique, ils le font souvent au PS ou au PC : c'était le cas de feu le député et maire de secteur Guy Hermier et c'est celui de Jean Dufour (PCF). Mais le maire, on l'a dit, a aussi été enseignant.

On compte dans le conseil cinq avocats, ce qui en fait un groupe professionnel qui compte, même s'ils disent avoir perdu beaucoup de leur influence politique. À l'heure où la compétence technique et le pragmatisme aménageur dominent la fonction politique locale, le talent oratoire a peut-être perdu de son prestige. Il faut néanmoins signaler que trois d'entre eux exercent des responsabilités importantes. Deux sont adjoints UMP, José Allégrini et Roland Blum, un autre est chef du groupe socialiste, Michel

1 Les conseillers municipaux sont cent un. Le développement qui suit porte sur ceux qui déclarent une profession (les autres peuvent considérer que leur métier est la politique, être femme au foyer, retraité ou encore chômeur).

2 Il est le père de Nicolas Bourgat, jeune garçon dont le meurtre gratuit et sauvage, par un autre garçon de son âge, avait provoqué une grande émotion à Marseille en septembre 1996. Son père se fait alors remarquer par son refus de voir le drame exploité par le Front national. Il intègre peu après les listes de J.-C. Gaudin. Il est adjoint, chargé des questions de prévention.

Pezet, qui continue à exercer une profession où il dispose d'une très grande reconnaissance. Ils perpétuent une tradition bien visible sous les premières municipalités defferristes, comme dans les époques antérieures où les rois du barreau tenaient aussi le haut du pavé politique (Théo Lombard, Vincent de Moro-Giafferi, Pierre Ferri-Pisani).

Médecins, enseignants, avocats : ces trois professions supposent une capacité socialement reconnue à s'occuper des affaires des autres. Les médecins, en particulier, portent une réputation de conviction, de don de soi, voire d'abnégation, utile en politique. Leur poids dans le conseil montre que la politique peut être un lieu de conversion des réputations.

Après les professions libérales – très présentes dans le conseil municipal, puisque vingt-cinq conseillers en font partie –, vient la fonction publique, et ses enseignants. Mais le groupe le plus important, vingt individus, est composé de ceux qui, même s'ils indiquent une profession, sont en réalité des professionnels de la politique, au sens où ils attendent leurs revenus des charges qu'ils exercent et auxquelles ils consacrent la totalité de leur temps. Ceux-là se recrutent dans les rangs des partis de l'actuelle majorité (UMP), au PCF ou au PS. Et ils cumulent souvent leur fonction municipale avec des mandats au conseil général et/ou au conseil régional.

Dans un autre échantillon plus complet, puisqu'il ajoute à celui du conseil municipal les représentations de deux mairies d'arrondissement, on retrouve les mêmes orientations : 30 % de l'échantillon sont constitués de personnes qui ne vivent que de leur mandat ou d'emplois fictifs ou réels dans des collectivités liées au pouvoir politique ; 30 % sont des employés et cadres du secteur public, dont la moitié des enseignants (et il ne faut pas exclure bien sûr qu'une partie de ces cadres et employés du public puisse occuper des emplois de complaisance). Une troisième tranche d'un peu moins de 30 % est composée de professions libérales où les médecins et professions médicales sont largement dominants (la moitié), le petit reste (10 %) se partageant entre patrons de PME, commerçants, employés ou cadres du secteur privé, un docker, et des sans profession (« femme au foyer », rentier, etc.).

Les mondes politiques d'aujourd'hui sont donc pour l'essentiel de très petite bourgeoisie et souvent issus de milieux modestes : fils d'ouvriers, de paysans, d'artisans, d'employés publics. En outre, les quelques parcours biographiques que nous connaissons [3] révèlent que ces élus sont souvent enfants de militants politiques, privilégiant dans le parcours de leurs

3 Voir ci-après et *infra*, chapitre 3.

parents la dimension militante plutôt que l'ancrage dans un monde professionnel.

Dans la municipalité Vigouroux (1989-1995), nous avons pu connaître les professions d'une cinquantaine d'élus, dont plus de quarante appartenant au groupe majoritaire. Là encore, les avocats étaient au moins six, comme les enseignants, six aussi. Les professions médicales étaient moins bien représentées que dans l'actuelle majorité, seulement cinq, maire compris. On y trouvait en revanche une forte représentation de commerçants et patrons de PME (ils étaient onze) et neuf fonctionnaires, cadres des administrations publiques. On notait la présence peu fréquente d'architectes (deux) et d'autres professions libérales (expert-comptable, huissier...). Enfin, ce groupe municipal comptait cinq employés du secteur privé. C'était donc là une municipalité atypique, car elle comptait relativement peu de politiques de métier, même si un chiffre précis est difficile à établir (certains fonctionnaires étaient probablement des professionnels politiques). Cette municipalité, que Vigouroux voulait affranchie des partis et ouverte à la société civile, s'est donc surtout ouverte aux mondes du commerce et des PME plus qu'aux fonctionnaires et professions libérales. Une orientation qui explique peut-être son incapacité à durer, alors même qu'elle avait été portée au pouvoir par un raz-de-marée électoral.

Recrutant ses hommes et femmes politiques dans les mondes de la petite bourgeoisie balzacienne – enseignants, médecins, fonctionnaires, professions libérales –, Marseille est très rigoureusement conforme à la sociologie des responsables des autres villes françaises [4]. Elle reste dans une configuration presque rurale et caractéristique de systèmes de notabilité venus en droite ligne du XIX^e^ siècle. La différence majeure tient à la prégnance des politiques de métier. L'image de la représentation municipale est donc celle d'une ville plutôt provinciale, bien loin de sa réputation de métropole industrielle et cosmopolite. L'absence aux postes électifs d'entrepreneurs de poids, de commerçants internationaux, de financiers d'importance comme la portion plus que congrue d'élus portant des noms à consonance arabe (quatre : trois à gauche, une à droite), africaine ou asiatique, confirme ce visage très pâle et très conservateur de la représentation politique.

4 En 1989, lorsque la génération dont nous parlons arrive aux affaires, 48 % des maires de commune de plus de 15 000 habitants étaient des fonctionnaires (dont 25 % d'enseignants), 28 % des membres de professions indépendantes et libérales, 24 % d'autres types de salariés (Philippe GARRAUD, « La démocratie confisquée par les hauts fonctionnaires », *Le Journal des élections*, n° 9, septembre-octobre 1989).

Il faut se garder de tout déterminisme simpliste pour imputer à cette population, de par ses seules appartenances socioprofessionnelles, une culture, un style ou une éthique de gouvernement. On peut néanmoins penser que cet ancrage du pouvoir dans des mondes si étroits dit quelque chose de la ville et de ses transformations. Car tandis que finissait de s'effondrer le complexe économique et social sur lequel Marseille a vécu jusqu'à la fin des colonies [5], les acteurs qui prenaient les commandes de la ville étaient bien éloignés des préoccupations de ceux qui vivaient les crises, les ouvriers d'une part, les entrepreneurs et commerçants-industriels, d'autre part. Et s'il y a toujours eu, depuis que la fonction communale existe, des médecins ou des avocats qui ont tenu le pouvoir en représentant des intérêts des grandes familles industrielles ou commerçantes, jamais encore le monde médical et ceux des autres classes moyennes n'avaient été aussi puissants que dans ces trois décennies. C'est là toute la subtilité du changement : ces élus de moyenne extraction n'ont plus personne au-dessus d'eux. Ils « ont » le pouvoir et ils constituent une constellation de mondes professionnels et sociaux allant des cadres administratifs et clercs d'État aux commerçants et patrons de PME ou TPE. Avec le lent effacement des bourgeoisies industrielles et commerciales, les petites bourgeoisies fonctionnaires et libérales ont capté le pouvoir politique, et ont acquis un statut hégémonique dans la ville.

Cette nébuleuse sociale est moins qu'une classe sociale, sûre de ses intérêts et consciente d'elle-même, comme le furent les bourgeoisies du XXe siècle, mais elle est plus qu'une population éparpillée. C'est au moins un réseau de positions sociales communes.

## *Le statut envié de professionnel de la politique*

Que la politique locale soit souvent un métier est une évidence empirique : non seulement on s'y consacre totalement à l'exclusion de toute autre activité, mais on y baigne. Ce milieu professionnel forme dans la ville un « corps de métier » privilégié. Y accéder est donc un moyen de promotion sociale pour des petites gens qui, sans cet ascenseur, vivraient dans des

---

5 Le « district industrialo-portuaire », dont l'économiste Bernard Morel a fait l'analyse (Bernard MOREL, *Marseille, naissance d'une métropole*, L'Harmattan, Paris, 1999). Sur le même thème et sur les bourgeoisies régnantes, voir Marcel RONCAYOLO, *Lectures de ville. Forme et temps*, Parenthèses, Marseille, 2002 ; et Pierre-Paul ZALIO, *Grandes Familles de Marseille au XXe siècle*, Belin, Paris, 1999.

conditions bien plus modestes. D'autres s'y intègrent pour conjurer une chute qui menace le monde social auquel ils appartiennent. Mais il est difficile de se frayer un chemin jusqu'en haut, car les places sont chères et ceux qui en disposent sont peu enclins à les céder.

Résultat : la société politique locale est en même temps un lieu de forte stabilité pour quelques grands élus, et de forte instabilité pour les petits élus qui peinent à entrer dans la carrière et renoncent souvent, de gré ou de force. Le *turn-over* au sein du conseil municipal est un bon indice de cette inégalité : il est très important, même quand la majorité reste stable. Pour prendre la série récente, on constate qu'à l'élection de 1971, lorsque Defferre gouverne avec le centre droit, seuls 40 % des 63 élus de 1965 ont été reconduits. En 1977, quand Defferre est reconduit avec la même alliance, 55 % seulement des sortants ont été repris. En 1983, année qui voit Defferre changer d'alliance et gouverner avec le PC, seuls 33 % des 101 élus conservent leur poste. En 1989, grand schelem du dissident socialiste Robert Vigouroux : seuls 25 % des élus sortants sauvent leur siège. La proportion est un peu supérieure en 1995, où pourtant le conseil change de couleur : dans le premier conseil dirigé par Gaudin, ils sont 35 % à provenir du précédent. Et en 2001, quand la droite est reconduite, 61 % des anciens sont conservés. On nuancera ce dernier chiffre en rappelant que nombre de recalés du conseil municipal ont trouvé refuge à la communauté urbaine en 2001, principalement des hommes puisque la parité n'y est pas obligatoire. Mais on mesure la forte instabilité de la carrière des petits élus en précisant que les reconduits, relativement peu nombreux, sont toujours ceux qui étaient déjà les mieux lotis. Ils traversent les conseils indéfiniment et disposent de postes électifs ailleurs, parlementaires en même temps que conseillers municipaux, généraux ou régionaux.

L'accès à la stabilité dans la profession procure de beaux revenus. En 2003, le maire de la ville déclare 7 800 euros mensuels pour ce titre, plus 7 640 euros environ pour son indemnité de sénateur et sa vice-présidence du Sénat, et 3 400 euros pour la présidence de la communauté urbaine. Mais le maximum autorisé pour un parlementaire étant de 6 500 euros, il en reverse une partie à d'autres conseillers. Les gains du député-maire de secteur Bruno Gilles (UMP) dépasseraient le plafond de près de 1 300 euros : il répartit donc le surplus sur quelques conseillers amis [6]. Jean Roatta, député-maire de secteur, gagne aussi 6 500 euros par mois, en écrêtant sur ses adjoints dans la mairie de son secteur. Le mandat de président du conseil

6 *La Provence*, 19 novembre 2003.

général rapporte 7 999 euros par mois, mais le titulaire, Jean-Noël Guérini (PS) est aussi sénateur (6 700 euros). Et, comme les autres, soumis à la règle de l'indemnité maximale.

Mais les parlementaires ne sont que dix sur la ville : huit députés et deux sénateurs. Il faut donc essayer de cumuler des mandats plus petits pour vivre à temps plein la passion politique. Être conseiller municipal rapporte 1 856 euros par mois, conseiller général, 2 493 euros, conseiller régional, 2 510 euros. Les postes d'adjoint et de vice-président sont un peu plus lucratifs (3 901 pour un adjoint au maire de Marseille), mais restent insuffisants pour assurer un train de vie aisé à eux seuls. Samia Ghali (PS), qui militait depuis dix-huit ans, n'a pu entrer dans le cercle des politiques vivant à plein temps de ses mandats qu'en mars 2004, avec les 3 000 euros (nets) que lui apporte son poste de vice-présidente de la région, qui s'ajoutent aux 1 400 euros pour le conseil municipal, et 900 euros pour la communauté de communes : soit 6 300 euros.

La façon la plus courante de vivre de la politique consiste pourtant à cumuler ce que rapporte un mandat dans une collectivité et un salaire dans une autre [7], d'être assistant parlementaire, ou membre rétribué du cabinet d'un élu puissant. L'emploi dans une association dépendant directement d'une collectivité est aussi une voie pour s'approcher de la politique à temps plein. Ces pratiques, très répandues, contribuent à la constitution d'une couche semi-professionnelle de conseillers de cabinet, d'agents de collectivité ou d'employés d'associations qui forme l'ossature militante des partis et des campagnes électorales. Cette petite bureaucratie constitue un filtre entre les militants bénévoles, humus de la profession, et ceux qui arrivent à devenir des professionnels : c'est en son sein que les batailles précédant les investitures par les partis ou les notables sont les plus féroces, car c'est là que se joue le passage vers la professionnalisation à de bonnes conditions de salaire et de mode de vie.

## *Les conquérants de la gauche*

L'ascension vers les sommets politiques est une longue marche. L'histoire de Charles-Émile Loo, pilier du système Defferre que tout Marseille appelle « Milou », est emblématique des carrières des conquérants socialistes de l'après-guerre. Celui qui préside encore aujourd'hui aux destinées

7 Il est interdit d'être employé et élu de la même collectivité locale.

de la Socoma (Société coopérative de manutention) est né au Cabot, dans la conciergerie d'un des grands domaines du sud de la ville appartenant aux grandes familles marseillaises : chambre unique pour les trois enfants. Il quitte l'école à douze ans, entre à l'usine à quatorze, devient membre des Faucons rouges, les Ardentes Jeunesses de la SFIO lors du Front populaire. Il rencontre Gaston Defferre à la 9e section socialiste et entre dans la Résistance.

Milou garde de cette jeunesse où il a vu son père et sa mère servir les puissants, un énorme désir de revanche qui le fait encore maudire la bourgeoisie locale – dont il côtoie pourtant quotidiennement les représentants. Aujourd'hui, il montre volontiers ses cartes de la SFIO « de juillet 1940 à août 1944, avec tous les timbres », quand il rêvait de « libérer le Cabot ». La femme qu'il a épousée en 1943 est aussi enfant de concierge et ouvrière. Membre du comité d'épuration de la ville (« J'ai pas été tendre, mais j'ai pas été méchant », nous a-t-il précisé), il sera un des maîtres d'œuvre de la reconquête par le defferrisme de ces « terres bourgeoises » aux confins de la ville, points d'appui précieux pour la politique d'équipement public des années 1960[8]. « Chassé par les gaullistes » des cercles du pouvoir d'après guerre, il n'a d'autre diplôme que le certificat d'études primaires. Muni de bonnes cartes de visite politiques, il se lance dans l'import-export, puis dans la vente des radiogoniomètres qui équipent tous les bateaux méditerranéens : « Un boom terrible », confesse-t-il dans le salon en cuir noir de son bureau actuel. Peu après, avec le petit groupe des proches de Gaston Defferre, il crée donc une coopérative ouvrière, la Socoma, devenue dans les années 2000 le premier acconier (embarquement et débarquement de marchandises sur les navires de commerce) français de Marseille-Fos.

Entre-temps, Milou a été seize ans premier secrétaire de la fédération socialiste des Bouches-du-Rhône, membre de la direction nationale du parti et de l'Internationale socialiste dans les années 1970, conseiller municipal, conseiller général, député, député européen, entre autres titres. Il a surtout été un des plus proches compagnons d'armes de Gaston Defferre, connaissant d'autant mieux les secrets du parti et de ses hommes qu'il en tenait les finances. L'article 4 des statuts de la Socoma précise en effet que la coopérative peut aider « les partis politiques et les syndicats ayant le même idéal socialiste ». En 2005, Charles-Émile Loo, ouvrier, enfant de concierge et

8 Exemple avec le domaine de Luminy en bord de calanques. Il appartenait à la famille Fabre, dont la compagnie maritime était une des plus puissantes du Marseille d'avant guerre. Pour cause de collaboration, les biens de la famille seront saisis : la municipalité installera plus tard le campus universitaire de Luminy dans ces collines arides.

« qui crèvera socialiste », est donc toujours président de la coopérative magnifiquement installée dans les locaux d'Euroméditerranée. Il roule avec chauffeur, côtoie aux réunions patronales les petits-fils de la bourgeoisie marseillaise pour lesquels il a aussi peu d'estime que, croit-il, ils en ont pour lui. Et s'il reste discret sur sa fortune, il parle volontiers de ses deux maisons, celle du quartier chic du Roucas Blanc, à Marseille, et celle d'Aix où il reçoit ses amis politiques.

Hormis le fils d'avocat et avocat lui-même Gaston Defferre, qui va tout de même devenir patron de presse en mettant la main sur *Le Provençal* et, quelques années plus tard, sur *Le Méridional*, l'essentiel de cette génération socialiste de la conquête est composé d'enfants de milieux populaires, artisans, employés, commerçants, plutôt qu'ouvriers au sens strict. Ils concentrent entre leurs mains l'essentiel du pouvoir, et s'enrichissent par leurs mandats électifs ou par des activités salariées ou patronales parallèles à l'activité politique. M. Loo énumère : « Antoine Andrieux était chauffeur de taxi ; moi, je sortais de rien ; Daniel Matalon était un peu plus haut que nous, il était transitaire ; Irma [Rapuzzi] était prof de français ; Carasso travaillait à la gendarmerie. » Il désigne là le noyau dur des proches du maire, à qui il faut ajouter Jean Masse, fils de cafetier, député et adjoint d'importance de la municipalité.

Ces hommes de parti font donc progresser parallèlement carrière politique et entrée dans les affaires. Gaston Defferre, qui a toujours utilisé son journal comme arme d'influence, n'a d'ailleurs jamais oublié d'être un patron avisé. Ce qui lui a permis de vivre très bien, et de faire ses preuves auprès de la bourgeoisie locale, qui constatait que son allié politique était un capitaine d'industrie n'hésitant ni devant les licenciements ni devant la chasse aux syndicalistes dans son entreprise.

Un peu plus tard, arrive au pouvoir une génération qui bénéficie de l'expérience des aînés pour gagner ses titres de noblesse. Elle perpétue la saga des ascensions sociales et truste les postes de barons d'un système qui élargit son assise territoriale et sociale sur la ville. L'ancien président du conseil général, Lucien Weygand, est né en 1933 dans une petite maison familiale de Saint-Just. Son père a été ouvrier aux Moulins et Rizeries indochinoises, secrétaire général du syndicat CGT des meuniers en 1936 et membre de la SFIO. Ami de Jean Calvelli, déporté et créateur de Force ouvrière [9], le père Weygand entre au milieu des années 1930 à la mairie, où il prend des responsabilités syndicales à FO avant d'être élu à la Caisse

9 Voir *infra*, chapitre 8.

centrale des retraités municipaux et hospitaliers. Son fils Lucien baigne dans l'atmosphère militante, devient secrétaire national des Jeunesses socialistes en compagnie de Pierre Mauroy, avec qui il crée les Clubs Léo-Lagrange. « J'ai fini au bac et puis c'est tout, je n'ai pas fait d'études universitaires », nous dit-il avant de souligner : « J'ai quarante années et quelques, sans interruption, de mandat municipal. » En 1973, il se fait élire conseiller général d'un canton qui englobe son quartier de naissance : il le sera jusqu'en 2002. Et il a été président socialiste du conseil général des Bouches-du-Rhône entre 1989 et 1998, un des postes politiques les plus prestigieux et les mieux rémunérés de la région.

Ces deux premières générations de conquérants socialistes, qui réussissent à s'implanter profondément dans la ville, disposent dans les années 1970 d'à peu près tous les pouvoirs : ils règnent sans partage sur la mairie, le conseil général et auront même la direction du premier conseil régional. Ces conquérants engendrent des héritiers politiques qui sont souvent leurs héritiers biologiques et pour lesquels la politique constituera aussi un moyen d'intégration dans la vie sociale des élites de la ville.

Jean-Noël Guérini, par exemple, président du conseil général depuis août 1998, sénateur depuis septembre de la même année, et incontestable patron local du Parti socialiste : cet homme, qui impressionne plus ses amis qu'il ne les séduit, perpétue cette tradition socialiste où politique, ascension sociale et héritage vont de pair. Il est entré en politique par son oncle, Jean-François Guérini, né à Calenzana (Corse), commis à l'aide sociale, qui prend à la sortie de la guerre la succession politique de Jean-François Leca, au Panier où il habite [10]. Il devient conseiller général et conseiller municipal. Son neveu Jean-Noël lui succède donc : autodidacte, il commence comme employé de l'Office municipal de HLM (aujourd'hui HMP, Habitat Marseille Provence). En 1987, il devient président de l'OPAC des Bouches-du-Rhône, Office HLM affilié au conseil général (il succède au socialiste Philippe Sanmarco, dont les amis politiques n'ont jamais caché qu'ils voyaient là un putsch et la restauration des logiques clientélistes contre la « culture de projet » que Sanmarco avait tenté d'imposer).

Élu conseiller municipal en 1977, réélu en 1983, Jean-Noël Guérini devient maire de secteur de son fief familial. Parallèlement, il en conquiert le siège de conseiller général et grimpe les échelons de l'institution, devenant président du groupe socialiste et rapporteur général du budget. Il s'impose donc en août 1988 sur le siège de son camarade François

10 Voir Marie-Françoise ATTARD-MARANINCHI, « Le Panier, village corse à Marseille », *Autrement*, Hors Série n° 98, Paris, 1997.

Bernardini, contraint à la démission pour inégibilité. Quelques semaines après, Jean-Noël Guérini se fait élire sénateur : il étend à ce moment-là son emprise sur les élus de l'ensemble du département. Depuis ce moment, il tient d'une main très ferme les rênes du PS. Nombre des responsables du parti sont salariés du conseil général, beaucoup d'autres lui doivent leur carrière car il veille de très près à toutes les nominations et à toutes les désignations internes préalables aux élections.

Le président roule avec chauffeur, dispose de sa loge au stade Vélodrome, assiste aux côtés d'éminents représentants de la bourgeoisie locale aux finales de l'Open de tennis de Marseille, que le conseil général sponsorise largement. Aux soirées inaugurales de la « Fiesta des Suds », la fête branchée, un orchestre joue en son honneur en l'escortant dans les travées bondées. Avec son épouse, il est désormais reçu dans les salons de la bourgeoisie la plus traditionnelle, où, selon ses adversaires politiques, « il fait beaucoup d'entrisme ». Une des figures féminines de cette bourgeoisie signale sa présence régulière aux réceptions et ventes de charité qu'organisent la Croix-Rouge et le Secours catholique, auxquels le conseil général accorde des subventions. Il semble prendre grand plaisir à fréquenter ces cercles fermés de la bourgeoisie à l'ancienne, même si nul ne doute qu'il est, dans ces moments-là, en train de préparer sa candidature au poste convoité entre tous de maire de Marseille.

Autre personnalité en vue du PS, Patrick Mennucci [11] raconte encore une histoire d'ascension réussie. Son grand-père paternel, arrivé d'Italie, a été docker et n'a jamais lu que le quotidien communiste *La Marseillaise*. Son père était à la fois ouvrier tanneur dans une usine des quartiers nord, et musicien de bal. Sa mère était secrétaire de la même entreprise, située dans le secteur où M. Mennucci a réussi sa première implantation. Elle était, elle, de tradition socialiste, puisque son propre père avait été conseiller municipal SFIO de Manosque et que sa sœur jumelle, entrée à la mairie de Marseille, militait chez les socialistes : cette tante de Patrick Mennucci était la secrétaire et l'« amie d'Antoine Andrieux » (sénateur et pilier du système defferriste) en même temps que secrétaire de la section que dirigeait le même Antoine. Famille politisée donc, et dont certains membres sont un peu plus que de simples militants. « À la maison, c'était notre vie », nous explique Mennucci.

On met le jeune homme au lycée Thiers, « parce que Thiers c'était plus classe », mais il est renvoyé vers le lycée Saint-Exupéry, le lycée des quartiers

11 Voir aussi *infra*, chapitre 3.

nord. Dans les années 1966-1970, c'est un « chaudron politisé », où se forment et se frottent des générations entières de militants, socialistes, communistes, gauchistes et même de droite. « C'était vraiment une élite ouvrière, qui se mêlait aux fils des notables du coin », se souvient Patrick Mennucci. Le jeune homme est membre du PS dans le 7e arrondissement de la ville et chef des Jeunesses socialistes du lycée. Il participe à sa première campagne électorale en 1974, à son premier congrès socialiste, régional et national, en 1975, avant de devenir trésorier national des JS. Le voilà jeune loup du PS local, disposant de relais nationaux : de 1975 à 1990, il est sans interruption membre de la direction fédérale de son parti, qu'il quitte trois ans avant d'y revenir.

Durant ce temps, il fait « Sciences Po » à l'IEP d'Aix. Il est logé avec sa femme dans une HLM. Pas n'importe laquelle cependant, puisqu'il s'agit d'un groupe nommé « Les Catalans », seule cité de son espèce installée dans les quartiers sud à cinquante mètres de la plage. Où il faut donc de très solides appuis pour pénétrer... Il réussit avec 40 000 francs à acheter son premier appartement. Patrick Mennucci est assistant parlementaire d'Antoine Andrieux, payé 3 000 francs par mois, et devient ensuite pendant huit ans salarié de la MNEF, « gratte-papier, puis directeur de la Sécurité sociale d'Aix puis de la région », finissant avec un salaire mensuel de 15 000 francs. Avec un emprunt, il devient copropriétaire d'un garage puis d'un restaurant durant dix ans. Avant de tout vendre pour ne vivre que de la politique à partir de 1998.

Premier grade important, il est vice-président du conseil régional, chargé du tourisme de 1997 à 2004, date à laquelle il devient vice-président chargé des lycées, le plus gros budget de l'institution. Ses démêlés avec la direction du PS local, qui ont culminé en mai 2002, quand il s'est présenté à la députation contre son avis, se sont toujours conclus par une réconciliation. Dans le dernier cas, il a même obtenu de Jean-Noël Guérini un poste de directeur à 13 Développement, la société d'économie mixte qui s'occupe des grandes questions économiques du département. Patrick Mennucci ambitionne maintenant de conquérir un poste de député dans le centre sud de Marseille, où il a commencé son apprentissage politique auprès du sénateur Andrieux. Au conseil municipal comme à la Communauté de communes, il est un de ceux qui interpellent Jean-Claude Gaudin le plus régulièrement, en rajoutant parfois dans la pugnacité. Cette volonté d'en découdre « en personne » avec le premier magistrat manifeste qu'il rêve lui aussi d'occuper le fauteuil de Gaston Defferre si son heure se présente.

On a déjà signalé qu'il était difficile pour les enfants de migrants maghrébins d'entrer dans ce monde politique. Quelques-uns cependant ont percé, qui suivront ensuite le même genre d'itinéraire ascensionnel que leurs aînés. Samia Ghali est née à Marseille, et a vécu son enfance dans deux des cités HLM les plus difficiles du 14e arrondissement (Fontvert et Bassens). Peu intéressée par les études, elle s'oriente vers une filière professionnelle où elle obtient un BEP de secrétariat et un bac professionnel de communication. Ses parents ayant divorcé, ce qui fut une rude épreuve pour la jeune fille, sa maman a dû passer un diplôme d'aide-soignante. Mme Ghali est issue d'une grande famille chaoui [12] qui rassemble entre six cents et sept cents personnes à chaque grande fête familiale. « Mon grand-père était très respecté, nous dit-elle, les gens venaient le voir pour lui demander conseil quand ils avaient un problème. » Et le goût pour la politique est une spécialité familiale : « Chez moi on était rivé aux infos », se souvient-elle, précisant que toute la famille était « socialiste et liée au FLN ».

Repérée par une enseignante socialiste pour sa vivacité et sa culture politique, Samia Ghali commence à fréquenter les réunions de la section socialiste du 15e arrondissement (quartiers nord) en 1986, à dix-huit ans. « J'étais la plus combattante dans la cité », dit-elle, et ses amis de l'époque confirment son engagement contre la drogue qui décime sa génération [13]. Elle participe à la campagne cantonale de Patrick Mennucci en 1988 et, avec une équipe qui comprend nombre d'enfants des cités, ils (re)construisent le PS dans ce secteur. Elle entre dans une mutuelle de la galaxie socialiste, puis devient permanente de la fédération socialiste jusqu'en 1995, date à laquelle elle devient salariée du conseil général. Cette même année, elle devient conseillère d'arrondissement, adjointe à l'éducation de Guy Hermier, avant d'intégrer le conseil municipal en 2001. En 2004, elle est élue au conseil régional, nommée dans la foulée vice-présidente à la tête d'une importante délégation à la jeunesse et à la vie associative.

Samia Ghali espère pouvoir gravir une marche supplémentaire de l'échelle politique en accédant à la députation : elle deviendrait la première femme à nom arabe à entrer à l'Assemblée nationale. L'enfant de Bassens, qui a épousé un avocat né lui aussi dans une cité HLM du nord de la ville, aurait alors parcouru le chemin escarpé qui mène de sa cité au Palais-Bourbon. Son itinéraire évoque immanquablement celui des enfants de la Corse ou de l'Italie des générations politiques précédentes, qui se sont élevés dans la société locale en s'intégrant au monde politique. Et qui gardent de cette ascendance quelques traits de culture en même temps qu'ils

---

12 Les Chaoui sont une des tribus berbères de l'Algérie.

13 Voir « Nos deux Marseillaises », dans *Marseille contre Marseille*, série documentaire citée.

ont intégré toutes les normes d'un monde qui ne les a reconnus qu'avec peine.

## *Les adoptés de la droite*

La droite locale offre aussi quelques beaux parcours ascendants. Jean-Claude Gaudin lui-même est le « fils du maçon de Mazargues », comme il fut longtemps présenté par ses parrains politiques. Sa mère travaille à l'occasion chez un producteur de spectacles et rapporte à son fils ébahi des photos d'artistes dédicacées – indice que c'est bien une certaine familiarité avec les grands qui déclenche l'envie d'en être. Les quelques ouvriers, souvent étrangers, qui travaillent sur les chantiers paternels prennent leurs repas à la table familiale. Élevé à l'école religieuse, étudiant puis enseignant dans des écoles confessionnelles, Jean-Claude Gaudin ne dispose que de son modeste salaire dans les débuts de sa carrière politique. Pour arrondir ses fins de mois, le jeune conseiller municipal donne des cours aux stagiaires de l'Opus Dei, qui dispose d'une maison à Marseille – ce qui lui vaudra la reconnaissance de l'ordre et la réputation, qu'il dément fermement, d'en être membre.

L'accession de Jean-Claude Gaudin à un statut économique et social de niveau très supérieur passe par l'escalade, échelon après échelon, de l'échelle politique. Il aime assez la raconter. Jeune militant de droite, il entre en 1965 au conseil municipal dans les valises de Théo Lombard, avocat et adjoint de Gaston Defferre chargé de l'urbanisme : « Je suis le plus jeune et je viens d'être élu au conseil municipal, je suis le plus heureux des hommes », se souvient-il. Gaston Defferre le reçoit dans son bureau et lui dit : « Monsieur Bergasse [leader de la droite marseillaise et banquier de profession] m'a dit que vous étiez un type bien, je suis heureux de vous accueillir. » Le jeune homme est dans la majorité, appliqué, discipliné, et devient même un « chouchou » jusqu'en 1977, date de la rupture de Gaston Defferre avec ses alliés de droite.

Passé une année de vaches maigres, Jean-Claude Gaudin est élu député en 1978, réélu en 1981 malgré la vague rose qui suit l'accession de François Mitterrand au pouvoir. Devenu leader d'une droite locale en plein renouveau en 1983, il s'impose en même temps au plan national, devient président du groupe UDF, chargé des investitures. Avant de conquérir en 1986 la présidence du conseil régional. Mais il vise toujours et encore la mairie, se fait battre en 1989 par l'inattendu Robert-Paul Vigouroux, et n'obtient son bâton de maréchal qu'en 1995. Ministre sans passion de l'Aménagement du territoire, de la Ville et de l'Intégration entre novembre 1995 et juin 1997, il est réélu maire en 2001 et devient vice-président du Sénat. Il est arrivé au plus haut dans sa ville, s'en croit aimé. Sauf accident, il postulera à sa propre succession en 2008. Une troisième élection serait pour lui la consécration de sa carrière. L'enfant d'artisan maçon aurait alors réussi ce que seul Gaston Defferre avait accompli : être consécutivement trois fois maire de Marseille.

Il fait peu de doute que l'argent n'est pas sa motivation principale : lui qui confesse que sa « seule vie est la vie politique », n'aime que le pouvoir et ses attributs. Mais le statut social qu'il a acquis est enviable : il se déplace en voiture avec chauffeur, aussi bien à Paris qu'à Marseille, où il dispose d'une VelSatis de fonction, la plus belle de tout le parc municipal. Pourtant, outre sa peur panique d'être impliqué dans les explosives affaires politico-financières, le sénateur-maire de Marseille affiche encore des pudeurs d'enfant parvenu. Il raconte que, quand il invite dans des restaurants de haute tenue et de gros prix, il paie la note personnellement, « parce que quatre ou cinq personnes chez Passedat [le restaurant le plus étoilé de la ville], c'est la moitié du salaire de la personne qui va écrire sur un registre ce que j'ai, moi, dépensé à midi ».

Son ami politique le plus ancien et probablement le plus dévoué, Jean Roatta, né comme lui en 1941, député et maire du secteur central de la ville, décrit un parcours socialement ressemblant, au moins à ses débuts. Le grand-père est arrivé d'Italie pour fuir le fascisme et a été cantonnier. Le père meurt quand Jean n'a que neuf mois. Le garçonnet est élevé par un beau-père carrossier, avec qui il fait son apprentissage avant de s'associer avec lui. Ruiné en 1981 par l'effondrement de l'immeuble qui abrite le garage, Jean Roatta pointe au chômage quelque temps avant de réinstaller un garage dans le même quartier des Catalans. Devant nous, il se souvient encore de la solidarité des amis politiques les plus proches au moment de la catastrophe : Claude Bertrand, petit employé du groupe municipal de la droite, qui lui propose « son carnet de chèques » et Jean-Claude Gaudin, « qui paie toujours au restaurant ». Fasciné par ce dernier, qu'il voit maire depuis la première fois qu'il l'a entendu parler, Jean Roatta fait aussi un lent et patient apprentissage : conseiller général, conseiller municipal, maire de secteur, député, espérant être sénateur. Une lente ascension pour un modeste, qui ne parle que de « servir les autres ».

Au fur et à mesure qu'ils élargissent leur audience propre, les jeunes loups de la droite attirent d'autres militants. Jean-Claude Gaudin « va chercher » Guy Tessier, militant d'extrême droite, lui aussi d'extraction modeste, agent immobilier avant d'être maire de secteur et député. Il recrute Robert Assante, fils d'un employé de poste qui se souvient des fins de mois difficiles chez ses parents [14], rappelle que ses pantalons étaient taillés « dans la cape de facteur de son père » et décrit sa vie comme une « longue bataille ». Après des études interrompues trop vite à son goût, Robert Assante travaille quelques années comme commercial dans l'informatique, avant d'« entrer à la région » en 1982, alors dirigée par Jean-Claude Gaudin. Vingt-trois ans après, la politique est toujours son métier : Robert Assante, qui est adjoint au maire, conseiller communautaire et conseiller général, n'imagine pas changer de statut. Jean-François Mattéi, qui sera député puis ministre, les rejoint en 1978 : le brillant professeur de médecine est fils de médecin militaire.

Dans ces équipes, on trouve aussi des enfants de la bourgeoisie traditionnelle. Roland Blum, par exemple, l'un des plus anciens compagnons d'armes du maire. Il est fils d'un entrepreneur connu de la ville, notable d'influence qui a été président du port et de la chambre de commerce, tandis que sa femme présidait le Secours catholique. C'est dans l'appartement de ses parents, le plus chic de la bande, que les jeunes militants de la droite réunis autour de Gaudin reçoivent Giscard d'Estaing en tournée à Marseille en 1973. Un peu plus tard, Roland Blum lâche son activité de dirigeant d'entreprise, devient permanent des Républicains indépendants, suit des études d'avocat. Il devient député en 1978, puis conseiller général en 1979, maire de secteur, adjoint aux finances et un des piliers de la municipalité. Dans ce cas, plus qu'une ascension, l'accès aux charges perpétue une tradition familiale d'intérêt aux affaires publiques. Il peut aussi freiner une chute sociale que l'écroulement économique et social des grandes familles marseillaises rend menaçante.

Le maire connaît toutes les ascendances de ses amis politiques, comme celle de la conseillère municipale et régionale Chantal Patricot, le « nom du gendre des Fraissinet », ex-armateur d'importance et animateur de la droite coloniale locale. Ou celle de Dominique Vlasto, chargée du logement, qui descend d'une grande famille patricienne d'origine grecque installée depuis le XIXe siècle à Marseille. Comme il connaît le pedigree de Dominique Tian, maire de secteur et député, enfant d'une riche famille qui possède une importante chaîne de thalassothérapie et d'hôtels.

En les intégrant dans ses équipes, lui qui est d'extraction plus modeste perpétue une image, celle du moment où les dynasties bourgeoises, les

14 *La Provence*, 18 avril 2005.

Daher, les Magnan, les Maurel, dirigeaient la ville. « Elles m'ont toujours soutenu depuis 1978 », souligne-t-il, se souvenant des époques où certains des membres éminents de ces familles professaient un peu de mépris à son égard [15]. Et il insiste : « Au début, nous n'étions que des "adoptés". »

Comme les conquérants, les adoptés ont bien réussi.

---

15 Le socialiste Michel Pezet, prédécesseur de J.-C. Gaudin à la présidence de la région, en témoigne : « J'ai entendu des discours insupportables tenus par des bourgeois sur Gaudin : "Petit prof d'histoire de collège privé, comment peut-il s'imaginer qu'il va représenter la bourgeoisie marseillaise ?", disaient-ils. » Et il ajoute : « Au moment de la coalition de la droite et du PS, la bourgeoisie marseillaise était heureuse de se retrouver dans Gaston, parce que c'était un homme de poids, de discussions. Il était plus présentable pour eux que ne l'était Gaudin ».

# 3

## *Les chemins du pouvoir*

Le statut d'éligible, qui conditionne l'entrée dans la carrière politique, s'acquiert de plusieurs façons. Les parcours biographiques comme les entretiens avec les acteurs politiques de tous bords et de générations différentes indiquent que la voie royale est celle de la filiation. Deuxième voie d'accès : la fidélité au chef, qui se récompense par des postes. Le soutien de l'État ou d'instances politiques supérieures, que les médias relaient puissamment, offre une troisième voie d'accès royale : l'irruption de Bernard Tapie dans le champ local relève de cette voie. Enfin, la conversion de notoriété, souvent relayée elle aussi par les médias, facilite grandement le processus. Pour entrer dans le monde politique, il faut donc disposer de l'une au moins de ces cartes. Devenir puissant, c'est arriver à disposer de plusieurs d'entre elles. Pour Bernard Tapie par exemple, l'intronisation par Gaston Defferre qui lui demande de s'occuper de l'OM en 1985 [1] lui permet d'obtenir une très grande notoriété, que l'Élysée accroît d'une légitimité politique encore supérieure dans les années 1990.

Mais ces réseaux, ces bandes, mettent du temps à conquérir le pouvoir – et risquent aussi de le perdre. Pour passer d'éligible à élu, il faut savoir jouer des circonstances : quand elles sont exceptionnelles, elles permettent des ruptures. Gaston Defferre et ses amis avaient construit leurs réseaux durant la Seconde Guerre mondiale ; celle-ci finie, ils ont pu exiger le pouvoir,

1 Voir *infra*, chapitre 9.

car ils étaient du côté des vainqueurs. Plus tard, la rupture de l'alliance Defferre/droite a dégagé le terrain pour le groupe constitué autour de Jean-Claude Gaudin. Et il a fallu des événements bien singuliers pour qu'un élu mal connu, mais déjà dans les réseaux, Robert-Paul Vigouroux, accède au fauteuil de maire.

## *Les héritiers*

Fils de, fille de, neveu de... : l'éligibilité par héritage direct reste la voie royale, en particulier à gauche, puisqu'elle a dominé la scène politique locale durant plus de trente ans. Quelques biographies en témoignent.

Sylvie Andrieux, députée de la circonscription la plus peuplée de Marseille, est une descendante de haute lignée. Elle est fille du sénateur Antoine Andrieux, membre de la garde defferriste la plus rapprochée, filleule de la sénateur Irma Rapuzzi, seul pilier féminin du système. Son inscription dans le sérail remonte loin : la petite Sylvie a figuré en photo sur les genoux du candidat Defferre qui n'avait pas d'enfant, et il lui arrivait d'aller directement de la sortie de l'école à la mairie pour attendre son père. Elle a ensuite travaillé à la Socoma, la coopérative ouvrière socialiste que dirigeait Charles-Émile Loo, trésorier inamovible du parti. Autant de liens et de rites initiatiques qui ont pesé au moment de la bataille qu'elle a menée en 1997 pour être investie dans la 7e circonscription de Marseille, qu'elle ne connaissait guère et où elle a rencontré quelques opposants finalement défaits après une violente bataille où les accusations de fausses cartes ont fleuri. Son ami d'alors, le patron incontesté du PS, François Bernardini, a aussi joué un rôle important en l'imposant quand il fallut désigner en catastrophe, dissolution oblige, un candidat dans une circonscription qui n'avait échappé à la gauche que lors de la vague bleue de 1993. Même si elle a obtenu son investiture de vive force et dans des conditions un peu houleuses, personne ne doute dans son parti ou chez ses adversaires traditionnels que sa légitimité première dans le PS, à partir du moment où elle a manifesté la volonté de postuler, vient du nom de son père.

Le député et vice-président du conseil général Christophe Masse (PS) est l'incontestable représentant contemporain d'une longue dynastie de gauche. Il écrit dans une brochure électorale de mars 2002 qu'il est « fier de porter un nom synonyme dans nos quartiers de respect de la parole donnée et de disponibilité ». Le nom évoque en effet quelque chose dans le secteur : son arrière-grand-père, Marius Masse, fut élu socialiste à Château-Gombert, village-quartier des confins est, où il tenait un bistrot en 1936. Son grand-père Jean, député, conseiller général, fut un des proches compagnons d'armes de Defferre : l'« ami Jean Masse » comme écrit sur ses affiches, était une pièce majeure du defferrisme dans les immenses quartiers est de la ville. Et son père Marius, conseiller général, fut député du même secteur. Ce Marius-là connut son heure de gloire nationale quand Jean-Marie Le Pen vint se casser les dents dans sa circonscription en 1988 [2]. Il s'est également signalé par une brève candidature socialiste à la mairie de Marseille en 2001, avant qu'un problème de santé ne l'oblige à jeter le gant et à laisser la place à René Olmetta. Et la campagne électorale de Christophe Masse, « comme le veut une tradition établie », se tient toujours au Bar du Centre. Une photo de la réunion de 1971, où figurent son grand-père et Gaston Defferre, illustrait encore le matériel de campagne du jeune postulant de quatrième génération en 2002. Pour compléter le tableau familial, on dira que la sœur de Christophe, élue dans un autre arrondissement de la ville, est son habituelle directrice de campagne. Le candidat préfère « que ce soit un Masse qui soit là quand [il est] sur le terrain ». Le fief est tellement imprenable que la droite n'y présente que des candidats sans espérance. Un mystère dans ce quartier, qui a été entièrement bouleversé dans les cinquante dernières années : la permanence du nom a été plus forte que les changements de population.

Quant au président du conseil général et sénateur Jean-Noël Guérini, on a déjà dit qu'il avait pris la succession de son oncle dans le quartier du Panier, qui reste comme un fief familial depuis les années d'avant guerre.

Les trois personnages qu'on vient de citer, restés fidèles à un parti auquel ils ont adhéré très jeunes, sont ceux qu'on cite spontanément en 2005 quand on énumère les candidats possibles à la mairie de Marseille en 2008. Christophe Masse comme un outsider, puisque son père lui-même a été deux fois un outsider passager lors des campagnes internes au PS ; les deux autres comme les candidats les plus crédibles, si les circonstances politiques nationales ou locales ne les marginalisent pas temporairement.

La clef de la réussite pour ces successions familiales réside parfois dans la géographie électorale : il est d'autant plus facile d'être élu que les électeurs sont peu nombreux et il suffit alors de mobiliser des réseaux de proches pour l'emporter. C'est ce qui est arrivé au conseiller général Félix Weygand, élu en janvier 2001. Il est le fils de Lucien Weygand, dont on a vu qu'il fut député, président du conseil général, élu sans interruption durant plusieurs

2 Pour un récit de cet affrontement, voir Michel SAMSON, « Tactiques de conquêtes et de défense à Marseille », *Hérodote, La France, une nation, des citoyens*, n° 50-51, juillet-décembre 1988.

décennies dans un canton des quartiers nord de la ville. Récemment réélu, Lucien est contraint de démissionner pour cause de cumul des mandats. Il provoque donc une partielle dans laquelle il présente son fils, revenu au PS après avoir été un partisan de Jean-Pierre Chevènement. Afin qu'il n'y ait aucune ambiguïté, le fils tient sa permanence dans celle du père. Malgré le fait que les deux candidats d'extrême droite, celui du FN et celle du MNR, cumulent plus de voix que lui au premier tour, Félix Weygand est en tête avec 28 % des votants – mais il y a eu 83 % d'abstention sur les 24 143 inscrits. Félix Weygand, qui rassemble au second tour toutes les voix de la gauche, plus une partie des anti-FN qui ne s'étaient pas déplacés au premier tour, l'emporte au tour décisif. Il s'installe donc dans le siège de son père grâce à... 4,6 % des électeurs inscrits qui l'ont choisi au premier tour (soit 1 118 voix).

Certains chemins ascensionnels sont un peu plus complexes, car ils concernent des militants issus de familles socialistes moins dotées. Ils ne peuvent hériter directement de fiefs et doivent s'imposer en conquérant des territoires en friche du point de vue de leur parti. C'est le cas de Patrick Mennucci, éphémère président du groupe socialiste à la mairie. Il a fait son trou en reconstruisant une section dans les quartiers communistes du nord de la ville, où il est né : après un apprentissage dans les quartiers sud et à Vitrolles, il y revient et dynamise une section qui se contentait de survivre face à un PC hégémonique. Il attire de nouveaux militants, issus des grandes cités et souvent d'origine étrangère. C'est à partir de là qu'il conquiert des postes et se construit un groupe de fidèles. Ce chemin lui est imposé, car sa légitimité lignagère est moins puissante que celle des autres : comme on l'a vu, il la tient d'une femme, sa tante, militante reconnue du PS dans années 1960 et secrétaire d'Antoine Andrieux.

Patrick Mennucci, neveu de la secrétaire du sénateur Antoine Andrieux, et Sylvie Andrieux, fille de ce dernier, nourrissent une hostilité irréductible. Ils sont toujours dans des camps opposés au sein du PS, mais la seconde, issue d'une plus haute lignée, est toujours un peu mieux dotée que le premier. Elle a hérité d'un fief quand lui a dû construire le sien.

La droite a plus de difficulté à imposer ses enfants, d'abord pour des raisons historiques : les familles bourgeoises ont à peu près déserté la ville et leurs enfants se sont reconvertis ailleurs. Les nouveaux arrivants, c'est-à-dire le groupe de Jean-Claude Gaudin, ne sont au pouvoir que depuis 1995. Dix ans plus tard, les enfants de ces notables arrivent à peine à l'âge politique adulte, qui est relativement élevé. On notera cependant que Laurence Eymieu est entrée au conseil municipal en 2001, au moment même où sa mère Yvane Eymieu, responsable de la culture lors de la première mandature Gaudin, le quittait. Heureuse de cette succession.

## *Les fidèles récompensés*

Les récits de Charles-Émile Loo, compagnon des premiers jours de Gaston Defferre, et de Jean Roatta, fidèle des débuts de Jean-Claude Gaudin, se ressemblent : ils racontent l'un et l'autre que le pouvoir se conquiert en bande et se structure après. Ce terme de « bande », rarement employé dans le domaine politique contemporain, désigne un groupe restreint, qui se définit par des circonstances et des compétences partagées, et non par des appartenances préétablies, comme c'est le cas d'un clan ou d'un réseau. Le noyau de la bande est étroit, constitué autour du chef charismatique, celui dont on croit qu'il va conduire à la victoire. Les bandes sont en fait des groupes structurés par la fidélité, l'amour, l'amitié, comme l'explique l'anthropologue Alain Testart [3]. Une fois constituées, elles peuvent créer des dynasties, mais aussi être renversées par une autre bande : c'est ce qui s'est passé à Marseille avec le passage de la gauche à la droite. Les fidèles, entrés dans le cercle des éligibles par leur fidélité au chef, deviennent des élus dominants. Et les premiers d'entre eux embrassent alors la carrière politique professionnelle.

L'admiration et la croyance, Charles-Émile Loo les exprime à propos de ses premières rencontres, avant guerre, avec le fougueux Gaston Defferre qui, impeccablement mis, faisait volontiers le coup de poing contre l'extrême droite. Il l'a immédiatement admiré et ne l'a plus jamais quitté : « Il se battait comme un chien tous les dimanches à Castellane », nous dit-il presque soixante-dix ans après, pour expliquer son engouement et sa fidélité. De l'autre côté de l'échiquier, et trois décennies plus tard, Jean Roatta nous explique, à propos de Jean-Claude Gaudin : « Dès que je l'ai vu, il m'a emballé. » Il s'est immédiatement persuadé que son nouveau héros serait maire de Marseille et s'est mis à son service. La première fois que le chef a été élu député en 1978, avec le petit noyau de fidèles, confie-t-il, « on s'est tous mis à chialer ».

---

3 Alain Testart, *L'Origine de l'État. La servitude volontaire, II*, Errance, Paris, 2004. Selon lui, les fidélités personnelles sont le seul recours pour induire du changement dans des mondes de lignages : les « liens personnels » et les amitiés sont d'abord des liens forts hors de la famille, soudés dans l'épreuve (comme la guerre) et renforcés de « serments ».

La première difficulté pour le chef de bande est de gérer la concurrence entre ses compagnons dans la marche à la victoire – et après. Les deux leaders charismatiques ont résolu la question en veillant à ce que chacun des lieutenants dispose d'un territoire, ce qui leur donnait un fief et permettait dans le même temps de quadriller l'ensemble de la ville. À ce quadrillage géographique s'en ajoutaient d'autres, qu'on pourrait dire verticaux, et qui correspondaient à des milieux sociaux ou communautaires dont certains sous-chefs avaient la charge, quitte à ce qu'ils cumulent plusieurs fonctions.

La bande de Gaston Defferre est formée des premiers compagnons d'armes de la Résistance et de la Libération, ceux qui prennent *Le Provençal* armes à la main [4], entrent à la mairie avec lui en 1953 et construisent l'ossature de son pouvoir sur la ville. Chacun des caciques aura un territoire à conquérir, puis à gérer. D'éligible, il passe donc au statut d'élu. Charles-Émile Loo, l'enfant des quartiers sud, reste dans son territoire de naissance et y implante durablement le parti et les associations diverses qui le nourrissent autant qu'elles en dépendent. Le centre-est de la ville, autour de la Plaine, est pour l'enseignante Irma Rapuzzi. Elle jouera aussi un rôle important dans la gestion du personnel municipal aux côtés d'Antoine Andrieux. Celui-ci, taximan, règne sans partage dans les quartiers du centre-sud de la ville, Endoume et Malmousque. Jean Masse, fils de Marius déjà élu avant la guerre, est chargé du grand nord-est où il habite. Ces hommes se partagent en même temps la direction des secteurs de l'activité municipale qui leur permettront d'asseoir leur puissance politique. Antoine Andrieux s'occupe des bâtiments communaux, Jean Masse de la voirie, Irma Rapuzzi du personnel communal, Charles-Émile Loo du port et du parti. À partir des années 1970, une partie importante des quartiers nord, qui se sont largement peuplés avec l'arrivée de pieds-noirs et d'autres populations immigrées, passera sous influence socialiste. Lucien Weygand s'y implante solidement, puisqu'il conquiert ce secteur en 1973 et qu'il y est réélu jusqu'en 2002.

Ces hommes – et cette femme – sont ceux que l'opinion locale nommera les « barons » de Defferre. De fait, ils seront élus et réélus dans ce qui a forme de fief. Et c'est le bénéfice de l'allégeance qui leur permet d'obtenir une reconnaissance bien au-dessus de ce qu'ils auraient pu espérer s'ils ne devaient leur élection qu'à leur activité dans d'autres secteurs de la vie sociale. En contrepartie, ils sont chargés de contrôler leur domaine au plus

---

4 Voir *infra*, chapitre 10.

près, en captant les sympathies des comités d'intérêt de quartier ou des associations qui forment le tissu social de la ville. Pour ce faire, ils obtiennent des aides de la mairie, qui embauche, subventionne et honore. Chaque élection, ou chaque crise, permet de vérifier la solidité de l'attelage et la réalité du contrôle politique de chacun des secteurs.

Le quadrillage horizontal se double d'un quadrillage vertical, dont l'implantation parmi les employés municipaux, les personnels des hôpitaux ou sur le port est un bon exemple. Pour les employés de la ville, le syndicat Force ouvrière joue le rôle essentiel [5]. Pour le port, la tâche est dévolue à Charles-Émile Loo. Ce double maillage, horizontal et vertical, est donc pensé et préparé *avant* la conquête de la mairie en 1953, mais il n'aura de réalité qu'*après* la prise du pouvoir. Il soude la bande, l'élargit aux dimensions d'un système qui place ensuite ses enfants dans le dispositif politique local.

Jean Roatta, maire UMP du centre-ville, élu député pour la première fois en 1986, n'aime pas le mot de « bande », même s'il reconnaît que l'aventure politique commence bien par le groupe formé d'un chef entouré de fidèles de la même génération. C'est bien ce qu'on appelle une « bande » dans les mondes populaires... Sentimental, il préfère l'image des « poussins autour de la mère poule » qui, acquérant des plumes, apprennent au fur et à mesure qu'ils grandissent à s'éloigner.

Quoi qu'il en soit, il y a bien un moment fondateur du groupe qui se forme autour de Gaudin et parviendra à son but en 1995. On l'a vu, Jean-Claude Gaudin le date de 1977, quand Gaston Defferre lui propose de remplacer son mentor Théo Lombard, à qui le maire vient de retirer sa délégation [6]. La proposition lui « donne un peu envie », avoue aujourd'hui le maire, mais un jeune collaborateur du groupe, Claude Bertrand, lui dit : « Il faut dire non, la dignité, c'est que tous les types de droite aillent voir Gaston et rendent leurs délégations. » « Et donc on va dire non », poursuit Jean-Claude Gaudin, qui vit ce moment-là de façon « dramatique car [je sais] qu'on va être battus ». De fait, lors des élections municipales de 1977, la droite disparaît quasiment du champ politique local. Les législatives approchent et, se souvient encore le maire : « Qu'est-ce qu'il reste ? Il reste Gaudin, Roland Blum, Jean Roatta », qui ne sont pas plus élus que lui, « mais sont amis ». Le maire conclut ainsi cette partie du récit : « Si j'étais resté avec Defferre le soir où on me l'a proposé, j'aurais été adjoint au maire

---

5 Voir *infra*, chapitre 8.

6 Voir *supra*, chapitre 1.

et je n'aurais jamais rien fait d'autre. Tandis qu'étant libéré, je deviens pour la première fois député. »

Ainsi la bande prend-elle le pouvoir dans l'antenne locale du Parti républicain, alors principal pilier de la majorité parlementaire de droite du président de la République Valéry Giscard d'Estaing. Il faut l'organiser pour la conquête puis l'exercice du pouvoir. Jean Roatta nous a livré un des secrets de l'autorité et de la longévité du leader : Jean-Claude Gaudin a placé ses amis dans différents secteurs géographiques de la ville, comme l'avait fait avant lui Gaston Defferre, dont l'exemple l'inspire. Selon lui, l'avantage principal de cette géopolitique locale est d'éviter les concurrences entre barons. Jean-Claude Gaudin s'installe donc dans les quartiers sud, où il a gagné sa première bataille contre Charles-Émile Loo en 1978. Et, au fur et à mesure des batailles cantonales, municipales, législatives, perdues puis gagnées, il répartit les territoires : Jean Roatta au centre-sud, Roland Blum au centre-est, Guy Tessier dans le sud-est. Jean-François Mattéi, envoyé faire des classes douloureuses dans les difficiles quartiers nord, bénéficie plus tard du siège de Jean-Claude Gaudin quand celui-ci entre au Sénat.

Le nombre d'élus de droite a considérablement augmenté depuis 1977, mais cette répartition géographique est restée en place. En 2005, Guy Tessier, député-maire, règne toujours dans ses quartiers du début (9^e^ et 10^e^ arrondissements), Jean Roatta est député-maire de secteur du centre-ville sud (1^er^-7^e^), Roland Blum est député-maire à l'est de la ville (11^e^-12^e^). Le cadet, Dominique Tian, qui a succédé à Jean-François Mattéi quand celui-ci est devenu ministre en mai 2002, est député-maire des quartiers sud (6^e^-8^e^). Et en 1993, une partie du centre-ville (4^e^-5^e^) est « attribuée » au RPR gaulliste, en l'occurrence à Renaud Muselier, qui deviendra premier adjoint et secrétaire d'État entre juin 2002 et juin 2004, et à son fidèle Bruno Gilles, son suppléant, qui deviendra député-maire du secteur. Car l'alliance politique scellée en 1995 entre l'UDF-PR et le RPR, intitulée pour les besoins de la campagne électorale le « ticket Gaudin-Muselier », se traduit encore, dix ans plus tard, par un principe ne souffrant aucune exception : la non-concurrence sur les territoires de chacun des barons, qu'il soit ancien ou nouveau.

Chaque membre du premier noyau a donc été investi de la mission de conquérir un territoire puis de le gérer, passant là encore du statut d'éligible désigné par le chef à celui d'élu.

## *Les exogènes*

Avant d'examiner comment Gaston Defferre et Jean-Claude Gaudin sont devenus les *primi inter pares*, c'est-à-dire ont obtenu le statut d'éligible au fauteuil de maire, il faut dire un mot d'un parachuté et d'un atypique.

Bernard Tapie, on l'a vu [7], a bien failli être maire de Marseille, tant il disposait d'atouts à l'orée de la compétition de 1995. Sa condamnation et l'inégibilité qui s'ensuivit l'ont empêché de concourir [8]. On ne se risquera pas à dire ici ce qui serait advenu dans une autre configuration. Mais sa puissance, aussi irrésistible paraissait-elle, devait se greffer sur une souche politique locale. Dès son premier combat aux législatives de 1988 [9], il se fait adopter par les socialistes locaux. Lesquels ont de toute façon reçu, de leur direction nationale, l'ordre de se mettre à son service. Il mobilise donc les troupes de Charles-Émile Loo et installe sa permanence au Cercle de la Renaissance, qui en est le repaire. Il utilise également à la perfection le relais des groupes organisés de supporteurs de l'OM, qui deviennent de remarquables agents électoraux. Plus tard, il renouvelle sans plaisir l'exercice de l'intronisation locale, comme au démarrage de sa campagne régionale de 1992, quand il se contraint à rencontrer une grande assemblée de socialistes à l'automne 1991. La salle, partagée, finit conquise. Dit autrement, il sait qu'à la légitimation par les instances nationales du PS, dont les médias étaient les agents complaisants ou contraints, il doit ajouter celle des réseaux locaux.

Quant à Robert-Paul Vigouroux, sa carrière est instructive sur deux points. Le premier concerne son statut d'éligible au poste suprême. L'homme était discret mais du sérail, et le moins probable des successeurs. C'est la volonté de la veuve de Gaston Defferre, Edmonde Charles-Roux, qui l'impose au Parti socialiste en 1986. L'interview qu'elle accorde au *Monde* dans les jours suivant le décès, au moment où la bataille successorale fait rage, est explicite : elle demande que soit choisi un « pape de transition » et soutient que « tout [lui] paraît meilleur qu'une crise de succession [10] ». La traduction ne fait de doute pour personne : elle préfère Robert-Paul Vigouroux à Michel Pezet, acteur central de la bataille de succession déchirant le PS et qui vient d'affronter durement le mort (elle le désigne implicitement comme un « apprenti sorcier »). Sa parole prend force de loi. On a là un

---

7 *Ibid.*

8 Sur cet épisode, voir le film *Marseille contre Marseille, op. cit.*

9 Michel Samson, « Tactiques de conquêtes et de défense à Marseille », *loc. cit.*

10 *Le Monde*, 13 mai 1986.

exemple assez rare en France de succession démocratique réglée par la veuve.

L'autre point concerne l'idée que le pouvoir, une fois conquis, doit être construit. Rejeté par une partie du PS, Robert-Paul Vigouroux se trouve dans l'obligation de contourner le réseau ancien, bien délabré et secoué par la crise de succession. Il en prend des morceaux, tente de les agréger à d'autres fragments de réseaux, communautaires par exemple. L'attelage reçoit le soutien enflammé de l'Élysée et des médias, parisiens et locaux. Une fois élu, le maire néophyte ne consacre pas l'énergie de son prédécesseur et de son successeur à les consolider. De plus en plus isolé des élus qu'il malmenait, des réseaux professionnels qu'il méprisait, il détruit semaine après semaine les morceaux de réseaux fragiles qui l'avaient amené au pouvoir. Avant de s'effondrer à quelques jours de l'échéance électorale de 1995, renonçant à se représenter, comme s'il ne croyait plus lui-même à sa propre éligibilité.

## *Ascension d'un protestant nîmois*

On vient de voir comment on peut devenir éligible puis élu : cette qualité concerne plusieurs dizaines d'individus. Être éligible comme maire en concerne beaucoup moins et il faut réunir au moins trois conditions. D'abord il faut être soi-même persuadé qu'on peut incarner ce personnage rêvé : c'est indispensable à qui veut convaincre les autres qu'il est l'homme de la situation. Cette conviction narcissique s'acquiert par la confiance que les autres ont en vous. Elle se gagne dans le regard des proches. C'est donc la deuxième condition : il faut être reconnu par ses amis locaux comme le meilleur, tant par des compétences supposées que par une capacité stratégique à emmener l'équipe à la victoire. L'essentiel de cette reconnaissance se joue dans les partis : le dirigeant doit afficher ses capacités à rassembler ses amis et dominer ses concurrents, en même temps qu'il doit montrer sa future compétence de gestionnaire de la cité. Disposer de réseaux extérieurs, nationaux, qui vous reconnaissent comme candidat crédible est la troisième condition : cet atout indique que vous saurez représenter vos amis à l'extérieur de la ville, que vous ferez le poids [11].

C'est dans cette configuration, en tout cas, que Gaston Defferre a construit son influence avant de prendre le pouvoir. Enfant d'une bourgeoisie

---

11 Voir Marc ABÉLÈS, *Jours tranquilles en 1989. Ethnologie politique d'un département français*, Odile Jacob, Paris, 1989.

nîmoise éclairée, l'avocat arrive à Marseille en 1931. Il acquiert en quelques années une sérieuse compétence professionnelle. Dans le même temps, il est introduit par son beau-frère André Cordesse dans une partie de la bourgeoisie locale. En 1933, à vingt-trois ans, il adhère à la SFIO, soutient les idées du Front populaire et combat volontiers l'extrême droite. Militant discipliné et vigoureux, il gravit quelques échelons de responsabilité jusqu'à la guerre. Dans cette première période marseillaise, il a gagné ses premiers titres de reconnaissance et converti sa petite notoriété sociale et professionnelle sur le terrain politique.

Mobilisé puis rapidement démobilisé, il rencontre ce qui ne s'appelle pas encore la Résistance en aidant, avec celui qui partage son cabinet, un agent de renseignement traqué. En mars 1941, il s'engage plus avant, et devient responsable du réseau de renseignement et de résistance Brutus. On notera pour plus tard que, lors de son entrée dans la clandestinité, il confie son cabinet d'avocat à une certaine Germaine Poinso-Chapuis. Toujours membre de la SFIO, gravement secouée par la guerre, il croise les chefs nationaux de son organisation qui ont choisi de résister à l'occupant, et se rend même à Londres [12]. À partir de cette année-là, le destin de Defferre prend forme : à la tête de la SFIO marseillaise, disposant de relations nationales qui confortent son prestige et sa puissance, déjà persuadé, selon les témoignages de son épouse, de sa sœur et de ses amis résistants [13], qu'il doit devenir maire de Marseille, il finit par être dans la position de pouvoir le devenir. Son leadership sur la résistance locale et ses relations avec les sommets de la résistance non communiste ajoutent une carte majeure à son statut de postulant. Sa participation à la libération de la ville, le coup de force sur le quotidien *Le Petit Provençal*, sa nomination comme président de la commission municipale vont installer définitivement l'homme comme le plus probable des maires de Marseille. Il lui faudra attendre un mandat communiste puis un mandat gaulliste pour accéder au fauteuil, mais son action pendant la guerre en a fait un postulant crédible.

On a vu comment il s'était imposé en 1953 [14]. On verra plus loin pourquoi une partie de la bourgeoisie locale a accepté une alliance avec ce socialiste de bonne composition.

12 Voir la plus sérieuse biographie de Gaston Defferre : Georges Marion, *Gaston Defferre*, Albin Michel, Paris, 1989.

13 *Ibid.*

14 Voir *supra*, chapitre 1.

## Comment devenir maire de droite

Il faut maintenant essayer de comprendre comment Jean-Claude Gaudin, élu maire en 1995, réélu en 2001 et candidat à sa succession en 2007, est devenu éligible. Le maire insiste volontiers sur le fait qu'il n'est qu'un « adopté », manière de dire que ce statut de postulant reconnu ne lui fut pas accordé spontanément par son camp : il n'est en effet pas issu de ces grandes lignées de la bourgeoisie locale qui ont fourni des dirigeants politiques dans l'après-guerre, les Magnan, Rastoin, Daher, Charles-Roux, Bergasse, Fabre, Fraissinet. Il n'en a pas l'aisance et encore moins l'accent légèrement pointu et affecté qui signe l'appartenance au petit monde de la rue Paradis – ce qui correspond au 16e arrondissement de Paris –, où il a pourtant enseigné.

Pour comprendre pourquoi il est devenu l'homme de la droite et des bourgeois locaux, il faut partir de son propre récit : il est entré en politique après avoir assisté à un meeting de Germaine Poinso-Chapuis [15] au début des années 1950. « Je suis là avec des copains sur la place du quartier, je m'assoie par terre, puis j'écoute et la bonne femme va arriver. Je vois autour d'elle tous les gens qui allaient à la messe le dimanche, tout le monde était là. Germaine Poinso-Chapuis va arriver, elle va un peu serrer des mains et ensuite elle va se mettre à parler. Et moi, je suis subjugué sous l'effet de l'art oratoire de cette femme. J'avais jamais vu parler des femmes comme ça, moi ! Les "bras croisés" qui sont à côté d'elle et la femme parlent de quoi ? De la CED, de Robert Schumann, de l'Europe, j'en sais rien... Je suis sous le coup et quand le soir j'arrive à la maison et qu'on dîne, je dis à mon père : "Tu sais, j'ai vu Mme Poinso-Chapuis, pétard ! Cette femme, elle m'a impressionné." Et il me dit : "Si elle t'a impressionné, c'est bien, parce qu'avec ta mère, dimanche, nous votons pour elle." » Fin de l'acte fondateur pour celui qui, de ce jour, décide de se frotter à la politique.

Le jeune homme bien élevé entre alors discrètement dans le cercle de la droite sur les conseils de son père, qui lui dit : « Si ça te plaît la politique, tu devrais un peu aller voir M. Bergasse. Germaine n'a pas été élue, mais il y a M. Bergasse, ça doit être à peu près pareil. » Jean-Claude Gaudin continue : « Je lis les journaux et je vois que, le lundi soir, Bergasse faisait toujours une réunion au 7, quai de Rive-Neuve. J'arrive un soir. Il y avait vingt, vingt-cinq militants, un type ou deux de la bourgeoisie comme Maurice-Édouard Delanglade. Il y avait Théo Lombard. Alors, ma foi, on voit un jeune arriver,

15 On lira ci-après quelques éléments biographiques de cette militante démocrate-chrétienne, qui fut la première femme ministre de la République française.

on me dit : "Qui tu es ? On va te présenter à M. Bergasse." Je dis : "Je suis de Mazargues, mon père, c'est Claude Gaudin..." Il me dit : "Ah oui, oui", il fait semblant de connaître mon père, alors qu'il ne le connaissait pas. Et Bergasse expliquait un peu la semaine parlementaire. Et puis il y avait Théo Lombard, qui, lui, parlait un peu des affaires de la ville. Puis il y avait un petit dialogue ; en fait, il y avait tellement peu de dialogue ! Et donc je viens un lundi, un deuxième lundi, un troisième lundi, je viens tout le temps. Au bout de quelques mois peut-être, Henri Bergasse me dit : "Tu sais, après la réunion, nous allons manger." Avec des militants, ils mangeaient dans un des bistrots autour de l'Opéra. On mangeait sempiternellement les alouettes sans tête et des pâtes. Et puis vers 10 h 30, Amaudric et un autre type qui s'appelait Michel Tibal, disaient : "Allez patron ! C'est l'heure ! Il faut prendre le train bleu", et vers 11 heures/11 h 30 du soir, Bergasse partait avec ses collaborateurs qui l'accompagnaient au train, et il ne revenait que le vendredi ou le samedi. C'était la semaine parlementaire. Un jour, Bergasse me dit : "On fait les Indépendants – c'était le Centre national des indépendants de Pinay –, ce serait bien si tu t'occupais un peu des jeunes." Du coup, je me suis trouvé embarqué à rassembler un peu des jeunes à venir. Théo Lombard, qui était avocat, un professeur de droit, adjoint au maire, et qui était un peu dans le scoutisme, avait amené deux ou trois types un peu plus jeunes et nous avons formé les Jeunes Indépendants. » Embryon de la bande, donc.

Tel est le début de carrière raconté par le maire, confirmé par les témoins. Le jeune homme de la petite bourgeoisie, fasciné par une femme puis par les grands hommes, est repéré. Les enfants de la grande bourgeoisie en pleine déconfiture économique ne veulent sans doute plus s'occuper des affaires de la ville. Du coup, les jeunes ont l'air rares dans la bande que décrit Gaudin, puisqu'on le charge assez vite d'en recruter.

Après ce début d'adoption par les caciques politiques de la droite, la première marche vers l'éligibilité viendra avec l'élection, en 1965, sur la liste Defferre-Rastoin. Une partie de la droite a renoncé à l'accord avec le maire sortant et s'est présentée avec le gaulliste Joseph Comiti ; une dissidence socialiste a rogné le defferrisme sur la gauche, et le PCF reste puissant. Le plus jeune élu de la majorité municipale formée de la droite, du centre et des socialistes s'appelle Jean-Claude Gaudin. Il a vingt-cinq ans, il nage dans la félicité, et il dit qu'en cette période, il était « traité princièrement » par le maire, qui apprécie le nouvel impétrant. La rupture de 1976, quand Gaston Defferre démet brutalement ses adjoints de droite, va ouvrir le chemin au futur maire. Comme raconté plus haut, il refuse le poste tentant d'adjoint à l'urbanisme, puis se fait battre avec un bon score – 45 % des voix – dans son secteur à l'élection municipale de 1977.

Mais c'est le tournant du match. Les alliés traditionnels de Gaston Defferre « disparaissent », dit Jean-Claude Gaudin : « Le vieux Rastoin est trop vieux, Théo Lombard est trop vieux, Jean Goudareau file vers l'extrême droite et ira au Front national. » Dans cette nouvelle configuration, les élections législatives de 1978 vont jouer un rôle décisif. Dans sa circonscription qui couvre tout le sud de la ville, Jean-Claude Gaudin est en concurrence interne avec Jean Chélini et Jacques Rastoin, maire de Cassis, village voisin, et descendant d'une lignée économique et politique prestigieuse. Le futur maire obtient le soutien du secrétaire général des Républicains indépendants, Jean-Pierre Soisson, pour une raison formidable : la mère de Soisson est de Mazargues, comme celle de Gaudin, et les deux familles ont un cabanon à Sormiou, ravissante calanque dans laquelle le jeune énarque bronzé qui deviendra maire d'Auxerre fait du ski nautique. Il soutient son ami Gaudin, élu en compagnie de Joseph Comiti, qui sera longtemps son concurrent de droite, mais que l'antigaullisme puissant de la ville marginalise un peu. Jean-Claude Gaudin, qui dispose à cet instant d'un appui national plus efficace que son concurrent Rastoin, devient donc le leader potentiel d'une droite obligée au rajeunissement et à la reconstruction pour conquérir seule la mairie.

La première victoire de ce nouveau venu, qui rafraîchit le personnel de la droite locale, en fait l'héritier officiel. Cette légitimation symbolique a une traduction tout à fait concrète, que raconte J.-C. Gaudin lui-même : « André Daher, armateur, était député du sud de Marseille en 1936 au Front populaire. Son écharpe de député, en 1958, il la donne à Francis Rippert. Francis Rippert m'apporte l'écharpe de député d'André Daher en 1978, le soir où je suis député. Il me la donne devant le 229, avenue du Prado, devant trois ou quatre cents personnes, au moment de la victoire. Et moi je transmettrai l'écharpe, mais cette fois-ci, je donnerai une écharpe neuve, à Mattéi, car moi je considère que l'écharpe de Daher je la garde ! Donc l'écharpe de Daher, elle est chez moi à Saint-Zacharie, elle a jauni et je donne à Mattéi une écharpe toute neuve. Lequel Mattéi la donnera au petit Dominique Tian, quand Dominique Tian me remplacera comme député. »

Réélu en 1981, devenu rapidement un personnage de dimension nationale car il préside le groupe UDF de l'Assemblée nationale, il ne remportera la mairie qu'en 1995. Long chemin donc. Mais sa victoire se rattache à une filiation symbolique qui le place au croisement de réseaux et d'influences souterraines – on n'écrit pas occultes ou secrètes, mais bien souterraines – et bien réelles. Jean-Claude Gaudin est comme le fils spirituel de Gaston

Defferre, qui lui a appris l'exercice du pouvoir, et de Germaine Poinso-Chapuis, qui l'a fait entrer en politique.

Il est au cœur d'une articulation profonde entre deux familles politiques locales : celle d'une « démocratie chrétienne » dont Germaine Poinso-Chapuis a été une représentante exemplaire et celle d'un « socialisme municipal » dont Defferre, après Édouard Herriot à Lyon, Henri Sellier à Suresnes ou Simon Flaissières à Marseille, aura été sinon l'un des plus remarquables produits, du moins l'un des plus durables représentants.

## *Du poids de la démocratie chrétienne*

L'histoire de cette femme aussi étonnante que méconnue, Germaine Poinso-Chapuis, qui fut la première femme ministre de l'histoire de France, va nous permettre d'élargir la conclusion de ce chapitre. Car elle révèle que les deux maires durables ont eu des liens forts avec elle. Cette connexion permet de rendre compte de ce qu'il y a de plus difficile à saisir quand on parle de la culture politique majoritaire d'une ville : ce lieu tacite de l'inconscient collectif où se construisent les interdits et les cadres imaginaires à l'intérieur desquels les acteurs politiques majeurs peuvent être considérés comme naturellement éligibles au plus haut des postes.

Germaine Poinso-Chapuis est née à Marseille en 1901 [16]. Avocate de métier, elle mène de 1945 à sa mort, en 1981, une longue carrière politique tout entière inscrite dans les rangs de la démocratie chrétienne à la française : jeune militante à l'Union féminine civique et sociale puis à la Confédération française des travailleurs chrétiens, elle commence sa carrière politique dans la mouvance associative en articulant féminisme et christianisme social. C'est sa participation aux réseaux de résistance et son implication dans les rangs du Mouvement républicain populaire (MRP, créé en novembre 1944) qui l'engagent en politique après la guerre. Élue députée de Marseille en 1945, elle le restera jusqu'en 1956. Nommée ministre de la Santé et de la Population dans le gouvernement Schuman de 1947 à 1948, premier ministre femme à part entière, elle continuera d'exercer toute sa vie des responsabilités et des fonctions directoriales dans les institutions locales et nationales de politique sociale. Ses combats pour le vote et l'émancipation des femmes entre les deux guerres, contre l'alcoolisme et la prostitution lorsqu'elle est ministre de la Santé, pour l'institutionnalisation de l'enseignement privé à la

16 Les éléments biographiques qui suivent sont tirés de : Association Les femmes et la ville, *Germaine Poinso-Chapuis*, Édisud, Aix-en-Provence, 1978.

fin de son ministère et enfin pour la mise en place de l'action sociale et l'institutionnalisation du métier d'éducateur spécialisé, sont les grands moments nationaux de sa carrière. Localement, elle est un notable politique assez classique, combinant clientélisme – par sa présence active dans les offices HLM – et pouvoir institutionnel, notamment dans le logement social et les instances de politique sociale, et de défense des intérêts locaux dans les instances parisiennes. Elle a aussi un rôle actif, à la fin des années 1950, dans la mise en place des prémices de la politique industrielle métropolitaine, par exemple lors de la création du port pétrolier de Lavéra.

L'histoire ne dit pas comment Germaine et Gaston se rencontrent. Toujours est-il que lorsque Gaston Defferre, qui commence à être repéré par la police de Vichy, décide de plonger en une nuit dans la clandestinité, il lui confie la gestion de son cabinet d'avocat pendant qu'il est au maquis. Et plus encore, la « caisse noire » du Parti socialiste clandestin. C'est dire que la confiance entre eux était grande. C'est dire aussi que les liens créés seront solides sinon indissolubles, quelles que soient les divergences tactiques d'après guerre. En 1944, Mme Poinso-Chapuis est donc très naturellement une des deux vice-présidents de la délégation provisoire que le Conseil national de la Résistance installe à la tête de la ville, délégation que préside bien sûr Gaston Defferre. Et elle est conseillère municipale dans la première municipalité Defferre, qui fait alliance avec une partie de la droite.

Germaine Poinso-Chapuis entretient des relations ambivalentes avec l'autre droite, plus radicale et représentante des intérêts de la grande bourgeoisie industrielle et coloniale, celle des Bergasse ou des Fraissinet. Elle s'y rallie parfois, s'y oppose le plus souvent, cette droite lui reprochant ses amitiés socialistes. Aux dires des biographes, l'amitié entre Gaston et Germaine ne se dément jamais tout au long de la carrière parallèle des deux personnages, qui ne se confrontent jamais directement dans une joute électorale. On peut donc formuler l'hypothèse que cette amitié prend aussi, par bien des aspects, la forme d'une division du travail ou d'une répartition des compétences politiques et techniques : Poinso-Chapuis fait écran à l'autre partie de la droite classique, comme Defferre fait écran à gauche au Parti communiste. Et tandis que l'un, appuyé par Poinso-Chapuis et ses amis, construit localement son système de pouvoir, l'autre défend les intérêts de Marseille à Paris, quand ses amis politiques gouvernent.

Cette alliance permet d'ailleurs de considérer l'alliance de la « carpe bourgeoise » et du « lapin socialiste » que constitueraient les premières municipalités du règne defferriste, sous un tout autre angle que celui sous lequel la présentent habituellement les historiens et politologues. Les chroniqueurs y voient essentiellement le résultat d'alliances tactiques d'une droite (et d'une seule, sans divisions ni nuances internes) et d'un centre gauche, contre le communisme qui est, rappelons-le, la première force politique de la ville de l'après-guerre à la fin des années 1970. Ces raisons tactiques sont certes très présentes, mais elles ne doivent pas faire sous-estimer les « affinités électives » – et par contrecoup les répulsions – à l'intérieur des mondes politiques locaux et les substrats sociaux qu'elles révèlent. Outre l'exercice d'un même métier, l'appartenance à un même monde social et professionnel et des liens au christianisme social, l'un protestant, l'autre catholique, Defferre et Poinso-Chapuis partagent sans aucun doute la même posture de double défiance : d'un côté, bien sûr, face au radicalisme du Parti communiste, mais de l'autre aussi, face au sectarisme de la droite coloniale et des intérêts qu'elle défend, ceux des industriels et négociants qui font à l'époque le cœur de l'économie marseillaise. D'ailleurs, le maire et la députée partageront, à plusieurs moments de leur carrière, le rêve d'un « travaillisme à la française », de cette fameuse troisième voie qui se concrétisa dans les gouvernements de sortie de guerre, quand SFIO et MRP s'alliaient – et Mme Poinso-Chapuis siégea dans un tel gouvernement. Ou quand l'alliance au centre tentait les socialistes : ce fut l'aventure de « Monsieur X. », nom mystère sous lequel Gaston Defferre se cacha plusieurs mois pour lancer en 1963 une candidature présidentielle qui n'alla pas à son terme. Cette tentative se présentait bien comme le refus de l'alliance avec le PCF, à laquelle le maire ne sacrifiera que forcé et contraint pour les trois dernières années de son règne, entre 1983 et 1986.

Ce que les deux ont en commun ne tiendrait-il pas alors d'un « localisme » de classe moyenne, hostile à son dépassement que constituaient d'un côté l'ancrage national et la revendication internationaliste du PCF, de l'autre le transnationalisme, notamment colonial, des industriels et de leurs intérêts ? Gaston Defferre et Germaine Poinso-Chapuis portent les mêmes intérêts de « classe » pourrait-on dire, ceux de ces couches moyennes qui ne cessent de s'affirmer dans la ville et dans les « plis » de l'économie locale. Un intérêt qui peut se définir comme l'alliance pragmatique d'un clientélisme de privilèges et de promotion avec un colbertisme fort, sous-tendu par un ensemble de valeurs morales qui tiennent les pauvres à distance et valorise le désamorçage des conflits sociaux plutôt que l'affrontement direct des intérêts de classe.

Que cette femme soit aussi la marraine en politique de Jean-Claude Gaudin indique que le maire d'aujourd'hui s'inscrit finalement dans la même mouvance intellectuelle et sociale qui domine Marseille. Une ville qui croit être d'explorateurs, d'aventuriers et de l'économie-monde, quand elle est de fonctionnaires et de petits-bourgeois qui attendent d'abord que l'État les aide.

# 4

## *Le métier de l'élu : la république aux villages*

Pour comprendre ce qu'est le métier politique dans une ville, il faut d'abord préciser que la politique municipale ne traite pas des questions le plus souvent évoquées par la philosophie politique. Rien de ce qui relève de la souveraineté n'est de son ressort : nulle frontière à défendre autour de la ville, faite de porosités, de traversées, d'échanges. Les limites de la communauté urbaine Marseille-Provence-Métropole ont été tracées en 2002 par le préfet, les conseillers municipaux des dix-huit communes n'ayant qu'un avis consultatif – et sept communes y ont été intégrées contre l'avis de leurs édiles. L'ordre public, qui suppose l'utilisation de la force, échappe aussi aux pouvoirs locaux, même si la police municipale mime la police nationale : elle se contente de l'aider dans des tâches administratives. Les élus municipaux ne peuvent pas non plus légiférer. Ils n'ont pas droit à des délibérations concernant d'autre sujet que la gestion de l'espace dont ils sont chargés : le Conseil d'État a toujours annulé celles qui outrepassaient cette stricte limite [1]. Il a fallu attendre 1982 pour qu'on passe de la tutelle directe et pesante de l'État, qui vérifiait que les délibérations étaient bien conformes au droit avant de les rendre exécutoires, à des contrôles de légalité exercés *a posteriori*.

La commune, réputée mineure jusqu'à la fin du XIXe siècle, reste donc une institution faible, que le morcellement du pays en 36 772 entités

1 Sur les compétences des municipalités, voir Emmanuel Vital-Durand, *Les Collectivités territoriales en France*, Hachette, Paris, 2000.

– contre 16 000 en Allemagne et 8 000 en Espagne – conforte dans un rôle de gestion. Pierre Rosanvallon peut donc écrire que la commune est un « organe hybride entre société civile et société politique [2] ». Un organe dirigé par des élus dont les compétences se réduisent à administrer un territoire selon des modalités encadrées et surveillées en permanence par l'État, et à distribuer des biens. Que les conseillers municipaux soient élus au suffrage universel, au même titre que les députés ou le président de la République, crée pourtant une ambiguïté : on choisit des « administrateurs de biens » aux pouvoirs limités, mais on les choisit selon une procédure tout entière marquée du discours de la souveraineté et de celui de la lutte politique classique, où le monde se divise entre amis et ennemis, dans une tension entre éthique de la conviction et logique de compétence. Faut-il les élire pour la force de leur conviction ou pour leurs qualités gestionnaires ?

Observer ce qu'est le métier politique en ville, c'est donc différencier ces registres : ceux de l'acteur politique, ce comédien qui a le talent d'être choisi par les siens, de se faire élire et d'entraîner [3] ; et ceux du gestionnaire politique qui agit, maîtrise les dossiers, influe et convainc. La difficulté de la distinction ne vient pas de ce qu'il y aurait, intrinsèquement, incompatibilité entre l'acteur et le gestionnaire, mais de l'idée que nous nous faisons du travail politique. On place généralement ces deux registres en opposition ou en concurrence : les hommes de dossiers contre les hommes de tribune, les démagogues contre les hommes d'État. Ici, il s'agit seulement d'observer le métier politique local dans toutes ses dimensions, tel qu'il est pratiqué, et raconté, par chacun des acteurs.

## *Jouer, se souvenir, séduire*

Pour ce qui concerne le métier d'acteur politique, dans l'acception théâtrale du terme, l'électorat marseillais semble sensible à ce registre : Bernard Tapie et Jean-Marie Le Pen, dont on sait qu'ils excellent dans l'exercice oratoire, ont bénéficié de ses faveurs. Mais le maire de la ville Jean-Claude Gaudin est aussi un maître en la matière. Un préfet, qui l'a beaucoup observé, le dit : « Cet homme a un vrai charme. Il est la quintessence de l'homme politique : il donne toujours l'impression qu'il s'intéresse

2 Pierre Rosanvallon, *Le Modèle politique français*, Seuil, Paris, 2004.

3 On ne parle pas ici des autres qualités nécessaires à l'élection, ce qu'on appelle l'éligibilité (déjà évoquée dans le chapitre précédent), qui dépend de l'appartenance à des réseaux ou à des familles.

aux autres. » Le maire connaît son domaine d'excellence. Il procède toujours de la même manière quand il s'adresse à un public choisi : il lit d'abord, avec conscience et un peu de recul, le texte préparé par ses conseillers. Le message à communiquer est donc correctement assimilé. Puis il referme ostensiblement le dossier et commence à parler sur un autre ton, celui de la confidence et de la séduction.

Il saisit une anecdote dans la masse infinie de ses souvenirs, la mêle à des considérations sur sa philosophie politique et sur l'histoire de la ville et commence à improviser, exactement comme le fait le musicien de jazz : le thème est connu du public, mais il attend aussi des variations et les savoure autant que les redites. Recevant par exemple les nouveaux arrivants dans la ville, en novembre 2003, il se sait attendu dans l'exercice oratoire. Lançant d'abord : « J'habite toujours dans la maison où je suis né », manière de créer une complicité avec des nouveaux venus, il plaisante sur son compte en racontant qu'il « ne parle anglais qu'avec Charles Pasqua », avant de développer quelques idées reçues sur l'accueil des étrangers à Marseille devant deux cents personnes, amusées, puis fascinées par cette faconde. Le maire, tout à son affaire, regarde l'un, l'autre, lance un sourire à un notable présent et, tel un conteur, emmène son monde où il veut. Et, comme souvent, il conclut d'un « Voilà ! », sonore, presque enfantin, ravi de l'effet. Il redescend en quelque sorte sur terre, il s'est donné à fond, il a séduit.

Le mystère relève du célèbre paradoxe du comédien [4], qui croit à ce qu'il dit au moment où il le dit, mais maîtrise aussi ses émotions, puisqu'il joue la tristesse sans être triste. M. Gaudin ne préside pas autrement son conseil municipal : on l'a vu, voix grondante, œil noir, piquer une sainte colère contre un élu communiste, avant, sa diatribe conclue, de jeter une œillade aux bancs des journalistes ravis – et devenus en quelques secondes complices de sa fureur et de la fin de sa fureur. Cette qualité de séduction n'a pas à voir avec un discours de vérité : ce qui compte, c'est ce qu'à Marseille on appelle la « figure ». Une manière de considérer la scène politique comme une scène théâtrale, et par voie de conséquence le discours politique selon un registre qui « note » la performance oratoire plus que la logique des idées. D'un homme politique, on dit souvent qu'« il a bien parlé », ce qui ne signifie pas forcément qu'on est indifférent au contenu du discours [5].

---

4 Denis Diderot, *Paradoxe sur le comédien*, Le Livre de poche, Paris, 1966 (1773).

5 Géraldine Muhlmann, dans *Du journalisme en démocratie* (Payot, Paris, 2004), montre l'importance, en démocratie, de la construction de la scène politique, puisque c'est avec cette mise à distance qu'elle « représente » le conflit, qui peut ainsi se résoudre « symboliquement ».

Cette capacité à créer une communauté émotionnelle avec des mots attire les énergies comme un aimant. Comme si celui qui en était porteur se remplissait de la fascination qu'il crée, de l'espoir des autres et de leur énergie même. Dans les cas de ces autodidactes que sont souvent les acteurs politiques marseillais, cette capacité ressort probablement d'un sentiment d'indignité, celui de ne pas avoir tout à fait droit à la place qu'on occupe.

Les acteurs politiques partagent une autre qualité avec les comédiens : une mémoire stupéfiante. Les plus réputés, ceux qui durent, semblent être ceux qui disposent de la mémoire la plus longue et la plus détaillée. Probable vainqueur toutes catégories, Jean-Claude Gaudin est capable de détailler en 2002 à l'improviste le nombre de sièges obtenus par les cinq listes en présence lors des municipales de... 1953, et celui des trois tours de scrutin qui se succédèrent alors au sein du conseil, avec nom, prénom et étiquette de chacune des têtes de liste. Mais le maire se souvient aussi des résultats de chaque échéance électorale ayant eu lieu depuis, comme des différences entre les secteurs et les chiffres de bureaux test. Il conserve en mémoire un ou deux incidents, anecdotiques ou décisifs, sur des milliers de responsables, politiques, économiques, associatifs ou religieux, dont il connaît l'histoire personnelle, les alliances et, bien souvent, des aspects plus ou moins piquants de leur personnalité, comme de leur action publique. Ses souvenirs ne se limitent pas à l'espace local : il en conserve aussi des centaines concernant la vie politique nationale à laquelle il a été mêlé, à l'Assemblée nationale, au Sénat ou dans son ministère.

Lucien Weygand, vétéran socialiste du conseil, manifeste une même capacité mémorielle, comme Charles-Émile Loo (PS). Cette qualité singulière est partagée par leurs cadets, Patrick Mennucci (PS) ou Jean Roatta (UMP), qui peuvent tenir des heures durant avec une joie sans égale, des récits concernant l'histoire politique de la ville, celle de leur parti, de leurs alliés ou de leurs adversaires. La vérification par les sources écrites les prend très rarement en défaut [6]. Cet exercice n'est pas seulement un jeu où l'envie de briller l'emporterait sur le sens tactique. Ces récits, mille fois répétés, ont plusieurs fonctions. Ils forgent la légende des acteurs, qui préfèrent ces histoires à celles que les autres racontent sur eux. Car, comme l'indique l'ethnologue Marc Abélès montrant que les hommes politiques vivent au « futur

6 On n'ose écrire « jamais en défaut », mais, sur ce terrain, les deux auteurs n'ont jamais constaté de défaillance des intéressés. Ils ont pu, en revanche, constater que certains souvenirs étaient transformés au gré des besoins politiques...

antérieur [7] », les acteurs politiques sont toujours travaillés par la qualité et la longévité de la trace qu'ils auront laissée dans l'histoire et qu'ils commencent à graver de leur vivant à l'aide de leur prodigieuse mémoire.

Ces souvenirs de vie publique ont aussi fonction de classement : ils déclinent inlassablement les services rendus, les dettes et les inimitiés, qui constituent la trame d'une longue carrière politique. Connaître les cadeaux qu'on a faits, les services qu'on a rendus, être capable d'honorer les reconnaissances de dettes ou d'exercer une vieille vengeance, est un ressort essentiel du pouvoir. Ce sont ces récits qui permettent aussi de situer précisément les uns et les autres dans l'échelle hiérarchique et dans celle des allégeances. La mémoire est donc indispensable pour se classer dans la sphère politique, pour rappeler quelques devoirs aux subalternes, ou pour se défaire d'un allié conjoncturel avec le rappel opportun qu'une dette a été éteinte par un service rendu. La mémoire étant justement la chose la mieux partagée dans ce monde politique, il est rarement utile de la raviver, puisque personne n'oublie rien. Il n'y a qu'aux moments de crise grave qu'on se voit obligé à quelques rappels d'allégeance due ou de liberté conquise. L'amnésie rendrait aveugle et impuissant dans ce monde de classement et de négociations permanentes... Et de transmission orale, car cette organisation symbolique, comme celle de toute tribu, est pour l'essentiel fondée sur un savoir sans texte.

## *Réchauffer du froid, créer du face-à-face*

Une fois aux affaires, il faut sembler agir, voire agir effectivement. Car la réélection, but ultime de l'élu, se joue aussi sur un travail, longtemps invisible dans son déroulement, mais qu'on exhibe quand l'échéance approche. On va prendre ici deux exemples, pour comprendre les compétences requises pour cet exercice.

Conseiller général socialiste élu en 1998 dans une circonscription jusque-là communiste, Denis Rossi a été mieux réélu en 2001. Il estime le devoir à son travail de terrain. Il prend comme exemple de son action son intervention sur le groupe de HLM Paul-Ambrosini, fief du PCF et du FN, aux limites sud de son secteur des quartiers nord : « Il y avait là une population de gens âgés, installée depuis la genèse du groupe, et qui se débattait dans une relation très compliquée à l'OPAC (Office public d'aménagement

7 On lira sur ce sujet son article : Marc Abélès, « Anthropologie politique de la modernité », *L'Homme*, vol. 32, n° 1, Paris, 1992.

et de construction) depuis des années. Leur ensemble est rattaché à un district de l'Office qui gère des ensembles plus grands, et où l'OPAC a des bureaux. En fait, ils étaient toujours oubliés, pour des raisons de routine. J'ai donc essayé de créer une relation de confiance avec l'amicale de locataires. Au début, cela a été très dur. Mais, en sept mois, j'ai fait sortir le plan de « réhab' », qui était enterré depuis presque dix ans. J'ai mis en place un espace senior en trouvant 150 mètres carrés pourris à la place d'un ancien lavoir : les gens s'y retrouvent, font leur loto, jouent aux cartes... »

Il nous précise ensuite que cette intervention ne porte pas préjudice aux autres opérations programmées sur le quartier : « Les fonds sont toujours affectés. Ils étaient bloqués, car il y avait des incompréhensions sur une convention qui n'avait pas été signée par l'amicale. L'État n'avait pas mobilisé ses crédits, telle structure n'avait pas examiné le dossier à la direction départementale de l'équipement (DDE) parce qu'il était oublié depuis un certain nombre d'années. J'ai juste réactivé tout ça, d'une manière un peu pugnace. » Denis Rossi résume alors l'essentiel de ses interventions concernant l'amélioration du logement : « Toutes les problématiques, notamment urbaines, reposent sur quelques administrations. D'abord, la DDE : c'est elle qui valide toutes les opérations de réhabilitation. Ensuite, quand tu vas plaider telle ou telle réhabilitation, l'idéal est d'avoir, en amont, un bon partenariat, fort, avec le logeur, d'avoir créé avec lui une relation de confiance. Car quand tu rencontres la Logirem ou la Phocéenne ou la Société nouvelle HLM [8], la première demi-heure est capitale : les logeurs ont des équipes de cadres extrêmement compétents. Lorsqu'ils évoquent un dossier, ils ont besoin de voir un élu qui ne se contente pas de dire : "On est prêt à donner des sous." Ils demandent qu'on réfléchisse avec eux sur le plan plus général de leur patrimoine. Qu'on examine ensemble les leviers à actionner pour réussir l'opération. »

Second récit, celui de l'avocat José Allégrini, sympathisant de la droite de longue date, mais novice dans l'action politique quand il entre au conseil municipal en 2001 sur les listes du ticket Gaudin-Muselier. Il est nommé, à sa grande surprise et sans qu'il puisse même penser à refuser, dixième adjoint chargé du contrat local de sécurité de la police municipale et de la police administrative. Découvrant tout seul ses prérogatives et le personnel dont il dispose, il est vite confronté à la question sensible du centre-ville. Et en particulier à celle de la vidéosurveillance du quartier Noailles : la

8 La Logirem est aujourd'hui une société HLM indépendante. À l'origine, elle était une filiale de la Sonacotra, société chargée de loger les familles immigrées. La Phocéenne d'habitation et la Société nouvelle sont des sociétés indépendantes de HLM.

municipalité veut placer des caméras dans ce marché populaire du cœur de la ville, afin de lutter contre la délinquance de rue et tenter de mettre un terme aux trafics qui s'y déroulent. En charge de cette opération contestée par quelques associations, mais acceptée par la gauche, il veut en tirer un premier bilan pour poursuivre l'action de « sécurisation » de ce quartier.

Il nous raconte : « J'ai réuni – c'est moi qui ai pris l'initiative, mais quand on est autour de la table, on est tous à égalité – le maire du premier secteur, [Jean] Roatta, [Robert] Assante, [Gérard] Chenoz, [Martine] Vassal, [Philippe] Berger [tous adjoints en charge des départements concernés], Gaudin, sur le problème de Noailles, parce que j'ai toutes les infos sur ce quartier, sur ses dysfonctionnements. Je les ai mobilisés parce que je voulais que chacun écoute les techniciens, qu'on ait tous une connaissance commune. Je dis : "La photo du terrain, c'est ça, alors maintenant, il faut une action." Il faut donc que je la fasse valider sur le plan politique, parce qu'une action suppose de faire des satisfaits et des mécontents. Quand j'ai validé la problématique de la pathologie locale, je demande à chaque élu de me dire ce qu'il est prêt à mettre dans la corbeille : est-ce qu'il peut prendre un arrêté ? Est-ce qu'il peut débloquer des crédits pour prendre telle initiative d'aménagement urbain qui pourrait faciliter les choses ? Tout ça est très empirique. Et j'ai besoin que mon patron, c'est-à-dire le maire, me valide le projet global que j'ai préparé. » Pourtant, José Allégrini n'est pas, en titre, responsable de l'ensemble du projet Noailles. Lui n'avait en charge que l'installation de la vidéosurveillance. Il poursuit : « J'en ai pris la responsabilité, parce que ce qui m'importe, c'est que ça avance. Si c'est moi qui doit bosser pour que ça avance, eh bien, j'avance. Si ensuite, un mec qui veut se faire réélire dit que c'est lui qui l'a fait, j'en ai rien à foutre. Moi, de toute façon, je n'ai pas grand mérite à être élu : si vous me mettez en position éligible derrière Jean-Claude Gaudin, je suis élu ! Si demain on enlève José Allégrini et à la place on met Jean Ducon, Ducon passe. »

L'action locale telle qu'elle est décrite par Denis Rossi, dans les quartiers nord face aux administrations, ou par José Allégrini au centre-ville avec les autres élus, peut se résumer à ceci : ils rompent des routines. Ils mettent de l'accomplissement relationnel là où régnaient des enchaînements mécaniques, du chaud – c'est-à-dire de l'humanité – là où il y avait du froid et des routines impersonnelles. L'homme politique local que nous décrivent ces deux acteurs est celui qui exerce le pouvoir de mettre face à face des hommes et des femmes, de jouer de la relation interpersonnelle en lieu et place de la rationalité bureaucratique.

## *Séduire l'État central*

Diriger la ville consiste aussi à la défendre à l'extérieur et surtout à faire venir vers elle des fonds publics, nationaux ou européens. Sur ce point, l'art de l'élu local consiste essentiellement en deux choses : obtenir plus que ce qui était normalement prévu et faire croire que ce qui est dû est obtenu grâce à lui. Une fois encore, introduire du personnel là où il y a des règles, mettre du face-à-face là où sont les droits. Ce n'est pas simple, car dans un État de droit, des procédures règlent la circulation des fonds publics.

La dotation globale de fonctionnement (DGF), par exemple, qui est allouée par l'État aux collectivités locales, est fixée légalement et nul ne peut la négocier. Et c'est bien d'abord l'augmentation très substantielle de la DGF prévue par la loi Chevènement de juillet 1999 pour les communes qui se regroupent[9] (ce que les services publics appellent pudiquement l'« incitation financière ») qui explique la volonté de Jean-Claude Gaudin de créer une « communauté urbaine » sur la base de cette loi. Les services du ministère de l'Intérieur, ceux de la Ville et ceux de la préfecture ont donc beaucoup travaillé, techniquement, à la préparation de la communauté urbaine. Mais le processus d'application de la nouvelle loi n'a pu exister et aller à son terme que parce que le maire et le ministre, pourtant de bords politiques opposés, gagnaient tous les deux quelque chose dans le processus : le ministre socialiste obtenait la reconnaissance de la qualité de sa loi, puisque la deuxième ville de France, de droite, s'en emparait ; le maire de droite, quant à lui, gagnait une sérieuse augmentation de la DGF et un leadership incontesté sur la communauté en gestation. Ce *deal* gagnant-gagnant a eu une traduction pratique, que Jean-Claude Gaudin nous rappelle volontiers : « Chevènement vient à Marseille, j'ai un entretien personnel avec lui. » Ce tête-à-tête, préparé par les fonctionnaires, fut le moment clef de la mise en branle du processus, que les fonctionnaires vont à nouveau prendre en charge après la rencontre. Il manifestait aux yeux des administrations centrales, préfectorales et municipales, le grand intérêt que chacun des acteurs politiques portait au succès de l'entreprise.

Jean-François Mattéi, adjoint au maire depuis 1995, dont la carrière de ministre de la Santé s'est fracassée contre l'écueil de la canicule de l'été 2003, a joué sur le même registre quand il a annoncé en septembre 2003 avoir « débloqué lui-même 300 millions d'euros pour les hôpitaux de la ville », dont il fut un professeur pendant des années. Soutenu par son

9 Elle est passée de 130 francs (19 euros) à 471 francs (71 euros) par habitant et par an.

mentor Jean-Claude Gaudin, il l'a rappelé avec force après son éviction du gouvernement, lors d'une rencontre avec les militants locaux de l'UMP pour retrouver un peu d'énergie...

Renaud Muselier, pour sa part, a bâti sa carrière en rappelant constamment les bonnes relations qu'il entretenait avec Jacques Chirac, puis le fait que son statut de secrétaire d'État lui permettait de se tenir au courant de tout ce qui pouvait bénéficier à sa ville [10]. Et s'il a tenu à présider le plus longtemps possible l'établissement public Euroméditerranée, c'est parce que l'essentiel des investissements de l'État à Marseille passe par cet organisme public, depuis sa création en 1995 [11]. Il pouvait donc en surveiller le bon usage, et faire valoir qu'il était l'homme par lequel les subsides, vitaux pour la cité, arrivaient.

Ces bénéfices s'obtiennent par le statut d'élu ayant un poids national, mais aussi par une pratique quotidienne du lobbying auprès des ministres ou de leurs cabinets. Interrogé sur sa façon de faire en la matière, Jean-Claude Gaudin, rappelle qu'il a toujours été très hostile à la limitation des mandats : selon lui, elle coupe l'élu local de ses réseaux nationaux, et donc de ses moyens de pression. Toujours pragmatique, il explique l'importance de son poste de vice-président du Sénat et de sa présence physique à Paris : « Le maire d'une grande ville doit être parlementaire. Quand on dit : "Il faut se concentrer uniquement sur la ville et ne pas être député, sénateur ou ministre", c'est une couillonnade ! Il faut être parlementaire pour choper les ministres. Quand vous êtes au Parlement, les ministres ont peur que vous les interpelliez, surtout en présence du Premier ministre. Je préside généralement le Sénat le mardi matin, jour des questions orales, dites sans débat. Les ministres défilent et, depuis le fauteuil présidentiel, je fais mes petits mots, en disant : "J'aimerais assez que tu me regardes ce dossier." Ou : "J'attire ton attention sur le fait que ce dossier est en suspens, j'aimerais que tu t'en occupes personnellement. Peux-tu me renseigner ?" Je suis resté un an sans être au Parlement, quand j'étais président de la région et maire. C'est vrai que c'était la gauche qui était au pouvoir. J'ai demandé plusieurs fois un rendez-vous, on m'a déplacé le rendez-vous une première fois, une deuxième fois, une troisième fois. Suivant la tradition des cabinets ministériels et la hiérarchie de la vie politique, on vous consacre un peu plus de temps qu'à un autre. J'allais voir par exemple Gayssot [alors ministre communiste des Transports], il me gardait trois quarts d'heure, il m'offrait

---

10 Renaud Muselier a été secrétaire d'État aux Affaires étrangères du gouvernement de Jean-Pierre Raffarin, de juin 2002 à juin 2005.

11 Voir *infra*, chapitre 15.

le coup à boire, nous parlions amicalement et puis on regardait le dossier. Je repartais et rien ne bougeait. Il m'avait accordé la considération qu'il devait, mais, pour autant, il ne m'a jamais rien réglé. Pareil avec la mère Voynet, pareil avec quelques ministres que j'ai vus comme ça. Quand vous êtes au Parlement, vous interpellez en direct. »

On ne peut mieux dire que la relation de pouvoir s'exerce en direct, en face à face, voire au corps à corps.

# 5

# *Réseaux d'influence et « clientélisme des pauvres »*

## *Entretenir des réseaux*

L'élu local d'importance gère en permanence des réseaux qui le connectent à des habitants, autant qu'il entretient des réseaux d'influence qui le branchent aux personnalités ayant pouvoir et richesse : elles contribueront à la réputation du grand élu, mais elles pourront aussi l'aider dans sa conquête du pouvoir ou dans sa consolidation. Jean-Claude Gaudin sait parfaitement différencier les registres, celui qu'un dirigeant socialiste appelle le « clientélisme des pauvres », la base du métier, et celui des réseaux d'influence. Il se souvient de l'époque où, jeune conseiller bien vu de la majorité defferriste, il obtenait facilement satisfaction dans le premier registre : « Je demande qu'on embauche un cantonnier, on embauche un cantonnier, je demande un HLM on me donne un HLM. »

Mais, depuis qu'il est maire, ce n'est plus son niveau d'intervention privilégié. Il a même été contraint de mettre des procédures et des gens au service de cette fonction. Trois ou quatre lettres concernant souvent sa circonscription arrivent quotidiennement à son domicile personnel. Il les lit et les annote pour réponse. Le service du courrier du maire, à l'hôtel de ville, travaille à une autre échelle puisqu'il emploie une trentaine de personnes. Ce qui concerne l'administration municipale ou la politique est traité par Claude Bertrand, son directeur de cabinet, qui réagit directement ou renvoie vers l'adjoint concerné. Ce qui concerne les demandes d'emploi ou autres aides à caractère personnel est traité par Maurice Batin, son chef de cabinet. Le maire signe beaucoup des réponses, ajoutant ou non un mot personnel selon le degré d'intimité entre le demandeur et lui, ou selon le prestige du quêteur.

Ses réactions personnelles aux demandes privées sont réservées aux réseaux plus prestigieux et, outre qu'elles manifestent sa puissance, elles peuvent produire des effets politiques favorables. Jean-Claude Gaudin a une mémoire extraordinairement précise de ces petites actions. Cela tient probablement au fait qu'il a toujours envisagé sa carrière sur le long terme et très vite compris que l'entretien de bonnes relations – et d'une bonne mémoire – pouvait être un atout décisif. Premier réseau, la famille politique. Celle du MRP lui a longtemps servi, pour obtenir une investiture encore contestée en 1978 et pour accéder la même année au poste de président du groupe UDF à l'Assemblée nationale [1]. Le jeune député a aussitôt mis ses savoir-faire, mémoire et entregent au service des élus locaux de droite de Marseille, qui lui doivent tous personnellement quelque chose. S'étant imposé le premier aux plans local et national, il les a investis et les a emmenés à des victoires successives, à la députation d'abord, au conseil régional ensuite, à la mairie enfin.

Jean-Claude Gaudin décrit par exemple les résultats des élections législatives de 1988, quand un désistement implicite face au Front national est décidé, alors que lui n'en a pas besoin pour être élu. « Le dimanche, Blum est élu, Vacher est élu, Teissier, de quatre-vingt-quatre voix, est élu, de Peretti de la Rocca, à Aix, est élu, Kert est élu... », nous raconte-t-il, façon de rappeler ce que ces députés de Marseille et du département lui doivent. L'ex-président du groupe UDF a poussé des dizaines de candidats, négocié pour eux pendant neuf ans et sait rappeler à ceux d'entre eux qui sont devenus ministres qu'ils ont commencé sa carrière sous son œil bienveillant. Son statut de vice-président de l'UMP, obtenu dès la création du parti majoritaire en novembre 2002 dans le droit fil de cette compétence, lui permet d'entretenir quotidiennement ses réseaux politiques nationaux.

Mais l'aide apportée à un politique d'un autre camp peut aussi avoir des retombées bénéfiques inattendues. Jean-Claude Gaudin raconte ainsi que, lorsqu'il était président de groupe à l'Assemblée nationale, il voit « Édith Cresson au bord des larmes », car ses amis politiques socialistes ont décidé de « mettre à genoux » leur Premier ministre en faisant sauter un de ses textes de loi. « Sept heures et demie, on suspend la séance et je dis à Édith : "Édith, vos amis ne sont pas très gentils, mais ne vous faites pas de souci,

1 Voir *supra*, chapitre 3.

allez dîner tranquille : quand on reprend la séance, je fais abstenir le groupe UDF et votre texte passe" [2]. » Ce qui est fait. « Vous allez voir que ça m'a beaucoup rapporté », poursuit le maire. Des années plus tard, devenue commissaire européenne, Édith Cresson lui téléphone un jour pour lui proposer d'installer la première « École de la deuxième chance » à Marseille, la finançant à 60 % : « Si vous la voulez, c'est vous qui l'avez », dit-elle. C'est ce qui arriva [3].

Des personnalités privées d'importance bénéficient également de soutien – et s'en souviennent. Le député Gaudin a ainsi aidé à la naturalisation de Jacques Saadé, armateur d'origine libanaise devenu huitième armateur mondial à partir d'une petite société, la CMA (Compagnie maritime d'affrètement), qu'il avait localisée à Marseille après son départ du Liban. Le maire est aussi intervenu par une lettre de soutien adressée au ministre des Transports, au moment des démêlés judiciaires de l'armateur, compliqués d'une lutte féroce avec son frère. « Ça, on n'aurait pas dû le faire », explique aujourd'hui M. Gaudin, se rappelant que la lettre a été publiée dans la presse. N'empêche que l'installation du siège du groupe CMA-CGM (né de la reprise, en 1996, de la Compagnie générale maritime par la CMA) et de ses 1 200 employés à Marseille, en 2002, est aussi le renvoi d'ascenseur d'un homme ayant bénéficié de soutiens importants – et avec qui le maire déjeune régulièrement. Devenu, et de très loin, l'armateur français le plus puissant, Jacques Saadé est aussi un bâtisseur d'importance : lors de l'annonce, en décembre 2004, que son nouveau siège social marseillais serait construit par la célèbre architecte britannique Zaha Hadid, le maire était présent, remerciant encore Jacques Saadé d'édifier une tour qui deviendra un « signal comme l'Opéra de Sydney [4] ».

En 2003, le maire appuie aussi la demande d'aide financière de Hassan El-Bouod, industriel franco-marocain à la tête d'une entreprise d'alimentation hallal au bord de la faillite. L'homme participe au Centre des jeunes dirigeants d'entreprise, a longtemps été responsable du Comité des chevillards qui organisait l'Aïd en liaison avec la préfecture et préside le club de la Zone franche urbaine créé par le ministre Gaudin : sa déconfiture ferait mauvais effet. M. El-Bouod bénéficiera d'une aide financière conséquente

2 *Ibid.*

3 Bien sûr, on peut se demander pourquoi, en de telles circonstances, J.-C. Gaudin agit ainsi. Nous avons posé la question au principal intéressé, qui répond avoir agi « par sympathie pour la personne ». « Moi je trouvais que cette femme, les mecs se comportaient mal avec elle », nous dit-il encore.

4 *Le Monde*, 4 décembre 2004.

de la ville, complétée d'autres aides du conseil général et du conseil régional, pourtant présidés par la gauche [5]. Double avantage pour le maire : il aide un industriel qui est un important relais auprès d'autres industriels de la ville, et il obtient la reconnaissance d'un homme qu'il croit influent dans la communauté d'origine marocaine.

M. Gaudin, qui y est très sensible pour lui-même, honore aussi de décorations ceux qui lui ont rendu des services. Grâce à lui, sa suppléante de 1978, Élisabeth Jouanon, choisie « parce qu'aux yeux de la clientèle rapatriée, elle a eu un rôle important en 1962 », est devenue officier de la Légion d'honneur en 2003. Il a aussi orné les boutonnières de deux évêques qui l'ont aidé à se dépêtrer de son alliance avec le Front national entre 1986 et 1992 : « Toutes leurs décorations, elles viennent par moi, qui voulez-vous qui s'intéresse à eux sinon ? Ça vient pas par l'intermédiaire du Saint-Esprit... », plaisante-t-il.

Cette gestion de réseau consiste donc à favoriser, aider ou honorer des têtes de réseau, qui ont elles-mêmes un poids économique, politique ou culturel. Comme pour les petits, elle consiste à mettre son poids personnel dans une balance qui pencherait peut-être du côté de l'application trop stricte de la loi ou de la routine bureaucratique. Reste ensuite à faire connaître l'intervention. Les plus importantes sont signalées au bénéficiaire avec un mot manuscrit du maire, les autres sont paraphées avec sa griffe mécanisée.

## *Le terrain des clients*

Ambiguë, polysémique, l'expression « élu de terrain » évoque la proximité avec les électeurs. On verra plus loin qu'elle relève plus de l'idéologie que de l'analyse du réel [6]. Mais la croyance en ses vertus a une traduction concrète pour les élus et les postulants : être le plus souvent possible dans leur secteur, assister à des dizaines de réunions, de remises de coupe, d'apéritifs d'honneur ou d'inauguration, multiplier les visites, les contacts individuels ou collectifs, ou tenir des permanences. Inlassablement. Et le faire savoir, tout aussi inlassablement.

Ayant cumulé toutes les fonctions électives dans le secteur dont il a aussi été maire, Lucien Weygand nous parle de ses permanences – il en a fait

5 Par une délibération du 17 octobre 2003, le conseil régional attribue une aide de 300 000 euros à Hassan El-Bouod et son entreprise Islam viande.

6 Voir chapitre suivant.

des milliers – avec pas mal de recul : « J'ai écouté des trucs abominables quand j'étais adjoint aux œuvres sociales, un véritable confesseur public laïque, il faut voir ! C'est pour ça que je dis que la deuxième vertu, c'est quand même la patience. Il faut écouter les gens, dire : "Je comprends...", et petit à petit, vous vous fidélisez des gens. L'élu qui veut faire carrière d'élu et se coupe de la population localement ne va jamais loin. » Roger Ruzé, conseiller d'arrondissement communiste dans le secteur où il est né et où il milite depuis son adolescence, nous confirme : « Qualité numéro un : la disponibilité. Je ne passe pas ici [la mairie de secteur] une semaine sans recevoir à peu près vingt-cinq à trente personnes, une demi-heure, un quart d'heure, ou sans aller sur le terrain. La personne appelle : "J'ai un problème", "J'arrive". Quand je vais voir Tartempion qui a un problème, le voisin sort : "Ah ! c'est Monsieur Ruzé." Je ne peux pas passer dans la rue sans qu'on m'interpelle. Sur des problèmes de logement, de travail, d'urbanisme. Par exemple : "Dites-nous pourquoi l'arrêt de bus chez nous n'a pas de banc", tout, tout... »

Ainsi décrite, la notion de terrain définit la relation que ces élus entretiennent avec leurs électeurs. On peut ajouter, cyniquement, que la présence sur le terrain a un autre avantage : beaucoup de problèmes quotidiens que posent les gens rencontrés pourraient être résolus par des recours administratifs ou par des intermédiaires qui ne sont pas des élus. En s'en mêlant, les élus donnent un caractère de relation interpersonnelle à des problèmes qui n'ont pas vocation à l'être. Ils donnent le sentiment aux gens que leur intervention était utile, même quand ils n'ont rien fait pour le résoudre. Lucien Weygand n'est pas dupe, qui nous raconte : « Un jour à la mairie, je reçois un ami des Olives et qui me dit : "Tu te rends compte ! Ça fait trois mois que je demande à Masse – Jean Masse – un appartement pour mon fils et il veut pas le faire." Je lui dis : "Attends, ce n'est pas qu'il ne veut pas, c'est qu'il ne peut pas !" "Mais écoute, je veux que tu interviennes ! Je veux que tu fasses une intervention." Comme ça me coûtait rien de lui dire "oui", je lui ai dit : "Oui, ne t'en fais pas, je le fais. Comment il s'appelle ?" Je note. Et je ne fais strictement rien ! C'était le lundi. Le jeudi, je vois arriver quelqu'un avec une bouteille de vin : "Putain ! Finalement tu es bon, hein ! Mercredi, il y a eu l'attribution qui est arrivée ! Ce Masse, il y comprend rien !" Celui-là, vous auriez pu lui mettre la tête sous le couperet, il était sûr que c'était moi qui lui avais fait avoir l'appartement de son fils ! Il est allé partout dire ça et tout le monde rappliquait en disant : "Oui, oui, vous l'avez fait". »

On est au cœur ici de ce qu'on appelle généralement le clientélisme. On se gardera cependant d'entrer dans la longue discussion théorique qu'implique presque toujours l'emploi de ce terme [7]. En évitant le registre moralisateur dans lequel il est généralement pris, on l'emploiera seulement pour nommer la personnalisation des procédures de distribution de ressources publiques en réponse aux demandes individuelles adressées aux élus. Cette pratique ordinaire est fondée sur un échange, au moins théorique, entre une ressource matérielle ou symbolique apportée à un client et un vote accordé à l'élu. De quelque bord qu'ils soient et quelle que soit leur génération, les élus sont confrontés à cette question des services personnels, puisque les habitants leur en demandent quotidiennement. Lors des campagnes électorales, locales ou nationales, ils passent plus de temps à écouter les requêtes des citoyens et à présenter le collaborateur chargé de prendre les coordonnées du demandeur, qu'à parler de leur programme.

Unanimement, et en général pour le déplorer (plus ou moins cyniquement), les élus disent que leur élection ou réélection dépend largement de cet échange entre service rendu et suffrage. Lucien Weygand, référence s'il en est en termes de longévité municipale et cantonale, nous en parle ainsi : « Petit à petit, vous fidélisez des gens que vous pouvez appeler une clientèle, mais enfin, c'est une clientèle à qui on ne vend rien. Sinon un peu de considération ». Lui qui a été pendant des décennies vice-président de l'OPAC (Office public d'aménagement et de construction) et membre de toutes les commissions d'attribution du principal bailleur social du département, estime que les élus peuvent jouer sur « 3 à 4 % des attributions ». Cette faible proportion serait due au fait que les commissions, qui répartissent les logements sur la base de contingents prédéterminés, comprennent une majorité de membres non élus – les représentants du préfet, de la caisse d'allocations familiales, des offices HLM, des locataires. Lucien Weygand ajoute que les bénéficiaires sont souvent des gens « qui l'auraient eu sans qu'on intervienne ». Il précise aussi avoir vu, depuis 1975, l'influence des élus sur ces attributions décroître en même temps que leur poids dans les commissions. Sur l'importance du clientélisme dans la carrière politique, il estime qu'il faut raisonner en temps long : lui qui a travaillé « sur quelques générations », rencontre des gens qui se souviennent qu'il avait « obtenu un appartement pour le grand-père ». Sa seconde idée est que les temps ont beaucoup changé par rapport à ses débuts : plus grand monde ne demande de logements « à Frais-Vallon, à la Paternelle ou au Petit-Séminaire », les grandes cités de son territoire construites dans les années 1970.

---

7 Sur ce sujet, on lira avec profit Jean-Louis Briquet et Frédéric Sawicki, *Le Clientélisme politique dans les sociétés contemporaines*, PUF, Paris, 1998.

Pour vérifier la consistance de son discours, on dispose de données intéressantes sur son travail d'implantation dans une thèse encore inédite d'un politologue italien, Cesare Mattina [8]. Premier constat, l'ancien président du conseil général minore sensiblement son rôle. Durant l'année 1975-1976, le conseiller municipal, adjoint au maire et conseiller général Lucien Weygand est, devant Jean Masse et Charles-Émile Loo, la personne qui a obtenu du cabinet du maire le plus grand nombre de logements sociaux « hors contingent » pour ses protégés : 177 logements pour les gens qu'il a recommandés, quand Jean Masse en obtient 169 et Charles-Émile Loo 111 [9]. C'est dire que Lucien Weygand pesait dans le système Defferre des années 1970. C'est dire aussi qu'il ne négligeait pas cet outil d'implantation. On le voit plus loin encore dans la thèse de Cesare Mattina, qui s'est livré à un calcul intéressant : dans le 16e canton, où Lucien Weygand est élu, 18 383 logements sociaux ont été livrés entre le début des années 1960 et la fin des années 1970, principalement par les offices HLM de la Ville (OPHLM) et du département (OPAC), dirigés l'un et l'autre par la gauche. Dans un canton de 50 000 habitants et de 25 000 inscrits sur les listes électorales, « cela signifie », écrit Cesare Mattina, « qu'une très grande majorité des habitants de ce canton habite dans un HLM sur lequel Weygand a pu contrôler les attributions ». On note que les deux autres élus privilégiés sont Jean Masse, solidement ancré à l'est de la ville, et Charles-Émile Loo, dont le territoire est au sud, qui sont les deux plus gros bastions socialistes de l'époque.

La répartition des logements sociaux est d'ailleurs toujours indexée sur le poids politique des uns et des autres. Cesare Mattina détaille la distribution des 717 logements attribués par la Ville dans la cité Saint-Barthélemy – canton de Lucien Weygand – pour l'année 1969-1970 : 187 sont attribués directement par le maire Gaston Defferre et son cabinet, 46 vont au personnel municipal, 71 à l'adjoint au logement, 313 aux élus du groupe majoritaire ainsi répartis : 182 à la SFIO, 53 à Socialisme et Démocratie, 111 au Rassemblement d'union et d'action communale et 67 aux centristes alliés à la gauche. Quand les alliances changent, la répartition change. Un élu socialiste le confirme pour les années postérieures 1983-1986 : quand Gaston Defferre s'allie aux communistes, ses ennemis d'hier, il faut changer les clefs de répartition en soignant aussi le PCF. Et le système d'attribution

8 Cesare Mattina, *La Régulation clientélaire. Relations de clientèle et gouvernement urbain à Naples et à Marseille (1970-1980)*, thèse de doctorat en sciences politiques, Université Grenoble-2, 2003.

9 Sur un total de 1 151 attribués.

des logements dépendant du conseil général, à majorité de gauche, s'il a évolué, n'a pas disparu en 1999. Un élu communiste avoue, un peu gêné : « Sur les trente logements, vous en avez cinq pour le PCF, donc on envoie des clients pour chacun des logements. »

Ce poids politique acquis par l'influence, supposée ou réelle, dans l'attribution des logements se lit assez clairement dans la puissance de la famille sur plusieurs décennies. Jean-François Guérini, oncle de Jean-Noël Guérini, conseiller général du Panier et président socialiste du conseil général en 2005, a été président de l'OPHLM de la ville de Marseille. Antoine Guérini, père de Jean-Noël, a été cadre de l'OPAC Sud. Jean-Noël Guérini a été lui-même employé de l'OPHLM à vingt-cinq ans – et responsable de la section FO. Il est ensuite devenu président de l'OPAC et préside en 2005 le conseil général, dont l'office HLM est présidé par Jean Bonat, son fidèle. Les archives municipales consultées par Cesare Mattina montrent que le jeune Jean-Noël intervenait auprès du cabinet du maire et de l'OPAC dès que des appartements se libéraient [10]. Il obtenait souvent satisfaction, pour la bonne raison que ce secteur cantonal était au cœur de la circonscription législative de Gaston Defferre. Dans cet échange, les deux parties étaient gagnantes : Gaston Defferre conservait plus facilement son siège, Jean-Noël bâtissait sa puissance. En 1982, le petit employé de l'OPHLM est ainsi devenu conseiller général, avant d'accéder en août 1988 à la présidence du conseil général, au terme d'un autre coup de force interne au PS, qu'il a remporté de sang-froid et grâce à une puissance reconnue par ceux qui sont devenus plus tard ses alliés ou affidés.

## *Les limites du clientélisme*

En 1979, Lucien Weygand adresse un rapport confidentiel à Gaston Defferre. Analysant la défaite des socialistes aux cantonales dans les 13e et 14e arrondissements dont il est l'élu, il écrit que « ce recul se fait pour l'essentiel au profit de la droite, y compris dans les HLM ». Il constate surtout que « la méthode qui consiste à recevoir les citoyens et à leur écrire a une limite ; de plus en plus de personnes viennent aux permanences avec des liasses de quinze à vingt lettres de Gaston Defferre, Jean Masse, Lucien Weygand, qu'elles ont sollicités pour des emplois, des appartements, sans résultat. [...] Elles ont l'impression qu'on se moque d'elles. Il paraît évident

10 Cesare Mattina, *La Régulation clientélaire, op. cit.*

que l'on doit mettre à disposition des élus quelques moyens de satisfaire leurs électeurs, ou cesser ce type de pratiques [11] ».

Décrivant par le menu les changements sociologiques des quartiers, il parle du « départ massif de familles qui sociologiquement nous étaient favorables ». Évoquant la grande cité de Frais-Vallon, il explique que les habitants initiaux sont remplacés par des « locataires désignés par une commission qui statue sur dossier ; ces locataires n'ont donc aucun contact préalable avec les élus qui, d'ailleurs ne reçoivent que très peu de demandes pour ce groupe ». Son analyse précise que « l'effort énorme réalisé par la municipalité dans cette cité – crèches, stations de métro, école, maison pour tous – n'arrive pas à compenser les problèmes sociaux ». Mais Lucien Weygand est aussi très conscient de « l'inadaptation du PS et en particulier de ses relais », les comités d'intérêt de quartier ou les élus.

Ce texte est intéressant, parce qu'il décrit dans le détail le fonctionnement clientéliste, mais surtout parce qu'il en trace les limites. Pour Lucien Weygand, elles sont de deux ordres. En premier lieu, le changement de mode d'attribution des logements, qui minore le poids des élus, tend à rendre l'exercice obsolète. En second lieu – et pour lui c'est l'essentiel –, la dégradation des conditions de vie, urbaines et sociales, le rend presque vain. L'irruption du Front national dans ces quartiers à partir de 1984 montrera d'ailleurs que la régulation politique a, ici, changé de nature et que les élus traditionnels, s'ils ont rapidement aperçu le problème, n'ont pas trouvé de ressources suffisantes pour le résoudre. Les biens à distribuer se raréfiant, la concurrence entre les différents élus devenait en même temps plus forte.

En 2003, l'élu socialiste Patrick Mennucci nous a confirmé ce diagnostic établi dès la fin des années 1970. Ce qu'il décrit alors, en matière d'attribution de logements, montre que les interventions, si elles perdurent, ne suffisent plus à construire une clientèle. D'abord, explique-t-il, « la dégradation de 80 % du parc HLM » est telle que « si tu dis à un type : "'Va à Campagne-Lévêque ou aux Aygalades", il te dit : "Tu me prends pour un con ?" [12] ». Résultat : « Tu ne joues plus que sur 20 % du parc », car il y a de moins en moins de gens intéressés par ce qui pourrait être offert depuis 1976, année qui marque la fin de la construction massive de logements sociaux. À l'évidence, le clientélisme joue désormais surtout comme ascenseur social pour des gens déjà logés dans des HLM et qui veulent en sortir,

---

11 Cette note est reproduite par Cesare Mattina, *ibid.*

12 Campagne-Lévêque est un ensemble de HLM des quartiers nord qui comprend une des plus grandes barres d'Europe. Les Aygalades sont à la fois un quartier de Marseille et un ensemble HLM.

tandis que les populations qui accèdent à ces grands ensembles ne s'inscrivent plus dans les réseaux politiques anciens.

Un autre élu socialiste nous a raconté comment il est intervenu pour aider un habitant portant un nom arabe à quitter la cité mal aimée des quartiers nord où il vivait : pour lui obtenir un appartement dans une autre zone, il a demandé de l'aide à un de ses contacts à l'office HLM patronal, le CIL, sachant qu'il était vain d'essayer de passer par l'OPAC, tenu par les socialistes, mais surchargé. Les faveurs, rarement obtenues, jouent donc individu par individu et servent plus à consolider l'implantation du leader local dans son propre parti qu'à construire une large clientèle. À moins, cas de figure proche, qu'elles servent à conforter la fidélité de son personnel à une institution. Comme Lucien Weygand le précise : « Le conseil général a droit à un certain nombre d'appartements quand il garantit les emprunts des sociétés qui construisent. Finalement, 80 % d'entre eux sont destinés au personnel lui-même, qui a besoin de se loger. »

Quant aux emplois, ils sont devenus rares et s'obtiennent souvent par concours, ce qui rend le « piston » plus difficile à manier que jadis. Philippe Sanmarco et Bernard Morel affirment que dans les années 1960, la mairie disposait, directement ou non, de 50 000 emplois [13] : ceux de la mairie, de la Régie des transports, des sociétés d'économie mixte, de l'Assistance publique, des offices HLM, de différents organismes sociaux dominés par Force ouvrière, de sociétés de taxis ou d'entreprises portuaires. Quarante ans plus tard, elle garde un poids réel parmi ses employés, et une influence non négligeable dans les institutions satellites [14] ; mais son domaine s'est considérablement restreint et, comme pour les HLM, les conditions d'accès aux emplois sont moins directement politisées : les concours d'entrée sont devenus la règle pour certaines catégories et la concurrence syndicale freine parfois les voies d'accès trop marquées de préférence partisane.

Restent pourtant de nombreuses manières de privilégier les amis, les parents ou les clients. Les stages d'été dans les collectivités locales et leurs satellites sont, de fait, réservés aux enfants des élus ou aux employés des institutions. Ces stages aident les jeunes gens à payer leurs études – ou leurs vacances –, mais ils sont aussi un marchepied décisif pour l'accès à l'emploi dans la fonction publique territoriale. Les emplois jeunes sont aussi une bonne manière de conserver une influence sur les embauches : le journal *Le Pavé* avait révélé cette pratique clientélaire pour les embauches des

---

13 Philippe SANMARCO et Bernard MOREL, *Marseille, l'endroit du décor*, Édisud, Aix-en-Provence, 1985.

14 Voir *infra*, chapitre 8.

emplois jeunes du conseil général, quand la préfecture a exigé qu'on ne demande plus les photocopies des cartes électorales aux postulants, car elle redoutait une utilisation politique de ce fichier. Le procédé a été plus discret à la mairie, mais les premiers embauchés selon cette procédure avouaient assez naïvement au journaliste qui les interrogeait discrètement qu'ils avaient trouvé leur job grâce aux relations de leurs parents avec tel ou tel élu. Et en novembre 2002, au moment d'une grève des éboueurs, les jeunes grévistes confirmaient le propos. Interrogé dans la thèse de Cesare Mattina, un maire de secteur de droite explique : « Dans ma mairie de secteur, tous les emplois jeunes que je prends, je les mets dans des endroits spécifiques et à terme ils remplaceront un fonctionnaire. » Jean-Claude Gaudin a lui-même confirmé la méthode de nombreuses fois, notamment lorsqu'il a reçu le secrétaire général de Force ouvrière à la mairie en avril 2004 [15].

Mais les temps sont indéniablement plus durs qu'autrefois : un élu de droite (Démocratie libérale) nous a expliqué qu'il faut « avoir des passerelles avec des entrepreneurs » et qu'ayant fait ses études à Marseille, il a « beaucoup d'amis qui ont réussi » : il peut donc leur demander un coup de main. Il estime à une vingtaine le nombre d'emplois ainsi obtenus chaque année. Un autre élu de droite a mis sur pied une petite structure, « Objectif emploi », qui gère les demandes d'emploi – une « entreprise bénévole [qui] fait comme l'ANPE ». Par elle, il « fidélise des employeurs » qui, parfois, s'adressent à cette association installée dans la permanence personnelle de l'élu. Mais l'importance du flux des demandes et la rareté relative des réponses positives trouvent un écho dans une phrase ironique de Lucien Weygand, qui nous la lance, sourire aux lèvres : « Il y a des milliers de gens qui me disent : "Il faut me pistonner pour un concours." S'ils réussissent, c'est dû à leurs qualités exceptionnelles ; et s'ils échouent, c'est parce que tu les as mal pistonnés et que d'autres l'étaient plus… »

## *La nostalgie du village*

Lucien Weygand se rappelle avec un rien de mélancolie le temps où « il y avait une joie de recevoir l'élu », quand « on avait goudronné une voie », sans se préoccuper de savoir si elle était vicinale ou privée. Le président du comité d'intérêt de quartier organisait une petite réception, et remerciait l'élu : « On buvait le pastis, c'était sympa, ça ne coûtait rien à personne. »

---

15 *Ibid.*

« Maintenant, poursuit-il, vous goudronnez une traverse [16], quand vous arrivez les gens vous disent : "Depuis quatre ans que vous auriez dû la faire, c'est pas trop tôt." Tout juste si vous vous faites pas frapper à coups de bâton. » Beaucoup d'autres élus ressentent la même nostalgie des temps anciens, où tout le monde se connaissait et récompensait l'élu à la bonne franquette.

Le récit de Lucien Weygand rend compte de ce qui a été une expérience sociale, celle des « élus de quartier », indispensable tremplin à la notabilité urbaine. Mais il est intéressant aussi par ce qu'il dit du milieu social auquel les élus pensent spontanément, esquissant en creux des critères de légitimité : les « habitants de la traverse » qui leur tiennent à cœur sont à l'évidence des petits propriétaires de villas, commerçants, ouvriers à statut, employés de la ville, tous petits notables de leur rue et membres du comité d'intérêt de quartier. Ceux qui construisent l'opinion publique reconnue du coin. Ces acteurs ont une influence majeure sur les élus, qui s'en préoccupent. Or ils ne représentent qu'une petite partie de la population, celle qui est inscrite dans des processus de socialisation, au premier rang desquels, justement, le vote. C'est d'abord pour ces citoyens votants, leurs électeurs – ou les électeurs de leurs adversaires qu'ils cherchent à conquérir –, que les acteurs politiques du lieu agissent, interviennent, élaborent des politiques publiques.

Issue d'un autre milieu, arrivée sur la scène deux générations politiques plus tard, Samia Ghali affirme encore : « Marseille, finalement, c'est un gros village [17]. » Une telle obstination à considérer une ville de 800 000 habitants comme un bourg mérite attention. La phrase sonne comme un vœu des responsables politiques : celui que les habitants soient tous repérables et qu'on puisse les inscrire dans une société facilement maîtrisable. Un vœu pieux, bien sûr, puisqu'ils évoluent dans une société urbaine, donc ouverte. Mais il faut regarder de plus près quelques chiffres pour s'apercevoir qu'après tout, la volonté de ramener la ville aux dimensions d'un village, ou d'un ensemble de villages, n'est pas tout à fait illusoire.

L'analyse détaillée des chiffres des élections montre en effet que le gain d'un poste électif repose sur un nombre minime d'habitants. Sur 807 726 habitants recensés à Marseille en 2001, 411 520 étaient inscrits au

16 Souvent bordée de hauts murs, une « traverse » reliait deux quartiers-village entre eux. Elles n'existent plus qu'à l'état de traces dans les quartiers périphériques, et ont souvent été privatisées.

17 Jean-Louis Comolli et Michel Samson, « Nos deux Marseillaises », dans *Marseille contre Marseille*, série documentaire citée.

premier tour de l'élection municipale de cette année-là : la moitié seulement de la population. Quant aux votants effectifs, leur nombre est en baisse constante. En 1989, 64,79 % de la population s'exprimait lors du scrutin municipal, 61,45 % en 1995, et seulement 54,11 % en 2001. Résultat de ces réductions successives : 214 000 personnes ont voté en 2001, ce qui signifie qu'un petit quart seulement des Marseillais est intervenu dans le jeu électoral. La capitale régionale est *ipso facto* réduite aux dimensions d'une ville moyenne. Cette distorsion structurelle affecte tous les scrutins, nationaux ou locaux.

Lors des élections présidentielles et législatives de 2002, la 7ᵉ circonscription des Bouches-du-Rhône, la plus peuplée du département, est celle qui, nationalement, a donné le plus de voix à Jean-Marie Le Pen [18]. 103 067 habitants (92 754 Français et 10 313 étrangers) vivent alors sur ce territoire traditionnellement de gauche, qui connaît un taux de chômage de 32 % (12,8 % au niveau national), où les ouvriers et les employés sont surreprésentés, les professions intermédiaires et les cadres étant, en contrepartie, sous-représentés. Or les résultats de l'année 2002 se caractérisent par des taux d'abstention record. Concrètement, 30 835 électeurs seulement ont choisi un candidat lors du premier tour de la présidentielle. Parmi eux, 8 271 ont voté Le Pen, arrivé en tête avec 26 % des suffrages exprimés, ce qui représente 17 % des inscrits et 7,7 % des habitants. Deuxième du scrutin, Lionel Jospin a rassemblé 5 951 voix, 19 % des votants, 12 % des inscrits, moins de 6 % des habitants. Troisième, Jacques Chirac qui réuni 4 258 suffrages (26 % des exprimés, 17 % des inscrits, 3,8 % des habitants). À eux trois, donc, les concurrents principaux ont séduit 18 880 électeurs, 17 % des habitants ! Mêmes résultats pour la législative qui a envoyé quelques semaines plus tard Sylvie Andrieux (PS) à l'Assemblée nationale : elle a été élue avec 63 % des suffrages exprimés, soit 14 105 votants, qui représentaient 30 % des inscrits (46 636). Et à peu près 13 % des 103 067 habitants.

Contrairement à une idée répandue, ces faibles taux de participation touchent les huit secteurs municipaux, c'est-à-dire les quartiers aisés comme les déshérités, ceux qui votent à droite comme ceux qui votent à gauche. On l'a vu aux municipales de 2001. Dans les quartiers sud, Jean-Claude Gaudin a été élu au conseil municipal dès le premier tour avec le meilleur score de la ville : il a recueilli dans son secteur 52 % des votants, soit 18 022 personnes. Score confortable, qui fait de lui et de ses douze colistiers les seuls élus de premier tour. Mais ils le sont sur la base du quart seulement

18 *Le Monde*, 5 juin 2002.

des inscrits, qui ne représentent déjà que la moitié des habitants. Au même scrutin, Sylvie Andrieux et ses colistiers, dans les quartiers nord, sont largement en tête au premier tour avec 37 % des voix et 18 % des inscrits : ils obtiennent exactement 12 008 voix. Ils l'emportent au second tour avec 15 262 voix, les autres petits contingents de gauche s'étant évidemment ralliés à la candidate de gauche la mieux placée. Leur concurrent UMP rassemble à ce même tour 12 528 voix et le MNR (Mouvement national républicain de Bruno Mégret) 7 062.

C'est dire que l'élection se joue à quelques centaines de voix pouvant se déplacer d'un camp à un autre. La connaissance du terrain, l'analyse détaillée de chaque bureau permettent d'identifier celles-ci assez aisément. D'ailleurs, la candidate socialiste et quelques-uns de ses proches, comme tous les élus sérieux, sont parfaitement capables de décrire la composition socioprofessionnelle de chacun des bureaux et de comptabiliser les sommes exactes des subventions dont les associations et comités qui agissent sur le microterritoire de ces bureaux ont reçu de la région, du conseil général, de la Ville ou de l'État : là un panier de basket pour les adolescents, ici une subvention pour le club de femmes, ailleurs un goûter pour le troisième âge... Ils n'oublient jamais de le rappeler en campagne, et avec plus de vivacité encore entre les deux tours, afin que chacun se souvienne de la dette que ces aides directes ou indirectes sont censées créer.

Dans la même zone géographique, le conseiller général socialiste Denis Rossi est élu d'un canton qui comprend 38 000 habitants, mais 16 012 inscrits seulement ; 65 % de votants ont pris part au vote en 2004. Au premier tour, Denis Rossi obtient 37,97 % des suffrages : 3 472 voix. Derrière lui, le candidat du Front national en obtient 25,59 % : 2 340 voix. Évidemment, Denis Rossi obtient le soutien de toute la gauche et d'une partie de la droite au tour décisif. Il le remporte avec 6 349 suffrages (67,78 %), quand le FN attire 3 018 électeurs (32,22 %). Dans ce canton important, l'écrasante victoire du socialiste, évidemment indiscutable, se joue donc à l'intérieur d'un bassin électoral réduit à la dimension d'un village – d'autant, on l'a vu, que le candidat identifie très bien où sont les inscrits, qui sont les votants habituels et les abstentionnistes permanents. Toutes opérations qui lui permettent de cibler son action et de la ramener à une échelle beaucoup plus humaine, celle d'un gros village, c'est-à-dire d'un lieu d'interconnaissance restreint.

Un exemple encore plus frappant : celui du troisième canton de Marseille, le Panier, fief de Jean-Noël Guérini, dont on a vu qu'il est le président du conseil général et l'incontestable patron des socialistes phocéens. En 2001, ce territoire abritait 8 908 habitants et 3 800 inscrits. Lors du vote, le taux d'abstention a été de 40 % ; 60 % des inscrits ont donc voté : 2 280 personnes. Pour gagner il fallait donc en séduire la moitié plus un, 1 141. À cette échelle, villageoise, l'entretien de réseaux comme les clubs de troisième âge, le centre social, les associations culturelles intervenant sur le quartier peut aider puissamment à se faire élire.

L'analyse minutieuse de ces quelques chiffres suggère cette remarque : le travail des hommes politiques locaux, qui repose largement sur la capacité à tenir des réseaux, à jouer des relations de clientèle, à créer des relations interpersonnelles, ou à suggérer qu'elles existent, est grandement facilité quand les taux de non-inscrits et d'abstention sont si élevés, lorsque la métropole se réduit aux dimensions d'une petite ville ou d'un village.

Denis Rossi reconnaît d'ailleurs que nombre d'élus « ont un peu peur du véritable suffrage universel et préfèrent gérer un microterritoire ». Ils agissent volontiers selon la formule de l'ancien président socialiste du conseil général dans les années 1960, le rustique Louis Philibert, qui aimait à rappeler que « le canton, c'est le petit coin ». Pourtant une ville est bien autre chose qu'une juxtaposition de « petits coins » : c'est probablement toute la difficulté des acteurs politiques d'arriver à le concevoir au moment même où ils considèrent leur territoire comme ce village qu'ils connaissent sur le bout du vote.

# 6

# *Le terrain, la cocarde et le village*

## *Les noyaux villageois et le terrain*

En 1995, peu de temps après son arrivée au ministère de la Ville, Jean-Claude Gaudin évoque la nécessité de redonner vie aux noyaux villageois. « Je voudrais, dit-il, que des quartiers villageois fassent l'objet d'une réhabilitation, pour que les gens des HLM puissent venir y vivre une nouvelle convivialité. » *Le Monde* ironise sur ce projet digne « d'Alphonse Allais [qui voulait] bâtir des villes à la campagne [1] ». Les hauts fonctionnaires du ministère paniquent : leur imaginaire et leurs représentations de la ville sont formés à l'image des banlieues parisienne ou lyonnaise. L'idée de « noyau villageois » est pour eux d'un exotisme total. S'ils en comprennent vaguement le sens, ils ont, de leur aveu même, un mal évident à repérer dans leur espace professionnel des lieux qui correspondent à ce très nouveau vocabulaire. Il est temps aujourd'hui de leur expliquer comment cette idée était venue à leur ministre, même si c'est au prix de quelques incursions dans la culture spontanée et dans le langage courant des hommes et femmes politiques marseillais. Dans cette quasi-théorie qu'on peut appeler le « localisme ».

Premier trait de ce portrait empirique : l'accent. Les hommes et femmes politiques marseillais parlent souvent avec un bel accent méridional quand

1 *Le Monde*, 24 novembre 1995.

leurs collègues d'autres terroirs parlent plutôt sans. Cette particularité est d'autant plus frappante que les élites économiques ou culturelles marseillaises se sont toujours ingéniées à dissimuler leur accent. De ce fait même, l'accent est devenu ici le signal d'un ancrage populaire : l'afficher, c'est afficher cette origine. Et le revendiquer, c'est indiquer que la politique est aussi une affaire d'ascension sociale [2]. Nul doute en effet, à les entendre, que les hommes politiques sont les fils de ceux qui, venus du peuple, venus d'ailleurs, ont eu à subir la dure loi de la francisation dans l'école de Jules Ferry. L'accent se porte comme un stigmate, qui peut être retourné et exhibé comme un emblème : en affichant son accent, l'homme politique marque son appartenance au corps bafoué de la culture locale.

Il faut entendre le sénateur-maire Jean-Claude Gaudin moquer avec gourmandise les manières de quelques caciques nationaux de son camp pour saisir l'importance de cette distinction maintenue : « C'est chez ces gens-là qu'on m'a le plus fait comprendre qu'on n'était pas du même monde », nous raconte le vice-président du Sénat, à propos des Giscard, de Brantes, de Contade ou d'Ornano, dans l'hôtel particulier desquels il n'a jamais été reçu malgré ses nombreux titres de noblesse politique. En insistant sur ces différences, la liberté que prend le maire vient donc rappeler que sont arrivés au pouvoir à Marseille des affranchis, des hommes sans capital et sans diplôme qui ont mouillé leur chemise près du peuple – alors même que, s'ils l'ont fait et rendu des services, c'est d'abord à l'intérieur du sérail. Ils donnent ainsi l'illusion que le politique est un monde accessible, tout en laissant croire à ceux dont ils ont gardé les manières qu'ils leur ressemblent encore un peu, malgré la distance qui les sépare désormais du peuple.

La proximité avec ce peuple souverain et client s'affiche encore avec cette expression unanimement employée, celle d'être un « élu de terrain ». Usée jusqu'à la corde, l'expression est censée définir la nature singulière des élus locaux – ce qui laisse entendre qu'il y aurait des élus non locaux – et permettre de résoudre illusoirement l'exaspérant mystère des victoires et des défaites électorales. Les réélus justifient leur victoire par leur qualité d'homme « de terrain » et dénigrent leurs adversaires en les accusant de l'ignorer. L'expression a plus fonction de boîte noire idéologique que réelle valeur explicative. On peut rappeler à ce propos que François Billoux, inamovible député communiste des quartiers nord, a été réélu durant des décennies alors que sa venue sur le terrain constituait un événement. Bernard Tapie a fait des scores magnifiques dans les mêmes secteurs en

2 Voir *supra*, chapitre 2.

squattant plus volontiers les écrans de télévision que les quartiers. Que dire enfin des résultats impressionnants du Front national, alors que ses candidats ne disposent pas de permanence de terrain durant les campagnes, sont inconnus dans les secteurs où ils se présentent et disparaissent littéralement entre les scrutins ?

La formule fonctionne alors comme un repère magique, dont chacun peut donner sa définition. Sylvie Andrieux, députée socialiste des quartiers nord, n'aime rien tant que se définir par cette expression. Elle nous précise : « Je suis sur la brèche en permanence, je suis tout le temps en campagne. » Et son suppléant Garo Hovsépian de confirmer : « La veille d'accoucher, elle est restée sur le terrain jusqu'à 22 heures. Le lendemain matin, elle m'annonçait la naissance de sa fille [3]. » Dans ce cas, aller sur le terrain, c'est montrer qu'on paye de sa personne, qu'on s'engage jusqu'au sacrifice. Jean Roatta, député-maire (UMP) du centre-ville, grand adepte de l'expression, mêle durée et terrain : « C'est la durée qui fait la réussite. Tu peux gagner une fois par vague, elle t'emporte, tu gagnes. Mais le type qui reste sur le terrain, il reste. Moi quand je me suis présenté aux législatives la première fois, on a fait 720 voix ! 720 ! Et Jean-Claude [Gaudin] me dit : "Il faut que tu restes dans la circonscription." » Le conseil était judicieux, puisque c'est ainsi qu'il est arrivé à ses fins électorales. Quant au dernier descendant des Masse, Christophe, député et conseiller général, issu de trois générations d'élus dans les mêmes quartiers est de la ville, il suggère que le terrain c'est « la disponibilité et la tradition d'un nom ». Enfin, Lucien Weygand définit ainsi les qualités de l'élu de terrain : « Travailler sur les dossiers, participer aux réunions, émettre un certain nombre d'idées quand même, et surtout être disponible vis-à-vis de la population, c'est-à-dire aussi les trucs emmerdants, les réunions de comités d'intérêt de quartier, les réunions de parents, les kermesses... »

« Terrain », ce terme à plusieurs sens est emprunté à deux univers professionnels. Celui des travailleurs sociaux d'abord, qui expriment la double nature de leur travail, terrain d'un côté, administration de l'autre. Celui des ethnologues et des sociologues ensuite, qui désignent ainsi la distance entre le laboratoire et l'exploration *in situ*. Ce qui s'exprime avec ce terme dans le discours et les représentations politiques est peut-être l'exact rapport de distance et de proximité aux « gens » que les politiques veulent construire : l'élu est *près* du peuple, il n'est pas *du* peuple. Il n'en descend plus, il y descend.

3 *L'Hebdo*, 25 février 2004.

## *Le réalisme sans les intellos*

Autre trait dominant de la culture des hommes politiques locaux, le rejet de ce qui est parisien ou national et, au fond, de toutes les autres formes de compétences que celles de la proximité avec les électeurs. C'est du moins ce qui ressort de la description qu'ils font de leur métier [4]. Cela implique un fort pragmatisme, peu soucieux de théorie ou même d'idées, et a pour conséquence de corseter la pensée politique dans une gangue clientéliste, peu propice à l'élaboration de politiques risquées. Cercle vicieux : ce mépris des débats d'idées éloigne les intellectuels des mondes politiques, lesquels s'en passent fort bien.

Conseiller municipal et vice-président du conseil régional, Patrick Mennucci est cruel sur ce point : « Ce qui me frappe ici, c'est le faible niveau culturel. » Il nous dit avoir éprouvé cette singularité au contact des socialistes non marseillais. Lors d'une commission des résolutions du congrès national de son parti, par exemple : « Tous les chefs sont autour de la table, mais, au bout d'un moment, tu t'aperçois que le niveau est monté tellement haut qu'il ne reste plus que les têtes, Fabius, Emmanuelli... » Or, dans ces jeux-là, il n'a jamais vu un Marseillais : « On a toujours été une marge de manœuvre plutôt qu'acteurs », déplore-t-il. Il raconte alors les mésaventures de l'un des très rares énarques socialistes locaux, ballotté entre conseil général et conseil régional, dont les caciques finissent par se débarrasser, car ils préfèrent soit un énarque qui ne connaît pas le local, soit un local n'ayant pas de grandes compétences techniques : sa double compétence serait un danger, car « si on lui donne un poste important, ça lui donnera le pouvoir ». Pour Patrick Mennucci, l'exemple de Pierre Mauroy allant chercher Martine Aubry pour lui succéder éclaire la question *a contrario* : « Mauroy s'est dit qu'à Lille il y avait une grande histoire du PS : il est donc allé chercher celle qui a le niveau. » La fédération du Nord pourra alors intégrer des gens « qui ont des idées, des intellectuels », ce qui est rare à Marseille, d'autant que, selon un autre socialiste, à peu près aucun leader local ne lit, ou ne s'intéresse sérieusement à la vie culturelle.

Michel Pezet, qui n'a jamais abandonné complètement sa profession d'avocat, même quand il était le leader local du Parti socialiste, défend le même point de vue : il déplore que ses amis considèrent la vie politique comme « une vraie carrière, une profession », et qu'ils soient plus sensibles à son apparat, « c'est-à-dire : le chauffeur, la cocarde, les vitres noires, les

4 Voir chapitre précédent.

collaborateurs », qu'à la hauteur des débats intellectuels. Selon lui, ce corporatisme provoque le « rejet de la part de la population et d'une partie des élites ». Du coup, nous dit-il, celles et ceux qui devraient participer à la vie politique n'y participent pas : « Des intellos, des profs, des chefs d'entreprise, des gens qui ont envie de s'engager ne s'engagent pas, se disant : "Si c'est pour être entouré comme ça, je n'y vais pas." » Si le phénomène – et le rejet – touche également la droite et la gauche, cette dernière en pâtit plus lourdement, pense-t-il, « parce qu'elle ne peut avancer qu'avec des idées. On est coupé de la réalité intellectuelle de la ville ».

Ce pragmatisme revendiqué contribue certainement à la mauvaise réputation persistante des responsables politiques locaux, mais il explique aussi que ces élus ne tiennent pas tant que ça à faire leurs preuves au-delà de leur territoire. Ils semblent même craindre de s'en éloigner. La reconnaissance nationale n'importe que pour en tirer des bénéfices matériels ou électoraux locaux. Version crue du phénomène, celle de Lucien Weygand, qui a travaillé entre 1981 et 1983 dans le gouvernement Pierre Mauroy et avoue : « Quand je suis resté deux ans à Paris, à Matignon et place Beauvau, je n'avais qu'une hâte les derniers temps : connaître l'heure de l'avion qui me ramenait à Marseille. » Jean-Claude Gaudin ne garde pas un meilleur souvenir de son passage ministériel entre 1995 et 1997. Il ne l'évoque d'ailleurs que pour comptabiliser les avantages en emplois et ressources supplémentaires que la ville en aurait tirés.

Ce clair divorce Paris/province, qui mêle un sentiment d'injustice face à la capitale – le « victimisme [5] » – et une posture anti-intellectuelle, est à la source de ce qu'on pourrait appeler un contre-snobisme, l'humour du faible (Jean-Claude Gaudin, qui en est une sorte de virtuose, se délecte à raconter des anecdotes tirées de ce registre). Il conduit aussi les partis à mettre à leur tête ou dans les postes électifs les mieux considérés des autodidactes, qui affichent volontiers leur peu de bagage scolaire ou intellectuel. Les personnalités majeures du PS que sont le sénateur et patron du conseil général Jean-Noël Guérini ou la députée Sylvie Andrieux n'ont fait aucune étude supérieure, et n'ont jamais travaillé ailleurs que dans la sphère politique. En cela, ces enfants de la politique ressemblent à leurs ancêtres, les Lucien Weygand ou Charles-Émile Loo, qui n'avaient pas fait plus d'études. Ils maintiennent cette tradition à l'orée du XXIe siècle, quand diplômés et

5 Pour l'ethnologue Christian Bromberger, qui importe le terme de l'italien, le victimisme, « forme dominante de la culture locale » marseillaise, est « un sentiment d'injustice et la conviction d'un complot fomenté par une capitale arrogante » (Christian BROMBERGER, *Le Match de football*, *op. cit.*).

énarques trustent les responsabilités politiques nationales. Depuis 2001, libraire et autodidacte affiché, Serge Botey (UMP) est un adjoint à la culture de la même trempe, qui préfère se vanter de ses relations avec les supporteurs de football qu'avec les intellectuels de la ville.

Signe qu'il s'agit d'un trait caractéristique de la culture locale, le Parti communiste marseillais, qui n'a jamais été aux affaires, a été travaillé par la même coupure entre compétences intellectuelles et reconnaissance de terrain. Comme pour les autres partis, elle s'y traduit par le rejet de tout ce qui est censé être parisien, la culture livresque étant incluse dans ce qualificatif. Guy Hermier en a fait les frais, dès les années 1970 : le défunt député des quartiers nord était agrégé, sortait de l'Union des étudiants communistes, avait souvent traité des questions intellectuelles et culturelles dans son parti, où il dirigeait l'hebdomadaire *Révolution*. Il a toujours eu du mal à imposer ce qu'on qualifiait volontiers de « dandysme » dans son propre parti – où régnait, y compris chez les intellectuels, un ouvriérisme puissant. Roger Ruzé, qui l'accueillit à son arrivée en 1977 et devint ensuite son plus proche conseiller, se souvient de sa réception à l'Estaque, autour d'une table : « On avait discuté, j'avais bien vu la réticence parmi les plus durs, les plus empreints de cette culture ouvriériste dans ces quartiers-là. Ils disaient : "Qu'est-ce qu'ils nous ont envoyé là ? C'est un dandy !" Ça a été radical, très froid. Et nous, la génération un peu nouvelle, il nous avait séduits. Pas d'une façon politique, puisqu'on n'avait pas encore eu l'occasion de voir sa compétence politique, mais parce que c'était un communiste qui sortait des sentiers battus ! Enfin un mec qui arrive et qui peut passer à la télévision sans qu'on ait honte de lui. Cela a été notre premier réflexe devant ce type qui savait parler posément, qui ne te tenait pas le discours traditionnel. Alors, nous, on l'a adopté de suite. » Mais ce « nous » a toujours été minoritaire. Roger Ruzé précise que, « jusqu'à sa mort [en 2001], la majorité du parti du coin ne l'a jamais accepté ». D'ailleurs, il a fallu que la fédération communiste, plus réaliste que les militants, l'impose de force, « par le haut », en 1995 : la majorité des sections du quartier dont il était l'élu ne voulait pas de lui comme candidat, ni à la mairie de secteur ni à la députation.

Il y a des exceptions à ce « réalisme du bon sens », mais qui ont du mal à s'imposer dans les premiers rôles. À droite, ses amis comme ses adversaires reconnaissent à Jean-François Mattéi des qualités d'intelligence exceptionnelles dans son secteur d'activité, la génétique, ainsi qu'une grande compétence en matière d'éthique [6]. Son douloureux passage

6 *Le Monde*, 26 septembre 2003.

ministériel (mai 2002-mars 2004) lui a porté un tort fatal, accentuant encore la tendance locale à déconsidérer les belles machines intellectuelles. À gauche, Philipe Sanmarco, issu du sérail defferriste, mais énarque – ce qui est considéré comme un défaut plutôt que comme une compétence –, est dans le même cas : il est toujours resté marginal dans son parti avant de le quitter en décembre 2001. L'histoire de son impuissance à construire un pôle alternatif rend compte du même phénomène : celui qui, à gauche, a le mieux réussi à attirer vers lui les mondes intellectuels n'a pas pu acquérir un poids électoral significatif.

## *L'entre-soi des élus*

La scène localiste, qu'on dirait villageoise, crée un goût affirmé pour l'entre-soi, facilité par des rencontres protocolaires ou institutionnelles presque quotidiennes. Cette familiarité est encore renforcée par la longévité des grands élus, qui arrivent sur le devant de la scène après de longues années d'apprentissage, s'y sont croisés, amis ou ennemis ou les deux successivement, et s'y maintiennent le plus longtemps possible. Quand nous demandons à Lucien Weygand s'il tutoie Jean-Claude Gaudin, il s'exclame : « Ben oui, quand même ! J'avais trente ans, il avait vingt-six ans quand il est arrivé au conseil municipal [en 1965], on aurait eu du mal à se dire du "vous" à longueur de journée... »

Ces « cent cinquante élus » que Lucien Weygand comptabilise comme membres du monde politique, se vouvoient donc dans les séances publiques où ils s'affrontent, mais se tutoient en coulisse. Ils se rencontrent presque quotidiennement, et pour commencer à l'occasion des vœux de nouvelle année de chacune des institutions, politique ou administrative. Suivent les interminables inaugurations où chaque financeur tient à être présent, chaque président sur la photo, et chaque sous-chef le plus près du chef. Les couloirs des assemblées, les rencontres en préfecture, les suspensions de séance, les journées de travail tranquille dans les bureaux, les loges et couloirs du stade Vélodrome permettent aussi de faire avancer un dossier, de recommander un parent, de donner les nouvelles du parti, ou d'échanger une analyse succincte et sans détours d'une situation.

Aux réceptions de ministres ou de personnalités, les mêmes participants se retrouvent bien souvent. La préfecture, le conseil général et la mairie font d'ailleurs quasiment liste d'invités commune – une liste qui comprend environ huit cents personnes pour les grandes occasions, et dans le même ordre protocolaire. Lors des discours et des toasts, on peut encore évoquer un dossier chaud et le faire avancer d'un cran avec un adversaire ou un ami. On peut aussi confier à un adversaire avec qui on s'entend bien quelques confidences sur l'état politique de son parti, l'avancement des pourparlers avec les alliés, ou l'analyse des forces en présence dans tel canton. Un magistrat qui la regarde plus qu'il ne la fréquente parle d'une « confrérie transcourant », qu'il repère dans les réceptions officielles. Il la trouve « très ostentatoire » et ajoute, lui qui a travaillé dans d'autres villes de France : « Je ne suis pas sûr que dans d'autres villes feutrées ou de bonne compagnie, il n'y ait pas les mêmes confréries – mais elles sont beaucoup plus occultes, beaucoup moins affichées. »

Autre signe de l'existence d'un puissant entre-soi, les membres de ce monde politique local connaissent nombre des petits secrets privés de leurs collègues, amis et ennemis. Ils les utilisent en permanence dans les informations qu'ils diffusent au sein de leur parti ou en direction des journalistes et d'autres relais d'opinion. Tous évoluent dans un flot de rumeurs sur les vies publiques ou privées des uns et des autres, qu'ils propagent eux-mêmes avec crainte et délectation.

Métier commun, traits de culture d'autant mieux partagés qu'on les sait rejetés et méprisés des « autres », ces élus de longue date se connaissent tellement qu'ils savent jouer ensemble la partition des oppositions et des complicités. Michel Pezet n'ignore pas que le pouvoir véritable est en train de glisser de la mairie vers la communauté urbaine. Mais il sait aussi que le théâtre se joue encore au conseil municipal. Cet avocat, à qui ses talents d'orateur permettent de créer la même densité de silence que le maire, analyse ainsi le jeu : « Gaudin me dit : "Ah ! Monsieur Pezet, je sais pertinemment ce que vous allez dire." Et je réponds : "Moi aussi, Monsieur le maire." On fait les duellistes, chacun attend notre numéro, ça fait partie du jeu. » Si on lui demande si le jeu est sérieux, il répond que jeu ne veut pas dire simulacre, et qu'il peut faire mal : « C'est le jeu, mais tu as quand même l'envie de gagner. » Et on sait que les deux hommes, qui se sont affrontés de nombreuses fois, se tutoient, s'apprécient et peuvent même s'envoyer des signes quand l'un ou l'autre connaît des difficultés. Mais ils peuvent aussi s'affronter sans une once de pitié quand la bataille électorale commence...

Signe de cette solidarité créée par le localisme, les relations privilégiées créées par l'entre-soi se jouent aussi loin de Marseille. Les grands élus, qui prennent souvent l'avion ensemble puisqu'ils passent les mêmes jours de la semaine au Parlement, ont coutume de se parler à Paris ou dans l'avion. Jean-Claude Gaudin se souvient qu'en 1981 il avait battu Charles-Émile Loo – que, bien sûr, il appelle « Milou » – « de 781 voix sur 70 000 suffrages exprimés ». « Nous nous embrasserons quelques semaines après dans l'aéroport d'Orly », nous dit-il. Et d'ajouter : « Nous relations ont toujours été bonnes, parce que, dans tout le quartier de Bonneveine, les constructions qu'il y a, c'est Milou-Gaudin. » Milou nous confirme à sa manière l'intimité, dans son langage moins convivial : « Gaudin, je l'ai tellement connu ! Je l'ai trimballé douze ans sur mes listes, c'est un garçon qui n'est pas méchant. Moi je le suis, lui pas » – et il lâche alors une de ses vacheries coutumières : « Mais c'est un mauvais maire, parce qu'il n'a jamais travaillé ! » N'empêche que les deux hommes continuent d'entretenir des relations assez confiantes pour que le maire aille discrètement voir son ancien ami et concurrent à son bureau de la Socoma pour parler du port quand, fin 2004, la situation sociale y devient irrespirable.

L'entre-soi produit des affinités plus étonnantes encore. Au début du cancer qui l'a finalement emporté en août 2001, le communiste Guy Hermier vient prévenir personnellement Jean-Claude Gaudin qu'il va subir un lourd traitement et qu'il sera absent durant des mois. Le maire lui dit de « lutter contre la maladie, de ne s'occuper de rien d'autre » ; et qu'il aura satisfaction pour tout ce que sa mairie de secteur demanderait. La promesse a été tenue. Les deux adversaires avaient débuté ensemble en 1978 : « Nous étions les deux plus anciens parlementaires », nous raconte des années plus tard Jean-Claude Gaudin, ce qui valait, pour lui, passeport pour l'amitié. Farouchement opposés lors des séances publiques, l'un et l'autre s'étaient toujours respectés sur le plan humain. Mais leur complicité s'était renforcée lors de l'élection régionale de 1993, quand Guy Hermier avait fait savoir au président de région qu'il ne soutiendrait pas Bernard Tapie, « cet aventurier ». Où l'on voit qu'il est toujours difficile de faire le départ entre l'amitié, l'affection, le respect et les reconnaissances de dettes dans le milieu politique...

C'est cet ensemble de traits, tirés de l'observation et de dizaines d'heures d'entretiens, qu'on appelle localisme. On peut le décrire comme un syncrétisme de quatre éléments, dont les politiques sont à la fois les représentants, les « grands sorciers », les héros et les symboles. Il y a d'abord une marque *a priori* infamante : l'accent et l'allure, mélange d'accent régional et de populaire, considérés comme absence de distinction, dont ces acteurs assurent le retournement et qu'ils exhibent comme emblème (on a vu comment le maire en usait et abusait ; et on ajoutera que son homologue du conseil général, Jean-Noël Guérini, leader des socialistes, manifeste les mêmes qualités, même si son accent à lui est mâtiné de corse). Il y a ensuite une vision domestique de l'ordre du monde, régie par une logique lignagère des successions, comportant le culte du père et des ancêtres – nous avons déjà évoqué cette forte contrainte du jeu politique local, qui explique la difficulté des nouveaux venus à entrer dans les cercles les mieux reconnus du pouvoir [7]. Troisième élément, ce localisme est un idéal de justice qui prône que chacun soit traité selon son mérite, mais considère aussi qu'on ne traite pas avec les étrangers comme avec les « siens ». Dernier trait de cette culture : le pragmatisme, c'est-à-dire une manière de faire avec les circonstances qui s'embarrasse peu de convictions ou de principes, ruse volontiers avec le réel et met la proximité avec les mandants et leurs attentes au cœur du métier politique. Ce pragmatisme de proximité, dont on a vu quel exercice de la fonction il impliquait, se cristallise dans l'expression inlassablement répétée d'« élu de terrain ».

Comme tout système de valeur qui se justifie davantage par un sentiment d'appartenance que par une adhésion partagée à une rationalisation du monde, celui-ci n'a jamais eu à être pensé. Le penser, d'ailleurs, serait déjà le dévoyer. Il arrive pourtant que les acteurs politiques localistes se trouvent confrontés à la nécessité d'exposer leurs convictions dans un monde où la raison domine les représentations : il leur faut alors ruser un peu. La vision villageoise du monde dont le maire-ministre Jean-Claude Gaudin a été le bref héraut est l'une de ces ruses – les techniciens du ministère, on l'a vu, ne sauront ou ne voudront pas lui donner forme. D'autres, localement, vont le tenter. La vision villageoise de la métropole a ainsi été exposée dans des documents officiels de l'Agence d'urbanisme de Marseille, l'AGAM, en 1997. On peut lire alors dans son « schéma de cohérence » que l'un des axes du développement urbain, à l'horizon 2015, sera de « valoriser et développer les noyaux villageois. Accroître l'attractivité et améliorer l'accessibilité des noyaux villageois passent par l'amélioration de leur desserte en transports collectifs et de l'offre de stationnement. Le renforcement des services et des équipements, en particulier publics, confirmera leur rôle de lieux de vie et d'échanges. Les noyaux villageois doivent se renforcer, et participer au développement de la ville, ainsi qu'à l'amélioration du cadre de vie. Il faut, aussi, valoriser et moderniser cette échelle de proximité dans le respect du patrimoine historique [8] ».

Mais le plus paradoxal de l'affaire est que ce mot de « village », en ce XXIe siècle débutant, séduit bien au-delà des mondes politiques. L'idée que Marseille n'est finalement qu'un village ou une série de petits villages [9] est en effet largement répandue dans d'autres mondes sociaux. On la trouve par

---

7 Voir *supra*, chapitre 3.

8 Agence d'urbanisme de Marseille, *Marseille 2015, un projet pour Marseille à l'échelle européenne*, novembre 1997.

9 Voir *supra*, chapitre 5.

exemple dans les photos bucoliques de la revue *Côté Sud méditerranéen*, qui affiche des fragments de maisons de ville luxueuses et des morceaux de ports de pêche, plus volontiers que des usines et des marchés de plein air sur des rocades sinistres. Elle enchante les classes moyennes, qui ont fui la ville pour les pavillons, et affiche une vision néorurale du monde contemporain propre à les rassurer sur l'avenir écologique et foncier de leur environnement. Et on trouve un peu partout, dans la grande ville, cet espoir que Marseille puisse n'être qu'une juxtaposition paisible de noyaux villageois. Il est particulièrement entretenu par les habitants des lotissements pavillonnaires, qui, depuis les premières lois Loucheur [10], ont envahi l'espace métropolitain en refusant la ville, compacte et dangereuse.

Le village est donc une forme utopique et un modèle urbain marseillais, qui a pour noms : Beaumont, Les Aygalades, Callelongue, Bois-Luzy, Saint-Barnabé, Menpenti ou La Pomme. La ville « villagisée » est d'abord une ville de propriétaires : elle est indissociable de l'idéal de propriété qui l'accompagne – ce quatrième terme caché de la Constitution républicaine que les révolutionnaires français ont, un temps, envisagé d'inscrire au fronton de la République, au côté des trois mots de la devise « Liberté, égalité, fraternité ».

---

10 En 1928, la loi Loucheur permit, grâce aux subventions de l'État, l'accès à la propriété des petites classes moyennes. Ces mesures ont favorisé le développement de la première couronne périphérique de Marseille.

# II

## *Les acteurs de la ville*

# 7

# *Des clichés très utiles : Marseille réenchantée*

## *Des porte-parole légitimes*

En 1979, est publié un livre signé d'un grand nom du barreau, M<sup>e</sup> Paul Lombard, qui a construit sa gloire à Marseille autant qu'à Paris. Il s'intitule *Plaidoyer pour Marseille*, et c'est surtout son titre qui en fait l'intérêt [1]. Il inaugure en effet ce qui va devenir une sorte de rituel, auquel échapperont bien peu d'intellectuels et de journalistes locaux. Et surtout bien peu d'hommes politiques, du moins ceux qui ont intérêt à sortir de la sphère gestionnaire et à prendre pied dans celle de la communication.

Paul Lombard dit alors des choses essentielles pour la suite des événements, qui seront rarement exprimées plus tard avec autant de clarté. D'abord que Marseille a mauvaise réputation [2], victime d'une image négative, ce qui est loin d'être nouveau : « La ville est laide, sans âme, sale, parsemée de ghettos et de repaires. Marseille est le Chicago de la France et ses héros les plus célèbres, sinon les plus aimés, sont Carbone, Spirito et la famille Guérini. Sa littérature n'a produit que des félibres un peu niais. Sa musique s'identifie à des opérettes où l'eau de rose a de singuliers relents de pastis. Elle ne connaît en matière de sport que les exploits figés des boulomanes. Son port est bouché non par l'apaisante sardine, mais par une

1 Paul Lombard, *Plaidoyer pour Marseille*, Robert Laffont/Atelier Marcel Jullian, Paris, 1979.

2 Sur ce thème, on lira avec intérêt : Olivier Boura, *Marseille ou la mauvaise réputation*, Arléa, Paris, 1998.

pieuvre dont les tentacules s'appellent la récession, l'imprévoyance, l'inadaptation, le chômage, le syndicalisme sauvage, la désertion des capitaux et, naturellement, la combine. »

Dans un second temps, l'avocat marseillais se livre à un exercice de style assez convenu et fréquent depuis le XIXe siècle et la permanente campagne de dénigrement dont la ville est l'objet : le plaidoyer *pro domo*. C'est à lui seul un genre littéraire depuis Joseph Méry [3] – Marcel Pagnol s'y livra à l'occasion, y compris dans ses films. Mais Paul Lombard, à l'évocation des facteurs négatifs coutumiers des chroniqueurs des siècles précédents, ajoute le chômage, la crise économique, la défaillance sociale. Et là, on ne rit plus. La mauvaise réputation devient une manifestation parmi d'autres du sort qui s'acharne sur la ville. Le « retournement du stigmate [4] », cet exercice un peu futile auquel se livrent tous les intellectuels locaux, parfois de façon pathétique, devient alors entreprise vertueuse et digne de sérieux.

L'opération dont Paul Lombard inaugure les prémices est double : la crise économique et sociale que traverse Marseille devient un enjeu de réputation ; et la réputation devient elle-même une affaire politique. La galéjade, la réputation de paresse et de magouille dont on se sert pour discréditer la ville sont haussées au statut de propos diffamatoires qui participent, comme la fin des industries, la crise pétrolière où le marasme du commerce maritime, de la crise sans précédent que traverse la ville.

Dernier élément du livre, un procès imaginaire où Paul Lombard fait comparaître des « témoins ». Tous nés à Marseille, tous partis réussir à Paris, de préférence dans des métiers artistiques ou politiques. Défilent à la barre les témoignages recueillis par l'auteur de Maurice Béjart, César, Marcel Jullian, Edmonde Charles-Roux et, bien sûr, Gaston Defferre. Le plus révélateur, parce qu'il livre quelque chose d'essentiel que l'on a rarement l'occasion de lire ou d'entendre, est celui de Jean-François Revel. L'essayiste écrit : « Lorsque j'arrive à Marseille, je plonge dans le bien-être de l'irresponsabilité totale. Comme diraient les psychanalystes, mon surmoi se volatilise à l'instant même où je débarque gare Saint-Charles ou même à l'aéroport de Marignane. »

Les deux raisons qu'il donne à cette béatitude valent d'être signalées : il est à Marseille affranchi de toute contrainte, car... il y vient en week-end. Ensuite, la plus vieille cité de France est une belle ville qui n'en impose pas

3 Joseph Méry (1797-1832), polémiste et romancier, réputé pour aimer se moquer de sa ville natale.

4 L'expression est d'Erwin GOFFMAN, *Stigmates. Les usages sociaux des handicaps*, Minuit, Paris, 1975.

avec ses monuments, comme Rome, Athènes ou Paris. Revel reprend là, presque mot pour mot, un propos de Blaise Cendrars, cent fois rapporté lui aussi : « Marseille [...] est aujourd'hui la seule des capitales antiques qui ne nous écrase pas de son passé [5]. » Entendons ici les arguments que livre, avec lucidité ou impudeur, Jean-François Revel : Marseille est ville de relâchement pour Parisien stressé, un de ces arrière-pays de carte postale dévolu au loisir et au repos de la *jet set* et des métropolitains fatigués. Le retournement de l'image de la ville qui fut longtemps « bruyante du commerce du monde [6] », vaut d'être apprécié. Autre idée, qu'exprime le refus de la mise en valeur des monuments : Marseille a sans doute un passé, mais pas d'*institution* du passé. C'est une terre vierge, en friche, qui peut être un lieu de recommencement et d'invention. En un mot, c'est une colonie possible.

Si anodin soit-il, le livre de Paul Lombard inaugure une longue série de textes qui lui ressembleront beaucoup. Le « plaidoyer pour Marseille », cet exercice littéraire alors un peu usé, prend en ces années 1980 la forme d'une entreprise beaucoup plus sérieuse qu'auparavant et mobilise la presse autour de véritables campagnes. L'« affaire Ockrent » en donne un exemple parfait. En février 1990, la journaliste Christine Ockrent – alors au bord de la disgrâce – consacre sur Antenne 2 un « Carnet de route » à Marseille. Il s'agit de l'une de ces émissions qui sont à la télévision ce que les « dossiers » sont à la presse écrite : reportages, débats, portraits et propos saisis sur le vif. Rien que de très classique. L'émission déclenche pourtant une véritable polémique locale et nationale. Le taux d'audience élevé, la personnalité très en vue de la présentatrice expliquent peut-être cet emballement. Néanmoins, des hommes politiques montent au créneau et demandent « réparation » à la chaîne. « On a choisi essentiellement les clichés les plus éculés et les images les plus honteuses de Marseille », tonne Jean-Claude Gaudin, alors président du conseil régional [7].

Aussitôt après l'émission, un club se constitue, à l'initiative d'avocats locaux et parrainé par des célébrités : cet aréopage ne se propose rien moins que de s'ériger en « comité de surveillance » des médias à propos de Marseille ! Des intellectuels locaux prennent ombrage des propos tenus par la présentatrice et lui écrivent une lettre ouverte dont le ton solennel dépasse largement le cadre plutôt commun des lieux très communs que l'émission a égrenés. Parue dans *Le Monde*, sous la plume collective de Marcel Maréchal, Jean Viard, Gilbert Collard, René Allio et Jean-Paul de Gaudemar, sous

5 Blaise CENDRARS, *L'Homme foudroyé*, Denoël, Paris, 1945.

6 Comme l'écrivit Albert LONDRES, *Marseille, porte du Sud*, Éditions de France, Paris, 1927.

7 *Le Monde*, 2 mars 1990.

le titre « Cessons de jouer avec Marseille [8] », elle en appelle à une décentralisation de la production du sens et des images : « Dans une Europe où le poids des villes et des régions va croissant, dans une France où on a décentralisé la politique et les pouvoirs publics, il est maintenant urgent de décentraliser le sens et les images, la parole et les porte-parole. »

Le ton de la polémique, son volume médiatique donnent le tour que prend désormais le « plaidoyer » pour Marseille : celui d'une véritable tribune mobilisant bien au-delà des cercles restreints, presque intimes, dans lesquels se tenait jusque-là ce genre de propos. La défense de Marseille devient une cause nationale. Du coup, la lettre ouverte de nos intellectuels le dit très clairement : la question n'est plus tant de savoir si le ton, le style et les propos tenus dans l'émission ont ou non donné une image infamante de la ville, elle est de déterminer *qui* a le droit d'en parler. Et la colère des locaux apparaît autant comme une indignation face aux « clichés » que comme la revendication d'une priorité dans la production du discours légitime sur la ville. Le « plaidoyer pour Marseille » est un facteur presque garanti d'une audience importante, il induit des bénéfices dans l'économie de la notoriété. Il s'agit donc tout simplement d'en être.

## *Marseille, un supplément d'âme à Paris*

En dehors de Paris, peu de villes en France auront eu les honneurs d'une couverture médiatique nationale équivalente à celle dont a bénéficié Marseille à partir de ces années 1980. Jusqu'à aujourd'hui, rares sont les hebdomadaires, quotidiens ou mensuels d'information nationaux qui n'aient fait non pas un, mais plusieurs dossiers sur la ville, ses charmes cachés et sa crise – surtout sa crise [9]. Les explications ne manquent pas.

Bien avant la Seconde Guerre mondiale, Marseille tient régulièrement la une des journaux parisiens, fidèles chroniqueurs des grandes et petites affaires des pègres marseillaises [10]. Aujourd'hui, l'entreprise n'est évidemment pas sans arrière-pensées commerciales : Marseille est la deuxième ville de France, se habitants lisent peu la presse locale et constituent donc un lectorat potentiel important. De plus, dans les années 1990, le « ciblage

8 *Le Monde*, 1er-2 avril 1990.

9 Entre 1985 et 2000, *Le Nouvel Observateur*, très assidu à ce signalement de la ville, a produit pas moins de trois cents articles plus ou moins consistants où Marseille est mentionnée.

10 Voir *infra*, chapitre 10.

régional » de dossiers et de couvertures est devenu pratique courante, surtout dans la presse hebdomadaire, qui cherche à élargir un lectorat socialement très ciblé et territorialement concentré à Paris et sa couronne. Considération (pas si) annexe, Marseille est au soleil et, tant qu'à faire des enquêtes sur le désarroi des classes ouvrières, le port du foulard à l'école, la délinquance des mineurs, la déshérence des cités HLM, autant le faire au chaud, à quelques heures de train de Paris... Enfin, la région ne manque pas d'universitaires, chercheurs, experts ou collègues journalistes, informateurs commodes, facilement joignables au téléphone : la presse aussi a ses routines et son économie.

Quelle que soit la pertinence de ces explications, force est de constater que Marseille est quasiment de toutes les enquêtes comparatives sur les « grands thèmes de société » traités dans les vingt dernières années. Et qu'elle est aussi, plus souvent qu'à son tour, objet de dossiers, encarts, inserts, dont le modèle est pratiquement identique, de *Télérama* ou *Nouvel Observateur*, du *Monde* au *Figaro*.

D'un journal à l'autre, quelle que soit leur obédience idéologique, ces dossiers – souvent annoncés comme « exclusifs » – tissent au fil des ans les cadres d'une nouvelle légende marseillaise. La ville y est dépeinte sous des modalités ambivalentes. Quelque chose d'une sympathie s'y manifeste souvent, en même temps qu'une intention injonctive rarement dissimulée : Marseille doit être réformée, pacifiée, voire éduquée ou disciplinée. Pionnier en la matière, le quotidien *La Croix* écrit dès janvier 1987, sous le titre « Marseille en scènes » : « La ville comme un théâtre sur lequel les Marseillais aiment se regarder vivre, tout en sachant qu'ils vont devoir changer [11]. »

Car, au nom de la lutte contre les clichés – ceux qui furent forgés dans les époques où la capitale et les sommets de l'État devaient réduire l'indépendance frondeuse de la Marseille industrieuse et populaire –, on fabrique d'autres clichés. « Ville rebelle, la plus folle de France » : c'est le titre d'un dossier du *Nouvel Observateur* de juillet 1994, qui met en évidence ce rapport ambigu à l'objet d'attention qu'est devenue Marseille : « C'est la ville des passions. La ville qui attire. La ville qui fait peur. La France la craint, et elle-même se croit toujours la victime de sombres complots tramés par Paris. Le football, la politique, le milieu, le métissage et la xénophobie cohabitent dans cette cité qui depuis des siècles défraie la chronique, toutes les chroniques. Et qui prend aujourd'hui le risque de se laisser conquérir par

11 *La Croix*, 18-19 janvier 1987.

l'homme le plus controversé de France : Bernard Tapie. Derrière les clichés, le folklore et les fantasmes, il y a pourtant une autre réalité. Elle a de quoi surprendre [12]. »

Rien de bien neuf : la dénonciation des « clichés » est l'un des moyens par lesquels la presse construit ses propres effets de vérité, à Angoulême comme à Marseille. À ceci près cependant, que les journalistes rajoutent, dès qu'il s'agit de Marseille, un supplément d'âme, voire de subjectivité, à l'énoncé des problèmes. « Aujourd'hui, je sais qu'il y a une vie après la Porte d'Orléans. [...] Maintenant, je respire la brise du Vieux-Port, dans Marseille la magnifique », écrit en 1993 Marie-France Etchegoin, la journaliste du *Nouvel Obs* qui vient de s'installer à Marseille, dans un dossier que ce journal consacre à « ces villes où il fait bon vivre [13] ».

De la lecture linéaire de ces dossiers, on sort persuadé que Marseille a « quelque chose » de plus que les autres villes, une « atmosphère », qui devient petit à petit le sujet principal des articles et sera bientôt relayé par des œuvres littéraires, dont celles de Jean-Claude Izzo vont devenir l'emblème. Marseille fascine et, petit à petit, la fascination l'emporte sur les lieux communs.

Il est pourtant bien difficile de dire de quoi est faite cette « atmosphère ». D'air marin et de soleil, certes, mais d'un air marin encore préservé du tourisme et de son exploitation commerciale ; d'un peuple chaleureux, authentique et vivant, « vrai » en quelque sorte ; d'une ouverture sur le monde et d'une « présence du monde dans le lieu », comme l'écrit Alain Medam [14]. Une ville attrayante, en somme, qui concrétise tout ce que les intellectuels et les mondes sociaux dont ils participent vont chercher depuis un siècle au fond des douars, dans les campagnes, sur les plages, et dont ils ne cessent de déplorer la perte une fois que, leur travail d'avant-garde fait, leurs paradis sont livrés à l'appétit des foules...

Il peut sembler paradoxal de le dire ainsi, mais Marseille attire pour la même raison que le Luberon, les Cévennes ou la Corse ont attiré en leur temps et, plus loin encore, le Maroc ou les Baléares. Marseille séduit cette minorité qui fait et défait les lieux à la mode, cette avant-garde qui construit la réputation des quartiers parisiens au gré de leur redécouverte et de leur réinvention aux goûts de la *gentry* branchée. Autour du Vieux-Port, se trouve le territoire magique du soleil et de la mer, d'un peuple insoumis, d'une terre vierge et d'un prix du mètre carré urbain qui défie toute

12 *Le Nouvel Observateur*, 7-14 juillet 1994.

13 *Le Nouvel Observateur*, 23 septembre 1993.

14 Alain MEDAM, *Blues Marseille*, Jeanne Laffitte, Marseille, 1997.

concurrence. On y reviendra, bien sûr, mais il est important de signaler que le mouvement gratuit des idées s'accompagne d'investissements fonciers. Tandis que les institutions et les promoteurs investissent les friches industrielles [15], les porte-parole les plus zélés de la nouvelle image de Marseille achètent à prix cassés des maisons ou des appartements qu'ils retapent à leur goût. Bien leur en prend : quelques années plus tard, dans une ville où les opérations immobilières foisonnent, le prix de leur acquisition aura doublé ou triplé.

Faut-il aller jusqu'à dire que cet investissement médiatique participe d'une forme de colonisation ? Ce serait excessif et, surtout, anachronique. Mais il s'agit bien d'une entreprise de conquête, relayée par des « entrepreneurs de morale [16] » locaux qui, à n'en pas douter, appartiennent aux mêmes univers sociaux que les lectorats des journaux nationaux passionnés par Marseille. Le réenchantement de Marseille, qui commence à la fin des années 1980, est indissociable du désenchantement de Paris qui s'amorce alors, lui aussi dans un contexte de pression foncière (les prix à Paris atteignent des sommets), de relative flexibilité d'emploi des cadres (on parle alors beaucoup de « télétravail ») et de perte de pouvoir d'achat pour les classes moyennes.

L'amour de Marseille n'est jamais loin du désamour pour Paris : « Marseille n'étale guère en son centre ces disgracieux immeubles à bureaux tout de métal et de verre, concession obligée aux quartiers d'affaires, ou ces avenues chloroformées par le luxe », écrit par exemple *Télérama* en 2003 [17]. Le réenchantement de Marseille revient avant tout à présenter la ville comme un lieu de villégiature, permanent ou provisoire, une utopie résidentielle. Outre le climat, plutôt facile à vendre, on donne à voir une vie de village – le thème des « cent dix quartiers » apparaît alors, repris par les politiques –, ainsi que des lieux et des espaces publics branchés sur le monde, et le foisonnement de tribus qui se croisent et se mêlent... Tel ce numéro de l'hebdomadaire *Elle*, qui, sous le titre « Belle et rebelle », annonce que « Marseille n'est plus une ville d'escale, mais un port d'attache pour sentir les tendances, s'imprégner d'un certain art de vivre [18] ».

---

15 Voir *infra*, chapitre 14.

16 L'expression est du sociologue américain Howard Becker : elle désigne ces acteurs sociaux à qui la société donne légitimité et compétence pour produire ou réformer les normes sociales, bien plus qu'aux juristes (Howard S. BECKER, *Outsiders. Études de sociologie de la déviance*, Métailié, Paris, 1985).

17 *Télérama*, 12 mars 2003.

18 *Elle*, 11 octobre 2004.

Nul doute que ce qui terrorise le retraité marseillais peut séduire les « créatifs » parisiens, et que les politiques trouvent dans cet appui qui n'est pas sans ambiguïté, manière de retomber sur leurs pattes. Un décalage qui indique, de façon éclairante, l'importance de la classe créative parisienne dans le réenchantement de Marseille.

## *La* movida *marseillaise*

Le deuxième mouvement de cette réinvention, après le réenchantement climatico-sociologique de la ville, consiste en la célébration d'une inventivité culturelle conforme aux attentes de la classe créative parisienne, une *movida* à l'image du bouleversement culturel de l'Espagne postfranquiste. Avec celui du « métissage créatif », ce thème va faire florès et sera repris partout jusqu'aux années 2000. Bien sûr, l'OM gagne (et perd presque aussitôt) la coupe d'Europe de football en 1993, le groupe de rap I'am accède au succès international, Jean-Claude Izzo s'impose comme le Montalbàn français au club international du nouveau polar urbain. L'ainsi dite *movida* est bien faite de l'émergence de comètes artistiques locales. Mais en quoi est-ce un mouvement, une mouvance, sinon parce qu'une « classe créative » qui veut « sa » *movida* barcelonaise l'a quasiment décrété et labellise alors les artistes émergents ? C'est ce qu'on analysera plus loin [19].

Ce qui est sûr, c'est que, depuis le début des années 1990, Marseille fait l'objet d'un processus de « réenchantement », mené essentiellement par une presse nationale unanime, bien au-delà des clivages idéologiques ou politiques, bien au-delà même des spécialistes [20]. Bien sûr, l'entreprise n'est pas exclusivement le fait de la presse, qui n'en est peut-être qu'une simple membrane, vibrant au rythme d'intentions de changement plus profondes. On ne peut cependant imaginer ce parcours, du stigmate retourné à la compassion, de la compassion à la sollicitude voyeuriste, de la sollicitude à l'engouement, de l'engouement à l'effet de mode et à la flambée des prix, comme une stratégie pensée, un complot organisé par une quelconque « société des auteurs parisiens ». Il faut y voir d'abord une convergence d'attentions plurielles et disparates en même temps que d'intérêts croisés.

---

19 Voir *infra*, chapitre 13.

20 On aurait pu citer également les nombreux reportages dont Marseille a été l'objet dans la presse mensuelle (*Géo Magazine*, *Terres de France*, *Gault et Millau*, *Maison française*...).

Et ils font sens en dernier ressort, parce que ces acteurs appartiennent au même moment de la ville contemporaine et viennent des mêmes réseaux : une « avant-garde » artistique, intellectuelle ou culturelle, chevau-légers d'univers sociaux qui appartiennent aux mondes pluriels des « classes moyennes », mais qui savent parfois se montrer comme force sociale homogène sur la scène urbaine. Toute l'illusion est là en effet : ces acteurs sociaux sont un peu moins qu'une classe, lucide et consciente de ses intérêts, mais un peu plus que des constellations d'individus. Ils constituent une trame légère et puissante, tissée de réseaux professionnels et affinitaires, ouverts les uns sur les autres et délocalisés par nature, parce qu'inscrits dans des références communes. Et des réseaux mobiles plutôt qu'ancrés dans un territoire : artistes, écrivains, journalistes, professeurs, mais aussi cadres d'entreprises, souvent culturelles, architectes, promoteurs.

Ceux donc que l'on nomme aujourd'hui une « classe créative [21] », moins parce qu'ils forment une classe, au sens bien fatigué du terme, que parce qu'ils ont capacité à mobiliser autour d'eux les instruments de reconquête de la ville par la maîtrise de son image. C'est ce processus que nous allons tenter de décrire dans la suite de cette seconde partie, consacrée aux rôles pluriels de ce « sujet collectif » fuyant et mouvant que nous avons vu surgir inopinément, parfois discrètement caché derrière des promoteurs ; parfois au contraire occupant le devant de la scène. Et qui constitue, mieux que tout autre, ce nouveau peuple urbain pour lequel la ville entre en effervescence, cette ville à qui, à grand-peine, les politiques tentent de donner sens et profit.

Ne résistons pas au plaisir de terminer ce chapitre en citant *Côté Sud*, revue « classe » dans laquelle figurent désormais des annonces pour des maisons de prestige à Marseille, qui côtoient des villas toscanes ou des fermes rénovées du Luberon : « Marseille, l'écume du renouveau. Comme une étoile fait sa mue, Marseille a abandonné sur le sable sa mauvaise réputation. Portée par le succès, elle se pique au jeu, redécouvre son port, aménage son littoral, multiplie les chantiers. Sans jamais perdre une once de son charme rebelle, ni renier son âme authentique et fière [22]... »

---

21 Nous avons bien conscience de l'imperfection du terme, utilisé ici faute de mieux, ou d'imagination. Toujours est-il qu'il est emprunté à Richard Florida, *The Rise of the Creative Class*, *op. cit.*

22 *Côté Sud*, n° 90, octobre-novembre 2004.

# 8

## *Force ouvrière et la mairie, les liaisons dangereuses*

Le maire nous raconte : « Je descends chez mon coiffeur et, à Sainte-Anne, je tombe sur une benne [à ordures] avec le mec qui la conduit comme s'il était sur le circuit Paul-Ricard. Les autres courent derrière, ils terminent à midi, ils font le "fini parti" ; ils vont dormir un peu, et dans l'après-midi, ils font une gâche au noir. Alors évidemment, on ne peut toucher au système parce que les mecs me disent : "Vous croyez qu'on peut vivre avec le simple salaire, Monsieur le maire ? Alors on est bien obligés de travailler deux fois." »

Bien des Marseillais peuvent confirmer le propos de Jean-Claude Gaudin sur les manières souvent expéditives des éboueurs de la ville. Leur extrême rapidité tient à cette organisation du travail que le maire appelle le « fini parti » : l'expression signifie que ces employés communaux partent dès que leur tournée est finie. Cela pousse plus au travail expédié que soigné et, en privé, les élus de la majorité déplorent volontiers le système. Robert Assante, adjoint en charge de la propreté urbaine, croyait même pouvoir le critiquer en 2004, avant que le maire ne le contredise dans un entretien à *La Provence*, rappelant qu'il n'y toucherait pas. Le « fini parti » est en effet plus qu'un simple principe technique d'organisation du travail des éboueurs : c'est une culture du service public, qui repose sur un compromis politique passé entre les municipalités, quelle que soit leur couleur, et le plus puissant des syndicats à la mairie, Force ouvrière.

Ce syndicat en est un ardent défenseur et cet immense corps qu'est « la Ville », c'est-à-dire l'administration municipale et les élus qui la dirigent, vit depuis des décennies au rythme d'une relation étroite entre le syndicat majoritaire et la majorité politique qui dirige la ville, une relation si intense qu'elle résiste même au changement d'étiquette du maire.

En 2003, la section Force ouvrière des territoriaux de la ville de Marseille annonce plus de 7 200 adhérents parmi les 13 500 employés de la ville. Claude Argy, son secrétaire général, n'est pas peu fier de cette organisation, qu'il nous décrit ainsi : « Il y a une centaine de sections, ce qui représente quatre à cinq cents personnes statutairement membres de la commission exécutive : c'est rare dans la classe ouvrière, un tel truc. On fait 4 000 à 5 000 cartes par an sur 15 000 employés, c'est un peu comme les *trade unions* anglais, c'est unique en France. La base s'exprime de façon brute, mais c'est une caisse de résonance. Tous les mois, on envoie quarante à cinquante responsables se former, c'est exceptionnel d'avoir conservé un tel type de militantisme. »

Cette force s'est lentement constituée à partir des années 1950, dans un rapport singulier avec Gaston Defferre, qui ne dialoguait qu'avec ce syndicat tout dévoué à sa personne. Les deux maires suivants, Robert Vigouroux et Jean-Claude Gaudin, ont prolongé cette alliance. Cet accord chaque fois renouvelé – mais qui n'est pas sans accroc – fonctionne donc comme une machine politique complexe au bénéfice de chacune des parties : le syndicat y trouve l'avantage d'être l'interlocuteur privilégié du patron de l'administration, ce qui le met en position de pouvoir défendre les employés plus visiblement que d'autres ; le maire obtient en contrepartie de pouvoir diriger son administration sans trop de conflits et de disposer d'un soutien en temps de crise, en particulier lors d'élection ou de réélection tendues.

## *Une alliance historique*

François Moscati, qui a commencé comme éboueur à la ville de Marseille avant de devenir le principal dirigeant Force ouvrière de la mairie jusqu'en 1989, a raconté l'historique de ces liens dans ses Mémoires [1]. Il part de l'année 1948 : Jean Calvelli, illustre résistant socialiste interné dans les camps nazis, devient cette année-là premier secrétaire départemental de la CGT-Force ouvrière, syndicat créé un an plus tôt par des transfuges de la CGT opposés au stalinisme. Alors que la guerre froide démarre, il installe la

1 François Moscati, *Une passion de militant. Trente ans de combat syndical*, Autres Temps, Marseille, 2000.

première organisation FO dans les hôpitaux et les communes du département : « En recomposant dans les mairies acquises à la SFIO un paysage syndical libéré de l'influence du PC, le futur directeur de cabinet de Gaston Defferre comptait bien faire reculer l'hégémonie stalinienne dans le monde du travail. [...] Il leur a fallu beaucoup de courage et de ténacité pour s'attaquer en 1948 à la formidable emprise communiste sur les salariés marseillais, notamment ceux des docks et de la métallurgie. » On note donc que l'initiateur de FO dans la région deviendra quelques années plus tard directeur de cabinet de Gaston Deferre.

La mission politique du syndicat correspond exactement à celle que poursuit le dirigeant socialiste sur les terrains social et électoral : la lutte contre le communisme. Plus qu'un lien entre le syndicat et l'administration municipale, il s'agit, du moins à cette époque, d'une alliance objective entre le Parti socialiste et le syndicat de même nature que celle qui liait la CGT au Parti communiste. Cela est d'autant plus aisé que, comme le dit encore François Moscati, qui anime une section socialiste et préside un comité d'intérêt de quartier dans l'est de la ville, « à Force ouvrière, nous étions à 75 % d'un parti socialiste version SFIO ». Relatant les négociations permanentes avec l'administration qui aboutissent, selon lui, à l'octroi d'innombrables avantages en faveur des employés, le dirigeant FO en décrit l'atmosphère. « C'est dans ce climat de compréhension réciproque que nous avons abordé les dossiers [...]. Nous savions que le premier magistrat de la ville serait toujours à notre écoute », dit-il à propos de cette période qui court jusqu'en 1983. Ensuite, lorsque Gaston Defferre fait alliance avec le PCF, au grand dam de François Moscati, celui-ci constate quand même que « Gaston Defferre, comprenant les préoccupations de son personnel, donnait suite aux revendications des municipaux FO. [...] L'esprit de la SFIO prévalait encore à l'Hôtel de Ville ».

Avant la mise en place des structures légales de concertation de la fonction publique territoriale, les négociations se déroulent donc dans le bureau du maire, en particulier au début de l'année. « Ascenseur social pour tous », le syndicat « ne [manquait] jamais d'interpeller directement le premier magistrat de la cité. Ces rencontres constituaient notre atout majeur face aux autres syndicats », qui ne sont jamais reçus. Tous les acquis octroyés au personnel sont donc annoncés par les responsables FO, qui, en ayant eu la primeur, s'en attribuent la paternité exclusive.

Cet avantage accordé au syndicat implique cependant de sa part deux contreparties. La première, explicite, est qu'il doit assurer la paix sociale, ou plutôt qu'il doit se mobiliser quand le personnel se rebelle, et plus encore quand la grève menace. Le récit de Moscati en donne un bel exemple dans cette année 1976 qu'il dit avoir été « celle de tous les dangers » : « Sous prétexte de syndicalisme unitaire, les propagandistes de l'idéologie collectiviste créaient la confusion dans les esprits et provoquaient des foyers de revendications sporadiques. » Les incidents se multiplient entre organisations syndicales dans cette période confuse sur le plan politique : alors que l'Union de la gauche, qui rassemble PS, PCF et MRG, a le vent en poupe au plan national, Gaston Defferre, dirigeant national du PS, s'apprête à reconduire localement son alliance au centre contre le PCF. Il lui faut donc prouver que les communistes locaux et leurs amis cégétistes sont infréquentables, au moment même où l'aspiration unitaire grandit chez beaucoup de salariés, à Marseille comme ailleurs.

En juin, une grève éclate chez les éboueurs, à l'initiative de syndicalistes minoritaires qui animent une petite section CGT, en opposition au syndicat majoritaire dirigé par François Moscati. Celui-ci écrit à ce propos : « Le noyau dur de cette structure [les cégétistes] réussit toutefois, en juin 1976, à bloquer le garage Rabatau, le plus important de la ville, où étaient remisés les camions-bennes. » Gaston Defferre envisage de faire appel à l'armée, et s'en prend vivement à François Moscati, qu'il somme de faire respecter la « liberté du travail ». Le dirigeant syndical est profondément blessé et reproche au maire de laisser certains de ses amis jouer double jeu, et d'avoir lui-même à Paris une attitude incompatible avec celle qu'il a à Marseille. Mais il s'engage à faire reprendre le travail. Il réunit donc ses amis syndicalistes : « Nous allions déloger les bennes du garage Rabatau. Le soir même, nous étions sur place. Je demandai à mon frère qui était chauffeur de faire démarrer son véhicule. En deux temps trois mouvements, ses collègues l'imitaient. La bataille était gagnée. Nous venions de sauver le service public et le pain des conducteurs et éboueurs. »

Ce récit est évidemment contesté par un leader CGT de l'époque, Pierre Godard – cible principale de François Moscati, qui, dans son livre, ne le désigne jamais par son nom, mais par des expressions comme le « trotsko-boy-scout de service à la longue chevelure blonde ». Pierre Godard nous affirme, lui, que les plus déterminés des briseurs de grève étaient arrivés armés de tridents, ces piques métalliques qui servent à ramasser les oursins. Et surtout que peu de camions sortirent, au point que Gaston Defferre fut obligé de lâcher « 160 francs pour les éboueurs, une victoire énorme pour nous ».

Cet épisode, qui a symbolisé le fait que FO n'était plus la seule organisation syndicale comptant à la mairie, a produit une hostilité radicale et quotidienne entre les syndicats, qui subsiste en 2005 même si elle est devenue plus souvent verbale que physique. L'interminable guérilla feutrée reprend une vigueur plus grande lors de chaque élection de délégués aux commissions administratives paritaires ou aux comités techniques paritaires. Et elle explose à chaque conflit ouvert. En septembre 2002, par exemple, une grève éclate dans un garage d'où partent nombre de camions de la propreté urbaine. Elle s'organise autour d'un leader ouvrier spontané, et obtient le soutien immédiat de la CFDT : son responsable Roger Aymard accompagne les délégations de grévistes auprès de l'administration. Après quelques jours, les grévistes, qui ont marginalisé les délégués FO de leur atelier, obtiennent un accord qui les satisfait à peu près. Mais cette victoire paraît impossible à ratifier à Force ouvrière, laissée de côté lors du conflit. Ce syndicat diffuse alors un tract laissant entendre que c'est grâce à lui que les « 360 francs nets par mois, 54,88 euros » ont été obtenus. Mais il fait mieux : alors qu'il avait combattu le mouvement gréviste initial, il appelle à un nouveau mouvement « devant l'attitude ambiguë de l'administration de la CUMPM vis-à-vis des revendications essentielles et prioritaires du personnel ». La grève est peu suivie, mais les avantages obtenus sembleront quand même sortir de ce mouvement à retardement. Il s'agit de montrer que rien, jamais, ne peut s'obtenir sans ou contre le syndicat majoritaire.

L'autre contrepartie du privilège de négociation accordé à FO est que le syndicat doit s'engager à soutenir, aussi discrètement qu'efficacement, le maire sortant lors des crises politiques qui émaillent la vie électorale. François Moscati, qui consacre pourtant une bonne part de son énergie à montrer l'indépendance de son syndicat, le confirme en décrivant deux épisodes de son engagement dans les joutes préélectorales. En 1965, la majorité defferriste se délite et le socialiste Daniel Matalon fait dissidence. François Moscati explique d'abord qu'il vote en faveur de Defferre dans sa section socialiste, puis il précise : « Nous savons qu'une victoire matalonniste redonnerait à une CGT stalinienne la puissance qu'elle avait à la Libération [2]. » Heureusement, poursuit-il, deux hommes surent manœuvrer avec habileté : « Jean Calvelli, directeur de cabinet du maire, et Michel Carrano, notre leader. » « Pour les autres, quelques dossiers gênants suffirent à les convaincre », conclut-il. Daniel Matalon fut défait et FO rassurée.

Le syndicat choisit aussi Robert Vigouroux quand, après la mort de Gaston Defferre, la bataille de succession fait rage au sein du Parti socialiste entre 1986 et 1989. Selon l'analyse de Moscati, le futur maire aurait gagné l'adhésion des syndiqués, et plus largement des employés municipaux, grâce à ses talents d'orateur au congrès de Force ouvrière tenu en 1988,

2 *Ibid.*

quelques mois avant l'élection municipale de mars 1989. « Nous avions choisi notre favori », « celui qui se démarquait du PCF », explique Moscati qui, donnant le coup de pied de l'âne aux partisans de Michel Pezet, ses ennemis au sein du PS, ajoute : « Quant aux propos des prétendants à sa succession, ceux-ci n'intéressèrent personne tant ils parurent hors sujet. »

François Moscati commence et termine son livre par le récit de la cérémonie qui se tint en mairie pour fêter son départ à la retraite en 1989. Robert Vigouroux et Marc Blondel, le secrétaire général de FO venu tout exprès, font l'éloge du futur retraité qui dit avoir éprouvé une immense émotion : « Face à mes amis, je suis sans réaction, comme pétrifié », dit-il, avant de faire son dernier discours de syndicaliste. Mais si le livre s'achève là, la carrière de l'auteur continuera : en 1995, il figure en effet sur les listes de Jean-Claude Gaudin dans le quota de l'UDF et devient quatorzième adjoint, responsable du patrimoine communal. Il n'est plus officiellement en charge du syndicat, mais il y conserve une indéniable aura et il intervient encore au conseil pour fustiger les syndicalistes de la CFDT ou de la CGT qu'il honnit. Et la présence symbolique de FO a été aussi marquée dans la deuxième mandature Gaudin : François Moscati en est toujours membre, en même temps qu'une autre figure majeure de ce syndicalisme, André Camera, secrétaire général du comité d'entreprise de la CPCAM (Caisse primaire centrale d'assurance-maladie des Bouches-du-Rhône), bastion historique de FO et qui figure avec son titre sur la liste des élus.

## *Le tournant de 2003*

Au-delà du symbole représenté par la présence de ces élus dans sa majorité, Jean-Claude Gaudin, dès sa première élection, tient à rassurer Force ouvrière : elle bénéficiera du même statut privilégié qu'avec les maires précédents. Respectant la tradition de ses prédécesseurs, c'est donc à cette organisation qu'il annonce les bonnes nouvelles, comme l'octroi du ticket restaurant aux employés de la Ville. Et c'est avec elle qu'il s'entend sur l'application des 35 heures, malgré un recours inopérant de la CFDT auprès du préfet [3]. Sous la pression de FO, qui en fait un *casus belli*, le maire UMP ne reçoit jamais officiellement la CFDT ni la CGT dans son bureau, même s'il

3 Les militants de la CFDT, en désaccord avec la ligne confédérale, en particulier après le mouvement de 2003 contre les retraites, quitteront ensuite ce syndicat pour rejoindre la FSU.

envoie des émissaires discrets prendre langue avec elles quand elles animent une grève et qu'il faut en sortir par tous les moyens.

En mars 2003, la venue de Jean-Claude Gaudin, en compagnie de quelques adjoints d'importance et du secrétaire général de la mairie, au congrès du syndicat général des territoriaux Force ouvrière de la ville de Marseille donne encore lieu au renouvellement du pacte d'amitié unissant le syndicat au maire. Dans son discours d'adieu, la secrétaire générale, Josette Ventre, qui prend sa retraite de dirigeante syndicale, adresse à l'édile et à ses chefs de service, nommés les uns après les autres, des remerciements interminables. Elle énumère ensuite les innombrables acquis, minuscules ou d'importance, accordés par l'administration de Jean-Claude Gaudin, à qui elle lance : « Nous savons que vous garderez longtemps ce mandat de maire. » Devant les huit cents délégués, celui-ci répond qu'il a apprécié chez Mme Ventre « sa capacité à résister aux excès », se félicite que Force ouvrière ait « toujours soutenu les projets majeurs de la municipalité » et, abandonnant son texte écrit, se réjouit : « Pour la RTT, vous ne m'avez pas fait grève. » Avant de lancer aux délégués ravis : « Vous êtes courageux, vous êtes dans la tradition. » Bien sûr, le maire n'est pas invité aux congrès des autres organisations syndicales – auxquels, on le suppose, il ne viendrait pas.

Dans les années 2000, le système de préférence affichée installé sous Gaston Defferre connaît toutefois quelques sérieux signes d'usure. Le syndicat FO est fragilisé par la concurrence de la CFDT, qui progresse en influence comme en score aux élections professionnelles. À celles de novembre 2001, Force ouvrière conserve avec difficulté la majorité des sièges aux commissions paritaires, ses scores oscillant entre 48 et 60 % des voix selon les catégories de personnel. Le syndicat reste aussi en tête dans la catégorie emblématique des éboueurs lors du premier scrutin organisé à la communauté urbaine Marseille-Provence-Métropole, que ceux-ci viennent d'intégrer. Mais ses dirigeants se rendent compte que quelque chose s'est grippé. Dans les années précédentes, plusieurs mouvements grévistes, chez les jeunes éboueurs ou les « tatas » des cantines par exemple, ont révélé son impuissance à encadrer la colère des nouvelles générations d'ouvriers et d'employé(e)s, surdiplômés par rapport à leur tâche, mal payés, rétifs au paternalisme ambiant et au favoritisme indispensable à la progression de carrière. La présence de François Moscati sur les listes de Jean-Claude Gaudin, même s'il n'avait plus de responsabilité dans le syndicat, avait aussi porté grand tort à l'image toujours revendiquée d'indépendance.

Au congrès de mars 2003, Josette Ventre est brusquement débarquée de la direction syndicale, sans explication publique : officiellement, on ne parle que d'un passage de relais ordinaire. En fait, il s'agit de répondre à l'érosion de l'influence du syndicat, qui sentait une partie du personnel échapper à son emprise traditionnelle. Succède donc à Mme Ventre une nouvelle génération de militants sous la houlette de Claude Argy, qui aime dire de lui qu'il est un « guerrier en tout ». Les origines politiques variées de ses membres, qui ont commencé à gauche, voire à l'extrême gauche, dont certains ont été des proches du leader socialiste Michel Pezet, d'autres de l'atypique Robert Vigouroux, permettent à cette équipe de reprendre langue avec les courants plus combatifs de Force ouvrière, et de reprendre la main sur les terrains revendicatifs. « On a renoué avec le passé », nous explique ainsi Claude Argy, qui se dit attaché aux courants les plus incisifs de son syndicat.

Le mouvement national de grande ampleur contre la réforme des retraites en juin 2003 intervient comme une aubaine pour permettre à la nouvelle équipe de montrer sa combativité. À l'unisson de sa direction nationale, elle mobilise très largement des troupes et se porte, avec la CGT départementale, à la tête d'un mouvement qui prend dans la région une ampleur immense : les manifestations marseillaises sont plus imposantes même que celles de décembre 1995 et le cortège de FO, où les employés de la Ville sont massivement présents, est couvert par une tonitruante *Internationale*. Proclamée capitale de la contestation, Marseille accueille un meeting national avec Bernard Thibault et Marc Blondel devant le stade Vélodrome, au cours duquel le second appelle à la grève générale, quand le premier la dit impossible.

Claude Argy nous décrit la suite : « Quand il a fallu reprendre [le travail], ça a été un drame, les femmes des écoles et des crèches ne voulaient pas ; jamais il n'y a eu un tel déchirement, les salariés croyaient à la grève générale. » La tension devient extrême avec la municipalité, qui s'exaspère de voir les éboueurs en grève et la ville abandonnée aux ordures, alors qu'elle n'est pas concernée directement par les causes du conflit. Finalement, après un tête-à-tête entre le directeur de cabinet du maire Claude Bertrand et Claude Argy, le syndicat obtient que la moitié des jours de grève soient payés et appelle à la reprise. Ce choc distend provisoirement les relations avec la majorité municipale. Et il a des conséquences électorales non négligeables sur le scrutin qui suit. Renaud Muselier, premier adjoint et secrétaire d'État, emmène la liste UMP aux régionales de 2004. Lors d'un meeting à Marseille, il prend une position tranchée contre le paiement des jours de grève, au grand dam des dirigeants de FO. Ceux-ci lancent discrètement la consigne « Tout sauf Muselier » dans leur mouvance à la mairie, dans les hôpitaux (14 500 salariés) ou les sociétés HLM, tous secteurs où ils sont influents. Un expert de l'UMP estime que « Muselier a perdu quatre ou cinq points rien que sur cette affaire ».

Pour autant, cette bagarre ne portait pas sur un enjeu municipal : du coup, si elle refroidit les relations entre l'organisation syndicale et l'administration municipale, elle ne rompt pas le lien. D'ailleurs, le 15 avril 2004, quand le secrétaire général fraîchement élu de Force ouvrière, Jean-Claude Mailly, fait étape à Marseille lors de son premier tour de France des fédérations, il est reçu dans la salle d'honneur de la mairie. Le maire fait l'éloge de ce syndicalisme raisonnable, M. Mailly lui répond sur le même registre d'échange de compliments. Et la continuité est marquée par la présence de nombreux élus de la majorité et de l'opposition socialiste, comme Sylvie Andrieux, députée et ex-conseillère municipale – dont le père, bras droit de Gaston Defferre, s'occupait précisément des relations avec les employés.

## *Service d'embauche ou service public*

Autre maillon dans la chaîne qui unit la majorité municipale et le syndicat : la gestion de l'embauche. Quand elle est favorisée par un élu de la majorité, elle s'accompagne de la recommandation d'adhérer à – ou au moins de voter pour – Force ouvrière. La manière ancienne, sous Gaston Defferre, était radicale.

Le militant d'extrême gauche Pierre Godard, qui fut un animateur de la CGT avant de devenir dirigeant de la CFDT, puis de la FSU, nous raconte qu'il est entré à la mairie en 1973 sur recommandation de son père, conseiller municipal socialiste. Il témoigne de l'emprise du syndicat majoritaire : « C'était à la rue Madon, tu avais une file très longue, cent à cent cinquante mecs faisaient la queue, on arrivait au guichet, on te donnait ta paye en liquide. Tu ressortais par un serpentin, il y avait un CRS avec une mitraillette et à côté le délégué FO. Et devant cent cinquante mecs, il te disait : "Tiens, ta carte, donne tant de francs." Je lui dis : "Mais la carte de quoi ?" "La carte du syndicat." "Quel syndicat ?" "FO." "C'est hors de question, je ne prends pas la carte de FO." Grand silence, tout le monde pensant : "Ce mec-là est fou." Je me suis tiré en disant : "Bye, bye", très décontracté. » Quelques jours après, « FO m'a fait contacter par mon père », poursuit Pierre Godard. Il résiste aux pressions et adhère à la CGT, alors très minoritaire.

Les choses se font aujourd'hui moins ouvertement, mais ces pratiques perdurent néanmoins, comme l'a reconnu en 2001 dans *Le Monde* le député UMP (ex-RPR) Bruno Gilles, maire du 3$^{e}$ secteur et bras droit du premier adjoint Renaud Muselier : avouant être chargé « de gérer le quota d'emplois réservés au RPR », il n'a pas caché le fait de « renvoyer volontiers l'ascenseur à FO[4] ». Cette révélation a donné lieu à quelques affrontements verbaux au conseil municipal, et à un démenti public du maire – mais pas auprès du journal. Il est clair que le procédé est ordinaire : lors d'une grève des éboueurs en novembre 2002, les plus jeunes grévistes avouaient volontiers, sous le coup de la colère, qu'ils avaient été recrutés de la même façon et avec les mêmes consignes. Le fait que l'administration de la communauté urbaine n'ait pas tenu ses engagements, ne donnant ni les chaussures de travail promises ni les primes annoncées, semblait les délivrer de leur engagement d'allégeance.

Cette pratique porte essentiellement sur les embauches de personnels peu qualifiés, car elle est plus délicate à mettre en œuvre pour les postes à responsabilités : les concours sont plus sélectifs et l'administration a besoin, pour ces postes-là, de gens formés pour appliquer sa politique. Mais elle a une portée réelle : chaque année, la mairie embauche quelque cinq cents agents, l'essentiel dans les catégories C et D, les moins qualifiées, celles qui fournissent les bataillons d'éboueurs ou de gardiens des espaces verts. Ce secteur est d'ailleurs un bastion FO, quand celui de la propreté voit les deux syndicats principaux (FO et la CFDT, devenue FSU) s'y partager les voix. En six ans d'une mandature, le flux d'embauche représente donc 3 000 personnes, 6 000 en deux mandatures : on mesure l'ampleur du phénomène.

Si une pratique aussi courante est rarement décrite, et plus rarement encore utilisée dans la polémique politique, c'est que l'opposition est bien mal placée pour la dénoncer. La gauche a pratiqué ainsi avant l'arrivée de Jean-Claude Gaudin à la mairie, et l'institution voisine qu'elle dirige, le conseil général, ne se prive pas non plus d'embaucher par réseau familial et/ou politique. Quant aux « clients », hormis dans les périodes de crise où leur ressentiment s'exprime, il leur est difficile de parler des conditions de leur embauche. Avouant avoir été recrutés « par piston », ils sont partagés entre la peur de perdre leur emploi ou leur tranquillité, et un sentiment de honte ou d'indignité, confrontés à ce qu'ils jugent d'évidence être un privilège indu. Pendant les mouvements de grève, les élus embaucheurs ne manquent d'ailleurs pas de rappeler à leurs ouailles ce qu'elles leur doivent et les conséquences possibles d'un manquement à la règle du jeu.

Le fonctionnement de ce système de relations entre la municipalité et ses employés a une conséquence sur la composition du personnel municipal comme au plan du gouvernement de la ville. Il induit d'abord qu'être

4 *Le Monde*, 9 novembre 2001.

« employé à la Ville », comme le dit l'expression courante, continue d'être considéré comme un privilège. Conséquence visible : même dans les travaux les plus ingrats, comme courir derrière les bennes à ordures, ce ne sont pas les populations les moins favorisées de la ville, Africains ou Nord-Africains par exemple, qui dominent, à l'inverse d'autres villes ou d'autres secteurs de l'économie où les tâches les plus rudes leur sont dévolues. En pratique, les éboueurs décrits par le maire en ballade sont rarement noirs ou arabes, à moins qu'ils ne soient des enfants de telle cité de la ville originellement peuplée de harkis, et dont les enfants bénéficient officieusement d'un quota d'embauche déterminé.

## *Le « fini parti », ou l'impossible propreté de Marseille*

L'autre conséquence de ce fonctionnement est que les projets de rationalisation du travail se heurtent toujours à de fortes résistances. Évidemment, le temps n'est plus celui des années 1970, où l'objectif assigné aux éboueurs était, comme s'en souvient Pierre Godard, « qu'on n'ait pas trop de rats » et où la saleté des rues ne choquait pas plus les élus que la population. L'émergence d'une culture des classes moyennes a transformé les mentalités : Marseille est devenue plus propre, mais les sondages effectués par la mairie pour connaître le sentiment des citadins sur son action rappellent régulièrement aux amis de M. Gaudin qu'ils sont mécontents de la propreté urbaine. D'ailleurs, la discussion autour de la candidature de Marseille pour l'organisation de l'America's Cup en juillet 2003 s'est aussi centrée sur la saleté [5] : des émissaires suisses, venus discrètement lors de la grève de 2003, auraient été horrifiés par l'état des rues – vrai ou faux, cet incident fait désormais partie de la légende locale, et il est souvent raconté par les commerçants et bistroquets qui veulent stigmatiser les employés municipaux.

La majorité au pouvoir aimerait donc pousser les feux sur ce terrain : elle a même lancé en 2004 une grande campagne de propagande et de culpabilisation des Marseillais, avec affiches, spots publicitaires dans les cinémas, opération choc avec journalistes témoins, et surtout menace de verbalisation massive de tous les contrevenants, ceux qui laissent sur les trottoirs les déjections de leur chien ou sortent leur poubelle à n'importe quelle heure. Dans le même mouvement, en changeant les structures de

5 Voir *infra*, chapitre 15.

commandement, en renouvelant le matériel et en embauchant encore, elle tentait de rendre le service de nettoiement plus efficace. Le tout sans grand succès.

Probablement parce qu'être embauché sur recommandation et comme un privilège est antagonique à cet « esprit de service public » sans cesse réclamé par les élus. Plus encore à cause du « fini parti », toujours en vigueur chez les éboueurs : dans la mesure où ceux-ci s'organisent à peu près comme ils l'entendent, les bennes démarrent très tôt le matin, parfois même plus tôt que ce qui est prévu par la feuille de service, pour rentrer au garage vers 9 heures pour les plus rapides, vers 10 heures pour les autres. Ce système, qui suppose un accord entre les chargeurs et le conducteur, pousse plus à la rapidité qu'à l'efficacité technique. Il est au cœur d'un débat qui traverse en permanence les syndicats et une partie de l'administration et des élus.

Force ouvrière, on l'a vu, le considère comme un acquis ouvrier intangible, tandis que la FSU a tendance à vouloir le borner en lui opposant une « logique de service public », qui consisterait par exemple à être en service jusqu'à 11 heures. L'argument, pour cette organisation syndicale, est double : d'abord, cela économiserait la fatigue des organismes sur le long terme, car à courir ainsi sans précaution, les hommes s'épuisent et s'abîment jeunes ; ensuite, cette amélioration du service rendu à la population accroîtrait un peu le prestige d'une corporation méprisée et qui vit très mal son discrédit. Mais changer le système impliquerait de meilleures gratifications, salariales ou autres. Tandis que le conserver permet à des salariés mal payés pour exécuter un travail très fatigant, malsain et méprisé, de trouver des compensations ailleurs : avec des travaux au noir faits l'après-midi par exemple, ou la gérance d'un bar, qui viennent compléter de faibles revenus – ce que le maire appelle, comme tout le monde, une « gâche ».

Le système favorise aussi des relations sociales « à l'ancienne », où les arrangements d'homme à homme et l'acceptation de multiples petites entorses aux règlements priment sur la prise en compte des besoins réels de service et des capacités techniques. Il se fonde aussi sur un système de promotion dans l'encadrement qui doit plus aux préférences ou aux exclusions syndicales, aux habitudes et amitiés, qu'à la compétence technique. Claude Argy, qui s'insurge volontiers contre les accusations de « collaboration » lancées par ses concurrents, nous confirme incidemment le fait, qu'il exprime ainsi : « L'avantage avec nos cadres, c'est que ce sont des autodidactes, humanistes, démocrates, humains. C'est plus facile de discuter avec eux qu'avec un pékin qui débarque de Paris. Et puis, sur un millier de cadres, t'as trois cent cinquante cartes FO. »

On voit ainsi se juxtaposer, à propos du « fini parti », qui est comme un symbole de la gestion du personnel municipal, mais plus fondamentalement de la ville en général, deux logiques du travail, culturellement très opposées. La première consiste à échanger quelques compensations contre la pénibilité d'un travail méprisé, mais surtout à accepter l'idée qu'il peut y avoir une dualité de travaux avec ces « gâches » faites ailleurs. La seconde insiste sur l'exécution plus complète du programme de travail assigné, respectant mieux les contraintes techniques. La première échange plutôt des primes et des embauches contre la tranquillité, quand la seconde préférerait échanger des avantages et de la reconnaissance contre plus de travail.

Ce sont là deux éthiques du service public qui s'opposent. L'une le conçoit comme une manne extérieure et financière qu'il revient aux notables locaux de répartir au mieux en favorisant amis et protégés. La vertu du système se mesure alors à la capacité d'extension du phénomène : plus large est sa diffusion sociale et sa capacité à répondre aux demandes des clients – en clair, plus nombreuses sont les embauches –, plus respectable est son efficacité. La tolérance dont bénéficie son inefficacité technique – en l'occurrence, un nettoyage approximatif des rues – en devient d'autant plus grande. L'autre, au contraire, conçoit le service public comme un devoir collectif dont tous, du notable au simple agent, partagent la responsabilité, et dont la vertu se mesure d'abord à son efficacité technique.

Cette opposition suppose aussi deux types de rapports imaginaires et pratiques à l'espace urbain. Pourquoi, en effet, accepte-t-on encore à Marseille ce qui est devenu ailleurs inacceptable – une ville grossièrement nettoyée –, alors même que des sondages répétés montrent qu'une grande partie des citadins reproche aux élus leur incapacité à rendre leur ville plus propre ?

En fait, c'est une conception de l'espace public qui se déploie dans ces jeux de tolérance ou d'intolérance à la propreté urbaine. Une « ville sale » est d'abord une ville dont l'espace public, en l'occurrence la rue, est réduit à des lieux de passage entre des espaces considérés comme privés, les maisons ou les terrains de boules par exemple, appropriés par des associations, formelles ou non, qui ont en charge leur entretien. Une « ville propre » est au contraire une ville dans laquelle espaces privés et espaces publics s'interpénètrent, de sorte que le statut et l'aspect de l'un rejaillissent sur la respectabilité ou le statut de l'autre. Une ville dans laquelle on flâne dans des rues, des places, des recoins et où, par exemple, on a envie de s'asseoir sur des bancs publics. À Marseille, il n'y a à peu près plus de bancs publics, mais il y a encore beaucoup de ravissants terrains de boules.

# 9

# *Les supporteurs de l'OM : la peur et l'envie*

## *Le football comme politique*

Il n'y a pas beaucoup de villes où une séance du conseil municipal est suspendue pour que le maire, Jean-Claude Gaudin en l'occurrence, puisse dire à la presse ce qu'il pense du nouveau directeur sportif de l'équipe locale de football. Il est vrai qu'en ce mois d'avril 2001 le directeur en question s'appelle Bernard Tapie, ancien président de l'Olympique de Marseille revenant aux affaires sous l'égide de Robert Louis-Dreyfus, patron du club et d'Adidas, entreprise qu'a aussi présidée Bernard Tapie. Au temps de sa splendeur, ce dernier avait fait trembler si fort le monde politique que le traumatisme est encore vivace dix ans après.

Car c'est bien par le football que Tapie a débarqué à Marseille, invité en octobre 1985 par Gaston Defferre – qui aimait à se dire « maire de l'OM » – à venir reprendre un club olympien en grande difficulté. L'homme, qui avait montré ses capacités en matière de business sportif dans le cyclisme, s'y prend si bien que l'OM remporte la Coupe d'Europe des clubs champions le 26 mai 1993, première historique pour le football français des clubs. Il dispose à ce moment-là dans la ville d'une puissance politique telle que les instituts de sondages, ses concurrents, ses alliés, et lui-même bien entendu affirment tous qu'il remportera les élections municipales de 1995, s'il s'y présente. D'autant qu'il bénéficie de l'appui de cénacles parisiens de gauche, avertis de l'usure du Parti socialiste local et persuadés qu'il est le seul candidat capable d'éviter le passage de la ville à droite [1].

Ce mystère de la conversion de la passion foot en énergie politique mérite qu'on s'y penche. Il repose beaucoup sur le rôle politique des groupes de supporteurs. Il faut donc, pour le comprendre, mettre en évidence la façon dont ils se comportent en acteurs politiques et par là imprègnent la ville entière de leurs valeurs. Le constat relève presque de l'évidence depuis les travaux de référence de l'ethnologue Christian Bromberger [2] : ses thèses sur le « supporteurisme », telles qu'elles ont été vulgarisées par la presse locale et nationale, sont même devenues un lieu commun de la pensée journalistique et politique sur la ville.

L'inscription dans la vie politique marseillaise de ces clubs de supporteurs est historiquement datée de ces années 1980, moment où le public du stade se renouvelait et intégrait par vagues successives la jeunesse de tous les quartiers de la ville. Très sensibles à l'antiparisianisme – souvent présenté comme un des fondements de l'identité footballistique locale, alors qu'il est une invention récente [3] –, ils ont été à la base de la puissance du patron de l'OM. Cette trace marque encore aujourd'hui profondément les liaisons complexes entre les acteurs politiques officiels et le club. Du moins si l'on considère celui-ci comme une nébuleuse comprenant l'entreprise sportive et de spectacle OM, l'association propriétaire du label, les autres acteurs économiques qui gravitent autour du football, la presse locale et les supporteurs. Tous organiquement liés par des réseaux d'intérêts et de « passions partisanes ».

En 2004, on compte huit clubs organisés de supporteurs. Ils tirent leur puissance d'avoir obtenu sous l'ère Tapie le monopole de la revente des places dans les virages du Stade Vélodrome. Les Winners, créés en 1987 et installés dans le haut du virage sud, ont 5 550 abonnés. Les Yankees, créés en 1988 et installés au pied du virage nord, en ont 5 000. Les Ultras, au bas du virage sud, ont été créés en 1984 et la plupart des dirigeants des autres clubs sont issus de leurs rangs : ils sont 4 500. Marseille trop puissant, qui

1 Si la qualité de président de club ne suffit pas à faire un bon élu, elle permet en tout cas d'obtenir une notoriété : Marcel Leclerc, qui présidait le club quand celui-ci obtint son premier doublé championnat-coupe en 1972, tenta peu après l'aventure électorale. Et même s'il n'obtint qu'un score dérisoire, cela indique que l'OM, bien avant Tapie, était déjà une machine à fabriquer de la notoriété susceptible d'être capitalisée sur le terrain politique.

2 Christian Bromberger, *Le Match de football*, *op. cit.*

3 On lira sur ce sujet une enquête très convaincante : Jean-François Pérès et Daniel Riolo, *L'OM/PSG, les meilleurs ennemis. Enquête sur une rivalité*, Mango Sport, Paris, 2003.

domine le virage nord, rebaptisé du nom de feu leur ancien chef charismatique Patrice de Peretti, dit Dépé, regroupe 3 000 abonnés. Les Dodgers, au milieu du virage nord, sont 2 500, et les Fanatic's, juste à côté, 1 500. Le vénérable Club central des supporteurs installe ses 2 000 abonnés dans la tribune Ganay, comme le Club des supporteurs handicapés (390 personnes). Enfin, le Club des amis de l'OM, créé par la direction du club pour tenter de regagner un peu d'influence chez ces associations trop turbulentes à son goût, compte 3 550 membres. Unis, comme ils savent le faire quand la colère gronde, ces clubs représentent une force presque irrésistible. On l'a encore vu à l'automne 2004, quand, à la suite de deux défaites consécutives contre le PSG, ils ont lancé une grève des encouragements qui a conduit à la démission du président du club, Christophe Bouchet. Cet ancien journaliste voulait justement rompre avec le système de direction chaotique qui a toujours caractérisé ce club atypique mais très contemporain. Sous l'œil attentif de la mairie, effrayée par les grondements du stade.

## *Bernard Tapie, du terrain de foot à l'arène politique*

La force des supporteurs et la puissance mobilisatrice du football dans la cité, si elles sont anciennes, ont pris une dimension inusitée sous l'ère Tapie. Lui, et lui seul, semble avoir été capable d'utiliser cette énergie à son profit politique. La maestria qu'il a manifestée en la matière a profondément traumatisé ses ennemis politiques d'alors.

C'est à la demande de Gaston Defferre que Bernard Tapie prend donc les rênes du club le 12 avril 1986, après une virulente campagne de presse locale contre Jean Carrieu, l'ex-président, industriel du BTP. L'homme d'affaires, qui place son action sous le signe plutôt réjouissant des « trois R : rêve, risque et rire », réussit mieux que bien : l'OM est second du championnat national dès 1987, et le remporte quatre années de suite entre 1989 et 1993, tout en étant deux fois finaliste de la Coupe de France, qu'il remporte en 1989, année d'un exceptionnel doublé. Consécration restée inégalée, son équipe remporte la Coupe d'Europe des clubs champions en mai 1993. Période glorieuse où l'OM pratique effectivement un jeu offensif et gai, avec quelques vedettes parmi lesquelles l'inégalable avant-centre Jean-Pierre Papin, qui sera un des agents d'influence majeurs du « boss » par ses seules déclarations de reconnaissance. L'équipe écrase le football français sous sa domination, recrute les meilleurs joueurs français et quelques stars européennes comme Chris Waddle, qui n'aimait rien tant que jouer avec le public quand il mystifiait de dribbles insaisissables ses adversaires directs. Le Vélodrome bat tous ses records d'affluence précédents, et les prestations télévisées du club crèvent tous les plafonds.

Cette période bénie est aussi celle où Bernard Tapie, qui conquiert une immense célébrité nationale et européenne grâce au foot, entre en politique sur demande, cette fois, de François Mitterrand, fasciné par ce *self made man* et son bagout. Jusqu'alors, ce commercial au charme irrésistible – qui disait volontiers : « N'importe quel mec avec qui je déjeune finit d'accord avec moi » – n'avait pas manifesté un grand attrait pour la chose publique, et en tout cas pas à gauche. Bernard Tapie va utiliser le club comme tremplin médiatique et politique. Et, avec une intelligence rare de la situation, il va faire mieux : il impose les thèmes et les mots de la lutte sportive sur le terrain politique, en devenant ainsi le champion incontesté. La période est bien sûr favorable, qui voit dans toute l'Europe occidentale le langage sportif envahir l'espace médiatique. Mais Bernard Tapie va jouer sur le plan local une partie très fine. Lui qui débarque de Paris, des affaires et du cyclisme va utiliser la rivalité avec la capitale pour bâtir son image. Plus précisément, il va réinventer cette hostilité en créant une animosité entre le Paris-Saint-Germain et l'OM. Ce sera là son atout maître, tant dans sa gestion du club que dans la construction de son image personnelle.

Cette rivalité footbalistique prétendument traditionnelle est en effet récente, et ne prend de réelle importance qu'après l'arrivée de Bernard Tapie. Auparavant, les rivaux majeurs de l'Olympique de Marseille avaient nom Saint-Étienne ou Bordeaux et la concurrence, qui pouvait être virulente, se cantonnait au terrain sportif. On peut détester les Verts, moquer la gracilité de leur jeune star Michel Platini, mais on ne dit rien – et d'ailleurs on ne sait rien – des Stéphanois ou de leur ville. Avec Bordeaux, l'affrontement monte d'un cran sous l'ère Tapie : ses démêlés avec le président Bez prennent une tournure vulgaire qui rend les choses plus aigres. Mais le PSG n'est pas encore le diable : ses joueurs peuvent alors achever tranquillement leurs soirées dans les clubs de la ville et ils sont accueillis dans les locaux du quotidien *Le Provençal*, toutes choses devenues ultérieurement impossibles.

La tension prend sa consistance dans ces années-là. Elle arrange aussi bien les dirigeants parisiens, qui veulent mettre un peu de passion et de spectacle autour d'un club auquel manque un ancrage populaire, que Bernard Tapie, qui a les mêmes intérêts commerciaux, doublés chez lui d'un intérêt politique[4]. Lors du choc contre le PSG de mai 1988, où l'OM perd 1-2 au Vélodrome, Tapie s'en prend vigoureusement et ostensiblement à

---

4 *Ibid.*

l'arbitre à la fin du match : « Gigantesque clameur » dans le stade, se souvient son ancienne âme damnée Jean-Louis Levreau, qui précise que le slogan « Paris, Paris on t'encule » est né ce jour-là [5]. Mais Levreau souligne surtout que l'affaire tombe très bien pour Tapie, qui vient d'annoncer sa candidature aux législatives : il se construit ainsi une statue de dirigeant courageux, et investit bruyamment le terrain local.

On a vu qu'il commence à ce moment-là à utiliser son statut de dirigeant sportif dans la campagne législative qui s'ouvre [6], en promettant aux électeurs supporteurs la venue de l'arrière de l'équipe de France, Manuel Amoros. Il distribue aussi des places gratuites, dédicace des ballons et fait publier dans le quotidien *Le Provençal*, qui lui est tout dévoué, une page pour son anniversaire. Y figurent les vœux de l'idole Jean-Pierre Papin, de l'entraîneur national et local Michel Hidalgo, et de Jean-Louis Levreau, qui cumule les titres de rédacteur en chef du *Provençal*, de membre du comité de gestion de l'OM et de rédacteur en chef de *L'OM Plus*, magazine du club. Bernard Tapie se fabrique donc une guerre footbalistique en dynamisant une cabale qui devient, par extension, la lutte éternelle du Marseillais dominé, victime complexée de la puissance brutale du Parisien. Il utilise l'increvable recette politique qui consiste à créer un ennemi afin de se présenter comme le recours et le chef.

## *OM contre PSG, ou Marseille contre Paris*

Cette hostilité envers les Parisiens va devenir la marque de fabrique du club, de son dirigeant et de l'acteur politique, pourtant ministre. La meilleure façon de la transmettre et de la fortifier est de l'inculquer aux joueurs et aux supporteurs, excellents vecteurs pour installer le discours du foot sur la scène politique. Les premiers ont tous témoigné, à l'époque et depuis, de la virulence des sentiments antiparisiens que le boss leur insufflait. Le joueur de l'OM Éric di Meco, devenu ensuite conseiller municipal de droite, s'en souvient parfaitement : « Tapie nous parlait toute l'année des [matchs] PSG-OM. Une semaine avant la rencontre, il nous mettait une pression pas possible. On jouait notre vie. » Il précise d'ailleurs : « Les matchs de l'époque, je ne les montrerai pas à mon fils. On en a trop fait. [...] Quand je vais dans les quartiers pour mon boulot à la mairie, les gosses m'en parlent :

5 Jean-Louis Levreau et André Baudin, *Le Séisme marseillais*, La Table Ronde, Paris, 2000.

6 Voir *supra*, chapitre 1.

"Putain, qu'est ce que tu leur mettais aux Parisiens !" Franchement, ça me gêne. Je n'en suis pas fier [7]. »

L'arrière central, Basile Boli, icône locale depuis sa tête victorieuse en finale de la Coupe des champions en mai 1993, parle de « discours... disons plus tonique, d'affaire personnelle ». De son côté, Rachid Zéroual, leader historique des Ultras puis des Winner's, se rappelle fort bien que Tapie jouait de l'antifascisme des supporteurs marseillais pour les mobiliser face aux nazillons du Kop de Boulogne : Bernard Tapie parlait d'or, puisque c'était exactement ce que les nouveaux supporteurs et nouveaux venus à la politique voulaient entendre.

En 1993, année d'une vague bleue antisocialiste aux élections législatives, Bernard Tapie, qui était député de Marseille depuis janvier 1989, se présente à Gardanne de peur d'être battu à Marseille. Il joue plus que jamais sur son statut de dirigeant sportif, distribue des places gratuites pour le stade, et fait entonner les chansons des virages à ses réunions publiques [8]. La confusion entre le foot et la politique est totale, délibérément assumée : la victoire européenne de son équipe en mai 1993 rend l'homme irrésistible, alors que les élections municipales de mars 1995 sont dans toutes les têtes.

On comprend mieux pourquoi c'est sous l'ère Tapie que les liens organiques entre l'OM et les clubs de supporteurs se sont établis, comme la force qu'ils ont acquise. Officiellement, ces liens, qui se matérialisent par la délégation de la vente des places des virages aux clubs, ont d'abord une fonction d'ordre public : en responsabilisant ces jeunes gens, Tapie dit éviter les débordements qui effraient l'État, la ville et le club, et dont les autres métropoles européennes sont souvent le théâtre. Ce cadeau, unique en France, fait dépendre économiquement les clubs de l'OM, et lie le sort de leurs dirigeants à ceux du club olympien. Il scelle surtout une alliance politique entre Tapie et eux sur la base d'un contrat rentable pour les deux parties. Tapie ne disposant pas d'un parti à sa botte, puisqu'une fraction du PS le déteste quand l'autre le vénère, les groupes de supporteurs deviennent ainsi une composante de sa machine politique. Une machine d'autant plus efficace qu'elle remplit ses fonctions symboliques en même temps qu'elle apporte des satisfactions matérielles : l'honneur des supporteurs est chaque année comblé, les dirigeants de clubs deviennent des permanents de leur passion, et se retrouvent dans la position de pouvoir négocier en exclusivité des tarifs intéressants pour assister à leur spectacle préféré – monopole qui rend le

7 Jean-François Pérès et Daniel Riolo, *L'OM/PSG, les meilleurs ennemis*, *op. cit.*

8 Jean-Louis Comolli et Michel Samson, « Marseille en mars », dans *Marseille contre Marseille*, série documentaire citée.

pouvoir très solide. Le parti parfait, d'autant que le rire est là, avec le plaisir et ces feux d'artifice qui saluent les victoires après les jeux du stade. Les spectacles donnés lors des derniers matches de la saison au Vélodrome, quand il s'agit de fêter un énième titre, dégagent une énergie et une joie époustouflantes. Transposée sur le terrain politique, cette énergie devient irrésistible pour les autres acteurs politiques, qui ne peuvent rien offrir de comparable – et de très loin.

Ce redoutable dispositif est d'autant plus efficace que, ancrée sur le terrain local par l'intermédiaire des supporteurs et de leurs proches, il dispose simultanément d'un relais médiatique d'importance, TF1, dont Bernard Tapie est alors actionnaire et qui, économiquement, a tout à gagner de bonnes relations avec le club phocéen. La chaîne, elle aussi en train de s'imposer en France et en Europe, soutient Tapie de toutes les manières possibles. En diffusant les matches, en donnant antenne ouverte au patron de l'OM dans ses émissions thématiques, comme « Téléfoot ». Virtuose de la confusion des genres, Tapie s'invite aussi dans le journal, où son discours à l'emporte-pièce fait merveille. De cette proximité découle un appui constant, sollicité ou spontané, et en tout cas fort utile quand vient le temps des démêlés avec la justice. Par exemple lors du procès de l'affaire de corruption de joueurs de Valenciennes par les dirigeants de l'OM, en 1995, au moment où Tapie croit encore qu'un procès est d'abord une affaire médiatique.

Disposant d'une puissance médiatique nationale majeure et d'un large ancrage local, Bernard Tapie réussit à résoudre cette tension si prégnante dans la vie politique municipale entre l'implantation locale, indispensable à la conquête et à la consolidation du pouvoir, et une puissance nationale qui se conquiert dans la sphère économique et médiatique déterritorialisée. Il est donc, dans ce court moment, l'homme politique marseillais le plus craint de la période.

La justice l'empêchera de concourir en le déclarant inéligible. Revenu aux commandes du club le 2 avril 2001, Bernard Tapie dilapidera en quelques mois l'essentiel d'un capital sportif et politique que les avanies judiciaires avaient déjà entamé. Mais la frayeur que sa puissance a inspirée continue depuis à hanter les têtes politiques. On pourrait même affirmer que cette peur diffuse est désormais ce qui commande aux relations entre l'OM et les milieux politiques.

## *Les supporteurs comme groupes politiques*

Tandis que l'homme se consacre désormais à la scène théâtrale, son ombre rôde encore souvent sur la ville. Mais surtout, les supporteurs organisés, qui ont conquis une place sur la scène politique locale sous son règne, l'ont conservée et ont d'autant moins l'intention de la rendre qu'elle dispose d'une sérieuse assise économique. Pour la saison 2003-2004, les clubs qui construisent leur cagnotte en revendant les abonnements dans les virages que leur alloue l'OM, en ont placé 28 000, au prix de 115 euros environ, alors qu'ils les avaient achetés 100 euros. Ils manient donc 3 220 000 euros – pour 2 800 000 euros d'achat de billets –, dont ils conservent 420 000, bénéfice de leur revente. Le groupe le plus important, les Winners, manipule 638 250 euros de vente de billets, sur lesquels il fait 83 250 euros de bénéfice. Le plus petit des groupes, les Fanatics, gagne 22 500 euros sur la vente des billets.

Ces sommes servent en partie à payer les « tifos », ces spectacles qui donnent au stade son esthétique et son extraordinaire dynamique. Elles font des groupes de petites puissances économiques, et il y a un intérêt vital pour eux à conserver ce privilège. Elles forment aussi un fond de capital pour les clubs qui vendent des écharpes et autres gadgets. Habiles et prévoyants, les Winners ont pu s'acheter une ancienne petite usine dans le quartier populaire de La Belle de Mai, qu'ils ont très proprement aménagée sur deux niveaux, le rez-de-chaussée servant à la préparation des spectacles des virages, le haut comprenant une cafétéria avec salle de télévision et bureaux des dirigeants. Les autres clubs ont aussi boutique sur rue et les chefs des groupes sont pour l'essentiel des professionnels de la politique footballistique de la ville, petits commerçants du foot en même temps que leaders populaires, très attachés aux bénéfices réels et symboliques que cette position leur procure et au moins aussi coriaces dans les négociations que les rudes leaders syndicaux de la fonction publique ou des docks.

Ils constituent une mince couche bureaucratique, qui signale encore une ville où on est plus dans le petit bénéfice que dans le grand, mais où les privilèges peuvent être d'autant plus rudement défendus qu'ils sont rares. Rachid Zéroual, leader charismatique des Winners, le club qui domine le virage sud, longtemps salarié de l'OM au titre des supporteurs avant d'être licencié, onzième enfant d'une famille ouvrière de Marseille, reconnaît volontiers que sa passion pour l'OM l'a sorti des mauvais pas où le plaçait sa jeunesse en foyers éducatifs : « J'avais mon CAP de menuisier, mais au premier patron j'avais pété les plombs », raconte-t-il, et on comprend que ce n'était pas la première fois que cela lui arrivait.

Mais le rayonnement de la force des supporteurs tient à ce que leur discours déborde largement celui des amateurs de ballon rond. Il se présente comme un discours politique, car il dépasse de beaucoup la sphère sportive et dessine une vision de la ville et de son peuple, censée définir l'« identité de la ville ». Lionel Tonini, chef des Yankees, considérés comme plutôt apolitiques et modérés, explique par exemple : « Notre antagonisme n'est pas uniquement sportif, il se manifeste aussi et surtout dans notre manière d'être et de vivre notre passion. L'OM est véritablement le club des Marseillais. C'est le club d'une ville qui possède une identité très forte et dont les habitants sont très fiers. [...] Paris, en revanche, n'a pas d'identité propre, car elle est essentiellement peuplée de provinciaux ou de personnes d'origine provinciale. En fait, un "Parisien", ça ne signifie pas grand-chose et le PSG c'est pareil. [...] Il n'est que le symbole du fric et du pouvoir centralisateur dont Marseille est victime depuis des décennies [9]. »

Rachid Zéroual, un des acteurs majeurs de la construction du discours moderne des supporteurs, est plus explicitement politique encore. Revendiquant d'abord son apolitisme, il le corrige un peu plus tard en se disant « de gauche ». Revenant sur les débuts du supporteurisme contemporain à Marseille, il nous raconte : « Dans tous les stades où on allait, je voyais ressortir ces fameuses bâches [banderoles] "Marseillais, bienvenue en France". Le mouvement d'extrême droite dans les stades nous le sortait constamment. J'expliquais aux Ultras [premier groupe moderne de supporteurs organisés], pendant les déplacements en car : "Ils nous [lancent] 'Bienvenue en France', et vous vous revendiquez français, de droite, pour une France blanche. Mais c'est le peuple marseillais, avant tout, qui est attaqué." Et historiquement, je leur expliquais que Marseille a 2 600 ans, que ce n'était pas normal qu'ils nous sortent ce genre de bâches, et que ce n'était pas la France qui avait créé Marseille et les immigrés, c'étaient les Phocéens qui étaient là d'abord. C'est ce que je leur expliquais, et qu'ils devraient être fiers de ça. C'était constamment un rapport de forces entre eux et moi. » Il poursuit : « Pour les autres supporteurs, Marseille, c'était la mafia, des hordes sauvages qui débarquaient dans leur ville, c'était les melons, les Noirs et même les Français qui venaient avec nous représentaient la mafia. On s'est accroché verbalement avec tous ces gens, je n'ai jamais pris la fuite, au contraire, je suis entré en confrontation directe avec ces gens-là. Je leur expliquais ce que c'était l'histoire française et l'histoire marseillaise pour leur faire fermer leur claquet et la plupart des Marseillais Ultras à qui je parlais n'avaient pas des noms

9 Cité par Jean-François Pérès et Daniel Riolo, *L'OM/PSG, les meilleurs ennemis*, *op. cit.*

français, ils étaient d'origine italienne, espagnole, et je leur disais : "Vous n'avez pas honte, pendant la guerre, et même après la guerre, c'est à vous que les Français ont fait la misère." »

Pour l'essentiel, les valeurs défendues par la majorité des groupes de fanatiques de l'OM se déclinent donc ainsi : politiquement, Marseille est une ville rebelle, c'est-à-dire rétive à l'autorité de l'État. Socialement, c'est une ville populaire, ce qui l'oppose aux cités riches ou aristocratiques. Culturellement, elle est marquée par le métissage. Le tout sur fond de victimisme, cette idée vague et puissante selon laquelle la ville et ses habitants sont victimes de l'arrogance culturelle, politique et économique de l'État et de sa capitale.

D'une façon plus discrète, les groupes affichent aussi quelques traits de cette culture populaire locale qui renforcent les proclamations de principe. Dans les virages où ils vendent leur matériel, disposent de buvettes autogérées et affichent leurs tracts et fanzines, ils arborent une esthétique opposée à celle des bien mis, « bourgeois ou Parisiens ». Beaucoup fument des joints ou consomment d'autres substances illicites, au vu et su de tout le monde, policiers compris, qui surveillent pourtant les lieux de très près. L'interdiction des fumigènes, cent fois réclamée par les instances nationales du football, relayée par le club qui paye des amendes faramineuses, est tranquillement bafouée par les groupes qui font à peine semblant d'être impuissants face à ces pseudo-débordements dont ils connaissent tout. Ces indisciplines plus ou moins revendiquées sont censées manifester l'esprit rebelle de la ville.

Quant au grappillage économique, c'est un sport local chanté par le groupe de rock Quartiers Nord dans leur tube *Tombé du camion* [10]. Il est aussi typique des villes pauvres où passent justement beaucoup de camions et, s'il n'est pas officiellement revendiqué, il n'est pas non plus farouchement nié en public, et facilement avoué en privé. Il consiste ici, par exemple, en la revente au marché noir des billets commercialisés par les clubs et théoriquement nominaux. Des « packs », c'est-à-dire des lots de tickets comprenant plusieurs matchs, sont même proposés à la vente dans les annonces de la presse gratuite. Les dirigeants d'associations affirment qu'ils n'y sont pour rien, arborant des sourires qui disent évidemment le contraire. Accusés de laisser faire, ils contre-attaquent en affirmant que des billets gratuits distribués par les collectivités locales suivent le même circuit [11].

---

10 Album *L'Internationale massaliote*, Productions Quartiers Nord, 2002.

11 Voir le feuilleton documentaire de Vassili Silovic, *Allez l'OM !*, Arte, mai 2004.

À moins que, comme tel leader de groupe l'explique, ces détournements de billets ne soient considérés comme faisant partie des œuvres sociales des clubs. D'ailleurs, l'octroi aux plus démunis de ce privilège qu'est l'accès au stade par les dirigeants des clubs, qui veillent personnellement à ces attributions, ressemble fort au clientélisme pratiqué par les acteurs politiques.

Autre façon de montrer, en pratique, ce que veut dire être rebelle : les supporteurs agissent comme un groupe de pression sur le club, mimant le droit des citoyens à se mêler de tout, et prônant une vision très basiste de la politique. Ils refusent par exemple les réglementations qui leur déplaisent sans même estimer devoir s'en expliquer, comme quand la Ligue professionnelle de football demande que les clubs négocient l'accès aux virages ou l'organisation des déplacements avec les fédérations de clubs, et non plus avec chacun d'entre eux [12]. Ils se disent investis d'un droit de regard sur les joueurs, l'entraîneur ou le recrutement, quitte à manier la menace de ne pas obéir ou de ne plus pouvoir tenir leurs troupes. Le 15 novembre 1999, quelques-uns d'entre eux débarquent au stade d'entraînement de la Commanderie pour casser la gueule et surtout les belles voitures des joueurs accusés d'avoir mal joué et manqué de combativité l'avant-veille contre Saint-Étienne. Moins brutale, mais tout aussi redoutable, la grève des applaudissements et des encouragements au Stade Vélodrome qui, chaque fois, tétanise les joueurs les plus fragiles.

Difficiles à décrypter hors de la sphère « ohémiste », les cris et banderoles des virages ont un sens très clair pour le milieu footballistique local : ils renvoient à des événements internes au petit monde du club, aux rapports complexes et toujours tendus entre la direction de l'OM et les associations, à moins qu'ils ne fassent référence à un conflit entre groupes qui s'opposent pour des raisons obscures, mais dont l'enjeu peut être de finances ou d'honneur, les deux n'étant pas contradictoires. Ces mots d'ordre peuvent acquérir une dimension directement politique, lorsque les dirigeants des groupes, très au fait des rapports de forces visibles ou obscurs du monde politique, ont envie d'y peser. Par exemple, quand le club allait très mal à la fin des années 1990, des slogans ont jailli des virages pour appeler au retour de Bernard Tapie, épouvantail absolu pour les dirigeants du club et le monde politique local. On se souvient aussi que leur colère, largement relayée par le plus puissant des journaux locaux, *La Provence*, a eu raison du

12 *Ibid.*

président Bouchet en novembre 2004, alors même que le club était en bonne place dans le championnat.

## *L'OM, une puissance économique et politique aux bases populaires*

Qu'il soit ou non apprécié des dirigeants de l'OM et de la ville, le discours des clubs de supporteurs est donc très écouté, car leur force est indiscutable. Le nombre des abonnés, 45 000, est de très loin supérieur à ceux des autres clubs français. L'OM en tire une belle assise financière. Les spectacles montés par les supporteurs dans les virages, les « tifos », font partie d'une image très vendeuse : c'est ce côté populaire et engagé, unique en France, qui rend le club célèbre bien au-delà de Marseille. Il y a d'ailleurs des clubs de supporteurs de l'OM à travers toute la France, et des centaines d'abonnés viennent de très loin voir les matchs à Marseille, particulièrement en été. L'équipe provoque les meilleures ventes de billets dans tous les stades où elle se déplace, et surtout produit les meilleures audiences télévisées, ce qui se monnaye très cher.

En 2003, le club en a profité pour faire valoir ses droits à l'image télévisée en se fondant sur ses bons résultats en termes d'audience depuis des années. Il faut dire que la finale de la Coupe d'Europe (perdue) en 1991 avait rassemblé 70 % de parts de marché. Celle de 1993, gagnée, avait réuni 16,6 millions de Français devant TF1 (dont Bernard Tapie était actionnaire à 1,66 % quand Bouygues sponsorisait l'OM) et Étienne Mougeotte, son directeur d'antenne, disait « Une équipe avec de tels résultats devient vite la préférée de Français et donc de TF1 [13]. » Malgré l'affaiblissement sportif, l'audience est restée importante depuis, puisque, par exemple, près de 10 millions de spectateurs ont regardé le match Real de Madrid-OM le 16 septembre 2003. Et c'est cette puissance qui a permis à Christophe Bouchet de s'en prendre à la Ligue professionnelle de football à propos de la répartition des droits TV : estimant que la péréquation égalitaire entre les clubs était injuste, il a obtenu que 50 % de la manne aillent à tous les clubs, que 30 % soient répartis en fonction des résultats et que 20 % le soient en fonction de la notoriété, mesurée au nombre de diffusions cumulées. Il a gagné ainsi 13,5 millions d'euros pour la seule année 2003-2004, victoire indéniablement due, au fond, à cette popularité nationale et internationale

13 Cité par Jean-François Pérès et Daniel Riolo, *L'OM/PSG, les meilleurs ennemis*, *op. cit.*

du club – et donc à ses fans, qui en sont le symbole. Les supporteurs le rappellent volontiers aux dirigeants du club quand ceux-ci tentent – ou sont soupçonnés de tenter – de les marginaliser.

En somme, les clubs de supporteurs sont des machines politiques de plusieurs manières : d'abord, parce qu'ils transforment le stade en agora, un lieu où se mène le débat public et se décident des plébiscites, ou au contraire des mises à l'index. Ensuite, parce qu'ils prétendent faire du stade et du sport une matrice de valeurs pour penser la vie sociale – et qu'ils y arrivent souvent. Enfin, ils sont des acteurs politiques parce qu'ils agissent dans le complexe que forme l'OM comme les syndicats sur le port ou à la mairie, à la fois coopérants et contestataires : ils participent du pacte social autour duquel se gère l'entreprise. La contrepartie étant ici non pas le monopole à l'embauche, mais le contrôle des entrées et une part des bénéfices induits qui impliquent, pour certains, des carrières ascensionnelles.

Leur discours global sur le foot et la ville a d'autant plus de poids qu'il est relayé par des clercs, artistes, intellectuels ou journalistes, qui contribuent à modeler l'esprit public marseillais. Le chanteur Renaud, qui adhéra aux South Winners, a expliqué dans une lettre de rupture datée d'avril 1996 et publiée dans le fanzine des Winners pourquoi il avait été séduit : « Pour une fois, c'était le Sud, Marseille la pauvre, Marseille la cosmopolite (la magnifique), qui faisait la nique à la capitale bourgeoise et arrogante. [...] Je m'intégrai chez les Winners, le club des supporteurs où mes potes Rachid, Moïse et Christian affichent des drapeaux du Che, des banderoles "Stop Nazis" et des drapeaux israéliens, comme un défi aux nazillons du Kop de Boulogne du PSG [14]. » La publication en 2004, en coédition OM/L'Écailler du Sud, d'un recueil de nouvelles écrites par des auteurs de polars marseillais et parisiens est une autre manifestation de cet engouement d'une fraction de la « classe créative » nationale pour le football et les valeurs qu'il véhicule. Comme l'opération de jumelage entre le Théâtre national de la Criée et l'OM, qui vendent simultanément des places donnant droit à un spectacle de théâtre et à un match de football.

La presse locale joue son rôle, décisif, dans l'affaire, relayant quotidiennement le discours des supporteurs dans sa version victimiste [15]. Allant, si

14 *Révolution orange*, n° 92.

15 Les ventes de la presse régionale, en baisse régulière depuis des années, sont largement augmentées par le football : au lendemain de la victoire contre Newcastle en avril 2004, celles de *La Provence* ont augmenté de 27,6 %, tandis que l'élimination de l'Inter, au tour précédent, les avait fait progresser de 21,5 %. Mêmes progressions annoncées pour *La Marseillaise*, qui a sorti un tiré à part gratuit le jour de la finale.

besoin est, jusqu'à inventer laborieusement une dimension historique, sociale ou politique aux affrontements sportifs. En mai 2004, quand l'OM rencontre Valence (Espagne) en finale de la Coupe de l'UEFA, le quotidien *La Provence* publie la veille de la rencontre une page consacrée à une prétendue antique rivalité entre les deux villes. Le rédacteur parle de Valence comme de « l'adversaire, l'ennemi juré le temps d'une rencontre ». Relativement lucide, il écrit : « En ville, les premiers quolibets anti-Valencia n'ont pas encore résonné », ce qui semble le gêner un peu. Il poursuit alors : « Mais l'esprit de revanche devrait aiguiser la créativité (*sic*). Souvenez-vous, c'était en novembre dernier. Les Suisses préféraient Valence à Marseille pour l'organisation de la Coupe de l'America. » Ce discours guerrier vis-à-vis d'une ville contre laquelle rien ne dresse les Marseillais est fondé par un autre article intitulé « Marseille-Valence, une longue inimitié ». L'auteur de l'article la date de 1423, quand la flotte aragonaise pille Marseille et s'empare de la chaîne qui barre le port. Elle est « aujourd'hui bien en vue dans la cathédrale de Valence ».

Ces vaines tentatives d'inventer une rivalité politique mettent en lumière la politisation de ces moments par différents acteurs de la cité, qui contribue encore à l'intérêt que les élus doivent porter à cette opinion footballistique, entendue comme un élément central de l'opinion publique de la ville.

Quant aux notables, ils participent du consensus en occupant les jours de match, dans la tribune Jean-Bouin et au-dessus, une des cinquante-quatre loges louées par les entreprises ou les institutions entre 36 000 et 72 000 euros à l'année, hors restauration. On rencontre l'essentiel des hommes politiques de la ville, en particulier dans la loge du conseil général, où le président Guérini, grand amateur de ballon rond, tient salon. Les élus de moindre importance, heureux d'être invités par l'homme le plus puissant de la gauche, y bavardent avec des avocats, des policiers ou des journalistes. Et ils dégustent à la mi-temps des petits fours chauds et du champagne, en compagnie de la femme du président, avocate très liée au monde judiciaire de la ville et agent très efficace de la notabilisation de son époux...

Le système est le même pour la mairie : elle dispose à sa guise de la très grande loge présidentielle au centre de la tribune couverte. M. Jean-Claude Gaudin, qui s'est converti au spectacle footballistique depuis qu'il est maire mais qui ne dispose d'aucune culture en la matière, y reçoit ses amis élus, le gratin de la classe politique nationale, des agents économiques d'importance ou des personnalités médiatiques qui veulent éprouver le grand frisson du Vélodrome – comme Alain Delon par exemple, lorsqu'il est en tournage en ville. À la mi-temps comme après le match, tout ce monde descend bavarder dans le bar présidentiel en grignotant les mêmes douceurs que quelques étages plus haut. On côtoie aussi dans ces couloirs et salons un petit monde trouble de demi-sels, d'agents honnêtes, de joueurs retraités et de truands locaux qui vivent aux crochets de tout ce qui amasse rapidement et de façon obscure beaucoup d'argent. Présents pour des raisons fonctionnelles, les responsables de la police, et parfois de la justice, se fondent dans cette petite foule bigarrée, jalouse de ses privilèges et qui partage en ces lieux, les discours les plus répandus sur Marseille, le foot et le métissage.

Supporteurs organisés, clercs et notables diffusent donc en permanence un discours qui mêle passions sportive et politique. Ces passions et les discours qui les véhiculent circulent bien au-delà des cercles, si larges soient-ils, qui fréquentent le stade. Depuis les années 1990 et la diffusion des matchs sur les chaînes cryptées, une pratique originale s'est en effet développée dans Marseille et ses alentours : les matchs de l'OM sont projetés sur les écrans de télévision des bars, qui deviennent ainsi des lieux de ralliement et de sociabilité partisane. Durant les premières années des exclusivités Canal Plus, cette pratique était illégale, puisque l'abonnement individuel du barman se transformait en abonnement collectif, pratique explicitement interdite par la chaîne cryptée. Quand ses responsables se sont rendu compte du manque à gagner considérable que cela signifiait, ils ont tenté de réagir par la menace : effort vain. Ils ont donc inventé un nouveau système d'abonnement collectif « spécial café » : la plupart des bars marseillais y ont souscrit, en même temps qu'ils s'équipaient en écrans géants de toute nature, servant des dîners sommaires ou des sandwiches et boissons à chaque rencontre. L'habitude est devenue si forte que, même quand les matchs sont diffusés par une chaîne hertzienne, beaucoup de Marseillais de toutes conditions et de tous âges préfèrent les vivre au bar que chez eux. Ces soirs-là, toute la ville bruisse véritablement à l'unisson et les discussions de comptoir relaient largement le discours politico-sportif des supporteurs organisés.

Ainsi se constitue un public de l'OM, réel et virtuel, organisé en cercles concentriques qui s'additionnent mathématiquement et forment ce que l'anthropologue Arjun Appadurai appelle la « foule mondiale du mediascape » sportif [16]. Un premier cercle, très local, est celui des supporters qui vivent l'OM comme les dockers ou d'autres professions vivent leur métier : c'est un milieu, avec ses bars, ses codes langagiers et vestimentaires, ses

16 Arjun Appadurai, *Après le colonialisme. Les conséquences culturelles de la globalisation*, Payot, Paris, 2001.

rituels d'adhésion et de passage. Un deuxième cercle est celui des spectateurs moyens, affiliés ou pas à des clubs de supporters, qui vivent leur passion entre amis, devant la télé – et parfois au stade – en mangeant des pizzas et buvant de la bière ou du rosé. Vient ensuite le troisième cercle, métropolitain, pour qui le stade ou la télé sont des moments de nostalgie (et de passion footballistique, bien sûr) pour leur enfance marseillaise, eux qui vivent maintenant alentour de la ville, dans ces banlieues et villages où se sont exilés des milliers de Marseillais. Un quatrième cercle est constitué d'expatriés plus lointains, dans le Var, les Alpes, voire à Lille ou Roubaix. Cinquième cercle enfin, ceux qui adhèrent à l'OM comme ils choisissent une star dont ils deviennent les fans, de manière purement discrétionnaire ou symbolique. En ce sens, l'OM est un phénomène très moderne, qui relève de la mondialisation culturelle, dans la mesure où il porte à une échelle globale (ce qui veut dire déterritorialisée, mais pas forcément planétaire) un phénomène local.

Le mythe de l'OM, c'est-à-dire la fable du peuple bafoué qui prend sa revanche, accroche au-delà du local parce qu'il touche profond. En ce sens encore, la base sociale du supporteurisme local et global, qui est l'ensemble des cercles sociaux vivant avec des intensités variables la passion, la religion et ses rituels, est un rassemblement très concret des mondes populaires. Ce sont des ouvriers, des employés, des très petits entrepreneurs et commerçants, des chômeurs indemnisés, ou tout cela à la fois. C'est-à-dire des cellules familiales dans lesquelles se croisent un ouvrier ou ancien ouvrier (le père), une employée (la mère) et une vendeuse dans un grand magasin (la fille), un retraité docker (le beau-père), un commerçant nanti (le beau-frère, cadre de banque) et l'autre beau-frère qui a mal tourné, chômeur professionnel, sans parler du petit dernier qui cherche du boulot. Mais des mondes qui ne sont jamais autant « populaires » que dans ce moment où il leur est accordé d'apparaître en public, tel que précisément on se les représente pour dévaloriser les mondes dits populaires : vulgaires, débraillés, incorrects, machos, mangeurs de pizza.

## *La peur du foot*

En ce début de XXIe siècle où il est clair que les dirigeants olympiens ne visent pas de place élective, les chefs des collectivités locales qui entretiennent des relations suivies avec le club devraient tous essayer de tirer le meilleur profit de cette passion qu'ils affirment partager. Christophe Bouchet, qui a présidé le club durant quatre ans et observé de près les élus tourner autour du club, définit pourtant le sentiment qu'ils éprouvent pour l'OM par un mot surprenant : « La peur. » Il les trouve en effet d'abord « intimidés », voire « effrayés par cet ovni ». Ils manquent aussi très largement d'idées et de projets sur ce football à qui ils déclarent tant d'amour. Comme s'ils ne savaient pas comment capitaliser à leur profit la ferveur presque religieuse autour d'une équipe qu'ils aident financièrement et soutiennent autant qu'ils le peuvent. En fait, ils se contentent de surveiller jalousement le concurrent, faisant circuler toutes sortes de rumeurs sur l'adversaire politique, soupçonné de manipulation ou d'entrave au développement du club. Et ils gèrent au quotidien les petits bénéfices tirés des contrats signés avec l'OM, c'est-à-dire les loges et les places dans le stade.

Pour l'année 2003-2004, la mairie à qui appartient le Vélodrome disposait, outre sa tribune, de 500 places dans le stade, et le conseil général de 1 500. La moitié des places achetées par le département est réputée aller directement au cabinet du président, qui les distribue dans son canton et ses réseaux, l'autre moitié étant répartie entre les autres conseillers généraux ou les amis politiques, qui les dispatchent comme ils le veulent, à des animateurs de clubs sportifs ou sociaux, ou dans les lieux qu'ils croient importants. C'est là ce qu'un élu appelle « irriguer les réseaux ». Ces petits avantages matériels ont une forte portée symbolique : l'entrée gratuite au stade est une denrée à fort prestige. Elle permet de se sentir membre privilégié de la cité et de son cœur battant – et bien sûr d'en parler autour de soi – pour recueillir un peu de prestige, qui rejaillit par le même coup sur le donataire.

Les dirigeants politiques ont aussi l'ambition de disposer d'un peu de pouvoir au sein du club lui-même, ne serait-ce que pour savoir ce qui s'y trame, tant les crises qui le traversent régulièrement les rendent fiévreux. À chaque épisode des luttes de pouvoir internes au club et à ses satellites, les élus tentent donc d'introduire des hommes à eux. Ce jeu s'était à peu près calmé avec l'arrivée de Christophe Bouchet qui, connaissant les mondes sportifs et politiques locaux comme sa poche sans dépendre de quiconque, avait pu imposer quelques règles, en particulier de non-ingérence. Quand d'anciens amis de Bernard Tapie, des sous-marins du maire ou de son premier adjoint intriguaient, il sut rappeler « qui paye et donc qui commande », en l'occurrence lui et son actionnaire de référence Robert Louis-Dreyfus. Sachant que son partenaire majeur reste la mairie, qui lui loue le Stade Vélodrome pour chaque rencontre – environ un million d'euros par an – et les terrains d'entraînement de la Commanderie pour un euro symbolique pendant trente ans, Bouchet avait aussi construit une relation de confiance avec Jean-Pierre Foucault, président de l'OM Association, en charge de la formation des jeunes : l'animateur de TF1 est un partisan très zélé du maire, qui fut son professeur, et peut être considéré comme son œil dans le club. Et quand le président Bouchet estima qu'un adjoint jouait un jeu trouble avec les supporteurs, il le fit directement savoir à la mairie, qui demanda à l'élu de s'éloigner un peu de l'OM.

Ce patient travail pour rendre le club indépendant des ambitions politiques diverses qui cherchent toujours à se mêler de ses affaires n'a toutefois pas résisté à l'absence de résultats sportifs majeurs et à l'humiliation de trop de défaites contre Paris. Attaqué par les supporteurs, lâché par son actionnaire, Christophe Bouchet a démissionné en décembre 2004 et on a vu revenir dans le directoire du club des amis proches du maire et de son premier adjoint – sans que cela serve d'ailleurs à définir plus précisément quelle politique du club servirait mieux les intérêts des élus.

Le président déchu reconnaît lui-même que l'objet OM, son passé sulfureux et son présent encore troublé ont de quoi effrayer les acteurs politiques, de gauche comme de droite. Et surtout Jean-Claude Gaudin, qui a été la première cible de Bernard Tapie et craint en permanence que le conseil général, bien plus riche que la mairie, ne mette la main sur le club. D'autant que celui-ci dispose, souligne-t-il, d'une image double : « Comme Naples, c'est un club ancré localement – il y a eu 1,5 million de personnes au stade en 2003-2004 –, et comme la Juventus de Turin, c'est un club fédérateur, qui dispose de supporteurs partout en France et même au-delà. » Cette PME de cent personnes, dont trente joueurs, « cet objet épineux, ce bien affectif commun à la renommée extraordinaire », rayonne donc partout dans le monde et ses succès ou déboires rejaillissent inévitablement sur l'image de la ville. Alors que celle-ci est en pleine reconstruction de réputation, la mauvaise image du club peut donc ternir en un instant toute une politique organisée – ce qui rend l'objet OM aussi effrayant.

Cette difficulté, ce décalage entre des acteurs politiques ancrés sur leur terrain et un club qui vit au rythme des échéances sportives et médiatiques européennes, négocie des transferts sur un marché européen ou mondial ultraréactif, apparaissent alors comme une métaphore de la difficulté des mondes politiques locaux à vivre à la fois dans le vaste monde, dont ils ne maîtrisent pas plus les règles que la culture, et les petits mondes locaux qu'ils tentent de gérer au quotidien et au plus près. Symbole de ces rapports difficiles, l'impossible contact entre l'actionnaire de l'OM et le maire de Marseille, qui sont contraints de se rencontrer de temps en temps, finissent par trouver des terrains d'entente, mais, de l'aveu des témoins qui les ont vus ensemble, ont du mal à se supporter plus de quelques minutes.

Le premier, Robert Louis-Dreyfus, est riche et de culture cosmopolite : il évolue quotidiennement entre l'Allemagne, l'Angleterre, les États-Unis, la Belgique ou la Suisse pour gérer des activités industrielles et financières à vocation mondiale. Parlant en public avec difficulté, vêtu avec un souci minimal des conventions, il est exaspéré par le système politico-technocratique français et ses lourdeurs. Et il ne peut s'empêcher de le dire à un moment ou à un autre de la conversation. Jean-Claude Gaudin est très exactement son portrait contraire : toujours vêtu du costume cravate réglementaire, aimant le contact, ayant conservé un accent marseillais qui l'ancre définitivement dans son terroir, ne parlant aucune langue étrangère et fort peu voyageur, sa compétence majeure est justement de maîtriser le fonctionnement, hommes et routines, de ce système que déteste Dreyfus. Tous ceux qui y ont assisté racontent que chacune de leurs rencontres finit dans l'aigre des sourires contrits.

Cette distance, cette incapacité des politiques à prendre à bras-le-corps les questions posées par l'engouement autour du football ont une conséquence directe sur les politiques urbaines : pas plus qu'il n'y a de politique stable dans un club qui use autant de présidents que d'entraîneurs [17], il n'y a de projet durable autour de l'OM mis en œuvre par les acteurs politiques. Rien, en particulier, autour d'un stade à la fois récent (il a été refait en 1998 à l'occasion de la Coupe du monde) et obsolète, c'est-à-dire beaucoup moins ouvert que les nouvelles arènes du genre de celle de Manchester United, qui accueille restaurants, musées et autres animations plus durables qu'un match de quatre-vingt-dix minutes par quinzaine. Le Vélodrome pourrait être le point d'ancrage du quart sud de la ville, noyau d'un projet urbanistique, commercial, sportif ou ludique. Mais sa sacralisation par les politiques locaux, contrepartie de leurs craintes, en fait une sorte de lieu de pèlerinage épisodique qui reste éteint entre les moments où le feu brûlant de la passion en fait le cœur de la ville et de son peuple.

17 En neuf années d'actionnariat Louis-Dreyfus, l'OM a connu quatre présidents et huit entraîneurs.

# 10

# La décadence des parrains

## Sous-traitance pour la mafia russe

Le 14 décembre 2004, Jacky Imbert, mieux connu sous le nom de Jacky Le Mat, est condamné par le tribunal de grande instance de Marseille à quatre années de prison ferme pour participation « à un groupement en vue de la préparation du délit de contrebande organisée de cigarettes [1] ». Son procès, dit « des derniers parrains de Marseille », aura été riche d'enseignements sur la décadence du banditisme marseillais. Les huit inculpés étaient accusés d'avoir préparé un trafic de cigarettes : elles devaient être fabriquées dans la région marseillaise avant d'être commercialisées en Europe.

L'alliance de vieux trafiquants connus de la police, accompagnés de leurs descendants, et d'un clan gitan constituait le maillon local d'une chaîne qui reliait, entre autres pays, la Hollande, d'où devait venir le tabac, la Hongrie qui devait approvisionner en filtres, la Moldavie fournisseuse de papier, le tout manufacturé dans la région marseillaise par des ouvriers polonais clandestins. D'Allemagne, où opérait un ressortissant ukrainien en contact avec des Russes réputés mafiosi, arrivèrent cinq semi-remorques volés. Les caïds provençaux s'occupaient de logistique. C'est l'expression

1 Jacky Imbert a été relaxé en appel le 9 avril 2005 par la cour d'Aix-en-Provence et immédiatement libéré de la prison de Luynes. Il était le seul accusé de ce procès à avoir interjeté appel.

qu'employa un des accusés, et elle correspond exactement à ce qu'est devenue la logistique dans les activités ordinaires de l'import-export : entreposage et reconditionnement des marchandises. Mais le capital, les idées et l'initiative venaient des Russes. Des « Sergueï » et autres inconnus d'importance étaient d'ailleurs venus visiter les installations que les Marseillais avaient dénichées dans la périphérie de la métropole. Ils avaient avancé en liquide les sommes nécessaires aux travaux à venir (murs de dissimulation, prises et compteurs électriques puissants pour les machines). Et ils annoncèrent qu'ils s'occuperaient de loger la main-d'œuvre dans deux ateliers-hangars. Les Marseillais devaient seulement se charger de nourrir et de soigner ces clandestins.

Cette chaîne économique interrompue par l'intervention de la police, qui avait filé les protagonistes durant des mois, ne diffère pas de celles qui se constituent pour les activités légales. Malgré l'évidente complexité capitalistique de l'affaire, il est clair que les Marseillais n'y jouaient qu'un rôle secondaire : on est bien loin des heures anciennes où Marseille était une capitale mondiale de la transformation de la drogue. Devenue une économie de niche subalterne, l'activité criminelle dans cette ville ressemble donc trait pour trait à l'économie visible. Elle s'occupe par exemple d'avitaillement (l'approvisionnement des navires), les vrais décideurs étant à Paris, Londres ou Shanghai. Deux des inculpés avaient d'ailleurs travaillé auparavant dans l'avitaillement. Ils devaient utiliser un savoir-faire qu'ils avaient eu l'occasion de parfaire dans deux entreprises faillies, Eurofruit et Bluemar, censées traiter des fruits en provenance d'Israël. Ils étaient à l'époque associés avec Edmond Goubert, ex-docker comme eux, ex-homme d'affaires du port, ex-condamné dans un trafic de cigarettes et brusquement disparu sans laisser aucune trace depuis le 11 janvier 2002. Mais leur ambition restait très limitée, bien dans la ligne des mondes économiques régionaux dont la caractéristique centrale est d'organiser la sous-traitance d'activités désormais accaparées par des grandes firmes transnationales comme la CMA-CGM de Jacques Saadé, ou par des entreprises d'État comme la SNCM, Sud-Cargos, la SNCF ou EDF...

À cette place dans l'économie, à la faiblesse du capital et du savoir-faire investi, correspondent, dans l'économie ordinaire, de toutes petites entreprises, familiales ou claniques. C'est la même structure qu'a révélée le procès des vieux caïds : trois petits groupes qui se sont agités autour de l'argent russe. Il y avait un clan gitan des alentours de Marseille, mêlant activités légales et illégales, et dont l'un des membres louait les deux hangars. Il y avait un père condamné à mort et disparu durant trente ans, durée de la prescription, et son fils fidèle : ils devaient s'occuper de la mise en place des locaux. Enfin, un Parisien polyglotte d'origine russe et son parrain de cœur avaient le contact avec le réseau russe. Trois petits groupes, trois petites ambitions, qui correspondent plus à de la rapine qu'à de la création de valeur illégale à grande échelle. Plus que celui d'un Milieu dominateur et redoutable, ce procès raconte, en creux, l'histoire d'une puissance économique déchue.

Cette crise du Milieu marseillais d'antan ne peut donc être lue comme la disparition mystérieuse des hommes d'honneur, mais comme le résultat d'une restructuration économique. On va voir, à propos de la drogue, qu'elle résulte de transformations profondes du commerce mondial, qui concernent autant les activités légales que les autres. Cette crise, qui va de pair avec un éclatement des mondes de la délinquance, s'accompagne d'un décrochage d'avec les mondes politiques. Car, on le verra plus loin, les relations entre le Milieu et les élus, qui ont constitué un des lieux communs les plus répandus sur la vie sociale locale, se sont si nettement distendues qu'elles relèvent désormais de l'opportunité et des aléas des rencontres plus que d'un système.

## *Trafic de drogues : de l'export à l'import*

Entre la fin de la Seconde Guerre mondiale et les années 1970, Marseille est une étape décisive du commerce mondial de l'héroïne. En 2000, un rapport de l'Institut des hautes études en sécurité intérieure (IHESI), résume l'histoire du trafic de drogue et de ses patrons nationaux, dont la plupart se trouvaient à Marseille [2]. Il cite ainsi une autre étude de 1996 : « Le Milieu français est en fait le produit de quelques groupes de gangsters particulièrement entreprenants et disposant du minimum de moyens et d'organisations susceptibles de les hisser au-dessus des basses eaux criminelles. L'ensemble fut essentiellement le fait des trois générations qui se succèdent jusqu'à ce que le Milieu français se désagrège de lui-même au seuil des années 1980 [3]. » Ces pionniers, en particulier les Marseillais, ont bâti leur fortune sur le trafic de cigarettes, de piastres [4], d'or, de femmes ou d'opium

2 Thierry Colombié, Nacer Lalam et Michel Schiray, *Les Acteurs du grand banditisme français au sein des économies souterraines liées au trafic de drogue*, IHESI, Paris, 2000. Ce rapport est fondé sur des entretiens avec des policiers et des juges.

3 François Campagnola, *Crime organisé et gangstérisme professionnel*, IHESI, Paris, 1996.

4 Les bandits français se sont notamment enrichis en organisant des trafics interdits de piastres, la monnaie qui avait cours dans les colonies indochinoises, entre ces dernières et la métropole.

avec les colonies et singulièrement l'Indochine. Ils connaissaient les lieux de départ et les conditions de transport des drogues, car ils disposaient, outre leurs propres navires qui assuraient la contrebande côtière par cabotage, d'employés complices à bord des navires au long cours. Ils connaissaient aussi le marché local, restreint, et pour des raisons historiques ou claniques, ils savaient établir des liens avec les marchés lointains. Notamment le marché de l'héroïne aux États-Unis, largement prédominant et porteur jusque dans les années 1970.

Peu à peu, « la centralisation des laboratoires de transformation d'héroïne dans la région de Marseille met en relief la spécialisation des chimistes français, dont la réputation internationale s'est forgée sur la qualité exceptionnelle du produit », explique ce rapport [5]. Ce « maillage régional à quatre dimensions (local, régional, national, international) [...] obéit à une hiérarchie centralisée autour d'individus charismatiques, du simple soldat au parrain ». En termes économiques, cela signifie que la place de Marseille dispose d'un savoir-faire particulier et que des agents économiques, les parrains, savent faire converger les produits de base vers le lieu de leur meilleure transformation.

Ce que précise la suite : « Depuis les années 1960, [...] la ville souterraine est sous l'emprise de deux à trois parrains qui centralisent une grande partie des activités liées au banditisme traditionnel (vols, braquages, jeux), de la prostitution au trafic de drogues [6]. » Sans qu'on puisse le prouver, puisque les transactions restent orales, ces patrons jouent alors plusieurs rôles dans ce commerce illégal. Celui de banquiers, d'abord : les opérations mobilisent beaucoup de liquidités et les fonds doivent circuler entre les lieux de départ de l'héroïne, l'Asie du Sud-Est, le lieu d'arrivée, les États-Unis, et le lieu de passage, Marseille. Le même rapport précise « qu'il ne fait aucun doute que ce mécanisme de triangulation financière [...] soit à la base de l'édification de la grande filière d'héroïne entre la France et les États-Unis, dès les années 1950, et des organisations criminelles françaises dorénavant transnationales ».

Les capitalistes marseillais de la drogue jouent aussi le rôle de fournisseur de main-d'œuvre, car l'acheminement de la morphine base, son traitement et sa réexpédition exigent des hommes hautement qualifiés. Outre les chimistes, des hommes de main doivent agir dans le secret, être armés et capables de tuer. Ils doivent aussi déjouer, par la ruse ou la corruption, les

---

5 François Campagnola, *Crime organisé et gangstérisme professionnel, op. cit.*

6 *Ibid.*

contrôles (douanes, police) officiellement opposés à cette industrie de transformation et qui ne font que commencer à s'organiser à l'époque. Les parrains, enfin, doivent offrir d'éventuelles protections juridiques et un soutien aux familles et proches quand interviennent des arrestations – ce qu'on pourrait appeler le service après vente ratée.

Ce trafic donne lieu à des affrontements sévères[7] : à partir du milieu des années 1960, le marché s'ouvre timidement, des jeunes font leur trou et les vieux renâclent. Pas longtemps, car on a besoin d'eux, tout au moins au début, pour financer. Ce système tient donc à peu près la route de l'opium entre Asie et États-Unis, comme le raconte l'historien américain Alfred McCoy[8].

Le début des années 1970 voit la fin de cette *french connection*, pour plusieurs raisons. La première est la pression insistante de la police américaine, qui incite fortement la police et la justice françaises à agir : tombent alors arrestations et démantèlements de réseaux[9]. En 1971, les peines de prison pour trafic d'héroïne, qui se situaient auparavant autour de cinq ans, passent à vingt ans. Les moyens de la police sont considérablement augmentés après des discussions politiques au plus haut niveau, c'est-à-dire entre les présidents de la République américain et français. En 1972, le vieux trafiquant Marius Pastore se retire, Jo Césari se fait arrêter avant de se pendre dans sa cellule, un labo tombe à La Cadière (Var) : ces épisodes marquent le début de la fin des périodes fastes pour le grand banditisme qui opère dans ces trafics. Outre les pressions américaines, le mouvement de répression accrue en France a une autre cause : l'élargissement considérable du marché de la drogue. La France, qui n'était jusque-là qu'un pays de transit, devient alors un marché intérieur profitable. Du coup, la toxicomanie devient une question de santé publique qui inquiète l'opinion. On verra plus loin que cela a des conséquences immédiates sur les rapports entre le Milieu et les acteurs politiques : la fin des protections, ou du moins des connivences discrètes, précipitera la crise économique de l'activité illégale et de ses entrepreneurs.

---

7 Voir Jérôme Pierrat, *Une histoire du Milieu. Grand banditisme et haute pègre en France de 1850 à nos jours*, Denoël, Paris, 2003.

8 Alfred W. McCoy, *The Politics of Heroin. CIA Complicity in the Global Drug Trade*, Lawrence Hill Books, Brooklyn, 1991. Le chapitre de ce livre concernant Marseille a été publié en France : Alfred McCoy, *Marseille-sur-héroïne*, L'Esprit frappeur, Paris, 1999.

9 On trouve une description détaillée de ce tournant et les documents échangés entre les États sur ce sujet dans Jacques Follorou et Vincent Nouzille, *Les Parrains corses*, Fayard, Paris, 2004.

Sur ce terrain mondial, l'accroissement de la demande multiplie les pays fournisseurs : des régions qui produisaient pour leur seule consommation, en Asie ou en Amérique latine, commencent à exporter massivement. Conséquence, décrite par le journaliste Jérôme Pierrat : « Le développement considérable de la consommation de nouveaux produits a incité les groupes marseillais à négocier avec de nouvelles organisations criminelles nées de l'internationalisation de ces marchandises illicites [10]. » C'est en effet l'époque où de puissants cartels régionaux de « narcotrafic » se constituent, en particulier en Colombie et au Mexique [11], ou encore en Chine ; mais, du fait de leur ancrage obligé dans des réseaux locaux de corruption nécessairement très spécifiques, ils ne semblent pas en mesure de se transformer en transnationales à l'image de celles qui s'affirment dans d'autres secteurs économiques légaux, ce qui se traduit par un éclatement des centres d'expédition et de réception [12]. Cette internationalisation conduit en tout cas à la délocalisation des savoir-faire. Il en va ici des chimistes marseillais comme des ouvriers de la réparation navale ou des mains agiles du textile, qui perdent leur statut d'exception sur fond d'internationalisation du capital. Ce district productif est donc victime, comme les autres, de la mondialisation ; et les effets de ce processus sur le Milieu local sont globalement identiques : il transforme la place marseillaise en un site régional limité. Les acteurs économiques et les entrepreneurs du Milieu, quant à eux, y perdent en superbe.

Il reste encore à faire une histoire sérieuse de ces mondes de l'économie criminelle, tant les légendes tissées à partir des souvenirs des hommes du Milieu ou de leurs descendants, reprises sans vérification, ont la vie dure [13]. On peut cependant avancer que le capitalisme criminel local est un capitalisme familial, comme le capitalisme industrialo-portuaire qui dominait alors l'économie locale. Et de la même manière que les familles de la bourgeoisie marseillaise ne trouvent pas les moyens locaux de mobiliser des

---

10 Jérôme Pierrat, *Une histoire du Milieu. Grand banditisme et haute pègre en France de 1850 à nos jours, op. cit.*

11 Voir le livre très documenté de Jean-François Boyer, *La Guerre perdue contre la drogue*, La Découverte, Paris, 2001.

12 Notons toutefois qu'en cette matière, les certitudes sont rares, car ces économies illégales se développent bien sûr sans archives, dans le secret ; et les procès-verbaux policiers ou les procès eux-mêmes autorisent rarement les certitudes.

13 Exemple récent, parmi tant d'autres : dans *La Saga Guérini* (Flammarion, Paris, 2003), Marie-Christine Guérini nous en apprend un peu sur les drames intimes du clan finissant, mais ne dit rien sur les activités réelles de sa famille.

machines productives mondiales [14], le capitalisme criminel est rongé par les luttes internes des clans familiaux et s'épuise dans ces querelles. Contrairement à la mafia sicilienne [15], si riches et puissants soient-ils, ces parrains marseillais ne passent pas au stade de la firme, c'est-à-dire d'une organisation capable de s'imposer au plan mondial [16]. Bien sûr, l'activité criminelle de la drogue ne disparaît pas complètement : on entend encore parler d'une *pizza connection* en 1986, deux labos sont encore découverts à Marseille en 1991. Mais, globalement, les routes des stupéfiants se sont inversées. Il n'y a plus d'export et beaucoup d'import, car la concurrence sévit – du Pakistan, de la Turquie, de la Chine, de la Corée du Nord ou de l'Amérique du Sud, où des dizaines de chimistes compétents travaillent.

L'éclatement du Milieu traditionnel date bel et bien de ce tournant de la fin des années 1970. En 1973, cinq ans après la mort des frères Mémé et Antoine Guérini, les balles sifflent et montrent que la suprématie ancienne, celle des Corses, est mise à mal. Un homme se détache : Gaétano Zampa, né en 1933 dans le quartier du Panier et dont le père, ancien navigateur d'origine napolitaine, a suivi Carbone, puis les Guérini. Francis Le Belge apparaît à la même période. Quant aux anciens « grands » caïds de la *french connection*, de même que la grande bourgeoisie a reconverti une partie de ses biens et capitaux dans l'immobilier, ils ont « réalisé [leur] patrimoine », comme le dit un Corse qui les connaît bien. Ils ont épuré leurs affaires pour ne garder que les plus visibles sur place ; ou sont devenus des industriels respectables, au Maroc ou en Espagne.

On pourrait probablement produire une analyse économique analogue de la prostitution, autre secteur clef de l'activité traditionnelle du Milieu de l'après-guerre ; du moins si l'on disposait de données sérieuses sur ce marché très lucratif. Quoi qu'il en soit, on peut constater aussi que, de nos jours, l'activité de proxénétisme n'est plus construite à partir du « capital local » et n'est plus exportatrice, comme elle l'était quand les maquereaux marseillais envoyaient les filles vers les colonies ou les pays dépendants. La prostitution féminine à Marseille importe désormais sa « main-d'œuvre », en mobilisant des réseaux européens dont les décideurs sont en Albanie, en Russie, en Bulgarie ou en Roumanie, tandis que la

14 Voir les tentatives ratées de fédération entre savonniers en proie à la concurrence mondiale, finalement liquidés ou rachetés par Unilever (Pierre-Paul ZALIO, *Grandes Familles de Marseille au XX<sup>e</sup> siècle, op. cit.*).

15 Voir Pino ARLACCHI, *Mafia et Cie. Éthique mafiosa et esprit du capitalisme*, PUG, Grenoble, 1986.

16 Jacques FOLLOROU et Vincent NOUZILLE, *Les Parrains corses, op. cit.*

prostitution masculine est le fait de « travailleurs indépendants », plutôt originaires du Maghreb.

## *Une délinquance (très) ordinaire*

En matière de délinquance, Marseille ressemble aujourd'hui trait pour trait aux petites et moyennes villes françaises. C'est du moins ce qui ressort des quelques données impressionnistes que fournissent les institutions judiciaires et policières. Selon les policiers et les magistrats, les activités les plus lucratives se concentrent autour de deux secteurs : les trafics illégaux dans le port et les machines à sous. Dans ces activités, les différends se règlent au revolver, puisqu'ils ne peuvent se résoudre au tribunal de commerce.

Le port reste une zone où peuvent se dérouler les vraies affaires illégales lourdes, trafics d'armes ou d'autres marchandises à haute valeur. C'est en effet un milieu fermé géographiquement, où les autorités ont du mal à pénétrer. Les règles spécifiques du commerce marseillais et ses mystères y règnent en maître, et les milieux patronaux extérieurs au port avouent ne pas bien comprendre ce qui s'y trame. Le monopole syndical, propice à d'autres secrets, ajoute à l'opacité du système.

L'essentiel des autres activités clandestines – drogue, hold-up, trafics de voitures, vols divers... – est lié à des clans, des bandes ou tribus issus de nouvelles zones urbaines, les « cités ». Ces ensembles résidentiels sont aussi des quartiers populaires : à l'identique de ce qu'ont été et sont toujours Le Panier, Endoume ou La Belle de Mai, les cités d'aujourd'hui offrent un terrain, une main-d'œuvre et une base sociale propices au développement des économies urbaines souterraines. Le lien entre opérateurs du grand banditisme et les réseaux ethniques desdites cités semble réel au niveau de la distribution en gros et demi-gros, mais en revanche inexistant au moment de l'achat de fortes quantités auprès d'opérateurs étrangers.

Les mondes de la délinquance se sont nichés dans des enclaves sociales et spatiales, mais dans le même temps, ils se sont déterritorialisées. Pour des voitures volées en Allemagne ou en Suisse par des clans roumains, les cartes grises maquillées viennent de... Bordeaux. Ces véhicules peuvent être achetés par des commissionnaires tunisiens qui mobilisent, le temps d'un transit, des jeunes des cités pour faire une razzia dans les boutiques chics du centre-ville, et remplir la voiture avant son départ pour la Tunisie. Il existe enfin, à Marseille comme ailleurs, une délinquance « grise », fondée sur le fait que la très grande visibilité permet, mieux que la clandestinité, trafics et commerces illégaux : les bars-tabac sont les mieux à même d'écouler les cigarettes de contrebande, et les concessionnaires de marques peuvent assez facilement maquiller des factures de vêtements volés ou contrefaits pour écouler les produits volés dans les entrepôts de leur propre marque. De même, les plus grosses affaires régionales de trafic de voitures volées impliquent souvent des garagistes ayant pignon sur rue [17].

En termes de milieu social, cet éclatement signifie qu'il n'y a plus de Milieu homogène et centralisé : la délinquance s'est transformée en un ensemble d'acteurs segmenté et fortement concurrentiel. Le procureur Jacques Baume, en poste à Marseille depuis janvier 2002, nous a toutefois confirmé en 2003 que dans la ville – et son département – persiste un « banditisme lourd », opérant dans le trafic de stupéfiants, les attaques de fourgons blindés, le racket, les machines à sous, éventuellement le trafic d'armes. Un monde où l'on règle ses comptes à l'ancienne, c'est-à-dire dans le sang, et dont Marseille n'est que l'un des terrains d'action. La nébuleuse comprend, selon lui, une « cinquantaine de personnes, dont trente ayant une stature d'organisateurs ». Christian Rodat, journaliste qui a longtemps décrit ce petit monde, avance le même chiffre. Un avocat pénaliste qui a défendu quelques-uns de ces hommes chiffre, lui, l'effectif de cette haute pègre traditionnelle à trente personnes, « ceux qui savent les coups avant tout le monde ». Il évoque d'ailleurs un monde d'interconnaissance, dans lequel il inclut les policiers : « C'est les mecs qui savent ce qui va se passer. Tant du côté police que de leur côté. Car dans la grosse opération programmée, de quelque bord que ce soit, il y a toujours des fuites. Des deux côtés, truands et police. Le lien, c'est qu'il y a toujours quelqu'un qui connaît quelqu'un qui connaît quelqu'un. » À cet ensemble, on doit pouvoir ajouter cent cinquante à quatre cents personnes qui participent aux actions, « demi-sels » intermittents de cette activité économique. Le tout fonctionnant par équipes, stables ou occasionnelles, mais réunissant plusieurs sortes de compétences.

---

17 Ces observations résultent d'entretiens réalisés par l'un des auteurs à Marseille, notamment auprès d'agents de sécurité du PAM (port autonome de Marseille), dans les cités auprès de jeunes délinquants, en Tunisie et au Maroc (voir Michel PERALDI, *Cabas et containers. Activités marchandes informelles et réseaux migrants transfrontaliers*, Maisonneuve et Larose, Paris, 2001).

## *Des truands désormais sans poids politique*

Mais si on ne peut plus décrire ces mondes délinquants comme le « Milieu », c'est qu'ils ont aussi perdu le poids politique qu'avait l'ancien, centralisé et disposant de relations solides avec les pouvoirs locaux. Ces liens reposaient sur une proximité sociale et culturelle à peu près effacée aujourd'hui. Se faire élire dans un quartier comme Le Panier, où se retrouvaient les immigrants corses, italiens et des navigateurs, c'était, naguère, avoir des appuis auprès de gens qui étaient eux-mêmes familiers de – ou affiliés à – certaines fractions des mondes délinquants.

L'action politique, faite de ruse et de force, exigeait de disposer d'hommes capables de montrer leurs muscles ou de les utiliser, et surtout de ne pas être effrayés par des tâches délicates. Après la Seconde Guerre mondiale, ces fonctions ont naturellement été remplies par des jeunes gens compétents en matière de bagarres – comme les frères corses Mémé et Antoine Guérini –, qui avaient fait le coup de feu aux côtés de la Résistance, par patriotisme ou par un opportunisme lié au fait que les vieux truands dominants, Paul-Venture Carbone et François Lydro-Spirito, avaient, eux, choisi l'occupant. Ils se sont donc trouvés liés aux leaders politiques gagnants sortis de la Résistance, amis ou alliés de Gaston Defferre, unis par l'intérêt autant que par le souvenir de grands moments de fraternité, de peur partagée. Des liens puissants et durables, forgés dans des codes d'honneur communs et assez peu soucieux de respectabilité judiciaire. C'est ce faisceau de facteurs qu'il faut prendre en compte pour comprendre les relations nouées entre ces hommes et le pouvoir municipal, de la fin de la Seconde Guerre mondiale aux années Defferre.

Jérôme Pierrat résume la situation ainsi : « Carbone et Spirito partis, les Guérini accèdent à la plus haute marche du podium. Forts de leurs liens avec des personnalités de la Résistance, ils sont en position de force [...]. Les frères rachètent les établissements abandonnés [...] ; la puissance militaire et financière de la fratrie mais aussi ses liens avec les nouveaux politiciens ont facilité ces acquisitions [18]. » Ils achètent donc des bars et boîtes de nuit à Marseille (Le Paradou, L'Artistique, Le Canari vert, L'Amoureux, Le Mare Nostrum, Le Chantilly, Le Piccadilly) et d'autres établissements en Corse et à Paris. Bien sûr, ils disposent à leur côté d'une armée d'hommes dévoués. Cette domination est établie dès 1947, année décisive pour la vie politique nationale et locale, puisque c'est le moment de la rupture entre socialistes et

18 Jérôme Pierrat, *Une histoire du Milieu*, *op. cit.*

communistes, qui provoque des affrontements violents entre les deux camps.

Informé aux meilleures sources, le journaliste Georges Marion a retracé ce que furent, à partir de là, les liens entre le « système Defferre » – c'est-à-dire l'ensemble fonctionnel constitué par le Parti socialiste, l'appareil municipal, Force ouvrière et *Le Provençal* – et le Milieu, essentiellement composés de Corses [19]. Il montre d'abord la porosité entre ces mondes, petites bourgeoisies qui se sont extraites du même humus populaire, voire prolétaire, où les uns et les autres gardent des amitiés. Horace Manicacci, secrétaire de la 3e section (Le Panier), que le futur maire rencontre pendant la guerre et « qui deviendra un homme lige de Gaston Defferre, [...] a quelques amis dans le Milieu, ce qui se révèle fort utile quand il s'agit de recruter des gros bras pour les campagnes électorales. Il est marié à Restitute Guérini, cousine d'Antoine Guérini », du célèbre clan familial.

Louis Rossi, lui, recevra le 22 août 1944 « l'objectif prioritaire, de prendre *Le Petit Provençal* » : cette conquête *manu militari* d'un journal impliqué dans la collaboration est un acte fondateur de la puissance de Defferre qui, durant des décennies, utilisera le quotidien dans sa lutte pour l'hégémonie sur la ville. Le jeune Rossi est un navigateur venu de Corse qui vit au Panier. « Ses amis ? Des Corses et des Italiens, population quasi exclusive du quartier, navigateurs ou anciens navigateurs, mauvais garçons ou futurs mauvais garçons, proches ou membres de la 3e section du Parti socialiste, dont Horace Manicacci est le secrétaire. Sont-ils socialistes pour autant ? Peut-être. C'est en tout cas leur milieu [20]... » Dans l'assaut musclé du siège du journal, on trouve aussi Dominique (Nick) Venturi, né au Panier, qui a fait le coup de poing dans la Résistance et qui sera ensuite gérant de bar : « Socialiste il est né, socialiste il restera » – jusqu'en prison en 1982 pour fausses factures, où une main anonyme continuera à lui fournir ses timbres alors qu'il a été excommunié par Gaston Defferre. Dans la même bande, on trouve aussi Eugène Matrone, dit « Le Manchot », et Antoine Paolini, dit « La Planche », qui seront au cœur des guerres du trafic de cigarettes dans les années 1950.

Les combats politiques de l'après-guerre peuvent parfois prendre forme de bagarres de rues. Ils exigent alors de disposer d'hommes forts et physiquement courageux. Georges Marion continue : « En cette chaude période de guerre froide [novembre 1947], il n'est pas question de laisser le contrôle

---

19 Georges Marion, *Gaston Defferre, op. cit.* Ce livre reste à ce jour la meilleure référence sur les liens entre le Milieu et le pouvoir local.

20 *Ibid.*

du port aux "rouges". Mais sur qui compter pour faire la besogne ? » Sur ces amis fidèles. Et il y a, dans les deux décennies de l'après-guerre, de multiples occasions de solliciter un service d'ordre rapproché, d'autant que les adversaires communistes ne sont pas non plus des tendres. En 1949, désireux d'assister à l'enterrement d'ouvriers à Port-de-Bouc, où il n'est pas le bienvenu, Gaston Defferre demande à Louis Rossi douze « solides gaillards » qui supporteront l'échauffourée annoncée – laquelle a bien lieu. Les horions peuvent aussi s'échanger au sein du même camp, pour battre un dissident. En mars 1965, se tient l'assemblée générale de la 10e section du Parti socialiste. Nick Venturi et ses costauds investissent la salle de « militants plus ou moins à jour de leur cotisation », comme l'écrit plaisamment Georges Marion. Les coups pleuvent, on sort les revolvers, Defferre prend la tribune pour chasser les traîtres visés par l'opération.

Certains de ces gros bras agissent par conviction, d'autres par fidélité au clan, d'autres par plaisir ou par intérêt. Mais on peut penser que les motivations de ce « personnel politique » ressortissent plutôt à un mélange de ces raisons, dans une ville où les mondes prolétariens sont moins soumis qu'ailleurs à un patronat fordiste et à une logique de métier, et donc plus disponible à des aventures personnelles.

Les interactions entre Milieu et mondes politiques ne sont pourtant pas aisément identifiables en terme de fidélités partisanes, d'autant que, durant trente ans, l'équipe qui dirige Marseille autour de Defferre appartient à la fois à la gauche et à la droite. Le Milieu joue d'ailleurs sur plusieurs tableaux, pour des raisons tant pratiques que culturelles. Georges Marion écrit encore : « Aux sympathies socialistes de leur début, les Guérini ont substitué, après guerre, un engagement aux côtés des gaullistes de Carlini, ce qui n'exclut pas certains arrangements avec les lieutenants de Defferre, Louis Rossi et Horace Manicacci, dont les troupes sont familialement liées aux leurs [21]. » Jérôme Pierrat précise que Mémé Guérini, qui a rejoint avec son frère Antoine le parti gaulliste (l'UNR) en 1952, fréquentera le responsable marseillais du Service d'action civique (SAC [22]), lequel témoignera en sa faveur lors d'un procès en 1967. Ce qui, pragmatisme du clan oblige, ne l'a pas empêché de fournir un garde du corps à Gaston Defferre en 1962, quand

21 *Ibid.*

22 Issu en 1958 du service d'ordre du RPF (Rassemblement du peuple français, prédécesseur de l'UDR, qui deviendra UNR, puis RPR), parti créé au lendemain de la guerre par le général De Gaulle.

l'OAS[23] le menaçait. Le jeune militant Jean-Claude Gaudin se souvient qu'aux premières réunions de la droite locale auxquelles il a assisté, au début des années 1950 dans des bars proches du Vieux-Port, participaient « quelques mafalous[24] ». Les repas de groupe, composés des « sempiternelles alouettes sans tête », se prenaient dans le quartier de l'Opéra, où se côtoyaient les mondes de la nuit, du jeu et de la prostitution.

En 1965, les Guérini se tournent plus clairement vers les gaullistes, lesquels côtoient eux aussi volontiers les truands. On connaît les dérives violentes, voire barbares, que ces proximités ont engendrées au sein du SAC, et qui finiront par signer l'arrêt de mort de l'officine gaulliste barbouzarde : en juillet 1981, la tuerie d'Auriol (fruit d'un règlement de comptes interne à l'organisation), intervenant après que nombre de membres du SAC ont eu affaire à la justice, a conduit à sa dissolution, en août 1982[25].

Avec cet épisode tragique, les liens quotidiens entre Milieu et pouvoir politique à Marseille cessent d'être « couverts » ou assumés, même discrètement, par les acteurs politiques eux-mêmes. Mais c'est aussi, sans doute, parce que le fossé social se creuse alors entre les nouvelles élites politiques et les mondes de la délinquance (n'oublions pas que les complicités nées dans le creuset de la Résistance sont exceptionnelles à bien des égards). Et en partie encore, parce que la violence physique tend à disparaître du champ politique : les batailles électorales ne nécessitent plus en effet de nervis, puisque les collages d'affiches, par exemple, se négocient désormais à l'amiable. Vingt ans plus tard, lors de l'élection présidentielle de 2002, Guy Bono et Bruno Gilles, responsables locaux respectifs des campagnes Jospin et Chirac, ont ainsi passé un accord oral de non-agression. Les équipes peuvent coller librement et partout durant la semaine précédant le grand meeting de chacun des candidats, sans rencontrer d'opposition. Et les consignes données aux colleurs d'affiches des différents partis sont très claires : éviter tout incident, quitte à fuir si le ton monte. De la même façon, les affrontements de rue, comme ceux qui résonnaient sur les quais ou aux alentours des meetings jusque dans les années 1960, ne sont plus acceptés par quiconque, maintenant que les candidats, battus ou vainqueurs, se félicitent publiquement après la bataille. Pour citer une expression du sociologue Norbert Elias, on assiste à un « processus de civilisation des mœurs »

---

23 Organisation de l'armée secrète, groupe terroriste créé en 1961 par des officiers de l'armée française et des pieds-noirs opposés à l'« abandon de l'Algérie française » par De Gaulle.

24 Mauvais garçons.

25 Voir James Sarrazin, *M comme Milieu*, Alain Moreau, Paris, 1977.

politiques, mettant hors jeu tout personnage qui ne se démarque pas des anciennes pratiques violentes.

Enfin, et surtout, la lutte contre la délinquance (trafic de drogue, agressions physiques, vols, pédophilie) est désormais au cœur des agendas politiques, comme la campagne présidentielle de 2002 l'a amplement montré. Il est donc très périlleux de fréquenter des gens susceptibles d'être pris à exercer des activités devenues – ce qui n'était pas le cas autrefois – un objet majeur du combat politique. Sans oublier que cette lutte, au cœur de la politique d'information de nombreux médias, conduit certains journalistes à des investigations qui rendent les vieilles compromissions presque impraticables.

## *L'affaire Rodat, un révélateur de rencontres*

Il arrive bien sûr que des élus aient des démêlés avec la justice pénale. Philippe Mazet, conseiller municipal (UMP) de Marseille est par exemple écroué le 23 août 2003 au centre pénitentiaire de la Comella (Andorre), pour une affaire d'escroquerie et de faux. Les complices présumés du conseiller municipal ont, selon un responsable policier, « des noms qui chantent dans le monde du banditisme [26] ».

Repéré par Renaud Muselier, Philippe Mazet, trente-neuf ans, officiellement « consultant financier », avait démissionné de ses responsabilités de président de la Confédération des comités d'intérêt de quartiers pour se présenter aux municipales de 2001. Après son arrestation, le premier adjoint, vaguement gêné, explique ne pas comprendre ce qui est arrivé à un homme qu'il avait chargé d'animer des réunions de quartiers préalables à la construction du tramway. Dès son arrestation, Philippe Mazet démissionne du conseil municipal. Et la mairie souligne le jour même dans un communiqué que ses écarts n'ont rien à voir avec son activité politique.

Quelques années plus tôt, Jean Chatel, lui aussi proche du RPR, avait été élu en 1995 dans le secteur nord. Quelques mois plus tard, il est inculpé et écroué dans des affaires d'escroquerie aux maisons de retraite et débarqué du conseil municipal. Un non-lieu conclut finalement l'instruction, mais la sanction politique était tombée, sèche et immédiate. Jean-Claude Gaudin le dit : il redoute à chaque instant que sa carrière soit entravée par un accident judiciaire. Il manifeste donc, sur le plan de la morale judiciaire, une

---

26 *Le Monde*, 25 août 2003.

réactivité sans faille. D'autant qu'il se dit traumatisé par l'affaire Saincené [27], et les graves diffamations qu'elle avait suscitées à son égard dans un livre sans fondement, dont la justice l'a entièrement lavé. Les accusations de la presse et de juges d'instruction tenaces, sur les liaisons dangereuses qu'il entretiendrait avec quelques magistrats complaisants, l'exaspèrent [28]. Il sait aussi que ces rumeurs sont d'autant plus pernicieuses qu'elles s'inscrivent dans l'inoxydable réputation de la ville. C'est dans ce cadre qu'il faut comprendre combien l'« affaire Rodat » a pu effrayer une partie des élus de la ville avant de faire long feu.

Le 4 mai 2000, Christian Rodat, Richard Laaban et André Cermolacce sont condamnés respectivement à cinq et six années de prison pour « association de malfaiteurs » et « corruption active ». Le premier est un journaliste connu qui a travaillé des années pour *Le Provençal*, au sein duquel il était, selon son avocat, « la voix de la police, le chantre de la performance policière », en même temps que chroniqueur sportif et inconditionnel de l'OM. Sa faute est d'avoir mis en relation Cermolacce, dit le « gros Dédé », fiché au grand banditisme, et un policier à qui fut remis de l'argent pour obtenir des renseignements sur l'état d'enquêtes du SRPJ (Service régional de police judiciaire). La condamnation du fait-diversier le mieux informé de Marseille, son arrestation à l'audience provoquent un choc. Mais le silence qu'il a gardé durant le procès a probablement provoqué un soulagement plus grand encore. Car cet homme de plume était aussi un homme de secrets et ses nombreux amis dans la police, dans la justice et dans les sphères politiques ont redouté tout au long de l'instruction qu'il raconte des petites histoires gênantes ou qu'il dévoile la face obscure de quelque affaire oubliée.

Christian Rodat est un homme chaleureux, qui a conquis sa place de journaliste reconnu « avec des infos » obtenues au culot ou en contrepartie de multiples services rendus. Enfant d'une famille nombreuse et pauvre, dont plusieurs frères ont « travaillé à la Ville », il entre à dix-sept ans comme garçon de courses au *Provençal*, en 1967. Il se fait repérer par le patron du journal et maire Gaston Defferre « en lui portant sa serviette », au sens littéral du terme, un jour que l'ascenseur du quotidien est en panne. Cet

27 Le 12 mai 1994, les frères Saincené, deux employés du conseil régional qui aimaient espionner les hommes politiques, sont retrouvés morts dans leur voiture. La justice conclut au suicide, mais le directeur de cabinet de M. Gaudin, Claude Bertrand, avait été emprisonné brièvement en 1991 dans le cadre de cette affaire surmédiatisée, avant d'être blanchi.

28 *Le Monde*, 12 octobre 2002.

incident est comme une parabole d'une ascension sociale, qui l'amène, en quelques années d'obstination, à être connu de tous. Porte-micro d'une gloire journalistique des années 1970, il devient son remplaçant d'occasion, puis journaliste à temps plein « à l'Évêché », c'est-à-dire au commissariat de police pour le compte du grand quotidien local.

« C'est un monde où le contact est important, il faut gagner la confiance », nous dit-il. Il gagne celle des policiers par son sens des relations humaines et un travail acharné qui le voit jour et nuit sur le terrain des faits divers : « Les flics étaient contents que je donne le sens des histoires et les commissaires d'avoir leur nom dans le journal », explique-t-il modestement, alors que bien des hauts responsables de la police ont bâti leur notoriété grâce à ses articles. Ce suivi des milliers de petits faits qui émaillent la vie d'une cité l'amène à rencontrer des délinquants de plus en plus notoires : ils tiennent aussi à leur réputation et savent délivrer des informations utiles.

Au début de sa gloire il croise ainsi au restaurant un lieutenant du truand Gaétano Zampa, qui lui a été présenté par un cadre de son journal. Quelques jours après, il a l'opportunité d'intervenir en sa faveur auprès d'un commissaire qu'il connaît et lui fait cette fleur. Les repris ou menacés de justice prennent alors l'habitude de le contacter, pour démentir un fait ou en confirmer un autre. Mais la grande spécialité de Christian Rodat devient l'échange d'informations contre des places au Stade Vélodrome, où il croise tous les notables de la ville et du football. Il se fait alors une sorte de spécialité de la fonction d'intermédiaire. Un policier récemment nommé à Marseille lui demande de rencontrer un homme politique qu'il ne connaît pas. Dans un restaurant huppé, il présente un avocat à un truand, et au Stade Vélodrome un dirigeant sportif à un agent...

Processus cumulatif : présenté comme journaliste de base à Tapie dès son arrivée à Marseille en 1988, il lui « déniche trois R 21 », parce qu'il connaît le directeur de l'agence locale de Renault. Le patron de l'OM, qui arrive en homme seul et cherche à se constituer un réseau, est séduit par ce journaliste polyvalent aussi serviable que bien introduit. Il lui demande des conseils ou des services, que Rodat rend d'autant plus volontiers qu'il a le cœur naïf et à gauche. Cette entrée dans le cercle de Bernard Tapie élargit encore son prestige et son influence : « À moi seul, j'étais un réseau », se souvient-il. Et l'enfant du peuple, subjugué par tant de gloire, en jouit : « Je mangeais chez Péron, au Sofitel, chez Michel, parce que, quand un voyou rencontrait un flic, il ne le faisait pas à la pizzeria du coin. »

Jusqu'au jour où les fuites à l'Évêché deviennent intolérables à la hiérarchie policière. Christian Rodat devient *persona non grata* pour le responsable de la PJ, qui veut faire un exemple afin de reprendre ses troupes en main. Le changement de formule du *Provençal*, devenu *La Provence* en juin 1997, qui se traduit par le départ forcé de Christian Rodat, le laisse orphelin, impuissant, comme un poisson hors de l'eau – d'autant que sa passion du jeu lui coûte cher. C'est à ce moment-là que la justice le rattrape.

Autant dire que son arrestation et l'instruction de son affaire jettent le trouble : tous ceux qui ont participé, naïvement ou cyniquement, aux liaisons dangereuses, craignent que leurs secrets, graves ou bénins, sortent d'une obscurité protectrice. Rodat avait par exemple fréquenté assidûment une table de poker installée au-dessus d'un café situé à deux pas du palais de justice. On y croisait des avocats, des policiers et des acteurs économiques et politiques connus. Rien ne dit qu'il se tramait là des complots condamnables. Mais les joueurs n'aiment pas toujours qu'on sache qu'ils jouent, surtout avec des gens qu'ils estiment moins recommandables qu'eux. Le journaliste, qui photographiait beaucoup et enregistrait encore plus, recevait aussi chez lui pour des dîners de bon aloi. Lors de son arrestation, une perquisition à son domicile permet de saisir des photographies où l'on voit en situation compromettante quelques personnalités connues, journalistes d'influence, agents de communication, et même un membre du palais de justice, ami de la droite locale et qui avait cherché à ralentir l'instruction de dossiers gênants. L'avocat de Christian Rodat, Philippe Vouland, membre fondateur du Syndicat des avocats de France, demande d'ailleurs le dépaysement du procès, estimant qu'il ne peut se tenir sereinement à Marseille. Il est alors suspecté de vouloir transformer le procès en tribune révélant quelques liaisons dangereuses entre les mondes policier, judiciaire et politique.

Brusquement, à quelques jours du procès, Christian Rodat change d'avocat et sollicite José Allégrini, avocat de l'ex-joueur et entraîneur de football Roland Courbis, et surtout adjoint à la sécurité au maire de Marseille. Rodat arrive à son procès avec l'espoir que la peine couvrira l'année de préventive qu'il a passée en prison. Il est très éprouvé par le harcèlement de prisonniers qui lui reprochent ses violentes diatribes contre le crime et les criminels qui avaient fait le quotidien de ses chroniques dans *Le Provençal*, très lu aux Baumettes. Rodat se tait donc durant son procès, espérant ne pas retourner en prison. Le verdict tombe alors, brutal. Échec total sur le plan de la défense de l'inculpé, ce procès se solde par un succès inespéré pour ceux qui redoutaient un grand déballage. À aucun moment, on n'y aura parlé des interactions dangereuses au cœur desquelles évoluait le journaliste qui avait rendu tellement de services. Et justement de ces services délicats qu'on se rend entre gens de milieux différents.

Les affaires Chatel et Mazet citées plus haut montrent qu'évidemment des élus peuvent avoir affaire à la justice et que les chefs politiques ne sont jamais à l'abri de voir recruter dans leurs rangs des personnages troubles. Mais ces fréquentations ne forment plus système, et leur révélation produit toujours le même effet : la personne prise la main dans le sac est immédiatement désavouée et lâchée, quand jadis les hommes du Milieu pouvaient se targuer, parfois à tort, souvent à raison, de bénéficier de protections politiques qui concouraient à la mansuétude judiciaire. L'affaire Rodat permet, elle, de comprendre comment les opportunités de rencontres se présentent et les risques qu'encourent alors des personnages en quête de respectabilité, en même temps que d'informations et de soutiens dans tous les milieux de la cité.

Sur le plan social et humain, ces contacts mal assumés tiennent au fait que les politiques, comme les truands, sont des gens de réseaux. Leurs activités reposent fondamentalement sur les interactions et les relations en face à face. Cette particularité n'est pas cruciale dans tous les milieux : la société moderne tend à évacuer le « relationnel » au profit de routines mécanisées et, même en politique, les relations de guichet – subventions, aides sociales... – se sont considérablement développées. Les sphères professionnelles dans lesquelles le relationnel est stratégique sont donc réduites. En font partie les politiques, les commerçants, les truands, les policiers et les journalistes, qui partagent cette singularité que les relations personnelles, d'homme à homme, la parole et l'engagement verbal sont des conditions techniques indispensables à l'exercice du métier. C'est pourquoi les bars, les restaurants et quelques lieux retirés de l'espace public sont des lieux où ces professions s'exercent et souvent se côtoient.

Lors du procès de Jacky Le Mat, évoqué à l'orée de ce chapitre, on a entendu les noms de tous les bars du quartier de l'Opéra où se rencontraient les protagonistes, et ceux de quelques boîtes ou cafés dont ces hommes étaient des habitués, à moins qu'ils n'en soient les « conseillers » ou les actionnaires. Au vrai, les salles et arrière-salles de café font office de bureau pour ce genre d'activité. Dans ces mêmes lieux, les candidats mènent campagne pour voir les électeurs, les élus s'affichent pour voir – et être vus de – leurs mandants. D'ailleurs, dans ce qu'on appelle les « affaires politico-judiciaires », c'est-à-dire une rencontre entre des milieux délinquants et des décideurs, il y a toujours un bistrot ou un restaurant.

Quant aux rencontres entre policiers, journalistes et truands que révèle l'affaire Rodat, elles se déroulaient aussi dans des bars ou des restaurants, à deux tables d'autres notables, élus, dirigeants économiques, journalistes ou magistrats (imprudents ?). Pour obtenir ses renseignements, le journaliste passait régulièrement au bar de l'Évêché, derrière l'hôtel de police, où se rendait aussi de temps en temps son coaccusé, le gros Dédé. Des rencontres entre truands et commissaires, dans des restaurants ou des bars de Cassis, la station balnéaire chic voisine de Marseille, ou autour de l'Opéra, sont évoquées tout au long du procès. Un policier équipé d'un micro caché dîne un soir avec le truand et le journaliste au restaurant Le Mermoz, à quelques centaines de mètres du Stade Vélodrome, où les trois ont assisté au match du soir. On a vu plus haut que les couloirs et loges du Vélodrome étaient un autre de ces lieux où se rencontrent gens de l'ombre et de la lumière, des élus, des repris de justice et des avocats. D'ailleurs, les restaurants et pizzerias restant ouverts tard les soirs de match ne sont pas légion : la petite cohorte de ceux qui vont dîner en début de nuit s'y mélange forcément. Dont l'un, fort célèbre et très fréquenté, a longtemps été tenu par un homme, Robert « Le Noir », dont on disait volontiers qu'il avait été l'un des juges de paix du Milieu.

« Fermez les bars et la délinquance s'arrête », disait volontiers un commissaire de police. La vie sociale aussi…

# 11

## *Centre-ville 1 : vendre, acheter*

En décembre 2001, peu de temps après le début de son second mandat, Jean-Claude Gaudin déclare au quotidien économique *La Tribune* : « Ma politique ne plaît peut-être pas aux nostalgiques de la gauche, qui ont laissé pourrir le centre-ville pendant des années. Mais elle plaît aux Marseillais. Le Marseille populaire, ce n'est pas le Marseille maghrébin, ce n'est pas le Marseille comorien. Le centre a été envahi par la population étrangère, les Marseillais sont partis. Moi, je rénove, je lutte contre les marchands de sommeil, et je fais revenir des habitants qui payent des impôts [1]. »

C'est une des caractéristiques du pouvoir à Marseille : les notables font dans la sentence laconique plus volontiers que dans les longs argumentaires. Les maires, comme leurs adjoints, sont parfois des tribuns, savent amuser, galvaniser (plus rarement), engueuler, amadouer, séduire ou mettre les rieurs de leur côté. En revanche, ils savent peu argumenter et manier le langage rationaliste. D'où la brutalité de l'expression de jugements qui, lorsqu'ils tombent, ne s'encombrent pas de précautions oratoires et manifestent peu de souci de vérité. Dans le cas présent, nous allons le mettre en évidence, le maire ne connaît pas sa ville, et encore moins les quartiers dont il parle. Car, avant d'être méprisants et inutilement belliqueux, ses propos inventent une ville qui n'existe pas.

1 *La Tribune*, 5 décembre 2001.

## *Rénovations au long cours*

Proposons simplement une autre version du centre-ville, que nous tenterons ensuite d'étayer : le centre-ville est bien « pourri », mais il est habité et à la fois populaire, maghrébin, comorien et marseillais. Y vivent des habitants qui payent des impôts et d'autres qui n'en payent pas, des nostalgiques de la gauche et des clients du maire, des « indigènes » et des étrangers, et tout cela dans le désordre. C'est dire que les malentendus et les quiproquos sont fréquents : ce sont plutôt des « étrangers » qui payent des impôts, car ils sont commerçants, et les « Marseillais » qui n'en payent pas, car ils sont étudiants, chômeurs ou modestes retraités. Quant aux « nostalgiques de la gauche », ils sont revenus depuis longtemps, tandis que les étrangers, dont une majorité a plutôt des sympathies à droite, sont installés dans ces quartiers bien avant ces fameux « Marseillais », qu'ils payent ou non des impôts. Bref, ce centre-ville est une juxtaposition chaotique et aléatoire de voisinages quotidiens et de rapports sociaux, qui sont plus des arrangements que des dérangements.

C'est à ce chaos que le maire peine à donner sens et que les gens de son monde perçoivent comme un « bordel » réfractaire à la gestion politique qu'ils affectionnent. Dès lors, son discours vise à rassurer ceux qui se pensent réellement comme des Marseillais frustrés et engagés dans une guerre contre l'envahisseur étranger. C'est l'essence même d'une philosophie politique qui s'exprime là : présenter, fût-ce sous forme imaginaire, les rapports sociaux comme des rapports de pouvoir[2]. Sur un plan strictement tactique, le discours du maire s'adresse à un lectorat très typé : *La Tribune* est un journal d'investisseurs, que l'on trouve fréquemment dans les salles d'attente des notaires et des dentistes chics. À ceux-là, le maire tient un discours pragmatique, plein de maîtrise : « Moi j'agis, je rénove », dit-il, ce qui n'a d'autre sens que de rassurer, cette fois, les investisseurs potentiels.

Sens légendaire et sens tactique, ces quelques propos du maire rassemblent ce qui est bien souvent ici l'ordinaire du discours politique. À ceci près qu'il produit des effets concrets, des actes de béton et d'acier qui se posent à contretemps, à rebours parfois, des mutations métropolitaines que traverse la ville. Racontés dans la version légendaire du maire comme une sorte de

2 « Car c'est bien là qu'un sujet collectif se construit ou nourrit les fantasmes de sa décomposition, se fige et se crispe sur une identité qu'il sent menacée ; là qu'il s'alarme de lui-même pour accuser de ses maux l'Autre, le barbare. Là qu'il peut, dans une assimilation exemplaire par son extravagance même, donner libre cours à une paranoïa xénophobe » (Paul Siblot, « Ah ! Qu'en termes voilés ces choses-là sont mises », *Mots/Les langages du politique*, n° 30, mars 1992).

guerre de positions entre légitimes et illégitimes, les espaces centraux ont l'air d'espaces maîtrisés et ordonnés. Rapportés à l'échelle des processus métropolitains qui les travaillent, c'est autre chose, que nous allons tenter de décrire.

Contrairement à ce qu'affirme M. Gaudin, toutes les municipalités qui l'ont précédé ont inscrit à leur agenda la rénovation du centre-ville. La rénovation est même l'une des figures clefs de la continuité dans les politiques urbaines marseillaises, puisque sa perpétuation depuis les années 1930 a fait du centre de Marseille un chantier interminable [3].

Depuis ces années, toute la zone de l'hypercentre historique fait l'objet d'un travail de requalification, essentiellement concentré autour de quatre quartiers : Le Panier, Belsunce, la Butte des Carmes et Noailles. Le Panier d'abord, colline qui domine le Vieux-Port et groupe en balcon les dernières traces d'un habitat antérieur au XVIIIe siècle. Ce fut « la » ville jusque sous Louis XIV, tournant le dos à la mer, comme il est classique en Méditerranée, refuge sur une colline qui descendait vers le Vieux-Port. Au début du XXe siècle, elle s'y terminait par le « quartier réservé », concentrant la prostitution et les bars à matelots, la pègre, le jeu et une partie de ce peuple qui vivait de la mer, des pêcheurs aux dockers. La destruction presque totale du quartier par l'armée allemande en 1943 achève un travail commencé sous Haussmann pour enclaver Le Panier et le contenir, comme une île entre une ceinture de grands boulevards et de grands ensembles. Le geste est assez classique, répété dans les villes coloniales et en France métropolitaine. À l'époque contemporaine, le premier programme de rénovation le concernant date de 1974. Il est consécutif aux lois Malraux, qui permirent à Lyon la rénovation du vieux Saint-Jean et à Paris celle du Marais. Seule la rénovation du Panier se poursuit encore péniblement aujourd'hui...

L'autre lieu effervescent de la rénovation est un triangle compris entre la gare Saint-Charles, le Palais de la Bourse et la porte d'Aix, qu'on a fini par appeler « Belsunce », du nom de l'une des avenues qui le trame, alors qu'il est constitué d'un puzzle dont les pièces ont été traitées à des moments différents. C'est de ce quartier dont parle le maire lorsqu'il évoque une politique en cours. Sa rénovation a commencé dès la fin de la Première Guerre

---

3 En 1934, dans un numéro des *Cahiers du Sud* consacré à « Marseille métropole », dirigé en commun par l'architecte Gaston Castel et l'écrivain Jean Ballard, ceux-ci déclarent : « Quand le démolisseur demandera où frapper, c'est sur les murs pouilleux de Saint-Maffre, vers la butte des Présentines [quartier de la Butte des Carmes], qu'il devra tourner les yeux, et son pic, en ouvrant les brèches dans la Casbah des fripiers, y fera tomber dans l'air salubre la menace de l'infection... » (cité par Émile TÉMIME, *Marseille transit : les passagers de Belsunce*, Autrement, Paris, 1979).

mondiale, lorsque le maire d'alors, Henri Tasso, décide de détruire quelques rues du « quartier derrière la Bourse », comme il était nommé, sous prétexte de leur vétusté et de leur occupation étrangère. On est en 1918 et déjà un maire, radical socialiste, dénonce la présence indésirable en ce lieu des « Arabes ».

Gaston Defferre reprend le chantier dans les années 1970 et projette un vaste plan de rénovation de la quasi-totalité de cet espace, appelé à devenir le « centre directionnel » de la nouvelle métropole industrielle que l'État est en train de bâtir autour de l'Étang de Berre. Reste de ce premier programme un complexe architectural hétéroclite : il comprend un centre commercial, un espace de bureaux baptisé World Trade Center, principalement occupé par des services municipaux, un hôtel quatre étoiles et un « jardin des Vestiges » composé autour des restes archéologiques du vieux port grec sauvés *in extremis*. L'ensemble forme ce qu'on appelle aujourd'hui le Centre Bourse, difficilement achevé fin 1977, alors que la crise pétrolière et les recompositions industrielles ont mis fin aux rêves tertiaires de Marseille et dont il est question, aujourd'hui, d'étendre les fonctions commerciales.

Quant à la Butte des Carmes et à l'îlot Sainte-Barbe, Gaston Deferre en entreprend la rénovation dès sa réélection en 1983. Il confie à Pierre Rastoin, adjoint à l'urbanisme, la reprise en main de ces deux quartiers qui jouxtent immédiatement le quartier déjà rénové de la Bourse. C'est le cœur de ce qu'on appelle alors le « quartier arabe ». Dans un lacis de ruelles coupées d'axes ouverts au XIXe siècle, bruissent les « cafés maures », où les migrants, les voyageurs et les sédentaires algériens trouvent depuis les années 1920 les notaires informels pour le règlement des affaires, les bourses informelles du travail, les nouvelles du pays. Ici se sont constituées très tôt des associations du mouvement nationaliste algérien naissant [4]. Ici encore se trouve une grande densité de boutiques et un habitat rassemblant le passage et le séjour, foyers, hôtels, premiers garnis et appartements vétustes dans lesquels ces migrants posent leur sac.

Entre 1983 et 1986, la municipalité détruit les rues historiques des Chapeliers et Sainte-Barbe, qui concentrent le gros des boutiques et des espaces publics de ce quartier arabe. On savait y vendre à bas prix les casquettes mao, les keffiehs palestiniens ou les manteaux afghans prisés par la jeunesse

---

4 Au milieu des années 1920, alors que l'on recense à Marseille quelque 10 000 travailleurs kabyles, se crée, dans un bar de la rue des Chapeliers ou elle aura son siège, l'Amicale protectrice des Nord-Africains, qui affiche des sympathies communistes et rejoindra l'Étoile nord-africaine de Messali Hadj, ancêtre du FLN (voir Bernard VIALA, « Immigration algérienne et associations », *in* Jacqueline COSTA-LASCOUX et Émile TÉMIME (dir.), *Les Algériens en France, genèse et devenir d'une migration*, Publisud, Paris, 1985).

contestataire. Sur ces décombres, on pose orgueilleusement les locaux du conseil régional dirigé par le PS. Ce sera le porte-avions d'un programme de rénovation que l'on proclame respectueux des habitants, tout en affichant la volonté de mettre fin au commerce informel. Sur la Butte des Carmes, on crée une cité de quatre cents logements HLM où sont relogées une grande partie des familles expulsées (mais pas les célibataires ni les activités commerciales) ; plus bas, un établissement universitaire s'installe dans les locaux de l'ancien Hospice des convalescents, presque miraculeusement découvert et dégagé de sa gangue urbaine. Près de la porte d'Aix, on tente l'implantation d'un marché qui vise à surveiller les commerces à la sauvette, et une Cité de la musique plutôt incongrue en cet endroit. Mais qui manifeste la volonté de voir s'installer dans ce quartier d'autres populations et d'autres usages. C'est également dans le cadre de ce programme que l'on commence à parler de rénovation du cours Belsunce proprement dit et, notamment, d'un projet de médiathèque dans les locaux de l'Alcazar [5] – celle que réalisera Jean-Claude Gaudin au début des années 2000.

Ce fameux cours Belsunce, qui fit partie de l'agrandissement de la ville portuaire voulu au XVII^e^ siècle par Louis XIV, est à Marseille ce que le cours Mirabeau est à Aix, bâti dans le même esprit baroque, la même conception de l'espace public et les mêmes fonctions. Dans les années d'après-guerre, Belsunce en déshérence accueille une partie des activités du « quartier réservé » détruit en 1943 : bars à matelots, boîtes de nuit et tripots, hôtels de passe. Et dans les années 1960, il devient le grand bazar où l'Algérie, démunie mais rentière [6], vient acheter ses meubles et ses voitures, les bijoux et les jeans, les fours à micro-ondes et les antennes paraboliques. Il accueille donc l'essentiel des activités commerciales et de transit chassées de l'îlot Sainte-Barbe.

À quelques encablures, sur l'autre rive de ce « fleuve à voitures [7] » qu'est devenue la Canebière, le cours se prolonge par le très bref cours Saint-Louis. Celui-ci ouvre sur le quartier Noailles, lui aussi construit pour l'essentiel avant le XIX^e^ siècle. Ce fut longtemps le ventre de Marseille, accueillant marché aux

5 Jusqu'aux années 1950, l'Alcazar fut un music-hall célèbre, où débutèrent quelques gloires du *show biz*, dont Yves Montand ou Fernandel. Désaffecté, il est dans les années 1970 un des magasins de fringues les plus courus du quartier par les foules algériennes.

6 Rentière, l'Algérie l'est en effet, riche de son pétrole, mais pauvre de son absence d'industries de transformation et surtout socialiste, donc sans temples de la consommation. Belsunce va profiter de cette situation paradoxale, Marseille devenant pour l'Algérie socialiste une sorte de Berlin-Ouest à laquelle, à la différence des Allemands de RDA, les Algériens ont jusqu'en 1988 libre accès (voir à ce propos Alain TARRIUS, *Arabes de France dans l'économie mondiale souterraine*, L'Aube, La Tour d'Aigues, 1995).

7 L'expression est de Richard COBB, *Marseille*, Allia, Paris, 2001.

viandes et aux légumes, halles aux grains, aux fruits et aux poissons, jusqu'à leur expulsion en périphérie dans les années 1965-1970. Noailles est encore aujourd'hui un quartier de nourriture et de marché, mais pour des produits exotiques : de la pizza au pain espagnol, du *soudjouk* aux *bred mafane*, du couscous aux cornes de gazelle, de la menthe et du thé vert à la viande halal, Noailles est ventre, mais pour les minorités ethniques, qui, des Arméniens aux Comoriens, ne trouvent pas leurs nourritures élémentaires dans les supermarchés. L'ensemble Belsunce/Noailles se pratique en continuité et complémentarité commerciale, formant un vrai lieu de centralité, au sens strictement urbain du terme. Le lieu vers lequel toutes les intensités convergent et se redéploient, le lieu qui capte et qui relance, pour paraphraser Braudel [8]. Un lieu pluriel, intense et populaire qui condense en quelques centaines de mètres Pigalle (l'Alcazar et les putes), Mouffetard (les cafés et la bouffe) et Barbès (les cigarettes de contrebande et le shit, l'or, les bijoux et Tati).

## *Les nouveaux commerces*

C'est bien cette densité de pratiques urbaines, plus que la présence démographique des étrangers, qui vaut à ces quartiers la « sollicitude » politique dont ils sont depuis si longtemps l'objet. Il est intéressant de rapporter la manière dont nous en a parlé celui qui était président de la chambre de commerce, au moment de cette découverte. Henri Mercier, aujourd'hui retraité, se targue en effet d'avoir alerté la mairie sur le « problème » : « C'est parti surtout d'un phénomène très particulier à l'époque, qui était le dépérissement du centre de Marseille. À cette époque-là, je ne sais pas si vous avez connu, c'était vers 1984-1985, les transferts des Maghrébins d'Algérie vers Marseille étaient libres. Et la grosse astuce pour les travailleurs maghrébins qui venaient travailler à Marseille, c'était non pas de transférer leurs fonds par la banque – parce que le taux de change au cours officiel de la monnaie algérienne était ridicule –, c'était d'emporter de la marchandise là-bas. [...] Ils achetaient à Marseille et ils vendaient quatre fois plus cher tout ça en Algérie. C'était inquiétant parce que tout ce commerce-là, c'étaient des milliards, on était très content, il n'était pas question de le supprimer, mais c'était localisé sur Belsunce, c'est-à-dire en plein centre de Marseille et que tout ce travail-là portait sur tellement d'argent et qu'il y avait des gens qui faisaient leurs affaires très honnêtement, mais l'argent ça

8 Fernand BRAUDEL, *Civilisation matérielle, économie et capitalisme, XV<sup>e</sup>-XVIII<sup>e</sup> siècles*, tome 3, *Le Temps du monde*, Armand Colin, Paris, 1979.

n'appelle pas que des gens honnêtes. Il y avait n'importe quoi et les gens, pour faire ce commerce-là, ils achetaient tout à Marseille, ils achetaient tout le centre de Marseille : les immeubles de Belsunce, la Canebière. À cette époque-là, on était complètement envahi par le commerce maghrébin, ça devenait le souk. Et, à un moment, ça allait même jusque... ça traversait la chambre de commerce, puisque les immeubles qui étaient dans la rue Saint-Ferréol, le grand centre commercial, à un moment ça devait être Tati qui devait l'acheter, vous savez tous les trucs comme ça... On avait fait une étude et on avait dit : "Il ne faut pas faire perdre ce pognon-là, mais on est en train de dévaster la Canebière, le port, tout ça", plus personne ne voulait venir ! [...] Ce commerce maghrébin, c'est sympathique quand c'est dans les souks, mais là c'était quand même pas tout à fait le style de la Canebière et du Vieux-Port ; d'autre part, je dis qu'il y avait quand même là-dedans... pas que des gens honnêtes, on ne savait pas où on allait. Alors on avait fait une étude là-dessus, on avait dit : "Il ne faut pas le laisser partir." [...] On avait dit dans cette étude : "Nous voulons garder le commerce maghrébin, mais il faut le reporter aux abattoirs." »

Ces propos résument assez bien les embarras de la (bonne) société locale vis-à-vis du commerce en ces lieux. Puisqu'il s'agit de commerce, la chambre – qui a son développement en charge, et à un moment critique de la crise économique – ne peut décemment pas s'y opposer. Le hic, et Henri Mercier le sait, c'est que les membres du petit patronat local que représente la chambre émargent peu aux bénéfices que dégagent ces activités.

En effet, depuis la fin des années 1950, le centre-ville de Marseille – entendons cette fois par « centre » le lieu des vitrines traditionnelles au sens social et commercial du terme – s'est à la fois déplacé et balkanisé. Déplacé, car il est passé de la Canebière (axe est/ouest), qu'il occupait jusqu'alors, aux trois rues Paradis, Rome et Saint-Ferréol (axe nord/sud), plus près des lieux nouvellement investis au sud par les bourgeoisies ; la Canebière forme donc désormais la limite nord et la frontière symbolique où commence, dans l'imaginaire des « Marseillais de souche » chers au maire, l'ailleurs... Ce centre des anciennes vitrines s'est aussi balkanisé à l'échelle de la métropole régionale : on va désormais faire ses courses dans les grandes zones commerciales de périphérie, Plan de Campagne par exemple, entre Aix et Marseille – l'aire métropolitaine marseillaise est une des mieux fournies en grandes surfaces dès les années 1970[9].

9 Le processus ne concerne évidemment pas que Marseille (voir à ce propos René Péron, *La Fin des vitrines. Des temples de la consommation aux usines à vendre*, Éditions de l'ENS Cachan, Cachan, 1993). Mais la ville a largement accéléré le mouvement, notamment

Le marasme du centre-ville de Marseille n'est donc pas le résultat de son occupation/invasion par les commerces ethniques ou étrangers. Il est le résultat combiné de deux mouvements : le reflux et la délocalisation d'une forme de centralité commerciale qui a pris ses aises en périphérie ; et l'émergence d'un autre commerce, qui trouvait au contraire ses conditions maximales d'opportunité dans la densité anachronique du tissu urbain central. Car autant les supermarchés ont besoin de créer leur propre espace urbain pour passer au stade capitaliste, autant le petit commerce populaire profite de la dégradation urbaine pour s'y maintenir : coût des investissements réduit, clientèle relativement captive, faible coût des fonds et du foncier, etc.

Le commerce « ethnique » est d'ailleurs moins spécifique qu'il n'y paraît, dans la mesure où il joue de trois registres commerciaux : l'ethnique, par exemple la viande hallal ; l'exotique, qui est l'ethnique repensé aux goûts et curiosités de l'Autre ; et le discount. À Marseille, ce maintien au centre a pris une forme d'autant plus tonique que la proximité culturelle et géographique du Maghreb a suscité un flux commercial abondant jusqu'à l'instauration des barrières douanières, fin 1988.

Globalement, tout le monde semble se satisfaire de cette situation jusqu'aux années 1980, quand les notables, politiques et économiques, « découvrent » la prospérité de Belsunce et s'en inquiètent. Or c'est en ces années-là aussi que le commerce, sous une autre forme encore, fait son retour en ville, grâce aux nouvelles opportunités ouvertes par les rues piétonnes. À ce moment-là, en effet, le maire Robert-Paul Vigouroux reprend le flambeau de la reconquête du centre, qu'il entame par la « piétonisation » de la rue Saint-Ferréol. Le cours Julien, autre espace central, l'avait été quelques années auparavant, comme le cours d'Estienne-d'Orves, qui fera sa mue urbaine lui aussi sous le règne de Vigouroux – et surtout de Jeanne Laffitte, libraire et élue [10].

Mais le commerce qui revient au centre est le clone parfait des commerces installés en périphérie : c'est un commerce de grandes marques et de franchises, qui transforme les rues piétonnes en galeries marchandes à

---

avec la création au début des années 1960 de la zone marchande de Plan de Campagne, qui constitue aujourd'hui encore l'une des – sinon la – plus grandes surfaces commerciales d'Europe, ouverte dimanche compris...

10 La libraire et éditeur Jeanne Laffitte est d'ailleurs le prototype de cette bourgeoisie commerçante locale qui parvient à « prendre le train » en marche et à réadapter son commerce aux goûts à la mode (voir chapitre 13). Mais ils sont plutôt rares de son espèce dans les mondes commerciaux locaux, soit qu'ils aient basculé en périphérie depuis les années 1970, comme certains gros commerçants de Plan de Campagne, soit qu'ils n'aient plus les

ciel ouvert [11]. Et, dans une large mesure, ce nouveau processus économique et urbain échappe à la société locale. Seules quelques familles de tradition commerçante parviennent à répondre aux contraintes des « nouvelles vitrines », tout en relançant l'intérêt spéculatif pour le centre-ville et ses potentialités commerciales [12].

Robert-Paul Vigouroux achèvera le programme de rénovation entamé sur Belsunce par son prédécesseur, notamment l'aménagement de la rue d'Aix, dont on reparlera. Il lance le programme « Canebière », qui vise la rénovation de la célèbre avenue désertée par les commerces et tombée lentement en déshérence. Il y implante des services publics censés stimuler une relance de l'activité : le Musée de la mode (dont son épouse Marylin est l'inspiratrice et la directrice) et deux établissements universitaires. Il prévoit la création d'un grand commissariat de police, dont les travaux n'ont commencé qu'en 2004 – ce qui permettra à Jean-Claude Gaudin de s'en attribuer le mérite lorsqu'il sera achevé.

## *Une profonde mutation*

Le processus qui s'est déroulé dans ce qu'on appelle couramment l'hypercentre tient donc bien d'une mutation urbaine. En trois décennies, Marseille a connu plusieurs bouleversements successifs : le départ du commerce ancien et son retour sous la forme « globalisée » des enseignes mondiales ; le développement du « comptoir algérien [13] », puis son reflux ;

---

moyens d'investir. Toutes choses cependant qui demanderaient à être plus solidement étayées : si la bourgeoisie industrielle de Marseille est bien connue (voir les travaux déjà cités de Pierre-Paul Zalio, Bernard Morel ou Marcel Roncayolo), les stratégies des bourgeoisies commerçantes sont radicalement ignorées, alors même qu'elles sont probablement les seules à ne pas avoir quitté le navire économique urbain lorsqu'il coulait...

11 Virgin, Celio, Levi's, Marks et Spencer, André et, plus tard Adidas ou Zara sont quelques-unes des boutiques qui tiennent vitrine sur la rue Saint-Ferréol, devenue, pour paraphraser Richard Cobb, ce « long fleuve où coulent les piétons »...

12 La nouvelle donne commerciale est assez simple. Ou bien on a assez d'investissement pour ouvrir une chaîne et plusieurs boutiques simultanément, ce que tentent plusieurs marques issues du capital local de la confection (Look and Like, MacKeen, Façonnable) avant de faire des faillites retentissantes dans les années 1990. Ou bien on investit dans un « concept » commercial nouveau, comme le complexe librairie-restaurant-galerie des sœurs Laffitte (encore faut-il un « lieu » remarquable et un certain niveau d'investissement). Ou bien encore on accepte de devenir « franchisé », c'est-à-dire salarié déguisé de grandes chaînes de distribution, avec les risques en plus.

13 Le terme est d'Alain Tarrius : c'est sous ce nom qu'il a analysé le commerce maghrébin à Belsunce, le comparant aux comptoirs coloniaux que les civilisations marchandes ont

la lente extinction des lieux de spectacle, cabarets, cinémas, music-halls, théâtres, qui se sont répartis dans la ville et dans l'espace métropolitain ; le développement et la concentration de services publics et de lieux institutionnels, universités ou bibliothèque de l'Alcazar, qui profitent de la déshérence du centre pour prendre leurs aises.

Cette série de mutations a eu des conséquences lisibles dans l'espace et perceptibles dans la vie quotidienne des citadins. Les ambiances commerciales se sont spécialisées et se sont segmentées socialement. Pour le dire vite : les épiciers entre eux, les riches entre eux. Le centre-ville tend à devenir un vaste hypermarché, dont les quartiers sont autant de rayons spécialisés, à cette différence près qu'ils sont aussi socialement marqués. La rue Paradis est la rue chic, la rue Saint-Ferréol plutôt classes moyennes, Noailles franchement populaire, tandis que l'îlot Thiars est devenu le carré touristique et la Plaine celui des bars branchés.

De sorte qu'il n'y a plus en fait un centre-ville formant un espace continu, organisé pour le parcours, mais des enclaves qui gèrent à la fois leur accessibilité et leur séparation des autres enclaves. D'ailleurs, toutes les municipalités ont fait l'amère expérience de la loi de l'enclave, lorsqu'elles ont tenté de reconstituer du commerce en des lieux d'où il était parti. Ou quand elles ont voulu implanter des commerces socialement ou fonctionnellement incompatibles avec celui qui domine le lieu. Ce fut le cas du marché Velten, où la municipalité tenta dans les années 1980 de regrouper les commerçants à la sauvette du cours Belsunce : l'échec a été aussi rapide que retentissant.

Cela a été le cas également de la rue d'Aix, artère commerciale très prospère au temps de la splendeur du comptoir algérien. Voulant faire un exemple, au milieu des années 1980, la municipalité profite de l'instauration d'un périmètre d'action autour de l'Hospice des convalescents pour récupérer la quasi-totalité des façades du côté pair de la rue. En face, côté impair, prospèrent les bijouteries et les bazars, les pâtisseries orientales et les boutiques de fringue. Des organismes HLM rénovent les logements destinés aux employés du conseil régional, lesquels dans leur majorité préfèrent rester dans leur havre pavillonnaire des alentours de la ville. Les commerces en pied d'immeuble sont murés, en attendant d'éventuels locataires conformes au style commercial que la mairie veut imposer, qui est « ni-ni » : ni hard discount ni oriental. Conséquence de ce coup de force : faute de trouver preneurs auprès du public des employés du conseil

développés aux siècles précédents tout autour de la Méditerranée (Alain Tarrius, *Arabes de France dans l'économie mondiale souterraine, op. cit.*).

régional, les logements sociaux finissent par être attribués aux familles maghrébines du quartier. Les commerces restent murés une dizaine d'années pour être finalement remis, discrètement, à la location à des commerçants qui ont déjà boutique dans le quartier. On y trouve aujourd'hui deux pâtisseries orientales, des bijouteries, des boutiques de fringues et de chaussures, des opérateurs de téléphonie mobile, spécialisés dans les appels longue distance. Comme en face.

Ajoutons un autre exemple pour montrer que l'acharnement dans l'échec dépasse les clivages politiques. La rue Thubaneau, au cœur de Belsunce, est une rue mythique : elle fut, pour quelques générations de Marseillais et de marins, la rue de la prostitution et de l'initiation sexuelle, des bars louches et des tripots. Le clan des Guérini y tint l'un de ses plus actifs établissements [14], devenu aujourd'hui, à la même enseigne du Bar Corsica, un restaurant algérien qu'on dit fréquenté par les islamistes. Jean-Claude Gaudin veut en faire un exemple et donne à la réhabilitation les allures d'une croisade. En 1996, on lance donc un « périmètre de rénovation immobilière », qui permet de racheter la quasi-totalité des immeubles de la rue. Y figure, entre autres patrimoines remarquables, la cour des Récollettes, qui hébergeait au XVIII^e^ siècle une salle du Jeu de paume où fut écrite *La Marseillaise*. À l'aide de fonds européens, ce bel espace au centre des immeubles doit devenir un patio commercial, ouvert sur les rues adjacentes où s'installeront des boutiques de luxe. La rue Thubaneau est promise au brillant destin de « rue des artistes ». Marseille Aménagement, société d'économie mixte chargée de la rénovation, s'emploie donc à trouver des artistes prêts à ouvrir des galeries sur la rue. Neuf ans plus tard, le résultat est assez déconcertant.

À l'entrée de la rue, le Bar Corsica est toujours là, très fréquenté par les Algériens de passage, car le patron accepte qu'on y dépose les valises en transit. Le restaurant gastronomique qui avait tenté l'aventure n'a pas tenu deux ans : son rideau est tiré, comme celui de deux ou trois autres commerces de poteries d'art ou d'objets de design. L'épicerie arabe, ouverte 24 heures sur 24, marche bien, mais constitue un point de rendez-vous, surtout nocturne, pour des jeunes gens de passage, souvent clandestins. Des galeries d'art se sont bien ouvertes au milieu de la rue : trois d'entre elles constituent la « bande à X », peintre de réputation locale qui donne des cours de peinture à ces dames. Certaines de ses élèves ont ouvert leur propre galerie. Ce morceau de rue leur appartient. À côté, une figure du

14 Voir chapitre précédent.

mouvement associatif du quartier se plaint du laxisme et des négligences d'une réhabilitation « ni faite ni à faire ».

En 2002, une journaliste marseillaise venue y faire un bilan impromptu des travaux peut décrire ainsi la rue : « On circule entre une double haie de rideaux métalliques baissés, à de rares exceptions près [15]. » Elle explique : « Plusieurs rez d'immeubles ont en effet été vendus ou loués à des artistes, peintres ou sculpteurs, qui y ont installé leur atelier et disent n'être pas commerçants ni tenus d'ouvrir à heures fixes. » Quant à la cour des Récollettes, elle a vu les travaux brutalement s'interrompre : une partie est réhabilitée, mais une ancienne usine abandonnée occupe tout le fond de la cour de ses fenêtres aveugles. Les rez-de-chaussée, qui devaient être occupés par des boutiques de luxe, l'ont été par des artisans, qui voient désormais d'un mauvais œil les usages publics de « leur cour ». Plus loin enfin, tout s'interrompt : on entre dans l'espace des grossistes, le « Sentier » marseillais. Les propriétaires sont deux réseaux familiaux juifs originaires de Djerba, en Tunisie. Ils partagent leurs immeubles entre location précaire et meublés dans les étages – ces « marchands de sommeil » dont parle le maire – et magasins de gros, très fonctionnels, voire discrètement luxueux.

Ces quelques exemples pourraient faire croire, comme le disent de temps en temps certains élus et la presse locale, que le commerce marche mal dans ces quartiers centraux, coincé entre deux régimes de concurrence : d'un côté le « comptoir maghrébin », de l'autre les hypermarchés de périphérie. En réalité, le commerce marche très bien dans le périmètre central marseillais, il tend même à occuper de manière exclusive les espaces qu'il investit, du moins au ras de la rue. De 1997 à 2004, le seul carré semi-piéton (Rome, Paradis, Saint-Ferréol) a accueilli trois cent trente nouvelles enseignes, pour l'essentiel des vitrines de grandes marques mondiales franchisées [16]. Le commerce populaire ethnique se maintient lui aussi dans ses propres enclaves, même si le « comptoir algérien » proprement dit a beaucoup perdu de son dynamisme et s'est fractionné en divers lieux spécialisés. Le « Sentier » marseillais se maintient lui aussi au cœur de Belsunce, même si les grossistes juifs passent la main aux Chinois, perpétuant le jeu de chaises musicales qui est le propre de ce type d'activité.

Le commerce fait donc plus que se maintenir au centre-ville. Il l'occupe, le vampirise et le formate. Et bien sûr, de quelque nature qu'il soit, il multiplie les nuisances et les contraintes pour les habitants. Il n'y a, de ce

15 Marie-José Lembo, *Marseille l'Hebdo*, 20 novembre 2002.

16 D'après le FISAC, Fonds d'intervention pour les services, l'artisanat et le commerce (cité par *Marseille l'Hebdo*, 21 juillet 2004).

point de vue, aucune différence entre les magasins chics des rues piétonnes et la vente à la sauvette (y compris le deal de drogue), les grossistes du « Sentier » de la rue Tapis vert ou les bars et restaurants chics du cours d'Estienne-d'Orves.

Les habitants de ces secteurs le disent tous : il est difficile de vivre sous le bruit permanent des systèmes de climatisation que les magasins ouvrent dans les arrière-cours. Dans les rues piétonnes, six jours sur sept, il est presque impossible d'arriver chez soi autrement qu'à pied. Dans les rues exclusivement occupées par des grossistes en fringues, il est très difficile de vivre au milieu des cartons et des déchets. Il est aussi difficile de vivre dans une rue qui centralise le deal de drogue dure et les insécurités qu'il induit. Et il est plus difficile que tout de vivre dans une rue qui rassemble en un même espace-temps toutes ces nuisances, ce qui est le cas des rues Thubaneau dans Belsunce, ou Longue-des-Capucins dans Noailles. La figure de l'occupant ou de l'envahisseur joue ici, très classiquement, son rôle de bouc émissaire : il prend pour les autres. D'autant que la société locale est à peu près absente des formes économiques et commerciales mondialisées qui ont trouvé en ces lieux, leur espace de déploiement : Zara et Adidas ont écrasé les boutiquiers et découragent les habitants.

Les notables politiques, qui s'appuyaient sur eux, sont impuissants à leur assurer une place dans cette nouvelle configuration. Les commerçants, franchisés de luxe ou bouchers halal, n'y habitent pas plus que les usagers qui pratiquent ces espaces massivement sans y vivre eux non plus. En revanche, des habitants, il y en a...

# 12

# *Centre-ville 2 : vivre, habiter*

## *Les bigarrures de l'hypercentre marseillais*

« J'étais trapéziste dans un cirque ambulant en Italie. J'ai eu un problème de dos et je me suis fait opérer à Marseille. Quand je suis sortie de l'hôpital en juin 1994, je me suis présentée à la Friche de la Belle de Mai et je me retrouve à faire des cours de cirque... J'avais trouvé un petit appart ici, à Noailles, sans caution, sans eau chaude, sans rien, comme au cirque... J'adore ce quartier, et j'ai rencontré tous ceux qui arrivaient d'Algérie, dont mon compagnon qui est algérien et photographe... Tout le monde arrivait, les cinéastes, les artistes, en exil, et je me sentais en exil moi aussi. Je ne me sens pas trop déconnectée ici, j'ai toujours aimé l'Algérie, les pays du Maghreb. Après j'ai fait un héritage et j'ai donné un an de loyer à l'agence. J'aime le centre-ville de Marseille comme il est, pas comme il va devenir. »

L'itinéraire de Julie est assez représentatif de ceux qui mènent les nouveaux arrivants dans les trois quartiers centraux de Marseille en rénovation, Le Panier, Belsunce et Noailles. Au demeurant, ces mouvements n'ont rien de foules. À l'échelle où mesurent les appareils statistiques, ce sont à peine des oscillations. Dans le 2e arrondissement par exemple, auquel appartient Le Panier, la catégorie des « cadres » a augmenté de 80 % entre 1990 et 1999 [1]. Pour tout Marseille c'est un record. Encore faut-il

1 Toutes les données chiffrées citées dans ce chapitre nous ont été fournies par l'Agence d'urbanisme et proviennent des recensements généraux, donc de l'INSEE.

préciser qu'ils étaient environ 500 de cette catégorie à habiter cet arrondissement en 1990, et qu'ils sont un peu plus de 900 en 1999, ce qui reste modeste. Aucun des mouvements de peuplement que connaît le centre n'a d'ailleurs la forme d'un raz-de-marée. On reviendra plus loin sur l'influence des politiques immobilières dans ces apports.

Précisons néanmoins les grandes lignes de ce relatif renouvellement : la part des diplômés du supérieur a augmenté assez fortement dans les 1er et 2e arrondissements. C'est bien sûr cohérent avec la « forte » augmentation des cadres, encore que cela puisse signifier aussi que les enfants du quartier font des études longues... Dans le 2e arrondissement, ils étaient 1 100 à avoir fait des études supérieures en 1990, ils sont un peu plus de 1 500 en 1999. Même chose pour le 1er arrondissement, où les diplômés supérieurs sont passés de 3 400 à 4 100. On peut aussitôt observer que la part des chômeurs a progressé de manière importante dans le 1er, puisqu'ils étaient plus de 3 800 en 1990 et plus de 5 400 en 1999. Le taux de chômage dans cet arrondissement dépasse les 33 %, tandis qu'il n'est que de 23 % sur l'ensemble de la ville. Le taux de propriétaires est assez stable (une variation de 0,8 % en faveur des propriétaires pour le 1er arrondissement, une légère baisse pour le 2e). Enfin, le taux de population étrangère n'a que très peu évolué au cours des dix années entre deux recensements, avec une baisse de 4 % environ sur les deux arrondissements centraux (en 1999, le taux d'étrangers est de 18 % dans le 1er et de 17 % dans le 2e).

Depuis 1990, ces arrondissements qui ont, comme le reste de Marseille, perdu une part importante de leurs habitants entre 1970 et 1990 [2], sont démographiquement à peu près stables (5 % de population en plus dans le 1er arrondissement, 8 % dans le 2e). Les 1er et 2e arrondissements restent donc des quartiers pauvres, marqués bien plus fortement que les autres arrondissements du centre-ville par le chômage, la présence de populations étrangères et un fort taux de populations dépendant de prestations sociales. À l'identique en somme des quartiers de banlieue. Le fait a souvent

2 En 1975, on dénombrait 45 000 habitants dans le 1er arrondissement, 33 000 dans le 2e, ces deux arrondissements composant, entre Vieux-Port et gare Saint-Charles, le centre historique de Marseille. En 1990, la population du 1er arrondissement était tombée à 35 000 habitants, soit une perte de 10 000 personnes, celle du 2e était tombée à 26 000, soit 7 000 personnes en moins. C'est d'ailleurs toute la ville qui perd inexorablement des habitants tout au long de cette seconde moitié du siècle, environ 10 000 habitants par an jusqu'au début des années 1990, moment où la population semble se stabiliser. Car les causes qui valent pour cette désaffection du centre-ville sont peu ou prou identiques pour l'ensemble des arrondissements très urbains de Marseille. Les plutôt bourgeois, 4e, 5e et 6e ont perdu chacun le même nombre d'habitants entre les mêmes dates (environ 10 000 entre 1975 et 1990).

été signalé : Marseille est l'une des très rares villes d'Europe qui n'a pas éradiqué la pauvreté en son hypercentre.

Autorisons-nous cependant à illustrer ces données de manière un peu plus impressionniste, en assemblant les pièces de divers témoignages. De ce point de vue, on voit se combiner trois phénomènes. Le premier concerne les populations migrantes, traditionnellement présentes dans ces quartiers : elles se renouvellent, tout simplement. Ceux qui partent sont remplacés par des familles de même milieu et de mêmes origines. Donc, contrairement aux affirmations d'un certain nombre de notables et de la presse locale, il est difficile de donner un caractère tangible à l'idée que ces quartiers auraient connu une « invasion » de populations étrangères, d'origine maghrébine ou africaine, depuis 1995. Noailles, Belsunce et Le Panier sont depuis la dernière guerre – et bien avant pour Belsunce – des quartiers de centralité pour les migrants, voyageurs et transitaires maghrébins, africains et asiatiques. Ils sont un lieu de transit et de résidence pour des communautés algérienne ou tunisienne et, depuis la fin des années 1980, comorienne. Cette présence et les marquages ethniques de ces quartiers font continuité plus que processus de « conquête » et de flux massif. Le seul fait spectaculaire en la matière, nous en avons parlé, c'est le flux puis le reflux du grand comptoir commercial algérien qui avait occupé Belsunce, débordant même sur la Joliette et la rue de la République [3]. Il n'a cependant pas eu de conséquence directe sur les résidents sédentaires : Belsunce n'était « algérien » que pour son commerce et ses transitaires ; les commerçants, dans leur grande majorité, étrangers compris, n'ont jamais résidé sur place [4].

Le deuxième phénomène affecte la population des petites classes moyennes, faite d'artisans, de commerçants, d'ouvriers stables et d'employés attachés aux mondes maritimes : elle tend à disparaître et à ne pas se renouveler. La statistique elle-même en rend compte, certes très grossièrement puisque ses classifications sont imprécises : la catégorie « artisans, commerçants, chefs d'entreprise » a baissé de 26 % dans le 1<sup>er</sup> et de 28 % dans le 2<sup>e</sup> entre 1990 et 1999, alors qu'elle avait déjà baissé dans les mêmes

---

3 Voir chapitre précédent.

4 Dans la première enquête qu'il avait faite sur ce quartier, Alain Tarrius montrait qu'une grande partie des commerçants de Belsunce résidait soit dans les quartiers nord, soit sur les rives de l'Étang de Berre (Alain Tarrius, *Arabes de France dans l'économie mondiale souterraine*, *op. cit.*). Nous faisions le même constat quelques années plus tard (Michel Peraldi (dir.), *Cabas et containers*, Maisonneuve et Larose, Paris, 2001).

proportions entre 1982 et 1990 [5]. Il s'agit là évidemment d'artisans, de commerçants, chefs d'entreprise qui habitent et travaillent dans le quartier. Une simple promenade confirme ce constat : les petits commerces de quartier disparaissent du centre au profit de « nouvelles vitrines » [6].

Le troisième phénomène, enfin, c'est l'arrivée discrète mais visible d'une population de diplômés, qui se partage en deux catégories. Il y a d'abord des marginaux, souvent jeunes, étudiants ou artistes, comme Julie qui a accroché un temps son trapèze à Marseille. Ils sont locataires ou occupants précaires, partagent parfois un appartement ou occupent un immeuble ; ils sont très présents au Panier et, pour les étudiants, à Belsunce. Il y a ensuite des « établis », socialement au moins, salariés, plutôt cadres, plutôt dans des professions intellectuelles et généralement dans la fonction publique : ils sont enseignants, chercheurs, chargés de mission de structures d'aménagement ou de bureaux d'étude, travailleurs sociaux, plus régulièrement propriétaires que locataires. Tel immeuble de la rue Pollack, l'une des rues les plus marquées par le deal de drogue dans le quartier Noailles, compte en son centre un immeuble dont les dix occupants (deux par étages) sont peintres – l'une a tenu une galerie rue Thubaneau –, universitaires, enseignants chercheurs, travailleurs sociaux. La rue Curiol, connue pour ses travestis sud-américains et ses prostituées espagnoles, abritait il y a peu deux immeubles occupés par des personnes liées professionnellement à des institutions travaillant dans le cadre des politiques de la ville. Même chose encore à Belsunce, qui compte désormais une population notable d'étudiants, de chercheurs, d'artistes, d'enseignants et de travailleurs sociaux.

Cette nouvelle population résidente occupe de manière dispersée des microniches dans les quartiers du centre, fruit des logiques de réseaux qui assurent son installation comme son renouvellement. Les plus anciens se sont installés dès les années 1975, au Panier notamment, en bénéficiant des premières OPAH [7]. Ce fut, à ce moment-là, un mouvement sporadique, plus

---

5 Cesare Mattina, « Des médiateurs locaux : les présidents des comités d'intérêts de quartier », *in* André Donzel (dir.), *Métropolisation, gouvernance et citoyenneté dans la région urbaine marseillaise*, Maisonneuve et Larose, Paris, 2001.

6 Voir notamment Sylvie Mazzella, « Commerces, une politique d'attente concertée », *in* Pierre Fournier et Sylvie Mazzella (dir.), *Marseille, entre ville et ports. Les destins de la rue de la République*, La Découverte, Paris, 2004.

7 Opérations programmées d'amélioration de l'habitat. Créés dans les années 1970 à l'échelle nationale, ces programmes permettent aux propriétaires de logements dégradés d'obtenir des subventions et des prêts aidés, en même temps qu'ils donnent aux municipalités la possibilité d'imposer aux propriétaires une obligation de rénovation.

sporadique en tout cas qu'à Lyon ou Paris, où se déroulent les mêmes phénomènes. Il semble en revanche plus régulier et en croissance continue depuis la fin des années 1980, dans tous les quartiers centraux. Le portrait qu'en dressait en 1980 un article du *Monde*, inspiré d'une série d'enquêtes sociologiques [8], reste aujourd'hui encore assez pertinent : « Cheveux embroussaillés, l'air "cool", pas très réveillé, *Libé* sous le bras. Leurs vêtements proviennent de pays lointains ou du marché aux puces. Ils sont architectes, psychologues, travailleurs sociaux et, surtout, enseignants. Mais aussi chômeurs, ou semi-marginaux déqualifiés vivotant de "petits boulots" [9]. » Ils font aujourd'hui la une des dossiers que *Télérama* ou *Libération* justement, consacrent aux « nouveaux Marseillais », et ressemblent en tout point au portrait tracé ici. Leur caractéristique principale est d'être arrivés dans ces quartiers au terme d'itinéraires qui, tel celui de Julie cité au début de ce chapitre, ne dépendent que de logiques de réseaux personnels et amicaux, souvent transnationaux. À moins qu'ils ne soient arrivés au terme de procédures administratives anonymes (c'est le cas notamment des étudiants dont les logements dépendent d'accords passés entre le CROUS et les organismes HLM).

Ceux qui accèdent à la propriété sont seulement dépendants de leurs moyens de financement et de leur astuce à dégotter les affaires, assez faciles à faire dans ces quartiers en déshérence jusqu'au seuil des années 1990. Et on sait de notoriété publique que les élus sont de piètres intermédiaires pour obtenir un prêt bancaire... Pour toutes ces raisons donc, ces habitants sont totalement indépendants des logiques clientélistes dont ont longtemps dépendu ceux qui vivaient dans ces quartiers et dont dépendent encore partiellement les « autres » : anciens établis et nouveaux migrants. Ils sont donc, en ce sens, des « affranchis » et, avec eux, c'est la nature même du lien politique qui change – on va y venir.

## *Logements sociaux au cœur de la ville, classes moyennes en périphérie*

Quoi qu'il en soit cependant des rapports aux notables et aux appareils politiques, ces mouvements de populations sont tous la conséquence plus ou moins directe des politiques de rénovation dont ces quartiers ont

---

8 Voir Bernard PICON, *Protection et réhabilitation, le cas du parc régional de Camargue et du Panier à Marseille*, Éditions du CNRS, Paris, 1982.

9 *Le Monde*, 13 avril 1980.

été l'objet depuis le début des années 1970. Certes, nombre des migrants qui débarquent, Comoriens notamment, Africains et Asiatiques en partie, se trouvent piégés par les « marchands de sommeil » qui louent des taudis pour une fortune [10]. Mais cette situation, souvent mise en exergue par la presse et les associations, ne doit pas cacher que la plupart des populations d'origine étrangère sont logées dans des logements sociaux.

Au total, depuis les premières années de la réhabilitation jusqu'en 2004, 1 880 logements sociaux ont été construits dans le 1er arrondissement, et 1 570 dans le 2e. On a peu de données statistiques sur la population de ces ensembles. Un petit sondage auquel nous nous sommes livrés dans les années 2000 montrait une forte présence de familles d'origines africaine et maghrébine, un fort taux de chômage et d'inactivité et, pour ceux qui travaillaient, une majorité d'ouvriers et de petits employés des services. Caractéristiques que renforce l'édification ou la réhabilitation de foyers pour travailleurs isolés (Sonacotra) : respectivement 576 logements dans le 1er, 59 dans le 2e. C'est seulement au milieu des années 1990 qu'apparaissent des résidences étudiantes, 248 dans le 1er et 181 et le 2e. À ces logements sociaux directement indexés au patrimoine des organismes HLM, s'ajoutent ceux qui restent propriétés privées, généralement de petits propriétaires, mais qui ont bénéficié de mesure ANAH (Agence nationale pour l'amélioration de l'habitat) et dont la location est assurée aujourd'hui par la société d'économie mixte de la ville Marseille Habitat, ou des agences à vocation sociale [11]. C'est également le cas de ces logements, que l'on dira « spéculatifs » dans la mesure où ils ont été achetés pour placement par des propriétaires qui en confient la gestion à ces mêmes organismes, Marseille Habitat surtout.

Bref, c'est tout un parc immobilier social qui s'est constitué dans le centre depuis 1985. Ce phénomène contrôlé – puisque les logements sociaux sont planifiés et attribués par des autorités administratives et politiques – a de quoi surprendre au regard de l'inflation de discours officiels proclamant la volonté plus ou moins hypocrite d'éradiquer la pauvreté et l'altérité ethnique de ces quartiers. Si tortueuse que paraisse *a posteriori* la logique de ces tirades, le processus, lui, est assez simple. Les politiques de

10 C'était par exemple le cas au Panier où, durant deux décennies, des familles comoriennes étaient logées dans un îlot appartenant à un certain Dominique Sanchez, lui-même immigré espagnol, qui avait eu l'idée d'acheter des biens immobiliers dans les années 1960. Il a fallu plusieurs années pour que Ville et État gagnent les procès intentés à ce marchand de sommeil et s'occupent du relogement des locataires (voir *Le Monde*, 14 mars 2000).

11 Deux ou trois cents probablement, mais personne n'en tient le compte exact.

rénovation, depuis les années 1980, sont portées par des acteurs institutionnels publics : sociétés d'économie mixte et organismes HLM sont en effet les seuls, en l'absence d'un véritable tissu d'entrepreneurs et de promoteurs, à pouvoir investir dans ces quartiers. Ils le font en annonçant qu'ils vont louer les logements « reconquis » à des classes moyennes. Mais la logique de la demande de HLM reprend toujours le dessus et ces logements finissent par être loués à leurs clients « naturels » : ceux qui déposent des dossiers HLM en préfecture ou en mairie – on comptait officiellement 7 609 dossiers instruits par le service logement de la ville en 2004 – et qui sont ces familles maghrébines ou comoriennes dont on dit par ailleurs qu'on veut en débarrasser le quartier, pour faire place aux « classes moyennes ».

L'absence de pression foncière et immobilière sur ces quartiers centraux est une évidence jusqu'au tout début des années 2000 – et en cela, Marseille se distingue des autres villes de même dimension. Quant aux « classes moyennes » dont rêvent nombre de notables et qui, partout ailleurs, de New York à Paris, ont fait retour en ville, elles sont ici dans une dynamique qui les voit se déplacer et s'organiser à l'échelle métropolitaine, bien plus qu'à la seule échelle de la ville centre. Leurs goûts se partagent donc, comme ceux de leurs équivalents parisiens ou bostoniens, entre patrimoine architectural (donc « retour en ville ») et « néoruralisme » : le « retour en ville » s'est fait sur les villes moyennes proches de Marseille. Aix-en-Provence en a massivement bénéficié, comme Aubagne, Simiane-Collongue, Ensuès-la-Redonne ou, plus loin, Arles et Salon-de-Provence, dans un engouement jamais démenti pour les urbanités villageoises.

Ceux que le maire de Marseille prétend faire revenir dans le centre de sa ville sont donc benoîtement installés dans leurs pavillons des hinterlands urbains ou dans les centres anciens des petites communes de l'aire métropolitaine. Ils y ont justement trouvé un patrimoine à forte valeur immobilière et touristique ajoutée. Mais le fait que les « nouveaux habitants » du centre ne ressemblent pas à ceux que fantasment d'y attirer les notables, ne signifie pas pour autant qu'ils ressemblent trait pour trait à ceux qui les ont précédés, quand bien même ils appartiennent aux mêmes couches sociales et aux mêmes mondes ethniques et culturels.

La rupture porte d'abord sur les trajectoires résidentielles. Panier, Noailles et Belsunce ont été, jusqu'au mouvement de réhabilitation qui les a saisis, des quartiers de transit, de première fixation. Ils l'ont été d'abord pour une grande partie des populations migrantes qui, des pêcheurs napolitains du XVIe siècle aux Comoriens des années 1980, sont venues à Marseille sans véritablement savoir si elles ne feraient qu'y passer où si elles y resteraient toute leur vie. Tout au long du XXe siècle, qui est aussi celui des grands flux humains, Marseille ne fut ainsi qu'une étape, réelle ou imaginaire, sur le chemin de l'Amérique [12]. Les quartiers centraux ont logiquement concentré ce type de parc immobilier fait de petits hôtels, de meublés, de logements vétustes et précaires assurant des fonctions d'accueil pour des populations en majorité de condition très modeste. Ces quartiers-sas ont joué un rôle fondamental dans l'économie urbaine : sans eux, aucun des transits dont Marseille a vécu n'aurait été possible ; ni celui de la main-d'œuvre que consomment en abondance les usines, ni celui des voyageurs, migrants en transit, ni celui des marins [13]. Ces quartiers, qui ont assuré une fonction d'arrière-cour résidentielle pour tous les trafics portuaires, sont *de facto* des quartiers populaires, au sens où le faible niveau des prix du foncier et de l'immobilier les rend attractifs pour l'ensemble des mondes populaires, sédentaires, candidats à la sédentarité ou nomades.

Après la guerre, la baisse du volume global du trafic portuaire, sa mécanisation, l'arrêt des grandes lignes maritimes sont autant de raisons qui contribuent à abaisser de manière très significative les transits dans la ville. Cette réduction libère de l'espace. Elle rend possible un premier mouvement de fixation des populations résidant sur les quartiers Joliette et Panier : celui-ci se fait par une petite accession à la propriété, autant dans l'ancien que dans les logements neufs bâtis après guerre [14]. Se forme là une petite classe moyenne, en grande partie italienne et corse, très dépendante des

---

12 Dans *The Shanghai Gesture*, le film de Josef von Sternberg (1941), l'héroïne explique que son parcours entre l'Amérique et la Chine des casinos passait par Marseille. Durant tout le XXe siècle, la ville est citée comme lieu de passage de tous les errants et conquérants du monde. C'est la littérature qui rend le mieux compte du phénomène. Voir, pour ne citer que des grands livres : *Banjo*, de l'écrivain noir américain Claude McKay (écrit en 1928, réédition André Dimanche, Marseille, 1999) ; Nikos Kavvadias, *Le Quart*, Climats, Castelnau-le-Lez, 1989 ; Jean Malaquais, *Planète sans visa*, Phébus, Paris, 1999 ; Anna Seghers, *Transit*, Autrement, Paris, 1995 ; Alvaro Mutis, *Abdul Bashur, le rêveur de navires*, Grasset, Paris, 1994.

13 Les Comoriens, derniers arrivés dans l'ordre des flux migrants qui ont fait Marseille ces cinquante dernières années, étaient présents au Panier dès les années 1920, marins employés des compagnies maritimes. L'importance de leur présence dans ce quartier vient sans doute du rôle pionnier de ces marins comoriens. Même phénomène pour les marins sénégalais, toujours présents aujourd'hui dans les effectifs des compagnies maritimes nationales.

14 Certains habitants ont d'ailleurs bénéficié, au titre de sinistrés des dommages de guerre, soit de prêts leur permettant d'accéder à la propriété, soit d'appartements dans des programmes de reconstruction. C'est le cas notamment de l'ensemble qui fut reconstruit après la guerre sur l'emplacement des quartiers détruits par l'armée allemande en 1943, sur la rive nord du Vieux-Port, jouxtant le Panier.

logiques clientélistes, économiquement installée dans l'économie du transit (hôteliers et cafetiers, par exemple) ou dans les métiers de la mer. Aujourd'hui retraités, ils constituent l'essentiel des troupes électorales qui rendent possible la réélection des mêmes familles de notables [15].

Déjà considérablement ralentie par la baisse du trafic portuaire, cette fonction de transit a été quasiment réduite à néant par l'investissement institutionnel de ces quartiers, le logement social constituant, par définition, une prime à la sédentarité. Ce phénomène a eu deux types d'impacts sur les équilibres sociaux de ces quartiers.

D'abord, les organismes logeurs ont privilégié des politiques de « choix négatif » pour le peuplement des nouvelles résidences : il semblait beaucoup plus simple de désigner haut et fort qui on ne voulait pas, plutôt que de dire qui on voulait et donner des profils réalistes des locataires attendus. Entre le refus des prétendus étrangers et le fantasme des « classes moyennes », on a privilégié dans les faits une population de marginaux français – même lorsqu'ils étaient d'origine maghrébine –, souvent isolés après des itinéraires de galère ; ou, plus fréquemment encore, des personnes ou des couples en rupture avec leurs univers familiaux. Ces nouveaux venus rompent alors avec la logique des réseaux de parentèle et le peuplement « par connaissances » qui avait, des Corses aux premiers Algériens, perpétué le caractère villageois de ces quartiers.

Le second impact porte sur la concentration de familles ou de groupes en situation de grande précarité : la réduction de l'offre immobilière les a rabattus sur des situations de plus en plus difficiles et de plus en plus tendues. Les marchands de sommeil de moins en moins scrupuleux y ont trouvé leur compte, la stigmatisation du quartier aussi [16].

## *Face à la rénovation « à la sauvage », la mobilisation inédite des habitants*

Ces transferts et ces recompositions sociales ont profondément modifié les formes et la nature des espaces publics et des arènes politiques dans ces quartiers. Si peu nombreuses soient-elles, les nouvelles classes moyennes

15 On l'a vu plus haut, un petit millier de personnes suffit dans certains de ces quartiers à assurer l'élection (Cesare MATTINA, *La Régulation clientélaire, op. cit.*).

16 Voir Gilles ASCARIDE et Salvatore CONDRO, *La Ville précaire. Les « isolés » du centre-ville de Marseille*, L'Harmattan, Paris, 2001.

ont pris le pouvoir dans le tissu associatif existant, ou elles ont constitué leur propre cadre d'intervention. Celui-ci se compose de deux axes : des revendications sur le cadre de vie, et l'utopie d'une vie de quartier. Ce sont de grandes nouveautés dans des mondes politiques jusque-là dominés par le double jeu des logiques communautaire et clientéliste.

Au début des années 2000, la deuxième municipalité Gaudin voit ainsi apparaître des groupes qui contestent sa politique de rénovation, dite de « reconquête », du centre-ville, sous des formes qui ne semblent pas respecter les règles tacites du jeu politique. Car le maire tolère la critique, y compris virulente, pourvu qu'elle s'exprime par la voie théâtrale de l'intervention en conseil municipal ou, dès qu'il s'agit d'urbanisme ou d'aménagement, qu'elle soit portée par des groupes bien identifiés et légitimés par le politique – en l'occurrence les comités d'intérêt de quartier (CIQ). En revanche, il a beaucoup de mal à comprendre la contestation qui utilise d'autres mots et d'autres structures que celles qu'il a appris à connaître quand il était adjoint de Gaston Defferre.

Pour saisir l'ampleur de cette incompréhension, il faut dire ce que sont les comités d'intérêt de quartier. Avec le mondial de pétanque et les excursionnistes, ils sont en effet une invention locale qui n'a d'équivalent que dans quelques villes de la région, Toulon par exemple [17]. Ils ont été créés dans les années 1920, lorsque se développent la petite propriété en banlieue et la classe moyenne qui s'y révèle, au sens photographique du terme, par son accès à la propriété. Ancré sur un microterroir urbain, le CIQ est d'abord une association de propriétaires à l'échelle d'un lotissement, d'une copropriété et, pour le centre-ville, de fragments de quartier, voire de pans de rue. À l'époque où les syndicats étaient tout entiers dévoués à la cause du locataire, ils expriment la revendication de services de ces nouveaux banlieusards. Très vite, les notables y voient une machine politique efficace, facile à domestiquer pour peu qu'on satisfasse des revendications souvent très pragmatiques. Tel comité exige l'élargissement du trottoir, tel autre l'installation de protège-poubelles métalliques, toutes demandes relayées par l'élu local qui annonce volontiers la résolution du problème.

Au fil du temps et de leur reconnaissance, on l'a déjà évoqué [18], ces comités constituent un tremplin très efficace à la production de notables formés dans leurs rangs. René Olmetta, conseiller général PS, qui fut

17 Mais qui ne sont pas sans rappeler les « comités de propriétaires », eux aussi « inventés » dans les années 1930 dans les banlieues de Los Angeles (voir Mike DAVIS, *City of Quartz*, *op. cit.*).

18 Voir *supra*, chapitres 3 et 5.

président de la confédération des CIQ au temps du defferrisme, a été le candidat socialiste à la mairie en 2001. Philipe Mazet, qui a rejoint la majorité de Jean-Claude Gaudin lors du même scrutin, avait occupé la même fonction. Certains de ces comités affichent des sympathies communistes, d'autres penchent vers l'extrême droite. Et on a vu la présidente actuelle de la confédération, toute indépendante qu'elle se proclame, participer avec ses vice-présidents à une réunion interne de l'UMP, en septembre 2003, quand Jean-François Mattéi, ministre traumatisé par les attaques subies lors de la canicule, cherchait le réconfort auprès de ses amis.

Dans les années 1960, lorsque s'édifient les grands ensembles, les CIQ ont été des relais efficaces de la voix des petits propriétaires des lotissements qui voyaient leur espace vital bouleversé par ces « monstres ». Ils savent alors se battre auprès des élus pour imposer un mur, une route en impasse, le déclassement de voies de passage ou l'édification de murs d'enceinte autour des enclaves pavillonnaires et des copropriétés. Toutes batailles de petits propriétaires contre la contamination sociale et le déclassement, qui continuent d'agiter la ville au début du XXIe siècle. Dès qu'un programme de HLM est envisagé, ils se mobilisent pour en empêcher l'implantation. La construction d'une rocade les fait frémir. Et les CIQ du quartier voisin du Marché aux puces mènent une inlassable bataille contre ce supermarché des pauvres installé dans une ancienne usine Alsthom [19].

Au centre-ville, les CIQ sont en difficulté. Portés principalement par des propriétaires absents ou vieillissants, ceux qui s'étaient installés en pleine ascension sociale après la guerre sont en sommeil ou relaient sans vergogne les discours d'alerte sécuritaire tenus par les élus, la presse locale et la rumeur des comptoirs. Mais ils sont sans grande capacité d'initiative et ne proposent pas vraiment une alternative au discours stigmatisant tenus sur ces quartiers, qu'ils contribuent d'ailleurs très largement à alimenter. Les remue-ménage du centre-ville les placent face à une double incapacité : ils n'arrivent plus à être force d'opposition aux entreprises municipales de rénovation, ils n'arrivent pas non plus à retourner les stigmates attachés aux quartiers. De nouveaux collectifs d'action, comme « Un centre-ville pour tous », « Ombres et Lumières » ou « Le Rouet à cœur ouvert », vont alors se constituer sur leurs territoires, à partir de la fin des années 1990.

Pour en comprendre la naissance et l'action, il faut faire une autre digression sur les formes politiques de la rénovation mise en place par l'actuelle majorité. Pour l'essentiel, la politique de la majorité de

19 *Le Monde*, 21 février 1999.

Jean-Claude Gaudin semble être la poursuite des programmes initiés par ses prédécesseurs, en ce qui concerne notamment l'installation de locaux administratifs au centre. M. Gaudin achève le « glacis administratif[20] » de la Canebière, entamé sous Defferre (mairie de secteur, Maison des associations) et accéléré sous Vigouroux (universités, Musée de la mode). Il termine le commissariat programmé par son prédécesseur dans les locaux de l'hôtel Noailles, lieu légendaire du Marseille cosmopolite des années 1930, ajoute une annexe universitaire sur la Canebière, installe, toujours sur la Canebière, l'Agence d'urbanisme, puis ouvre la Bibliothèque municipale à vocation régionale de l'Alcazar sur le cours Belsunce. Parallèlement, cette municipalité poursuit la logique sécuritaire initiée par Robert-Paul Vigouroux, avec la petite guerre faite aux snacks et lieux nocturnes du centre-ville, et l'installation très médiatisée de caméras de surveillance dans le quartier Noailles.

L'instauration de ces procédures de contrôle sur le marché Noailles, et l'idéologie sécuritaire qu'elle véhicule sont à l'origine, en 2002, de l'une des premières escarmouches avec un de ces nouveaux groupes militants, le collectif Ombres et Lumières. Celui-ci est apparu publiquement dans des réunions de concertation organisées par les élus, qui croyaient trouver un consensus en faveur de leur mesure. Ses militants, plutôt équipés culturellement et capables de débattre, viennent au contraire expliquer aux commerçants que les caméras de surveillance vont surveiller leurs étals plus qu'elles ne vont dissuader les délinquants ou les vendeurs à la sauvette.

En 2004, un de ses militants nous raconte comment ce collectif du quartier Noailles s'est constitué : « Ombres et Lumières, c'est un groupe de personnes qui se sont rencontrées en 1999 autour de la dernière réunion du CIQ du quartier. On était quelques-uns contre un président de CIQ qui n'habitait plus le quartier, qui s'autoproclamait dans une réunion où ne venait plus que sa femme, deux copains, les élus. Ils refusaient les nouvelles adhésions. Donc, le jour de l'AG, j'y suis allé. Le mec, il a vu des emmerdeurs, il a tout arrêté ; et à la suite de ça, on s'est vu au bar. Il y a essentiellement des nouveaux habitants... Moitié commerçants, moitié habitants, le directeur du théâtre M, le charcutier, plutôt petit Blanc, quoi... Mais on est plutôt "écoute mutuelle et refus des exclusions". Le collectif a

20 L'expression est d'Alain Tarrius : elle rend bien compte de la densité de bâtiments administratifs qui, en une dizaine d'années, ont littéralement colonisé, de la gare Saint-Charles au Vieux-Port, ces espaces centraux, traditionnellement dévolus au commerce et à l'habitat, sédentaire et provisoire (voir Alain TARRIUS, *Les Fourmis d'Europe*, L'Harmattan, Paris, 1992).

cinq ans, nous on est là depuis dix ans. Au moment des municipales, j'étais sur la liste de Sanmarco[21]... On a fait des repas de quartier, façon Arnaud-Bernard[22]... Sept ou huit réunions par an... »

Mais c'est en matière d'habitat que se marque la différence Gaudin. Le maire élu en 1995 a opté dès son premier mandat pour un renforcement du partenariat privé dans les opérations de réhabilitation. Une municipalité dispose aujourd'hui d'instruments relativement cohérents pour mettre en place un programme de rénovation. Elle instaure un PRI (périmètre de restauration immobilière) en arguant de la présence d'un « habitat indigne », prend des mesures dites DUP[23], faisant obligation aux propriétaires de rénover leur(s) logements(s) dans un délai assez court. À Belsunce, Noailles et au Panier, où la petite propriété domine, la mesure équivaut à déclencher une rotation spéculative, dont la municipalité s'efforce de contrôler le mouvement. Profitant des lois Robien et autres[24], les sociétés d'économie mixte (SEM) introduisent dans l'affaire des opérateurs privés capables de faire de Belsunce un « produit défiscalisé » mis comme tel sur le marché[25]. Les avantages politiques sont clairs : les opérations de rénovation vont apparemment plus vite que lorsque les seuls opérateurs publics y sont engagés. La rénovation de Belsunce est ainsi menée au pas de charge, trop vite même, et c'est une des raisons du mécontentement. Néanmoins, plus de neuf cents logements locatifs seront ainsi mis sur le marché dans la première moitié

---

21 Longtemps socialiste et leader de la liste de gauche du secteur aux municipales de 2001, Philippe Sanmarco a quitté ensuite le PS pour fonder la Convention citoyenne.

22 Au début des années 1990, un groupe musical toulousain, les Fabulous Trobadours, habitants de ce quartier ancien de Toulouse, lui aussi en cours de « gentryfication », ont lancé l'idée de « repas de quartier », banquets improvisés où chacun amène de quoi boire et manger. L'initiative a fait boule de neige, trouvant des émules à Paris, Nantes, Lyon, ou Marseille donc, puisque l'initiative y a été reprise au Panier et à Noailles, mobilisant d'ailleurs à ses débuts un autre groupe musical, ami des Fabulous, le Massilia Sound System.

23 Déclaration d'utilité publique.

24 Depuis la loi Malraux, qui accordait d'importants dégrèvements fiscaux aux propriétaires de biens classés au patrimoine, jusqu'à la loi Robien (2002), accordant des dégrèvements aux propriétaires qui rénovent pour mettre en location, la France dispose désormais de tout un arsenal d'appâts financiers à la rénovation de logements anciens.

25 Marseille Aménagement, société d'économie mixte de la mairie, a confié la promotion du « produit Belsunce » à une agence parisienne, tenant annexe à Aix-en-Provence (Mona Lisa), qui vend du produit défiscalisé. D'où, en décembre 2001, l'entretien précité du maire (voir chapitre précédent) à *La Tribune*, quotidien économique beaucoup plus lu dans les cabinets des notaires ou des médecins pour ses chroniques boursières que dans les bars du Vieux-Port pour sa chronique sportive...

des années 2000, et quasiment des rues entières seront rénovées, telle la rue Thubaneau déjà évoquée.

Le second avantage est plus subtilement idéologique. Alors que la demande sociale sur ces quartiers centraux ne change pas, on donne avec quelques chiffres bien choisis l'illusion qu'ils attirent enfin ces fameuses classes moyennes. Pure esbroufe, puisque ces nouveaux propriétaires, qui sont effectivement membres des professions libérales, n'achètent qu'un produit défiscalisé, et pas du tout un logement qu'ils viendraient habiter [26]. Ces logements, réhabilités aux bons soins des SEM locales, loués par ces mêmes SEM en puisant dans le fichier logements de la Ville de Marseille, configurent la nouvelle population du centre aux conditions que nous avons décrites. Il y a donc des étudiants, qui sont souvent des jeunes d'origine algérienne ou marocaine, originaires des cités, que le quartier fascine pour sa mixité et son exotisme. Artistes et jeunes marginaux y viennent pour les mêmes raisons. Il y a enfin des familles, la plupart d'origine maghrébine, déjà résidentes dans le quartier, désireuses d'y rester et que de toute façon aucune administration n'a les moyens de reloger ailleurs.

La mairie, sans l'imaginer, offre donc, sur un plateau, un double terrain fertile aux forces de protestation. D'abord contre les malfaçons et les nombreuses imperfections de programmes menés en vitesse et avec des moyens réduits par des entreprises privées, utilisant des sous-traitants sous-payés : les nouveaux locataires, qui ne se laissent pas impressionner, font très vite savoir leur mécontentement. À partir de 2000, et en moins de deux ans, Marseille Habitat a ainsi accumulé les protestations émanant de locataires parfaitement organisés en un collectif, qui recrutent avocats et conseils juridiques, et savent à l'occasion interpeller la presse. Ces protestataires gagnent leurs procès, judiciaires ou médiatiques, les uns après les autres. Ce qui, vu l'ampleur des problèmes et des malfaçons, est relativement évident : les locataires s'aperçoivent que les logements ont été rénovés à l'économie et à la va-vite, par des entreprises peu scrupuleuses. Ici, les rats se mettent à pulluler entre les murs anciens et les cloisons nouvelles qui servent de parement. Ailleurs, un pan de toit a été oublié et au dernier étage un plafond s'effondre, gorgé d'eau. Là encore, un escalier menace de s'effondrer ; ou une cour intérieure qui a servi de dépotoir a été murée,

26 Telle étudiante d'origine lyonnaise, locataire de la rue des Dominicaines, découvre ainsi, lors d'un contentieux qui l'oppose au propriétaire de l'appartement qu'elle occupe, que celui-ci est un chirurgien lyonnais. Telle autre, que c'est à un garagiste de Toulouse qu'elle paye son loyer...

rendue inaccessible avec ses déchets que les locataires contemplent et reniflent de leur fenêtre...

En 1998, la Cour régionale des comptes elle-même a mis son nez dans le dispositif institutionnel mis en place par la municipalité. Elle lui a reproché le coût excessif de la garantie offerte aux investisseurs, les rémunérations « latérales » des partenaires privés, enfin la faible qualité des travaux engagés [27].

## *La contestation de « Un centre-ville pour tous »*

L'association « Un centre-ville pour tous » (CVPT), créée en 2000, a cristallisé l'organisation en collectif de ce mécontentement. Fédérant les mécontents de la réhabilitation, sur Belsunce d'abord, puis sur Noailles, ce groupe a pris pied ensuite rue de la République au début de l'année 2003, quand le chantier de réhabilitation de cette artère centrale prenait un tour décisif. Au moment où un fonds de pension américain, Lone Star, rachetait l'une des sociétés immobilières propriétaire de la moitié de la rue et annonçait son intention de procéder à une rénovation laissant craindre l'expulsion d'une partie des résidents [28].

Le second terrain de protestation offert par la mairie à ces nouveaux militants est celui, idéologiquement fertile, d'une opposition entre capitalisme spéculatif et « petits locataires » sur lequel, depuis les premières luttes urbaines de l'après-guerre, se sont installés et développés les mouvements de locataires. Ce thème porteur a permis aux nouvelles élites présentes sur ces quartiers de prendre langue avec les autres locataires, précaires ou pas, inquiets de la fièvre spéculative qui touche Marseille. Disons-le avec un peu d'humour : arroseur arrosé, la municipalité voit alors se retourner contre elle une myriade de groupes dont les formes d'action et le style d'engagement témoignent de leur appartenance sociale à ces « classes moyennes » pourtant attendues comme le messie de toutes les rédemptions du centre nécrosé.

Car ces collectifs ne sont pas seulement présents sur le front de la contestation ouverte qu'ils savent relayer par l'interpellation des médias. Ils s'impliquent dans l'animation et l'« ambiancement » de leur quartier, relayant des initiatives nationales comme les fêtes de voisinage ou les repas

27 Chambre régionale des comptes, *Lettre d'observation définitive relative à la SEM Marseille Aménagement*, 20 février 2002.

28 Voir Pierre Fournier et Sylvie Mazzella (dir.), *Marseille, entre ville et ports*, *op. cit.*

de quartier. Ils prennent aussi place dans les comités déjà existants, dont ils bousculent les habitudes et les vieux notables. La fête du Panier, énorme succès populaire en ses premières années, brusquement annulée en 2004 à cause des tensions qu'elle suscitait entre les diverses couches d'habitants, témoigne bien de ces renouvellements [29]. Peu susceptibles de se sentir menacés de déclassement par la présence de populations ethniques désignées, mais plus enclins en revanche à stigmatiser la délinquance, les nouveaux militants savent désamorcer la logique d'ethnicisation et mobiliser au contraire des relations avec les familles immigrées du quartier – même si cela se fait avec parfois un peu de condescendance.

Revenons à CVPT (Un centre-ville pour tous), car cette association est représentative de ces nouveaux intérêts que fédèrent les enjeux de la rénovation, autant que de l'écart que prennent les styles et les modes d'intervention avec les traditions politiques locales. Le groupe est né en 2000 de la rencontre entre des mécontents de Belsunce, engagés dans leur lutte contre Marseille Habitat, et des anciens fonctionnaires de l'aménagement, parfaitement rompus aux procédures et au maquis législatif de l'urbanisme, qu'une semi ou complète retraite laissaient inactifs et disponibles. Les rejoignent encore des militants associatifs, venus de l'animation socioculturelle et du soutien aux populations migrantes. Trois modalités d'action et d'engagement, à laquelle vient s'ajouter l'envie festive, style « Arnaud-Bernard », des artistes habitants du quartier.

Un centre-ville pour tous figure bien les « nostalgiques de la gauche » que conspue brutalement le maire, et s'est donné pour but de rassembler les mécontents du centre. L'éthique que ce collectif développe est l'antithèse, pensée comme telle, de la logique « vrais Marseillais » contre « étrangers », et du régime symbolique de citoyenneté qu'elle figure. CVPT milite à la fois pour une « réhabilitation démocratique », et pour l'établissement de liens sociaux dans les quartiers entre nouveaux et anciens. Et le mouvement a plus d'ampleur qu'il n'y paraît : à son image, d'autres associations contestataires sont nées parallèlement aux réhabilitations : au cours Julien et à la plaine voisine, à Noailles, à la République et dans un autre coin de Belsunce même, puisqu'on a vu naître un mouvement de défense des tours Labourdette, ces trois immenses bâtiments dessinés par un architecte célèbre des Trente Glorieuses de Marseille, et jusqu'au Panier, pourtant fermement tenu par le président du conseil général Jean-Noël Guérini.

---

29 *Le Monde*, 26 juin 2004. Les remous sociaux dans ce quartier ont abouti à ce que le CIQ, longtemps présidé par un propriétaire à l'ancienne, choisisse comme nouveau président le directeur d'un petit théâtre du lieu, le théâtre de Lenche.

En fait, les élus comme les mondes socioprofessionnels auxquels ils appartiennent mesurent bien qu'ils ont perdu là un ancrage social. « Nos enfants ne viendront jamais habiter ici », disent en cœur ceux des élus qui en ont (des enfants). Ils le disent d'autant plus fort qu'ils sont souvent issus de ces mondes sociaux qui se sont élevés en fuyant, en acte résidentiel et en parole, ces quartiers centraux. Ils reproduisent le mouvement d'extraction urbaine par lequel les bourgeoisies industrielles avaient quitté ces quartiers en même temps qu'elles divorçaient du commerce et du port. Les ayant quittés imaginairement et résidentiellement, ces élus et leurs anciens relais voient ces quartiers comme des sortes d'eldorados spéculatifs où, à défaut de faire des voix, on peut faire de l'argent.

Ces croyances, et les pratiques politiques qu'elles engendrent, conduisent à ces télescopages spectaculaires entre les volontés municipales et les nouveaux habitants à propos des politiques sécuritaires. Dans le quartier Noailles, les nouveaux habitants décrivent avec précision les nuisances qu'entraîne la présence de deal de drogues dures en certains points du quartier. Ils préconisent des solutions, s'impliquent dans les dispositifs de prévention. Mais cette logique d'éradication s'oppose en tout point à la logique policière qui, elle, fonctionne plutôt à la surveillance des abcès de fixation. Entre ces deux postures, la mairie, pour des raisons institutionnelles et juridiques autant que par négligence, ne peut prendre partie. Elle développe donc sa propre logique sécuritaire : les caméras de surveillance et un peu de harcèlement là où elle le peut. C'est-à-dire, ironie suprême, sur les commerçants dont les caméras révèlent l'incivisme, ou en tout cas leur peu de respect des réglementations en matière d'occupation de l'espace public et de déchets.

Comme l'explique presque naïvement José Allégrini, chargé de la sécurité à la Ville : « La vidéosurveillance, moi je n'étais pas favorable à l'idée qu'on commence par la mettre à Noailles, parce que Noailles c'est un quartier très spécifique ; et un site expérimental en vidéosurveillance, il faut le mettre dans un site banal, je veux dire transposable. Par contre, la vidéosurveillance à Noailles, ça m'a servi à autre chose qu'à lutter contre la délinquance. Ça m'a montré que les commerçants du coin, sous prétexte de la délinquance qui s'y développe, prennent aussi beaucoup de désinvolture vis-à-vis des règles. C'est ce que j'appelle les sous-produits de la vidéosurveillance : on ne trouve pas les délinquants là où on les cherche, mais on trouve des informations ailleurs pour permettre de dire : "Monsieur, vous êtes boucher, mais vos déchets carnés doivent être traités selon des règles précises"... »

La sécurité, sous son apparente simplicité, est donc un véritable nœud de paradoxes et d'effets pervers. En somme, ce que ne comprennent pas les élus, c'est que plus ils interviennent dans ces lieux, plus ils font monter la contestation et plus ils attisent les « incendies » qu'ils croient venir éteindre. Il s'agit alors d'un véritable fossé culturel : si, pour les élus, la contestation et surtout l'action associative sont un signal, un avis d'alerte auquel il faut répondre, pour les nouveaux habitants, elles sont au contraire un signe de sociabilité et d'énergie urbaine, et la condition même de leur inscription dans la politique. La contestation n'est d'ailleurs pour eux qu'une des pièces de cette vie sociale, de leur implication dans le quartier : l'action sociale auprès des plus démunis, l'action culturelle, sont les autres pièces de cette énergie qui s'entretient d'abord à la coprésence dans l'espace public : faire et dire ensemble.

# 13

# *La culture des friches : célébration et spéculation*

## *Les friches au cœur des politiques culturelles*

En une petite dizaine d'années, la « Fiesta des Suds » s'est imposée comme un événement majeur de la vie culturelle marseillaise, un des moments rituels, mi-conjuratoire, mi-initiatique, par lequel la ville se célèbre et se signale au monde comme renaissante. Chaque année en octobre, dans une de ces larges rues désertes qui ceignent l'enceinte portuaire et semblent faites pour les manœuvres des 35 tonnes plus que pour des événements culturels, se déroule sur neuf nuits un cycle de spectacles et de manifestations festives autour de scènes, de bistrots et de restaurants installés pour la circonstance dans un ensemble de hangars décorés « aux couleurs du Sud ». Plus de 50 000 personnes, certains soirs 15 000 d'un coup, s'y rassemblent pour des concerts, mangent, boivent, dansent, se rencontrent, éprouvent le temps de la fête un sentiment d'être entre soi d'autant plus agréable qu'il a des airs d'ailleurs.

Au fil des années, on a pu y applaudir le gratin du raï (Khaled ou Cheb Mami), Goran Bregovic, Youssou N'Dour ou les Muvrini, du flamenco et de la salsa, cubaine, catalane, africaine, Natacha Atlas ou Manu Chao, Burning Spears, des stars montantes du reggae, du hip-hop, de la musique électronique, ou quelques figures du rock alternatif, Marianne Faithfull, Patty Smith ou Brigite Fontaine. Bien sûr, les meilleurs produits de la scène marseillaise, I'am, Massilia Sound System, Jo Corbeau ou Quartiers Nord y ont, un jour ou l'autre, triomphé. La « Fête des minots » du mercredi après-midi, où les enfants des cités et leurs éducateurs et animateurs viennent faire leur fête, justifie l'émargement régulier de la Fiesta aux subventions dites de « politique de la ville ». Car la Fiesta des Suds, même si elle recourt à des budgets et des financements très diversifiés, incluant du sponsoring privé et une part importante d'autofinancement, est aussi grande consommatrice de finances publiques [1]. Avant de s'installer dans ses murs, un entrepôt désaffecté aux limites de l'enceinte portuaire, la Fiesta aura tour à tour occupé les Docks, avant leur réfection en bureaux design, le J4, un de ces halls bâtis au XIXe siècle directement sur les môles pour le débardage des navires, puis une partie des usines Seita désaffectées qui vont devenir la Friche de la Belle de Mai, autre espace culturel dont nous reparlerons.

Ce mode d'utilisation festif et artistique des friches industrielles est devenu d'une grande banalité à Marseille depuis le milieu des années 1990. Tout autour du boulevard des Dames, dans ce quartier qui fut après la guerre un haut lieu de fabrication de chaussures, des collectifs d'artistes occupent maintenant les ateliers. Au Grand Domaine par exemple, près de la porte d'Aix, ce sont des peintres, des danseurs, des photographes qui travaillent dans les immenses lofts de l'immeuble où flotte encore une vague odeur de colle à chaussures. Plus spectaculaire, un rassemblement d'artistes versés dans la performance urbaine a investi les anciens abattoirs de la ville, dans le 15e arrondissement, et parmi eux les Générik Vapeur, que le maire de Marseille a emmenés avec lui à Shanghai en juin 2005 lors de sa visite à la tête d'une imposante délégation de décideurs et d'entrepreneurs.

À l'inverse de la plupart des friches américaines ou européennes, aucun de ces lieux de l'industrie transformés en scène culturelle n'est squatté ou occupé indûment. Au contraire, ce réinvestissement artistique des friches usinaires est plutôt bien vu des politiques, qui l'ont encouragé, voire suscité. C'est le cas de la plus importante de ces occupations, celle de la Friche de la Belle de Mai. Cette ancienne manufacture de la Seita forme un complexe d'ateliers construits successivement dans le même périmètre de la fin du XIXe siècle aux années 1960 [2]. On y compte aujourd'hui une soixantaine de producteurs culturels, troupes, compagnies, associations et artistes individuels résidents, une radio, des vidéastes. Le groupe I'am y débuta comme le

1 Soutenue par le conseil général à majorité de gauche et ses trois présidents successifs, François Bernardini, Lucien Weygand et Jean-Noël Guérini depuis ses débuts, la Fiesta a reçu par exemple 250 000 francs en 1992, et 627 000 euros en 2004 de cet organisme.

2 L'usine de la Belle de Mai était un des fleurons de la Seita : on y fabriquait les Gauloises et les Gitanes pour le marché mondial, sur un site de quinze hectares. Fermé en 1989, superposant cent ans d'architecture industrielle, comportant des rues intérieures et extérieures et des jardins, le site ne peut laisser indifférent.

Massilia Sound System, Armand Gatti vint y préparer et y donner des spectacles, on y a tenu en 2001 un colloque d'ampleur internationale sur les « nouveaux territoires de l'art » : la Friche de la Belle de Mai a indiscutablement joué un rôle de pépinière autant que de vitrine, projetant Marseille dans le petit peloton des villes mondiales qui se signalent par la présence de scènes et de mondes artistiques de l'underground.

Les Abattoirs, promis à la destruction à la fin des années 1980, devaient primitivement accueillir un studio de cinéma, dont les édiles de la ville espéraient la création par un prospère producteur tunisien. Il fut ensuite question d'y accueillir l'improbable grande mosquée de Marseille [3]. Une partie du site est maintenant occupée par l'École de la deuxième chance, lancée en 1998 par la Commission européenne et la municipalité Gaudin. Et la ville a prévu de reloger les troupes et artistes qui y sont actuellement hébergés dans une « Cité des arts de la rue », en voie d'installation dans une autre friche industrielle du 15e arrondissement, plus au nord. Le concepteur et principal animateur de cette « Cité », Michel Crespin, avait d'ailleurs logé en 1990 son association « Lieux publics », organisatrice d'événements culturels et du Festival des arts de la rue d'Aurillac, dans une autre friche, là encore avec la bénédiction de la municipalité vigouriste. N'oublions pas enfin Marylin Vigouroux, épouse du maire, qui a installé au début des années 1990 son Musée de la mode en pleine Canebière, dans les locaux d'un géant déchu de la confection.

C'est d'ailleurs à l'initiative de cette municipalité que ce mouvement d'investissement des friches industrielles a été lancé, suscité et pensé, moins comme politique culturelle que comme pièce du mouvement de « reconquête urbaine » dont cette équipe avait fait son projet central. Le mouvement a été, comme on vient de le voir, poursuivi et même amplifié par la municipalité de droite, qui a confirmé dans leur occupation la plupart des collectifs d'artistes installés dans les friches dépendant de sa tutelle et qui, bon an mal an, prolonge leurs financements. Les friches sont donc, à Marseille, une des pièces désormais essentielles des politiques culturelles.

## *Une* movida *marseillaise ?*

Jusqu'aux années 1995, lorsqu'on parlait *movida* à Marseille, le terme évoquait un célèbre magasin presque homonyme, « La Bovida », spécialisé

3 Voir *infra*, chapitre 17.

depuis cinquante ans dans le matériel professionnel de cuisine, une institution pour les spécialistes. En cette fin de siècle et après quelques articles dans la presse culturelle parisienne [4], le mot a changé de résonance et l'idée s'est imposée que Marseille connaissait un mouvement similaire à l'effervescence qui avait saisi Barcelone et Madrid dans l'après-franquisme. Avant de crier à l'exagération médiatique et à l'usurpation, il faut d'abord voir là un acte symbolique, refondateur d'une politique culturelle, au sens large : une nouvelle manière de mettre en rapport la production culturelle et le champ politique dans la société locale, mais plus fondamentalement aussi l'apparition de nouveaux acteurs sociaux porteurs de logiques et de stratégies spécifiques, les entrepreneurs culturels.

Le moment fondateur de ce mouvement est facilement identifiable : c'est le petit séisme déclenché, dans les mondes culturels nationaux, par l'élection de l'inattendu Robert-Paul Vigouroux en mars 1989, et le soutien inopiné qu'il rencontre auprès d'un certain nombre d'intellectuels et d'artistes locaux de réputation nationale. Ils ont à cœur de présenter le « vigourisme » comme une sorte de post-franquisme marquant une rupture politique majeure dans le système politique local – on a les révolutions et les despotes éclairés qu'on peut. Deux de ces intellectuels au moins jouent un rôle décisif dans ce processus et leur présence signale aussi une continuité qui nuance largement l'idée que tout a commencé avec Vigouroux : Edmonde Charles-Roux et Christian Poitevin [5].

Edmonde Charles-Roux, née en 1920, veuve de Gaston Defferre, est romancière et lauréate du prix Goncourt (en 1983, elle entre à l'Académie Goncourt, qu'elle préside depuis 2002). Ex-rédactrice en chef de *Vogue*, elle fut le gourou des politiques culturelles que son époux a initiées dans les dernières années de son règne [6]. Son appui au nouveau maire va offrir à ce dernier le soutien de personnalités et de réseaux parisiens et lui fabriquer une

4 À notre connaissance, le terme apparaît pour la première fois en avril 1994 dans *Globe Hebdo*, qui titre « Marseille fait sa *movida* ».

5 À ce duo, on peut ajouter Jean Kehayan, ex-journaliste de *La Marseillaise*, coauteur d'un best-seller (*Rue du prolétaire rouge. Deux communistes français en URSS*, Seuil, Paris, 1978) qui l'a propulsé sur le devant de la scène nationale comme intellectuel contestataire. Il est ami intime de Christian Poitevin.

6 En 1982, Gaston Defferre lance une grande exposition à l'italienne, « L'Orient des Provençaux », qui occupe plusieurs lieux dans la ville. En 1986, l'exposition « La Planète affolée », à la Vieille Charité, réunit des dizaines d'œuvres surréalistes jamais montrées en France. Sur l'histoire culturelle de la cité, lire : Mireille GUILLET et Claude GALLI (dir.), *Marseille XX*e *: un destin culturel*, Éditions Via Valeriano, Marseille, 1995.

image de rénovateur [7], pourfendeur pragmatique du clientélisme et des magouilles de factions au sein du Parti, dont l'académicienne Goncourt n'hésite pas à laisser entendre qu'elles ont tué son mari.

Christian Poitevin est l'autre personnage clef de cette affaire. *Alias* Julien Blaine, il est alors directeur de la régie publicitaire du groupe de presse du *Provençal/Méridional* en même temps que poète internationalement reconnu [8]. Il nous raconte comment lui, poète engagé et libertaire, a été recruté par Robert Vigouroux pour figurer sur ses listes en 1989 : « Vigouroux me connaît un peu du *Provençal*, mais surtout par la culture. Personne ne sait que Vigouroux est un peintre du dimanche, et un peintre du dimanche qui fait dans l'art construit, un genre Pierre Mondrian, tu vois ? Le Mondrian de Cassis et de Marseille ! Mais c'est un bon, un très bon ! Il vient me voir parce qu'il sait que je suis connu dans la culture, mais aussi parce que je suis un Poitevin... L'intelligence tactique est toujours là. Il me dit : "Il faut que tu viennes avec moi." Je lui dis non : "Je suis un libertaire, la politique opérationnelle ne m'intéresse pas. Robert je t'aime, mais je ne viendrai pas." Il me dit : "Mais je te donne la culture !" "Alors là ça change tout... On est d'accord." Ça, c'est un an avant son élection, en 1988. Au *Provençal*, se fait jour une scission mortelle entre les tenants de Michel Pezet, dont mon propre père, et les tenants de Vigouroux avec en tête le rédacteur en chef, Jean-René Laplayne, Edmonde Charles-Roux et moi. »

Poitevin arrive donc à la culture en 1989, puissamment doté d'une délégation régalienne (il est troisième adjoint) et de l'un des budgets les plus conséquents que les politiques culturelles aient jamais connu à Marseille [9]. Il n'a de comptes à rendre qu'au prince en personne. Cette conjonction d'un budget culturel solide et d'un adjoint engagé lui-même dans la production artistique, rend très vite Marseille extrêmement attractive dans les mondes artistiques. Des mondes ramifiés à l'échelle nationale et internationale et assez perméables au mythe du désert culturel, qui présente Marseille

---

7 Le candidat Vigouroux, exclu du PS, dispose de l'appui politique de Mitterrand, mais sa campagne est menée avec une grande habileté par Michel Aveline, de l'agence publicitaire RSCG (Jacques Séguéla). C'est la première fois à Marseille qu'on voit un maire mener une campagne « à la parisienne », usant de techniques publicitaires qui mobilisent largement des intellectuels à la mode.

8 Julien Blaine a une réputation internationale de « poète performer ». Sa revue *Docks* jouit d'un grand prestige. Christian Poitevin de son vrai nom, il est le fils d'un directeur de la rédaction du *Provençal*. Son portrait est paru dans *Le Monde* le 27 mai 2004.

9 Selon Christian Poitevin (nous n'avons pas pu vérifier l'exactitude du chiffre), ce budget aurait doublé sous Vigouroux, passant de 4 %, sous la dernière mandature Defferre, à 8 % du budget communal.

comme une province à conquérir, où un public friand et frustré n'attendrait que la venue d'hommes providentiels pour se rendre en masse aux cérémonies de l'art [10]. Bouger, se déplacer, quitter Paris et ses petits cercles impitoyables, n'est d'ailleurs pas si improbable qu'il y paraît pour des artistes, car c'est aussi une manière de se défaire des contraintes et des pesanteurs du jugement artistique et des académismes – on va y venir.

L'ère Poitevin crée donc les conditions d'une nouvelle effervescence dont les principes tiennent à la multiplication des équipements et des programmes, autant qu'à l'ouverture d'une quasi-filière migratoire d'artistes et entrepreneurs culturels vers Marseille. Nombre d'entre eux sont ces intermittents du spectacle que l'on retrouve habitants des quartiers centraux dégradés dont nous avons déjà parlé. À ce point du récit, il faut cependant rappeler que cette « explosion culturelle » comme le titre *Le Nouvel Observateur* le 7 juillet 1994, est plus une continuité qu'une naissance. La somme *Marseille XX^e^, un destin culturel* [11], parue en 1995, date de « la fin des années 1980 [...] les avancées d'une politique culturelle très active portant sur les secteurs des musées, théâtres, arts plastiques, espaces culturels, cinéma et audiovisuel ».

Les dernières années du defferrisme, sous l'influence d'Edmonde Charles-Roux, avaient, en effet, déjà vu l'arrivée de « Parisiens [12] » aux compétences reconnues, pour initier des politiques et diriger des équipements culturels de la Ville, ce qui était censé rompre avec un « climat général d'ennui provincial et de léthargie institutionnelle [13] ». Dominique Wallon est en 1987 un « tout-puissant chargé des affaires culturelles [14] », Germain Viatte est à la direction des musées de la Ville en 1985 : le musée Cantini propose alors de prestigieuses expositions Tapiès ou Hopper. Cette politique municipale se déploie au moment où de nouvelles galeries exposent les jeunes artistes locaux, comme Bacquié, Ceccarelli, Traquandi et

10 « Marseille, à l'inverse de Bordeaux ou de Toulouse, ne s'inscrit au centre d'aucune activité artistique de portée internationale, et pas davantage nationale. On se vante d'y posséder un Théâtre de la Criée comme jadis on se targuait d'y avoir le music-hall de l'Alcazar. Mais Artaud est toujours suspect », écrit en juin 1988 la très éphémère et très parisienne revue *Passage*, dans un dossier sur Marseille.

11 Mireille Guillet et Claude Galli (dir.), *Marseille XX^e^ : un destin culturel, op. cit.*

12 Le terme, générique, désigne des personnalités qui ont construit leur compétence et leur célébrité hors de Marseille. On verra plus loin que des « Parisiens » peuvent être lyonnais ou nîmois.

13 L'expression est de Lili Cassis, *in* Mireille Guillet et Claude Galli (dir.), *Marseille XX^e^ : un destin culturel, op. cit.*

14 *Ibid.*

d'autres, qui donnent l'illusion de l'existence d'une « école marseillaise ». Tandis que Roland Petit, qui avait créé un ballet à son nom dès 1972, a pris la direction des Ballets de Marseille et que Marcel Maréchal, arrivé de Lyon, prend celle du Théâtre de La Criée en 1981 : il la gardera treize ans.

Dans ce grand mouvement décennal, s'ouvrent de nombreuses scènes théâtrales, faisant de Marseille une ville hors normes par leur nombre et l'importance du public attaché au théâtre, y compris le plus expérimental [15]. À peine plus tardive que le dynamisme des scènes théâtrales, se manifeste aussi dans les années 1980 une vitalité particulière des scènes musicales, sur fond de développement des radios libres, des associations culturelles dans les cités, et surtout du rôle actif de scènes institutionnelles comme la MJC Corderie ou l'Espace Julien (de la Fédération Léo-Lagrange) [16]. La ville devient alors une des scènes mondiales du rap, du raï, de certaines musiques électroniques. Des groupes comme I'am ou Massilia Sound System pour le ragga/rap, des DJ devenus des gourous des nuits new-yorkaises, des rois du raï, de Khaled à Cheb Mami [17] – l'un et l'autre ont débuté à Marseille – sont nés artistiquement de cette effervescence portée par des « francs-tireurs », dans la mouvance desquels naissent ces vedettes et un véritable business.

Là encore, donc, pas de génération spontanée, mais un mouvement continu tout au long du XXe siècle. Car, une fois lissées les fausses aspérités des différences de style et de genre, Marseille a toujours été un lieu de production culturelle populaire, indépendante et à distance de la scène parisienne. C'est probablement ce qui la distingue d'autres sociétés urbaines françaises. De glissement en branchements et débranchements successifs, on peut tisser une constance, non pas tant des contenus qui évoluent sans cesse, mais de l'intensité créative qui mène en ligne sinueuse de la pastorale à Pagnol, de Pagnol à Guédiguian, et de la tchache des Troubadours à I'am, sans oublier Vincent Scotto. La continuité est à la fois dans l'enchaînement des références même critiques et négatives (Guédiguian cite Pagnol, qui cite

---

15 Au début des années 1990, Marseille compte une dizaine de scènes théâtrales subventionnées (La Criée, Le Gymnase, Le Toursky, Les Bernardines, Le Merlan, pour les plus connues), que fréquentent à cette époque plus de 230 000 personnes chaque année.

16 Dans sa thèse, le sociologue Gilles Suzanne décrit minutieusement les modalités de cette effervescence musicale (Gilles SUZANNE, *Les Glaneurs de sons et le cheminement des musiques. Constitution de genres musicaux et emprise urbaine des mondes de la musique*, thèse de doctorat en sociologie, Université de Provence, juin 2005). D'une façon plus générale, la vitalité des scènes musicales s'inscrit dans une longue tradition qui, de dénonciation en filiation, conduit en ligne sinueuse des vedettes de la chanson populaire des années 1930 aux groupes de rap d'aujourd'hui.

17 Gilles SUZANNE, « Ô Marseille, mon raï », *Méditerranéennes/Mediterraneans*, Paris, printemps 2002.

Giono qui cite..., etc. ; de même que l'am cite Jo Corbeau, qui cite Fernandel, qui cite...), et dans le message identitaire.

C'est d'ailleurs parce qu'il connaît ce déploiement et son ancrage que Blaine/Poitevin peut déclarer en 1994 : « Les institutions sont là, immuables et fortes. Il fallait développer les marges. Ensuite, favoriser le mixage des disciplines et des origines culturelles. Que se passe-t-il quand le cinéma rencontre la peinture, la chorégraphie, l'écriture ? Quand la culture arabe rencontre l'arménienne, la juive ou la provençale [18] ? »

Sous l'égide de Poitevin, se développent donc des initiatives en matière de danse (Marseille Objectif danse), un Centre international de poésie, qui sera l'un des lieux expérimentaux d'où sortira l'un des membres d'un groupe fondateur du rap marseillais (Massilia Sound System), les arts de la rue dont Michel Crespin, le « pape » alors intronisé par ce petit milieu, s'installe à Marseille venant de Marne-la-Vallée où il avait lancé la Ferme du buisson. Il rejoint deux des troupes les plus connues, déjà installées en Provence, de ce nouvel art d'accommoder les restes urbains : Générik Vapeur, qui s'installera aux Abattoirs, et Ilotopie, niché à Port-Saint-Louis-du-Rhône en bord de Camargue après avoir largué les amarres de la péniche parisienne où la troupe est née. Et c'est encore Christian Poitevin qui créé la Friche de la Belle de Mai.

Cette effervescence culturelle, bien réelle, voulue comme telle, n'est donc ni génération spontanée ni caprice de décideurs. Elle amplifie et électrise des nappes de traditions, de politiques et des réseaux d'acteurs existants. Il faut maintenant s'arrêter sur ce qui fait vraiment la nouveauté des politiques culturelles mises en place : elle tient à leur engagement dans le processus de rénovation urbaine amorcé par Vigouroux, accéléré et prolongé par Gaudin, et au caractère relativement inusité que prennent alors des actions qui doivent beaucoup à de nouveaux entrepreneurs de la culture qui s'installent à Marseille, et sont, au moins autant que les figures de l'avant-scène, les véritables acteurs politiques de ce renouveau.

## *Des entrepreneurs culturels*

Quittons un instant les exemples les plus médiatisés de cette *movida* à la marseillaise pour présenter des expériences et des acteurs de moindre rayonnement. L'entreprise des deux sœurs Laffite (Jeanne et Simone) est de

18 Dossier du *Nouvel Observateur*, « Marseille la rebelle », 7 juillet 1994.

celles-là. Amie d'Edmonde Charles-Roux, cette famille de libraires se spécialise à partir de 1971 dans le reprint de livres introuvables, et installe son nouvel espace cours d'Estienne-d'Orves, un lieu représentatif du chaos urbain que Marseille est devenue, après le cyclone de l'urbanisme fonctionnaliste : à deux pas du Vieux-Port, le cours est une vaste place gagnée sur l'ancien canal des douanes, bordée par les bâtiments, fatigués et inlassablement rebricolés, de l'ancien arsenal des galères royales créé au XVIIe siècle. Ces bâtiments immenses et délabrés se vendent à des prix sans concurrence jusqu'aux années 1980, car un parking en béton et en étages défigure la place. Là se tiennent néanmoins les sièges des organes de la presse locale, ce qui en fait une sorte d'équivalent du quartier des Halles à Paris, avec ses bars et restaurants de nuit et de l'aube. L'hôtel particulier de la famille Charles-Roux, l'une de ces très rares grandes familles du capitalisme marseillais qui a gardé du patrimoine en centre-ville, est situé à deux pas de là [19].

Jeanne Laffitte, en prenant la direction de l'entreprise familiale en 1969, entame une carrière politique ascendante. Elle commence auprès de Gaston Defferre [20] et se poursuit dans le sillage de Vigouroux. Dans le même mouvement, elle entreprend la restructuration de son entreprise et sa propre notabilisation dans le monde en effervescence de la création culturelle marseillaise. Appuyée par Edmonde Charles-Roux, elle constitue un petit mais influent lobby intellectuel et artistique [21], qui fait pression pour la destruction du parking et lance un grand concours officieux pour le réaménagement du cours. Defferre l'approuve, Vigouroux l'inscrit au programme de ses grands travaux. Il confie la rénovation de la place à un architecte en vogue, Charlie Bové, qui crée une place minérale à l'italienne et « piétonnise » tout le périmètre. En 1989, en un peu moins d'un an, ce coin sombre du centre-ville se couvre de restaurants, de galeries d'art et de cafés branchés et devient l'un des rendez-vous nocturnes de la jeunesse marseillaise et des touristes.

Jeanne Laffitte, adjointe au tourisme dans la municipalité Vigouroux, devient aussi une des premières militantes du « croisiérisme » à Marseille et

---

19 Dynastie de commerçants installés à Marseille au XVIIIe siècle, les Charles-Roux tiennent une place importante dans le monde industriel local. Un des ancêtres, Jules, savonnier, a été président de la chambre de commerce et député. Edmonde Charles-Roux est sa petite-fille (voir, sur ces « grandes familles », Pierre-Paul ZALIO, *Grandes familles de Marseille au XXe siècle, op. cit.*).

20 En 1983, dans la dernière municipalité de Gaston Defferre, elle est chargée de la « politique du livre ».

21 Un autre éditeur, André Dimanche, spécialisé dans les livres d'art, est lui aussi installé dans le quartier, dans un lieu hautement symbolique, puisqu'il récupère les anciens locaux de la revue des *Cahiers du Sud.*

réinvente le Carnaval, dont la procession se termine évidemment cours d'Estienne-d'Orves, juste devant sa librairie. Son local, emblème du renouveau du cours puisqu'on en fait même une carte postale, est une sorte de vaste loft en rez-de-chaussée donnant directement sur la place. C'est un petit complexe culturel et commercial chic qui, outre sa librairie, comprend la maison d'édition, un restaurant dont elle fera l'une des bonnes tables marseillaises, une boutique qui vend ces produits promus par les très chics magazines de décoration, inventeurs de l'« esprit des Suds » : les huiles d'olive sont au prix des grands crus et le savon de Marseille (fabriqué à Salon-de-Provence) passe directement du statut de produit basique pour la lessive des classes modestes à celui de produit de beauté. Dernière pièce du complexe, une galerie qui devient dans les années 1990 le siège de Baz'art, ce concept de l'art à petit prix inventé à Barcelone qui, depuis, a fait escale à Marseille chez les sœurs Laffitte. On ajoutera pour faire bonne mesure qu'une des salles accueille régulièrement des conférences de presse associatives ou politiques – en général de gauche.

La famille Laffitte constitue un exemple presque unique de dynastie bourgeoise et commerçante locale qui a réussi un reformatage et une relance commerciale de son activité au cœur de la cité. Mais cela n'empêche pas les deux sœurs Laffitte d'être représentatives de ces entrepreneurs culturels qui vont prendre en main la vie culturelle de la ville et contribuer de manière décisive à la relance du marché immobilier. Parce que, comme d'autres, elles se branchent sur les réseaux politiques pour réussir leur mue ; parce que cette mue ne se fait pas par invention, mais par assemblage et métissage de traditions culturelles disjointes ; parce que, enfin, les actions qu'elles mènent articulent productivité culturelle et réhabilitation d'un patrimoine immobilier.

Revenons par exemple à la Fiesta des Suds. Ses promoteurs Bernard Aubert et Florence Chastagnet arrivent à Marseille en 1992. Formés à l'animation socioculturelle, ils ont déjà fait leurs preuves dans l'organisation de spectacles en participant au nouveau dynamisme de la Féria nîmoise. Florence Chastagnet, qui organise des « événements », a croisé lors d'un salon nautique Michel Kester, homme lige de Christian Pellerin, le très médiatique promoteur du quartier de la Défense, qui, en cette année 1992, vient justement de racheter les Docks. Cette immense bâtisse toute en longueur a été construite par l'industriel Paulin Talabot, grand ordonnateur de la modernisation du port au milieu du XIXe siècle [22]. Sans l'éclat et l'audace de

22 Sur l'histoire de ce bâtiment, voir Dominique PONS, *Des docks et des hommes. La véritable histoire des docks de Marseille*, Images en manœuvre Éditions, Marseille, 2004. Paulin Talabot fut le puissant fondateur et directeur de la ligne privée de chemin de fer Paris-

certains bâtiments industriels plus connus, l'ensemble de pierre, de brique et de métal est un fleuron très présentable de cette architecture industrielle du XIXe siècle redevenue très à la mode en ces années 1980-1990.

Lorsque l'État s'est emparé de la direction du port au début des années 1960, les bâtiments ne font pas partie de la dot et échouent dans le vaste patrimoine immobilier de la Société des entrepôts et magasins généraux de Paris (SEMGP) – qui les oublient. Jusqu'à ce que cette société tombe elle-même dans l'escarcelle d'Axa, qui rachète l'UAP, à laquelle la SEMGP appartient en majorité. L'UAP, *via* la Générale des eaux, est aussi membre actif du capital d'une autre société, la Sari, dont le patron n'est autre que Christian Pellerin, le promoteur de la Défense et d'autres grands projets qui vont lancer l'urbanisme de bureaux à Paris. Ce boulimique a en tête des projets de *business center* à l'américaine et sait l'engouement des mondes de l'entreprise pour l'architecture industrielle : les Docklands de Londres font la une des revues de décoration et imposent le bon goût en matière de bureaux.

Pellerin rachète les Docks, ou plus probablement les négocie dans le vaste et complexe jeu de fusions/séparations auquel se livrent la Générale des eaux, Axa et les sociétés qui en dépendent, Sari, Georges V Immobilier... Surtout, Pellerin trouve sur sa route un intermédiaire local, Michel Kester, bien introduit dans le monde politique puisqu'il a été longtemps lié à Michel Pezet, président (PS) du conseil régional, avant de se lancer avec lui dans l'aventure de *L'Hebdomadaire*, un journal qui connaîtra quelques mois de succès puis une rapide déconfiture. L'homme dispose aussi des compétences techniques acquises à la Générale des eaux et à la SCET (filiale construction de la Caisse des dépôts). En 1992, la Sari rachète donc les Docks et quatre hectares de terrain attenant, au prix record de 2 000 francs le mètre carré. On en confie la réhabilitation à un jeune architecte local, Éric Castaldi, avec l'intention d'expérimenter en ces lieux les nouveaux complexes de bureaux et de commerce en vogue sur la côte Ouest des États-Unis. La première édition de la Fiesta des Suds en 1992 vient donner aux bâtiments encore déserts, noirs et froids, quelque chose d'un supplément d'âme culturel.

Treize ans après, Nexity, la société immobilière que dirige aujourd'hui Kester, est encore l'un des partenaires financier de la Fiesta. Quant à l'association gestionnaire de la Fiesta, Latinissimo, elle a franchi en 2005 un pas

Lyon-Marseille, le concepteur et constructeur de la gare Saint-Charles et de la gare d'Arenc, qui révolutionne alors la manutention portuaire en articulant port et chemin de fer (voir Claudie GONTIER, *Docks en stock. La manutention portuaire à Marseille : hommes, territoires et techniques, XIXe-XX[e] siècles*, Cerfise, Marseille, 1988).

dans sa destinée d'entrepreneur culturel. Afin de rentabiliser son patrimoine immobilier, le Port autonome de Marseille a lancé un concours destiné à choisir un gestionnaire des espaces occupés par la Fiesta et trois autres parcelles qui l'entourent. Son cahier des charges prévoit que le gagnant, quel qu'il soit, devra conserver la fête. Latinissimo a donc décidé de se lancer en maître d'œuvre dans la compétition, recherchant des partenaires industriels, musicaux ou culinaires, afin de monter un dossier capable de remporter ce concours qui relève plus de l'aménagement du territoire – disons d'une ZAC – que de la seule promotion d'une forme artistique. Là encore, le lien entre action culturelle et promotion immobilière ne s'est donc jamais démenti ni distendu. Cette « industrialisation » réussie de la production culturelle n'est possible qu'à la condition d'un très fort sponsoring commercial, présent dès le début de la Fiesta, et qui ajoute à la dimension entrepreneuriale de ses concepteurs. France Télécom par exemple, entreprise publique, puis privée, y participe depuis le début, comme Wanadoo, le Port autonome de Marseille, qui y gagne une réputation, Ricard et Rémy Martin, la FNAC, les Mutuelles de Provence et Euromed. Ces sociétés ont d'ailleurs fini par obtenir qu'un espace avec vue imprenable sur la scène soit réservé à leurs invités, quand l'idée même de la Fiesta est celle d'un mélange sans façon des publics populaires.

La Friche de la Belle de Mai, pour sa part, si marquée qu'elle paraisse par les cultures alternatives ou underground, est aussi une pièce d'une stratégie de rénovation immobilière, même si celle-ci ne s'est imposée que progressivement, de réduction pragmatique en prise de contrôle politique de l'utopie initiale. Dès la fermeture de l'usine en 1989, Christian Poitevin décide d'en faire un lieu culturel. Il en confie la gestion à Philippe Foulquié, formé à l'animation socioculturelle et descendu de Lyon à Marseille où il a créé une compagnie de théâtre pour enfants, Massalia Théâtre, dans une autre friche. C'est, selon Poitevin, cette « compétence à récupérer les friches » qui l'a signalé à l'attention de l'adjoint atypique à la culture qu'il est alors. Le génie de Foulquié, qui dirige encore Système Friche Théâtre en 2005, tient à trois ingrédients : il va chercher une autorité, l'architecte Jean Nouvel [23], pour présider l'association gestionnaire de la Friche ; il ouvre les lieux à des producteurs, des troupes et des activités expérimentales sans chercher à les rassembler sous un programme commun et bénéficie donc de la notoriété d'activités très éclectiques ; il profite du lancement du programme d'aménagement Euroméditerranée pour inscrire la Friche dans son

23 Lequel, depuis 2001, a laissé sa place de président au cinéaste Robert Guédiguian.

périmètre et l'instituer ainsi en instrument officiel du volet culturel d'Euromed.

On passe donc, en quinze ans, de l'improvisation soutenue politiquement à la structuration d'un espace culturel où les entrepreneurs prennent le pas sur les créateurs. Progressivement, l'espace est fractionné en trois entités autonomes. L'une est littéralement confisquée par les archives municipales qui y installent leurs documents ainsi qu'un atelier relevant du ministère de la Culture chargé de la conservation et de la rénovation des œuvres du patrimoine culturel. Un autre morceau de l'usine, gigantesque atelier d'un seul tenant d'abord promis à l'accueil de compagnies (danse et théâtre), devient finalement un pôle multimédia, géré comme tel par les services culturels de la mairie qui reprennent ainsi l'initiative gestionnaire sur une partie de la Friche [24]. L'affaire manque de capoter faute d'investisseurs privés, jusqu'à ce que FR3 y installe le studio de son feuilleton *Plus belle la vie*, qui frôle la mort dans ses premières semaines d'existence, avant d'installer durablement sa vision pastel du Panier dans le programme vespéral de la chaîne régionalo-nationale. Enfin, dans une troisième partie physiquement séparée du reste du site par la rue Jobin, la Friche proprement dite rassemble tous les acteurs individuels et collectifs qui ont fait sa réputation, de Radio Grenouille à l'AMI en passant par des compagnies de danse ou des fanfares et l'administration de Système Friche Théâtre dans des Algécos reconvertis. Mais on y parle aussi de Marin Karmitz, pressenti pour y créer un complexe articulant salles de cinéma et boutiques, identique à ceux qu'il a fait construire à Paris.

## *Parcours d'artistes*

Pierre Sauvageot se dit lui-même musicien de rue. Il débarque en 1997 à Marseille, invité par Michel Crespin pour une « performance ». En 2001, il lui succède à la direction de Lieux publics [25], tandis que Michel Crespin part prendre la direction du chantier de la future Maison des arts de la rue. Ce chassé-croisé montre bien comment fonctionnent les réseaux à l'intérieur

24 Cette initiative met en évidence une personnalité qui peut, elle aussi, passer pour un de ces entrepreneurs de culture dont nous traçons ici le portrait : Monique Venturini, chargée du cinéma dans la municipalité Gaudin, est l'ancienne propriétaire d'une brasserie, le New York qui servait à Marseille de lieu de rendez-vous politique, culturel, médiatique du « tout Marseille ».

25 Voir son portrait dans *Le Monde*, 30 décembre 2002.

de ces petits mondes relationnels que forment chaque discipline et sous-discipline, chaque académie et chacune de ses dissidences. Pierre Sauvageot nous décrit très lucidement son attirance pour Marseille. Il sait qu'il fait partie de ces mondes artistiques perçus comme marginaux, alternatifs ou simplement minoritaires. Il a le sentiment de « tourner en rond » à Paris, confusément conscient que son activité le tient à distance radicale d'un vrai public. Or, à quitter Paris sans se couper d'un public large, ne restent que Lyon, Marseille et Lille qui ont dignité de scènes nationales ; et Marseille est la seule à offrir un « *topos* imaginaire [26] », un ensemble de mythes et de légendes propres à exciter l'imagination créative : le sud, le peuple rebelle, la ville cosmopolite. Pierre Sauvageot le dit encore : ce qui l'a aussi attiré à Marseille, c'est son côté ville coloniale, ou plus exactement, dit-il, « colonisée », une ville sans bourgeoisie autochtone, juste une classe de « békés », de « zoreilles » parvenus qui ne la dominent pas réellement, tandis que l'existence d'un « vrai peuple », pauvre, fragile, souffrant, ramène l'artiste sur le terrain des grandes causes.

Mais les parcours d'artistes plus ordinaires ayant posé l'ancre à Marseille, dont bon nombre seront les victimes des réductions budgétaires et du recentrement des politiques culturelles nationales sur les académies et les équipements, tiennent autant de l'exode que de l'aventure. Si Paris est dure aux classes moyennes, elle l'est plus encore pour les fractions les plus fragiles de ces catégories que sont les artistes, intermittents du spectacle.

Ces histoires rapportées, pourquoi qualifier ces acteurs culturels d'« entrepreneurs de culture » ? Certains sans doute s'enrichissent et sont de véritables commerçants, gestionnaires de petites et moyennes entreprises qui vendent de la prestation ou du produit culturel. Mais là n'est pas l'essentiel. En fait, les Foulquié, Crespin, Souroque [27], Chastagnet ou Aubert, sont des entrepreneurs au sens que l'économie politique donne à l'expression : ils sont des « assembleurs ». Ils rassemblent des pièces et des morceaux disparates de création culturelle et les agencent en un processus productif cohérent. À la manière du donneur d'ordre qui assemble sous sa houlette

26 Par ce terme, on désigne des lieux réinventés par les légendes dont ils sont le support. Pour rester marseillais, appelons cela « syndrome Château d'If », où l'on fait voir dans la cellule du comte de Monte-Cristo le trou dans le mur par lequel se serait évadé l'abbé Faria, lesquels abbé et trou n'ont existé que dans l'imagination d'Alexandre Dumas. Pour une version plus savante du concept, voir Maurice HALBWACHS, *La Topographie légendaire des Évangiles en Terre sainte*, PUF, Paris, 1971.

27 Nîmois et ami de Bernard Aubert, Bernard Souroque est l'animateur de Fééries urbaines, association organisatrice de La Massalia et des grandes fêtes populaires parrainées par la mairie. Il est aussi le directeur artistique du festival de jazz.

capitaliste des artisans peu à peu rendus au statut d'ouvrier [28]. La Fiesta des Suds rassemble en somme les publics segmentés et dispersés des scènes musicales marseillaises [29], comme la Friche rassemble territorialement des activités disparates à qui elle donne un « label » innovant par le seul partage de l'espace commun. Et qui, réunies en un même lieu, peuvent gérer au mieux des effets de réputation et de notoriété.

Ajoutons enfin une dimension qui tient aux conditions économiques et sociales de la production artistique elle-même : Marseille, au seuil des années 1990, est la seule ville d'Europe à dimension métropolitaine qui permet à des intermittents du spectacle de devenir propriétaires ; aux plasticiens de se payer de vrais ateliers ; aux compagnies de théâtre de trouver des terrains vagues où installer les hippopotames de carton, les montgolfières ou les chars géants avec lesquels elles alimentent leur imagination autant qu'elles donnent forme concrète, « économique », à leur différence et singularité créative. Marseille est ville créative en ce sens-là aussi, car si elle peut être source d'inspiration, de rêve ou de délire, la ville en crise et en déshérence foncière offre également aux artistes les moyens matériels de passer à l'acte.

D'une certaine manière, l'effervescence culturelle de Marseille est donc la conséquence du fait qu'une génération d'intermittents, d'amateurs, de marginaux et dissidents de la culture trouve ici plus qu'ailleurs les moyens techniques, concrets, de sédentariser et de professionnaliser ses activités. Il en va de même pour les musiciens et groupes musicaux issus des mondes populaires, qui trouvent à Marseille les conditions foncières, techniques et sociales, pour envisager qu'une carrière artistique puisse relancer un destin qui, de toute façon, ne peut plus se réaliser en continuité des cultures ouvrières de leurs pères. Très pragmatiquement, nombre des « francs-tireurs » de la scène musicale sont aussi des « artisans » de la musique, qui sortent un genre musical du giron institutionnel où il est né (tel centre social, telle MJC, telle association militante) pour lui donner un destin

---

28 Selon une définition de l'économiste américain Stephen A. Marglin, pour qui l'entrepreneur capitaliste est d'abord un « coordinateur qui, en combinant les efforts séparés de ses ouvriers, obtient un produit marchand » (« Origines et fonctions de la parcellisation des tâches ; à quoi servent les patrons », *in* André Gorz (dir.), *Critique de la division du travail*, Seuil, Paris, 1973).

29 Entre 1989 et 1999, le nombre des salles de concerts est passé à Marseille de 29 à 74, la plupart concentrées autour du périmètre Plaine-Cours Julien (Gilles Suzanne, *Les Glaneurs de sons et le cheminement des musiques*, *op. cit.*, p. 312).

commercial en même temps qu'ils se donnent à eux-mêmes une profession et un métier [30].

## *Saltimbanques et mécènes*

Cette opportunité est d'autant plus facilitée qu'elle permet de régler localement un épineux problème de concurrence économique entre diverses activités. Lorsqu'il décide d'investir dans les « industries culturelles » pour relancer l'activité économique dans la cité, Robert-Paul Vigouroux fait un choix stratégique de la dernière chance dans une ville qui touche le fond de la désindustrialisation. Car c'est là le moyen le plus rapide et le moins coûteux, y compris en termes de coût symbolique, d'occuper ces friches industrielles qui se multiplient dans la ville. Et s'il y a urgence, c'est que ces friches intéressent aussi des acteurs économiques très présents dans la ville, mais qui embarrassent bien les mondes politiques.

C'est à la même époque en effet, en 1989, que s'ouvre le Marché aux puces dans les anciens locaux qu'Alsthom, fabricant notamment du TGV, possède dans le 15e arrondissement. Un tour de table de commerçants et de promoteurs immobiliers transforme ainsi à moindre frais ces locaux industriels en un « marché des pauvres », qui accueille chaque week-end des dizaines de milliers de consommateurs [31]. Cette métamorphose va déclencher une profonde hostilité des CIQ du quartier et le Marché aux puces devient l'objet récurrent d'une désignation infamante qui mobilise toutes les forces politiques locales, de la droite au PCF. De la même manière, quoique moins visible, de nombreux commerçants branchés sur le commerce au long cours vers le Maghreb ou sur le créneau du hard discount, très prospère dans une ville pauvre, lorgnent avec envie sur ces friches qui partent généralement à un prix dérisoire [32].

---

30 Sur le développement des métiers et de l'artisanat directement indexé sur la vitalité des scènes musicales, voir encore Gilles Suzanne, *ibid.*

31 Pour l'histoire de ce marché, né en grande partie « dans le dos » des élus, voir Véronique Manry et Michel Peraldi, « Le lien et le gain. Le Marché aux puces de Marseille : une aberration économique ? », *in* Noël Barbe et Serge Latouche (dir.), *Économies choisies ? Échanges, circulations et débrouille*, Éditions de la Maison des sciences de l'homme, Paris, 2004.

32 L'entreprise Svitex, spécialisée dans le textile et les chaussures de sport, à l'étroit dans le quartier Belsunce, s'installe dans des usines désaffectées des quartiers nord où elle démultiplie sa surface. Même chose pour l'entreprise Diaf, spécialisée dans le commerce de gros de produits alimentaires orientaux, propriété de la famille Bouod elle s'est installée dans une usine désaffectée non loin du hangar de la Fiesta des Suds. En réalité, à la

L'occupation artistique des friches est donc un moyen très efficace, peu coûteux et surtout très rapide, de préserver ces espaces de l'appétit de mondes commerciaux et de contrer ainsi un modèle de développement qui a une image déplorable aux yeux des autochtones. On l'a vu à propos du centre-ville, les restes vacillants du capitalisme familial marseillais voient en effet d'un très mauvais œil l'extension d'un capitalisme commercial transnational qui occupe, sur fond de marché maghrébin, une position désormais cruciale dans l'économie locale. L'occupation artistique des friches est une manière simple et souple (les artistes sont aussi faciles à mobiliser qu'à déménager) de réserver ces espaces pour des activités économiques que l'on juge plus dignes et surtout mieux susceptibles de mobiliser les intérêts du capital local.

Ces cérémonies urbaines dans un monde en panne de rassemblements et d'œcuménisme offrent un autre bénéfice aux acteurs politiques, qui les surprend d'abord avant de les ravir. Carnaval de Marseille, Massalia, Marscéleste, Fête de la musique, Fiesta des Suds, Festival des cinq continents (jazz), Festival de Marseille (danse et cinéma) : avec ces manifestations qui vivifient la ville, les nouveaux entrepreneurs culturels offrent aux notables la possibilité de se poser en mécènes. D'être ceux qui offrent au peuple des réjouissances où ils paraissent, image vivante d'un pouvoir qui, hors cette apparition, serait sans visage. Ces grands rassemblements joyeux gratifient les élus locaux, en leur permettant de s'approprier des fonctions symboliques qui leur avaient échappé depuis longtemps. Ils deviennent les ordonnateurs de cérémonies collectives par lesquelles se manifeste concrètement le lien communautaire, ce que le langage commun, les journaux et les chefs politiques appellent l'« identité de la ville ». Peu importe d'ailleurs que ces manifestations soient des autocélébrations d'événements sans histoire, comme l'année des Treize lunes, la Marscéleste ou la Massalia, fêtes qui inventent des légendes urbaines plutôt qu'elles ne s'appuient sur l'histoire culturelle locale, pourtant revendiquée haut et fort [33].

Il suffit de voir avec quel plaisir tel élu départemental déambule un verre à la main alors que se forme la foule dans les travées de la Fiesta, avec quelle joie enfantine tel maire de secteur ou tel adjoint accepte de figurer dans ces jeux aux limites du ridicule où les entraînent ces fêtes païennes

---

différence d'autres villes en déshérence industrielle, les friches usinaires à Marseille sont relativement rares.

33 Sur l'artificialité de ce genre de cortèges, voir Michel SAMSON, « Cosmopolitisme, immigration et représentation politique », *in Marseille derrière les façades*, revue *Méditerranéennes/Mediterraneans*, Paris, printemps 2002.

d'un nouveau genre, pour comprendre que se joue là une part de cette personnalisation du pouvoir dont les élus sont si friands [34]. Il doit bien y avoir quelque chose de vital dans ce bonheur de se voir et de se faire voir, en chair et en os, dans les attributs de la puissance, fût-ce pour les parodier un moment et risquer la caricature. Théâtre du théâtre politique se parodiant lui-même, qui prête d'autant moins à conséquence que les cérémonies sont éphémères et que ces mises en scène baroques ne contaminent pas les autres cérémonies très officielles, où l'ordre national républicain se célèbre en costume sombre et dans une étiquette pointilleuse. Une étiquette à laquelle il est un peu plus difficile de déroger quand on doit s'occuper des problèmes, colères et revendications des habitants des cités.

34 Et pas seulement les élus. Ces fêtes ont aussi pour fonction d'instituer en « représentant du pouvoir » tous ceux qui participent à leur financement, de l'élu à tel fonctionnaire de la DRAC, tel chef de projet Ville, qui peut alors, comme on dit à Marseille, « s'y croire »...

# 14

## *L'honneur des cités : des héros et des travaux*

25 novembre 2004 : ils sont six, photographiés devant le siège de l'OPAC Sud, l'un des deux plus puissants organismes HLM des Bouches-du-Rhône [1]. Tous locataires de la cité des Flamants (dans les quartiers nord de Marseille), dont l'OPAC est propriétaire, et membres de l'Amicale des locataires. Ils sont venus « dénoncer la dégradation de leur qualité de vie » et réclamer la mise en œuvre du programme de « réhabilitation » promis par l'organisme. Ni émeute ni manifestation, juste une réunion très civile entre amicale des locataires et organisme HLM pour se remettre en tension, rappeler l'ordre des urgences et vérifier l'inscription du programme à l'agenda politique. Le directeur, nouveau promu, assure que des travaux d'urgence seront menés, et l'élu responsable de l'habitat, interrogé, assure que le dossier de la réhabilitation complète de la cité sera très bientôt en phase opérationnelle. Le lendemain matin, l'article que consacre *La Provence* [2] à l'événement est abondamment commenté au centre social et à la

1 Devenu Office public d'aménagement et de construction des Bouches-du-Rhône (OPAC Sud) au début des années 1970, cet organisme est l'ancien Office départemental HLM des Bouches-du-Rhône, créé dans les années 1920 pour construire des logements sociaux pour le compte du conseil général. Même si ses financements se sont diversifiés, cet organisme reste néanmoins très lié au conseil général. Le président actuel de ce dernier, Jean-Noël Guérini, a été président de l'OPAC Sud et veille toujours à y placer ses amis. Cet office gère plus de 14 000 logements dans le département, dont 13 000 dans la seule commune de Marseille.

2 *La Provence*, 26 novembre 2004.

supérette du quartier (comme dans toutes les cités HLM, il n'y a pas de bistrot aux Flamants).

Dans cette même cité, trois ans auparavant, le ministre socialiste de la Ville, Claude Bartolone, était venu remettre en personne la Légion d'honneur à Hadda Berrebouh. « Mère courage », titrait la presse qui relatait l'événement, saluant « une suite de combats livrés contre les injustices, la misère et l'indifférence [3] », dans des associations de prévention contre la toxicomanie, d'aide aux personnes âgées, aujourd'hui pour des projets de développement au Burkina-Faso. Bien sûr, ministre oblige, quelques élus étaient présents : Garo Hovsépian, maire socialiste du secteur, Sylvie Andrieux, chargée de la politique de la Ville au conseil régional, Denis Rossi, son homologue au conseil général dont on a eu déjà l'occasion de présenter l'action en matière de logement social [4]. Ces trois personnes ne sont sans doute pas pour rien dans la distinction de celle qu'ils rencontrent régulièrement « sur le terrain ». Le maire de Marseille, lui, quelle que soit la circonstance, ne fait que très exceptionnellement acte de présence dans ces quartiers.

Ces deux articles de la presse locale n'ont rien d'exceptionnel. La gazette tient la chronique des doléances et plaintes des habitants, et célèbre tout aussi régulièrement les héros de l'action associative. La chronique des affaires criminelles, notamment celle des trafics de drogues, elle aussi rigoureusement suivie, complète le catalogue des manières dont la presse locale traite des cités. Dans leur banalité même, ces deux événements, manifestation et décoration, dessinent l'arène politique des cités, jeu réglé entre élus, associations, techniciens et militants.

On reviendra sur les héros. Allons d'abord au plus étonnant : qu'est-ce au juste que la « réhabilitation » dont les habitants semblent pressés de voir le démarrage ? Les ascenseurs sont en panne, disent-ils, des squatters commencent à occuper les logements vacants. Mais pourquoi ne demandent-ils pas alors un simple programme de réfection, un renforcement de la surveillance, du gardiennage, bref, cet ordinaire technique par lequel se gèrent d'habitude ce type de problèmes ? Pourquoi y ajouter cette dimension morale qui pointe sous le terme réhabiliter ? En réclamant une « réhab », même s'ils ne connaissent pas forcément le sens large du terme, les habitants veulent quelque chose de plus, que de simples travaux ne donnent pas. Ils demandent un marquage symbolique qui restitue,

3 *Marseille l'Hebdo*, 24 janvier 2002.

4 Voir *supra*, chapitre 4.

comme le dit justement le dictionnaire, « un état, des droits, ou des privilèges perdus [5] ».

En rénovant les cités, il ne s'agit donc pas seulement de faire face à une urgence. D'ailleurs, les cités les plus dégradées physiquement ne sont pas toujours celles qu'on « réhabilite » le plus vite. Non, il en va avec la « réhab » d'un engagement moral, d'une restauration en dignité.

## *Années 1960 : pluie de cités sur les quartiers nord*

Depuis les années 1980, s'est engagé un vaste programme de rénovation des grands ensembles marseillais. Le compte exact des ensembles rénovés et le montant des sommes investies sont difficiles à établir – à moins que personne ne trouve vraiment opportun de le faire. Évidemment, cette rénovation est pour l'essentiel supportée financièrement par l'État (programmes dits Palulos [6]), même si la plupart des grands appareils de pouvoir interviennent à des titres différents dans le financement de ces programmes de rénovation, municipalité comprise. En matière de logement social, la rénovation s'est quasiment substituée à la construction [7]. Ce choix est loin d'être imposé par la vétusté et l'ancienneté du patrimoine social.

Contrairement aux autres grandes métropoles françaises, on a très peu construit de logements sociaux à Marseille entre 1920, date de la mise en place des organismes et des lois, et 1940. Très peu encore entre 1945 et 1960, lorsque s'édifie Sarcelles par exemple, ou La Duchère à Lyon. Marseille ne construit alors que quelques petites cités, assez identiques à celles des années 1930. Les grandes opérations de logement social démarrent donc au début des années 1960, avec l'arrivée des rapatriés d'Afrique du Nord – et les crédits afférents à leur relogement –, puis sont brutalement ralenties à partir de 1975. Dans ces quinze années, s'édifient près de 70 % du parc social marseillais actuel [8]. Celles qu'on appelle donc ici les « grandes cités » sont les fruits de cette politique – qui est peut-être l'absence d'une politique.

---

5 Dictionnaire *Le Robert*.

6 Prime à l'amélioration des logements à usage locatif et à occupation sociale.

7 Depuis les années 1990, on ne construit plus en moyenne que trois cents logements sociaux par an à Marseille (source : AGAM, *Atlas du parc locatif social de la communauté urbaine*, Marseille Provence Métropole, 2003).

8 À Marseille, 76 % des logements sociaux existants en 2002 ont été construits avant 1977. Un autre chiffre tout aussi éclairant : il se construit 18 498 logements HLM dans les sept années entre 1968 et 1974, soit en moyenne 2 642 logements par an. Entre 1975 et 1981,

Elles sont un peu plus d'une quarantaine, dispersées, « comme parachutées d'un avion », disait un architecte, dans les 13e, 14e et 15e arrondissements, au nord de la ville. Chacune de ces cités compte de cinq cents à mille logements maximum. Quelques-unes trônent dans les collines de la vallée de l'Huveaune, une ou deux dans le très central 3e arrondissement. Bien des ensembles de copropriétés édifiés à la même époque dans les quartiers chics du sud de la ville leur ressemblent à s'y méprendre. Elles ne forment donc en rien une banlieue au sens architectural, ni au sens juridique et politique du terme, puisque ces ensembles sont dans le territoire communal : leurs habitants votent à Marseille. À l'exception de la ZUP (« zone à urbaniser en priorité ») qui concentre une dizaine de cités regroupant plusieurs milliers de logements et près de 60 000 habitants le long d'une rocade, l'habitat social marseillais est donc relativement dispersé.

C'est au cœur de cette « ZUP nº 1 », vaste espace urbanisé à la fin des années 1960 dans l'esprit planificateur qui régnait alors en France, que se situe la cité des Flamants. La ZUP était destinée à l'accueil des pieds-noirs arrivés en masse, autant qu'à la résorption des bidonvilles ou à la rénovation des poches d'habitat vétuste en centre-ville. Le long d'une « quatre voies » surdimensionnée, se succèdent une dizaine de cités de même génération, enclavant quelques lotissements. Le tout jouxte le complexe commercial et culturel du Merlan, un bunker de béton installé au-dessus de la quatre voies comme le vaisseau amiral de la guerre des étoiles. Un théâtre devenu scène nationale, une bibliothèque, un supermarché et sa galerie marchande, des services publics, dont un commissariat de police, y sont installés.

Évidemment, le peuplement de ces grandes cités fut un enjeu politique capital de la période. À suivre le travail de Cesare Mattina[9], on comprend que certains des clans dynastiques qui se sont constitués dans le sillage de Gaston Defferre le doivent à leur maîtrise d'un « portefeuille » d'attributions : les Masse, Guérini, Weygand, entre autres élus, furent par exemple très présents dans la distribution de ces logements, qui sont encore réservés à des privilégiés lorsqu'ils sortent de terre. Mais si le système fonctionne, il est loin de couvrir la totalité des logements attribués alors, comme ce fut le cas dans les années 1930. Les élus contrôlent probablement 20 % du parc construit dans les années 1960 et 1970 : le reste leur échappe pour tomber dans la logique, tout aussi « clientéliste » au sens strictement administratif

il ne s'en construit plus que 4 248, soit une moyenne qui tombe à six cents logements par an (AGAM, *ibid*).

9 Cesare Mattina, *La Régulation clientélaire, op. cit.*

du terme, des « contingents »[10]. À la fin des années 1970, lorsqu'il est clair que l'État renonce à financer le logement social et dirige ses efforts financiers vers la construction privée, lorsque le grand brassage des peuples urbains et les savants ajustements entre partenaires s'est décanté[11], il saute aux yeux des observateurs politiques que personne n'a réellement la maîtrise, ni la compréhension générale de la géographie sociale des nouveaux ensembles.

Chose assez rare dans le monde politique marseillais, où l'on pratique plutôt les conciliabules en face à face : en 1979, de sa propre initiative, Lucien Weygand, qui cumule alors une série de mandats dans les 13^e^ et 14^e^ arrondissements, s'autorise d'un long rapport écrit au maire Gaston Defferre sur la situation de ces quartiers. Il y fait état d'un certain désarroi, mais il propose aussi des réorientations stratégiques de l'action publique dans les cités. En effet, après avoir fait le constat du départ des familles « qui sociologiquement nous étaient favorables », Lucien Weygand préconise de : « a) renforcer l'entretien ; b) mettre en place un gardiennage ; c) satisfaire, pour les attributions, en priorité les familles qui habitent déjà ces cités, en facilitant leur regroupement sous réserve qu'il s'agisse de familles n'apportant pas de difficultés ; d) mettre en œuvre des grands et petits travaux ». Plus loin, il demande aussi que soient mis en place « des animateurs dont je vous ai adressé la liste » ; « d'affecter à mon cabinet une bonne sténodactylo ; reconduire les crédits pour l'animation[12] ». Évitons tout simplisme :

---

10 C'est un système extrêmement complexe qui régit, jusqu'à sa modification en 1995, l'attribution du logement social en France. En gros : chaque ensemble est construit sur un appel de fonds auprès de bailleurs publics, lesquels sont alors réservataires d'un nombre de logements, fixé au prorata de leur participation financière. Certains partenaires publics sont réservataires d'office (la municipalité et la préfecture, au titre des relogements d'urgence). Ces attributions passent devant une commission interne aux organismes HLM, où sont représentées les administrations ; il n'est pas rare de voir le même élu apparaître dans une réunion de la commission avec plusieurs « casquettes » et puiser alors dans plusieurs « contingents ». Enfin, les responsables des organismes ont conquis rapidement le droit de refuser des candidats proposés au nom de la paix sociale et d'y substituer les leurs, généralement ceux des élus qui règnent en maîtres au moins sur deux des grands organismes constructeurs...

11 On le sait depuis les premières études sur les grands ensembles, ce type d'habitat est utilisé par les classes moyennes comme « rampe d'accès à la propriété » : employés, petits cadres, fonctionnaires, ouvriers qualifiés et stables ne restent donc que quelques années dans ces logements, le temps d'y accumuler un petit capital pour accéder à la propriété. Les autres restent...

12 Cité par Cesare Mattina, *La Régulation clientélaire, op. cit.*, p. 423. Le grand mérite lui revient d'avoir exhumé ce texte – que nous avons déjà évoqué plus haut (chapitre 5) – des archives du cabinet du maire, Gaston Defferre, et d'en avoir montré la portée.

gérant en virtuose « son électorat » comme on gère un capital en bon père de famille, Lucien Weygand a aussi déployé un dense réseau de francs-tireurs et militants de l'action sociale, profitant là encore des opportunités offertes par le dispositif HLM.

## *La constitution de la nébuleuse de l'action sociale*

Un bref rappel des épisodes précédents est ici nécessaire. Depuis leur fondation au début du XXe siècle, les cités HLM n'ont jamais cessé d'être des lieux où il s'agissait, certes, de « loger le peuple [13] », mais aussi de développer un projet pédagogique, non dénué, comme tout projet pédagogique, d'intentions disciplinaires. « Aidez-moi à éduquer les habitants aux normes et formes de vie qu'imposent mes logements », proposait en son temps l'architecte Le Corbusier aux syndicats, persuadé que ses constructions révolutionnaient l'habitat et la ville dans le sens général du progrès social [14]. Tous y sont passés : les ouvriers qu'il fallait éduquer, ou à qui il fallait proposer l'exemple « vertueux » des classes moyennes [15] ; les pauvres et sous-prolétaires, à qui il fallait proposer un « habitat spécifique » censé les préparer à entrer dans la norme dominante ; les migrants, enfin, à qui l'habitat devait apprendre à vivre à la française [16]. Cette disposition, largement velléitaire et rhétorique, a été abondamment analysée dans ses

---

13 Titre d'un ouvrage qui fait l'histoire de ce programme et de ses ressorts éthiques et politiques : Jean-Paul Flamant, *Loger le peuple. Essai sur l'histoire du logement social*, La Découverte, Paris, 1989.

14 Cité par Jean-Paul Flamant, *ibid.* Voir aussi la biographie d'Henri Sellier (1883-1943), maire SFIO de Suresnes entre les deux guerres et pionnier du logement social : Roger-Henri Guerrand et Christine Moissinac, *Henri Sellier, urbaniste et réformateur social*, La Découverte, Paris, 2005.

15 Voir Jean-Claude Chamboredon et Madeleine Lemaire, « Proximité spatiale et distance sociale. Les grands ensembles et leur peuplement », *Revue française de sociologie*, vol. XI, n° 1, 1970.

16 À Marseille, dès la fin de la Seconde Guerre mondiale, le Conseil social (catholique) multiplie les initiatives visant l'accueil et l'éducation des populations migrantes africaines et maghrébines. L'ATOM, association créée à la fin des années 1950, s'installe dans les immenses bidonvilles du nord de la ville, principalement peuplés de migrants algériens, et y crée des cours de cuisine, d'éducation civique, d'éducation sanitaire pour les femmes. Très vite liée à l'action de la Logirem, office HLM chargé du relogement des migrants, cette association se fera l'acteur du filtrage qui organise le passage du bidonville au HLM (voir Claire Duport et Michel Peraldi, *Action culturelle, politique de la ville et mobilité sociale : la longue marche des classes moyennes*, Rapport de recherche au ministère de la Culture, Marseille, 1998).

intentions et ses équivoques. Rappelons, pour ce qui nous intéresse ici, les deux piliers fondateurs de cette utopie civilisatrice dont l'habitat HLM a été le laboratoire privilégié.

D'abord, l'action pédagogique, disciplinaire ou émancipatrice, a son revers, qui est la stigmatisation : pour qu'une population soit « éducable », il faut qu'elle ait été, au préalable, désignée par ses carences. De la désignation au soupçon, des carences à la dangerosité, il n'y a qu'un petit pas que les « entrepreneurs de morale » ont très souvent franchi. Du charbon que les mineurs étaient soupçonnés de stocker dans les baignoires, au mouton de l'Aïd qu'on égorgerait lui aussi dans les baignoires – les salles de bains sont des hauts lieux symboliques et stratégiques de l'ordre normatif –, jusqu'aux caves que l'on désigne aujourd'hui comme caches d'armes ou *shoot galeries*, longue est la litanie par laquelle les usages réels et fantasmés des lieux HLM ont servi à désigner et stigmatiser culturellement ou socialement ceux qui y habitent. D'où les questions d'honneur et de dignité, qui font des cités des terrains de lutte de réputation auxquelles tous participent [17].

Second pilier : ce projet éducatif a toujours été investi de façon privilégiée par des « corps francs » de l'action sociale, des dames patronnesses du XIXe siècle aux militants de la JOC (Jeunesse ouvrière chrétienne) et de la JEC (Jeunesse étudiante chrétienne) d'après guerre, jusqu'aux modernes « entrepreneurs culturels » de l'animation socioculturelle impliqués dans le développement social urbain (DSU) [18]. En effet, les organismes HLM ne sont jamais allés jusqu'à se prendre pour des appareils disciplinaires en créant leur propre « police des mœurs », même s'ils ont activement participé à inscrire leur action dans un cadre utopique. De leur côté, les appareils institutionnels – l'Éducation nationale en tête – ont toujours manifesté de grandes réticences à agir hors des murs de leurs institutions. Du coup, ouvert à l'initiative, le terrain de l'action sociale est devenu un lieu de confrontation entre professionnalisme et militantisme, entre logique institutionnelle et mouvement social, pour des aventuriers qui n'ont besoin que de légitimité culturelle : un diplôme et la « passion militante ».

---

17 Renaud DULONG et Patricia PAPERMAN, *La Réputation HLM. Enquête sur le langage de l'insécurité*, L'Harmattan, Paris, 1992.

18 Les cités marseillaises, profitant de l'implication de la direction régionale de la culture dans le financement des politiques de la ville, ont été régulièrement investies par des artistes et projets artistiques (Michel PERALDI, « Le cycle du fusible. Jalons pour une histoire sociale du DSU à Marseille », *Les Annales de la recherche urbaine à Marseille*, n° 68-69, septembre 1995).

C'est donc principalement à l'initiative de Lucien Weygand, adjoint aux affaires sociales de Gaston Defferre dès 1959, que se met en place dans les cités un dense tissu d'équipements. Plus de cent cinquante lieux collectifs seront créés, dont la gestion est confiée à des associations très vite contrôlées par la très puissante Fédération des centres sociaux, bâtie sur le modèle de la Fédération Léo-Lagrange, dont le même Weygand est, avec Pierre Mauroy, l'un des initiateurs à l'échelle nationale [19]. Chaque grande cité HLM des quartiers nord possède son centre social. Le dispositif prend de l'importance au fur et à mesure que la question du traitement social de la « crise des quartiers » monte en généralité et en urgence au niveau national, car, dans sa plasticité même, il semble prêt à accueillir toutes les initiatives, à capter toutes les énergies – et bien sûr à les domestiquer.

Un centre social, en effet, n'est pas vraiment un équipement structuré : c'est un lieu, géré par un ou deux permanents, utilisé par une nébuleuse associative. On y pratique des activités ludiques (pour les enfants) et récréatives pour le troisième âge [20] ; on y organise des voyages (au marché de Vintimille en bus, à la plage l'été, en Algérie et en Afrique dans le cadre de projets de développement) ; on y fait de l'information sur les méthodes contraceptives, on y tient des réunions de locataires en colère, on y dispense

19 Ce n'est là évidemment qu'un résumé rapide d'une histoire foisonnante en événements et en intrigues, locales et nationales. Il faut notamment rappeler que le tissu d'équipements, le réseau d'acteurs et d'initiatives qui se crée en parallèle à l'édification des grandes cités est d'abord rendu possible par des financements publics – dont le fameux « 1 % culturel », prélevé auprès des constructeurs et qui produit ce qu'on appelle alors les « mètres carrés sociaux » chers aux différents ministères de la Culture depuis Malraux. Quarante-six équipements sociaux et socioculturels à Marseille sont affiliés à la Fédération régionale des centres sociaux, dont vingt-trois dans les trois arrondissements nord. En 1994, on recensait cent cinquante-trois équipements socioculturels accueillant tous les publics, dont vingt-sept faisaient l'objet d'une convention de gestion entre la municipalité et des associations (principalement fédérations d'éducation populaire) : Maisons pour tous (MPT), Maison des jeunes et de la culture (MJC), Maisons des jeunes, cinquante centres sociaux agréés par la Fédération des centres sociaux de Provence et la CAF, soixante-seize équipements municipaux – Maisons de quartier, centres d'animation de quartier (CAQ) ou de loisirs (CAL), Unités d'animation sociale (UAS). Soixante-douze de ces équipements sont dans les quartiers nord (pour plus de détails, voir notamment Claire Duport et Michel Peraldi, *Action culturelle, politique de la ville et mobilité sociale, op. cit.*).

20 Les « pionniers » de l'action sociale dans ces quartiers se souviennent du rituel goûter des « anciens », des lotos et autres loteries débonnaires qui étaient initialement l'essentiel des activités organisées avec l'assentiment de la mairie et de son adjoint. La capacité d'adaptation de ces structures, et des acteurs qui les portaient, leur a permis de sentir le vent (dont celui de la révolte) afin de bricoler ensuite de nouvelles activités pour de nouveaux publics.

de la formation pour chômeurs, on y joue de la musique, on y parraine des associations ou des microentreprises et on y prie. Sur cette scène, trois générations de militants animateurs se sont succédé.

Les premiers étaient souvent des transfuges du Parti communiste ou des membres de la JOC, formant une des bases sociales de cette quasi-démocratie chrétienne à la marseillaise que nous avons déjà vue à l'œuvre. Nombre de ces pionniers deviendront assez vite les cadres organisateurs et administrateurs des dispositifs d'action sociale dans l'appareil socialiste, sans faire des carrières politiques de premier plan [21]. Ils seront plus tard rejoints et relayés par ceux qui se sont formés à l'action militante sur le terrain du gauchisme avant et après 1968 [22]. Ces derniers mettront à leur tour le pied à l'étrier aux deux classes d'âge de fils ou filles de migrants algériens, qui vont trouver là une porte étroite de professionnalisation dans les métiers du social et une porte, plus étroite encore, vers la notabilité politique : ceux-là restent rares en effet aujourd'hui dans les mondes politiques locaux [23], mais ils sont des dizaines parmi les plus précaires des quelques

---

21 On peut citer quelques exemples emblématiques de cette génération. Alain Fourest, urbaniste, d'abord contractuel au conseil régional, proche de Philippe Sanmarco, sera nommé par Gaston Defferre en 1981 à la direction d'une sorte de cellule de crise qui préfigure, sur la ZUP n° 1, les premières missions de développement social. En 1983, il sera le premier secrétaire de la commission Dubedout, avant qu'elle ne devienne Commission interministérielle pour le développement social urbain (1983), qui préfigurait le ministère de la Ville. Dans les années 1990, il a créé son propre bureau d'étude à Marseille.
Séverin Montarello, lui, est à sa façon l'un des premiers héros de l'action sociale à Marseille : dès les années 1950, il est très investi dans le mouvement social ; *via* la JOC, il participe à la création du mouvement des « squatters », puis des « castors », avant de s'impliquer dans le mouvement d'éducation populaire. Proche de Lucien Weygand, il dirigera dans les années 1960 le premier centre social créé dans la ZUP, puis deviendra formateur avant de prendre sa retraite.
Frédéric Rosmini, membre du Parti socialiste, sera longtemps proche de Michel Pezet et très impliqué dans la Fédération Léo-Lagrange, dont il sera le directeur. Il travaille aujourd'hui au conseil régional, et il est reconnu au PS comme un spécialiste des relations avec les associations et les groupes d'extrême gauche...

22 C'est le cas par exemple de Robert Holzauher, qui sera longtemps directeur de la Fédération des centres sociaux.

23 Citons par exemple Tahar Rahmani, membre (puis démissionnaire) du Parti socialiste : responsable d'une association d'insertion et d'aide à la création d'entreprise, originaire de la cité Bassens et animateur socioculturel de son premier métier, il est le premier à avoir été notabilisé sur ce terrain. On peut citer encore Salah Bariki, longtemps animateur d'une radio alternative, aujourd'hui chargé par Jean-Claude Gaudin des « affaires musulmanes à la Ville », ou Nadia Brya, candidate malheureuse du Parti socialiste aux cantonales de 2001, née à la cité Bellevue, elle aussi impliquée dans des associations d'action sociale (soutien scolaire) avant de tenter d'entrer en politique. Mais ni Samia Ghali, vice-présidente du conseil régional et élue municipale, qui est entrée directement

milliers de salariés, vacataires ou permanents qui gravitent aujourd'hui dans cette constellation « sociale »[24]. Ils seront bien sûr aussi l'humus dans lequel vont se recruter ceux qui assureront sur le terrain le suivi concret des « réhab »...

## *La « réhab » comme révolution culturelle*

Il y a urgence à réhabiliter les Flamants, disent donc les habitants en 2004 : on voit arriver des squatters et les ascenseurs ne fonctionnent plus. Pourtant, la cité a déjà fait l'objet d'une rénovation assez fondamentale à la fin des années 1980. Pas un simple travail de ripolinage des façades, mais une restructuration globale : des espaces publics neufs ont été créés, des appartements supprimés, une école d'infirmières est venue s'installer dans une tour rénovée, le tout appuyé sur un travail de concertation avec les associations et d'implication des habitants eux-mêmes, mené par une équipe d'architectes et de sociologues[25]. À la fin des années 1980, les Flamants faisaient partie de ce petit nombre de cités expérimentales sur lesquelles les phares des médias nationaux étaient braqués. Comme aux Minguettes à Lyon, à Salvador-Allende (Saint-Denis), à l'Alma-Gare à Roubaix ou à Marseille quelques années auparavant, dans une autre cité devenue elle aussi « expérimentale », le Petit-Séminaire[26], c'est une utopie qui passait en acte aux Flamants.

Les acteurs qui participent à ces opérations sont avant tout inspirés par l'idée de donner une âme à un espace résidentiel qui en était dépourvu, une dignité aux habitants qui en avaient été dépossédés, et d'insuffler en même temps un esprit démocratique à des institutions jusque-là froidement

dans l'action politique, ni Myriam Salah-Eddine (conseillère municipale UMP) ne sont issues de l'action sociale.

24 On peut estimer à 6 000, pour tout Marseille, ceux qui, des directeurs aux femmes de ménage, émargent en tant que salariés aux actions liés à la nébuleuse associative dont nous parlons ici. C'est beaucoup plus que dans n'importe quelle autre ville française, même si nombre de ces « emplois » sont des vacations très courtes et précaires (voir Claire Duport et Michel Peraldi, *Action culturelle, politique de la ville et mobilité sociale, op. cit.*).

25 Voir Michel Anselme (dir.), *Du bruit à la parole. La scène politique des cités, op. cit.* L'un des deux auteurs de ce livre, Michel Peraldi, était de l'expérience.

26 Quelques-unes de ces opérations sont relatées par leurs animateurs *in* Albert Mollet (dir.), *Droit de cité. À la rencontre des habitants des banlieues délaissées*, L'Harmattan, Paris, 1986.

bureaucratiques. C'est là en effet toute la différence : dans la « réhab », la rénovation physique, la restructuration des espaces, l'ensemble des activités collectives de la cité sont l'occasion d'un travail politique, au sens premier du terme – celui de mise en débats, parfois musclée, des cadres du vivre ensemble entre des « citadins ». La « cité » est restituée dans son sens civique : le statut d'habitant équivaut pour ceux qui le désirent à un statut de citoyen doté d'un droit de parole, de nuisance, de refus ou de critique, obligeant les acteurs institutionnels à débattre, se justifier et parfois changer d'orientation. La « réhab » est en somme un moment où la vie quotidienne de la cité en crise sociale se charge d'intensité politique, et où les lieux techniques et institutionnels où il est convenu d'en débattre, se transforment en agora.

Dans la seconde moitié des années 1970, ce processus est bien impulsé par des « francs-tireurs », exilés du gauchisme ou des mouvements alternatifs [27]. Ils s'effacent pourtant assez vite, relayés soit par des représentants des habitants et des associations locales, soit par des équipes opérationnelles plus ou moins intégrées aux organismes HLM qui vont même les baptiser « maîtrise d'œuvre sociale » pour les techniciser. Ils partagent cet idéal avec quelques acteurs politiques qui, à l'intérieur de ces mêmes institutions, jugeaient sévèrement les pratiques clientélistes et discrétionnaires jusque-là courantes en matière de logement social. C'est en ce sens que Pierre Rastoin [28] parle à leur propos de « révolution culturelle ». La « réhab » se différencie alors de la rénovation en ce qu'elle est assortie de rituels politiques, signes et simulacres de la révolte. Des cris, des drames et de l'indignation, des assemblées « spontanées », des intrigues, des palabres infinies.

On peut alors la considérer comme un traitement politique de la « défaveur », en désignant ainsi une condition faite à la fois de précarité économique, d'indignité liée aux désignations stigmatisantes dont ces lieux et ces

---

27 Comme le Cerfise, collectif local de chercheurs, pionnier des réhabilitations et de l'éthique qui les porte, créé en 1978 par Michel Anselme (voir Michel ANSELME (dir.), *Du bruit à la parole. La scène politique des cités, op. cit.*).

28 Ce banquier catholique est un rescapé des alliances majoritaires que Gaston Defferre avait passées avec la bourgeoisie locale pour gouverner. En 1977, il adhère au Groupe d'action municipale et Defferre le promeut adjoint à l'urbanisme. Il prend la même année la présidence de l'Office municipal d'HLM (aujourd'hui Habitat Marseille Provence), avec une mission de rénovation administrative et architecturale du patrimoine de l'Office.

gens font l'objet, enfin de sentiment de vide et d'inutilité, condition dans laquelle sont entrées durablement les cités HLM [29].

Contrairement à l'image convenue que les médias voyeurs ont fabriquée, notamment après les épisodes émeutiers qui émaillent la vie des cités lyonnaises et parisiennes tout au long des années 1980 et 1990 [30], l'alternative politique des cités ne se résume pas au silence résigné ou à l'expression paroxystique de la colère. Les cités marseillaises n'ont rien d'une « poudrière » prête à s'enflammer, ni d'un univers atone, rassemblant des individus assommés par la misère. Les cités sont dotées d'espaces publics qui sont autant des caisses de résonance où viennent battre les bruits du monde, des propos à l'emporte-pièce de tel ou tel ministre aux épisodes guerriers du « choc des civilisations », comme y trouve un écho chacune des péripéties locales, grandes et petites, qui appellent à résistance, révolte, indignation : du terrain de boules qui sert de parking aux seringues abandonnées dans les caves, du voisin du troisième qui s'est encore fait cambrioler aux propos une fois de plus sectaires et racistes du concierge du 21 [31]... Péripéties d'autant plus commentées que le tissu institutionnel et associatif de l'animation socioculturelle déployé dans les cités canalise ces ferments de révolte et suscite le militantisme. La presse qui les encense ne le voit pas, ne peut le voir : les héros dont elle glorifie les exploits personnels, qu'elle encense en tant que personnes, sont en réalité des acteurs collectifs. Derrière le militant, discret et invisible au public, se cache l'animateur ou l'éducateur...

Il est impossible de recenser par le menu les événements qui émaillent la « vie publique » et politique des cités, tant cette chronique est alimentée presque à foison par des initiatives extérieures autant que par les intrigues internes, comme par l'effervescence nationale qui fait monter en généralité la « cause des banlieues ». Restons simplement aux Flamants pour en donner une vague idée. En octobre 1980, la cité est endeuillée par la mort d'un adolescent, tué par un CRS lors d'un banal contrôle de police : premier

---

29 Voir à ce sujet Robert CASTEL, *Les Métamorphoses de la question sociale*, Fayard, Paris, 1995 ; et François DUBET, *La Galère. Jeunes en survie*, Fayard, Paris, 1987.

30 Beaucoup de travaux, thèses et essais ont été produits sur ces épisodes émeutiers, considérés comme fondateurs de ce qui deviendra la « politique de la ville ». Pour n'en citer qu'un seul : Christian BACHMAN et Nicole LE GUENNEC, *Violences urbaines. Ascension et chute des classes moyennes à travers cinquante ans de politique de la ville*, Albin Michel, Paris, 1996.

31 Voir à ce propos Samuel BORDREUIL, « Les gens des cités n'ont rien d'exceptionnel », *in Ces quartiers dont on parle*, L'Aube, La Tour d'Aigues, 1997. Il montre notamment en quoi la gestion des stigmates afférant aux cités est, plus que les conditions de vie objectives, la grande affaire de la vie publique des cités comprise entre « discrédit diffus » et « fierté frondeuse ».

d'une longue série de faits qui vont émailler la vie politique des cités marseillaises et françaises, le meurtre du jeune Houari Ben Mohamed (dix-sept ans) suscite un immense émoi dans le quartier. Plus d'une dizaine d'années après, un autre meurtre, perpétré celui-là par des colleurs d'affiches du Front national, viendra endeuiller une autre cité, la Savine, et mobiliser des foules. La victime est alors un jeune Comorien, membre d'un groupe de rap qui sort d'une répétition.

Aux Flamants, donc, le meurtre de Houari est un déclencheur. La foule est immense, refusant de quitter les espaces publics, veillant devant le bâtiment où résident les parents du gosse. Il faudra une visite du maire, Gaston Defferre en personne, pour calmer les esprits et éviter que la douleur ne vire à la colère. Ce qui adviendra pourtant en octobre 1987, dans la dignité, lorsque le policier sera condamné pour ce crime par la cour d'assises d'Aix-en-Provence à... dix mois de prison avec sursis. Une génération d'acteurs naît de ce deuil et de la protestation qu'il déclenche : des jeunes amis de Houari qui veulent témoigner montent une troupe de théâtre, leurs mères montent une association et décident de prendre le pouvoir au centre social. Parmi elles, une certaine Hadda Berrebouh. Et, avec elles, des animateurs socioculturels, des éducateurs de prévention qui débarquent, vaguement missionnés par des dispositifs institutionnels plutôt flous, mettent en place le centre social. De là partiront les marcheurs de la grande marche « pour l'égalité et contre le racisme » qui gagne Paris en 1983 et consacre la naissance des mouvements antiracistes en même temps que la reconnaissance médiatique de la génération « beur ».

Mais il faudrait également évoquer les jeux d'intrigues et de pouvoir au centre social, les destitutions brutales de tel président, la montée au créneau des « mères courage », les incendies et les fermetures, les renaissances. Tout autant que les tentatives de putsch sur le club sportif, putsch que l'on dit commandité par l'« Amicale » et le « consulat [32] », tandis que s'installe aussi un lieu de culte musulman dans la cité... Contrairement à la légende qui veut les cités paisibles à Marseille, parce qu'aucun processus émeutier ne dépasse l'enceinte des cités, les centres sociaux brûlent régulièrement... Chaque événement d'une vie politique agitée produit donc ses militants, ses groupes, ses primitifs de la révolte.

À la génération marquée par l'effervescence antiraciste des années 1980-1985, succède celle des « pragmatiques ». Les « filles » de Shebba en sont un bon exemple. Dotées de diplômes, frottées dès leur enfance aux

32 Il s'agit de l'Amicale des Algériens en France et du consulat d'Algérie.

animateurs, expérimentateurs, militants qui passent dans cette cité de Saint-Barthélemy, proche des Flamants, quelques jeunes filles constituent début 1990 une association, Shebba, qui vise autant à offrir un lieu et des moments entre soi aux femmes maghrébines de la cité, qu'une alternative respectueuse aux brutalités du travail social institutionnel. Car les femmes des cités vivent, disent-elles, dans l'humiliation permanente des dossiers de secours jamais complets, des formations auxquelles elles n'ont pas droit, du regard omniprésent, mi-condescendant mi-apitoyé, des travailleurs sociaux. Or, s'il s'agit de donner de l'information, d'organiser des stages pratiques ou des activités, les bachelières peuvent le faire. Et puisque la mode est aux restos associatifs, elles en monteront un, où l'on croise assez régulièrement le conseiller socialiste Denis Rossi. Puis un atelier de coiffure, un réseau de parents relais en coordination avec l'Éducation nationale. Puis des fêtes et des cycles de conférence, etc. Chacune des cités marseillaises forme ainsi le terreau d'un désir militant, qui n'est jamais que la conséquence des raisons de l'indignation et des moyens culturels et institutionnels de l'exprimer. Les cités sont – et n'ont jamais cessé d'être –, de par leur statut politique même, des pépinières de « clercs »[33].

Et c'est sur cette énergie militante, cette réserve presque inépuisable de capacités d'initiatives et de mobilisation, sur le charisme des uns et le dévouement des autres, que se greffe le travail du chantier, institutionnel et architectural, que constitue la « réhab ». Car il ne s'agit pas ici simplement de résoudre un problème ponctuel, de réparer des dégâts ou d'annuler une dette, même symbolique : il s'agit plus pragmatiquement de gérer des tensions et d'étouffer les dérives.

## *Un calme barricadé*

Frais-Vallon, à dix minutes au nord des Flamants, est une grande cité du début des années 1960. Le grand chantier de la « réhab » y a commencé dès 1976, avec les opérations « Habitat et vie sociale » qui préfigurent largement la politique de développement social des quartiers (1981-1988), elle-même à l'origine des politiques de la ville, encore aujourd'hui en vigueur. Depuis cette date, la cité a connu pas moins de vingt-trois ( !) tranches successives de travaux, parfois très lourds : on y a créé un espace public sur dalle et l'organisme gestionnaire HMP (Habitat Marseille Provence) y a installé

33 Voir Jacques Ion, « Cité, cités et droit de cité », *Espaces et sociétés*, n° 51, 1987.

ses locaux administratifs. Une grande partie des appartements a été rénovée, mais deux tours continuent à montrer un état de dégradation préoccupant. Elles sont connues des services de police pour abriter deux réseaux de deal d'héroïne et de cocaïne, parmi les plus anciens de Marseille.

Frais-Vallon manifeste une autre particularité, presque un record : on y compte un travailleur social pour cinq ménages [34], si l'on entend par travailleur social, non seulement ceux qui sont patentés comme tels, éducateurs, assistantes sociales ou animateurs, mais tous ceux, réguliers, occasionnels, associatifs ou fonctionnaires, contractuels ou permanents qui font profession ou acte de foi de s'occuper des autres. La cité semble installée dans une sorte de chantier perpétuel, qui est devenu l'ordinaire de sa régulation. Si quelque chose ne va pas, on peut toujours faire des travaux (pour 2005, l'organisme gestionnaire et le chef de projet DSU promettent ainsi la réfection de la piscine et le « paysagement » des abords).

Autre exemple, Plan d'Aou. Cette cité, de 915 logements à l'origine, est de la génération des cités terminées au début des années 1970. Ses tours dominaient Marseille telles des donjons plantés sur un plateau surplombant une partie des espaces industriels portuaires, tout au bout du 15e arrondissement. Une des plus belles vues sur la rade et la ville (ce panorama est une des raisons pour lesquelles une société de promotion immobilière décide, au début des années 1990, d'implanter là un gigantesque complexe commercial). Construite à la hâte, la cité se dégrade très vite, battue par les vents. De surcroît, elle est gérée par trois organismes HLM propriétaires qui se partagent la cité et ont beaucoup de mal à se coordonner pour en assurer la gestion quotidienne.

Le Parti communiste y est dans son fief, le 15e arrondissement, et au début quadrille assez bien la cité : la cellule du PCF est active et puissante et s'implique dans l'action sociale. Au milieu des années 1970, on y rencontre un centre de culture ouvrière et un cabinet médical mutualiste, tous deux liés au Parti. Ce qui n'empêche pas les élus communistes de sentir assez vite que « les choses leur échappent », selon les termes de Roger Ruzé, conseiller

34 Si ahurissant qu'il paraisse, ce chiffre résulte d'un rapport entre le nombre de ménages en 1994 (1 652) et le nombre de personnes employées au titre du travail social, à un titre ou a un autre et sur des statuts évidemment très différents, de l'assistante sociale fonctionnaire de la DISS (Direction des interventions sanitaires et sociales) au stagiaire du centre social, soit à la même époque 319 personnes (208 stables, 111 précaires). Ces chiffres résultent d'un travail mené en 1994 par un cabinet d'audit parisien à la demande de la Mission du développement social urbain rattaché à la municipalité (*Évaluation organisationnelle et des ressources humaines de l'animation et de l'action sociale à Frais-Vallon*, Réseau Conseil Partenariat, doc. ronéo, Paris, 1994).

municipal communiste de la mairie des 15$^{e}$-16$^{e}$ arrondissements. Tout simplement parce que les militants, ouvriers à statut ou employés, quittent la cité pour accéder à la propriété. Au milieu des années 1980, un premier état des lieux recense plus de trois cents logements vacants et la présence d'une population que l'on dit alors « captive », parce que fortement affectée par le chômage et la précarité [35]. La population se partage entre un petit noyau de rapatriés d'Afrique du Nord installés depuis l'origine, et des migrants algériens, tunisiens et marocains, dont certains sont devenus français par acquisition.

Un nouvel état des lieux, établi en 1993, met en évidence une diversification du peuplement de la cité puisque, à ce noyau maghrébin, s'ajoutent des familles comoriennes, un réseau kurde d'une vingtaine de familles, sept familles gitanes, enfin une dizaine de familles que l'on dit appartenir à un groupe culturel et ethnique assez mystérieux, les Bagdadi [36]. En 1988, les organismes logeurs se mettent d'accord pour lancer un programme de rénovation. Au début de l'année 1990, 268 logements sont détruits, pour l'essentiel des logements vacants. Deux autres tranches de démolitions suivent, qui ramènent l'ensemble à environ quatre cents logements. À ce moment-là, cependant, le Plan d'Aou est devenu l'une de ces cités emblématiques signalées par la presse comme lieu d'insécurité. Elle fait notamment l'objet d'un reportage dans un dossier que *Le Nouvel Observateur* consacre aux « cités où la police ne va plus [37] ».

---

35 L'état des lieux dressé par le bureau d'étude qui mène l'enquête fait état, pour 1986, d'un taux de chômage supérieur à 50 % des actifs. Par ailleurs, les contrats à durée indéterminée ne concernent que 7 % des actifs… (Cerfise, *Réhabilitation de la cité du Plan d'Aou*, note de travail n° 3, 1989).

36 Les Bagdadi tiennent à Marseille un peu de la légende. Il existe bien un groupe dit des « bagdad » installé dans les années 1960 à la cité d'urgence de La Cayolle. Ils semblent être arrivés du Maghreb avec d'autres populations d'origine gitane. La rumeur, pourtant, les dits « différents » des gitans. Ils seraient originaires d'un groupe tzigane installé entre la Syrie et l'Irak (le fait nous a été confirmé par des anthropologues travaillant au Proche-Orient), musulmans et arabophones ; pour autant, ils se mêleraient peu aux autres populations maghrébines. Des avocats qui les défendent les disent très impliqués dans un certain nombre de trafics (voitures volées, stupéfiants), mais nous ne les avons jamais rencontrés comme tels, et aucune étude ethnographique ou autre n'atteste de leur présence dans le parc social marseillais. Ils seraient aujourd'hui présents dans trois ou quatre cités, dont Plan d'Aou. Mais comprenons, si bizarre que cela puisse paraître, qu'ils n'existent peut-être que dans le regard de ceux qui les nomment ainsi de l'extérieur : travailleurs sociaux, associations, agents HLM, qui déplorent leur marginalité asociale.

37 L'anecdote vaut d'être rapportée, parce qu'elle est assez caractéristique des pratiques journalistiques lorsqu'il s'agit de tisser la légende noire des cités. Début novembre 1995, une journaliste du *Nouvel Observateur* nous contacte : elle désire passer quelque temps chez l'habitant dans une cité HLM caractéristique des « quartiers sensibles » de Marseille.

Entre-temps, la municipalité Vigouroux a décidé d'autoriser la construction d'un immense complexe commercial, au pied de Plan d'Aou. Le projet est un pari dans une zone en déshérence industrielle – l'opération se mène sur les terrains d'une ancienne tuilerie – et surtout de grande densité d'habitat social et de cités réputées difficiles, dont Plan d'Aou, qui semble définitivement vouée par le projet à la démolition. La municipalité préconise en effet la destruction totale de la cité et la reconstruction d'un lotissement pavillonnaire mixte, location et accès à la propriété, dans lequel une petite partie seulement des habitants de Plan d'Aou pourraient être relogés. Ce projet a l'appui du puissant promoteur (groupe Trema) qui construit le centre commercial et qui a manifesté clairement son intérêt pour le terrain « libéré ». Pragmatique, ce promoteur finance légalement et officiellement, puisqu'à l'époque c'est autorisé, tous les candidats aux élections du territoire, communistes compris [38].

Finalement, rebutés par la perspective d'avoir à reloger les irréductibles que sont devenus les derniers habitants du Plan d'Aou, les organismes logeurs et la municipalité décident de relancer la réhabilitation d'une partie des bâtiments restants (deux) et de reconstruire sur place des logements pour les deux cent cinquante familles qui, décidément, ne peuvent ou ne veulent pas quitter la cité [39]. Une dizaine de familles, jugées indésirables par les acteurs institutionnels, feront l'objet d'un déplacement plus ou moins négocié dans d'autres quartiers du 15e arrondissement. Les

---

L'idée semble originale, fondée sur une volonté de « tenir un autre discours ». Les chercheurs du Cerfise se mobilisent et trouvent une famille de Plan d'Aou qui accepte bien volontiers d'héberger la journaliste pendant quelques jours. Elle passe effectivement deux ou trois nuits dans la cité, et rend compte dans son article de la gentillesse et du sens de l'hospitalité que déploient les habitants, de la vie ordinaire plutôt paisible de la cité. Mais son article est publié avec une dizaine d'autres, regroupés dans un dossier titré « Ces quartiers où la police ne va plus » (*Le Nouvel Observateur*, 16 novembre 1995) et introduit par un édito à charge de Jean-Paul Dollé, qui dénonce la dérive des cités, la montée des caïds et la démission de la République, avec évidemment de très nettes allusions au cas marseillais.

38 Pour être plus précis, c'est le groupe Promodès (propriétaire de la marque Continent, qui va s'implanter dans le centre commercial) qui reconnaît avoir financé la campagne de l'un des adjoints de Robert-Paul Vigouroux, Lucien Vassal, à hauteur de 25 000 francs en 1994. Ce qui n'empêche pas le promoteur coordinateur du projet d'avoir aussi financé des partis ou des hommes politiques de toutes appartenances (« Marseille, ces patrons qui paient les campagnes », *Libération*, 1er juillet 1994).

39 Il est également possible que le promoteur privé du site commercial ait renoncé à ses visées sur les terrains de la cité : dans les années de démarrage difficile du centre commercial, il est clairement en difficulté après un chantier qui s'est révélé plus coûteux que prévu.

préparatifs aux travaux ont commencé en 1986. Le chantier est promis à achèvement pour... 2007. En attendant, les chantiers « tiennent » la cité, dérivent les tensions toujours prêtes à surgir entre les clans qui la composent, attirent des militants auréolés de gloire nationale [40], garantissent que le moindre événement local trouve un écho parfois disproportionné [41], bref donnent aux habitants l'illusion que, parlant d'eux, on les tient en respect, au double sens du terme...

Les notables politiques sont partout et nulle part dans ces dispositifs. Ils y ont leurs habitudes et leurs correspondants, des relais et des « antennes », disent-ils, voire des « amis ». Mais ils n'y délivrent pas de message. L'époque des notables formant des « portefeuilles » de présidences associatives pour s'assurer le contrôle d'associations toujours susceptibles de cacher des activités frondeuses, est largement révolue. L'homme politique est redevenu un « protecteur » qui assure le relais financier, non en échange de voix ou de promesses électorales, mais de calme et de médiation. Certes, la « pêche aux voix » se pratique encore dans les cités, et chaque période électorale voit évidemment les « assoc » se transformer en tribunes pour les postulants. Mais elles sont aussi comme autant de fusibles par lesquels, en vérifiant concrètement qu'y règne bien le « conformisme militant », les élus s'assurent que le calme règne dans les cités. Lequel calme est un argument électoral autrement plus efficace auprès des autres électeurs, ceux des quartiers qui ne craignent rien tant que l'agitation et le trouble, fantasmant sur le soulèvement de la misère.

Les nébuleuses associatives qui organisent l'action sociale autour des équipements de quartiers se sont donc converties à la « réhab » et à son projet social. Les centres sociaux ont par exemple organisé le débroussaillage des terrains vagues jouxtant les cités, ou préparé des stages de création d'entreprises pour les jeunes désireux de participer aux travaux et de profiter d'une « discrimination positive » lorsque des organismes prescrivaient aux entreprises l'embauche de personnes du quartier pour de gros travaux.

---

40 Charles Hoareau, leader très médiatique du comité des chômeurs CGT, vient régulièrement soutenir les jeunes de Plan d'Aou lorsqu'ils réclament d'être embauchés par les entreprises qui mènent le chantier.

41 Courant 2004, par exemple, la désignation des familles jugées indésirables a fait l'objet d'une polémique déclenchée par un conseiller général, « monté au créneau » pour défendre ces familles qu'il croyait, à tort, jetées à la rue. Au grand désespoir des techniciens et des associations de la cité, acteurs d'un lent et minutieux travail d'analyse des populations concernées et de négociation avec les familles, à qui des solutions de relogement avaient été proposées. L'opportunité de trouver là une tribune saisie au vol par l'élu a perturbé ce processus consensuel.

Fascinés comme les jeunes eux-mêmes par les réussites commerciales de certains groupes musicaux vedettes, ils se sont également convertis, assez radicalement pour certains, à l'idée que l'engagement dans des parcours artistiques et culturels devait correspondre à des « projets professionnels ».

La « réhab » est ainsi devenue au fil du temps un grand moment de pragmatisme. La quête de la dignité, le maintien de la face, l'honneur perdu à retrouver ne relèvent plus dès lors de l'action collective, mais de parcours personnels, ou au mieux de la mobilisation de microcollectifs qui ont la taille d'une équipe de foot ou d'un groupe musical. Si l'on peut, à ce propos, évoquer l'évolution générale des mœurs, la montée de l'individualisme ou de l'hédonisme souffrant [42], cette mutation est d'abord inscrite dans les logiques mêmes de l'action sociale : celle-ci s'est démarquée du projet d'émancipation collective qui l'a portée à son heure militante, au profit d'une volonté globale d'organiser l'accès au marché (du travail, mais pas seulement). La création d'entreprises, la professionnalisation de l'acte artistique ou culturel, la rescolarisation ou le soutien scolaire sont devenus, dans ce cadre, le *nec plus ultra* de l'action militante locale.

On pourrait résumer ce constat à une question : « Pourquoi ceux d'en face et pas nous ? » Celle-ci, on le sait, est le point de départ des politiques clientélistes. Cette évolution est d'autant plus aisée qu'elle permet de sortir du dialogue à trois entre techniciens, acteurs issus de l'action militante et associations d'habitants. Et, comme nous l'a expliqué très clairement Denis Rossi, elle permet surtout un retour de la médiation politique dans un jeu où elle avait presque disparu.

42 Voir Alain EHRENBERG, *L'Individu incertain*, Calmann-Lévy, Paris, 1995.

# 15

# *Parler au monde :*
# *Euromed et les défis des entrepreneurs marseillais*

## *2003 : l'étonnante candidature de Marseille à l'America's Cup...*

Suscitant scepticisme, agacement ou ricanements, le maire de Marseille annonce le 17 juillet 2003 la candidature officielle de sa ville à l'organisation de la très prestigieuse America's Cup [1]. L'intention est claire, qui se révéla finalement identique à ce qu'avait été en son temps la candidature de Barcelone aux jeux Olympiques. Il s'agit de profiter d'un événement de portée mondiale pour lancer un programme de rénovation urbaine que les moyens ordinaires de la ville ne lui permettent pas de tenir. Et de s'appuyer sur la notoriété acquise pour attirer des entreprises et des populations nouvelles dans la foulée de l'événement. La régate de prestige et l'argent drainé par les Suisses représentent donc une opportunité unique à saisir. Une ambition qui se résume ainsi dans le dossier de candidature [2] : « *For months, the whole word will be focused on Marseille* » – « Durant des mois le monde entier regardera Marseille. »

1 La coupe de l'America est organisée tous les quatre ans par le vainqueur de l'édition précédente. En 2003, le vainqueur est un consortium suisse, Alinghi. Or, comme on le sait sans doute, la Suisse n'a pas de surface maritime... D'où l'appel lancé par le consortium à un pays voisin pour prendre en charge, en 2007, l'organisation de la compétition.

2 VILLE DE MARSEILLE, *Marseille and Provence to Host the America's Cup in France. Answers to Manual for the Candidate Cities for the 32^nd^ America's Cup*, 28 juillet 2003.

Rien là que de très ordinaire dans la compétition des marchés mondiaux de la notoriété où les villes, nouveaux acteurs économiques, se doivent de figurer. Sans doute... À ceci près que les espaces portuaires qui seraient investis pour le déroulement de la régate font déjà l'objet d'un vaste projet de développement et d'aménagement en cours de réalisation. Ce projet, que nous avons déjà évoqué, porte le nom de l'établissement public qui le conduit, Euroméditerranée (connu de tous comme « Euromed ») : il a été pensé dès 1992, lorsque le ministère de l'Équipement a mis en place la « mission Masson », du nom d'André Masson, l'ingénieur des Ponts et Chaussées qui la dirige. L'établissement public a été créé en 1994 par un décret du Premier ministre ; son périmètre et ses cadres financiers, notamment la « déclaration d'intérêt national », ont été arrêtés en 1995 [3]. Travaillant sur 311 hectares, il reçoit 374 millions d'euros entre 1996 et 2006 (dont 50 % de l'État, 25 % de la Ville, 10 % du conseil général, 10 % du conseil régional, 10 % de la communauté de communes Marseille-Provence-Métropole). Il comprend à l'époque quarante-cinq salariés.

L'annonce du maire vient donc troubler gravement l'ordre des choses dans le dispositif d'acteurs qui participent au projet. Car l'engagement dans l'America's Cup, aussi inopiné qu'inattendu, a toutes les apparences d'un contre-projet, alors même que la municipalité est pleinement investie dans les destinées d'Euromed, présidé à ce moment-là par le premier adjoint Renaud Muselier. Cherchons donc l'ordre des choses et leur sens sous le désordre apparent des annonces.

Dès l'annonce faite solennellement par le maire en ce jour de canicule, un comité de soutien est créé qui réunit les incontournables vedettes du *show bizness*, comme Charles Aznavour ou Jean-Pierre Foucault, le footballeur « mondialement connu » Zinedine Zidane, des chefs d'entreprise et des personnalités locales. Le comité se réunit à plusieurs reprises pendant les mois de préparation du dossier et il est très complaisamment exhibé autour du maire, qui jubile d'être entouré de telles personnalités. Premier bénéfice politique, donc, des cérémonies qui ont tout de meetings électoraux. Alors qu'elles mobilisent des acteurs qui, justement, engagent rarement leur nom et leur notoriété sur des causes électorales.

Par cette candidature, le maire de Marseille montre surtout qu'il peut parler au monde, qu'il sait mobiliser les compétences techniques et les

---

3 Pour une analyse plus fouillée, voir Brigitte BERTONCELLO et Rachel RODRIGUES MALTA, « Euroméditerranée : les échelles d'un grand projet de régénération urbaine », *in* André DONZEL (dir.), *Métropolisation, gouvernance et citoyenneté dans la région urbaine marseillaise*, *op. cit.*

ressources symboliques pour entrer dans le « parler global », si caractéristique du marketing urbain aujourd'hui. Le rapport précité remis au consortium suisse, évidemment rédigé en anglais, est de ce point de vue un petit chef-d'œuvre. Aussitôt mis au point par une petite cellule de proches du maire, qui travaillent « en commando », heureux d'échapper aux pesanteurs de l'administration, il est apporté comme un trésor à Genève dans une voiture de la Ville, tandis qu'on en garde précieusement un exemplaire au coffre. Les trois cents et quelques pages de ce rapport ont été rédigées par la très discrète DGDE (Délégation générale à l'économie et au développement) de la Ville, dirigée par le très sérieux Olivier Latil d'Albertas. Un nom qui localement pèse son poids symbolique, puisqu'il est celui de l'une des plus vieilles familles de l'aristocratie aixoise.

Ce rapport mérite donc qu'on s'y arrête un instant. D'abord évidemment pour l'ampleur de la logistique que la Ville est prête à mettre en œuvre pour séduire le consortium suisse. Cette contribution de la Ville « se structure selon trois axes :

– la mise à disposition d'un site aménagé,

– un dispositif destiné à optimiser les sources de revenus d'ACM,

– un dispositif destiné à réduire les coûts de fonctionnement d'ACM [4]. »

Dans le *business plan* [5], document non public qui accompagne la candidature, la Ville s'engage à débourser la somme de 235 millions d'euros pour atteindre ces résultats. Les investissements concernent principalement la construction d'un avant-port de plaisance au pied du Fort Saint-Jean, l'aménagement du site dit du J4, autour du même fort, pour l'installation du staff Alinghi. Enfin, par un système sophistiqué de concessions, la mise à disponibilité d'une partie conséquente des ports de plaisance existants au Frioul, dans le Vieux-Port, de places de parking, de salles de congrès et de conférence, des réservations hôtelières : autant de mises à disposition qui font dire aux opposants au projet, dont la conseillère municipale communiste Annick Boët, l'une des rares à le contester en conseil municipal, que « la ville se vend corps et âme, autant qu'elle loue ses infrastructures au consortium suisse ». Les aspects techniques et financiers occupent une grande place dans ce rapport, évidemment.

---

4 Ville de Marseille, *Marseille and Provence to Host the America's Cup in France, op. cit.* America Cup Management (ACM) est le nom de la société créée pour la circonstance par le consortium Alinghi.

5 Ernst & Young, *Business Plan, présentation synthétique, chiffres arrêtés au 31 octobre 2003*, doc. ronéo.

La Ville tient à faire la preuve de son sérieux, par l'excellence du *business plan*, mais plus fondamentalement aussi dans le zèle mis à parler, dans ce document, un langage commun avec ses « clients potentiels ». Message presque subliminal, que la Ville destine tout autant à ses services et ses partenaires locaux. Nul doute que l'expérience saura resservir... Et si l'on aborde justement les aspects symboliques, ce rapport est aussi l'occasion, presque en excès du cahier des charges dressé par les Suisses, de construire une image de la ville, de l'installer dans une représentation d'elle-même positive et valorisante, qui joue souvent du stigmate retourné.

Un seul exemple. On peut lire au chapitre « Culture anglo-saxonne » que Marseille est une ville cosmopolite. On est loin du scoop, évidemment. Mais le raisonnement est moins trivial qu'il n'y paraît : ce cosmopolitisme se manifeste par un « plurilinguisme », « très pratiqué à Marseille », peut-on lire dans le rapport, qui insiste surtout sur le cas des « migrants des pays du Maghreb et de l'Afrique subsaharienne ». À leur sujet, on apprend que « le français, même si pour certains ils ne le pratiquaient pas avant leur migration, fait partie de leur capital collectif plurilingue en tant qu'ancienne langue officielle et langue de l'enseignement ». Tout cela pour en venir à ce qui semble le plus important : « De ce fait, les langues arabes ne sont que très peu pratiquées en dehors de quelques lieux communautaires. » Où il s'agit en somme d'expliquer aux futurs visiteurs que, s'ils risquent bien, comme la presse de leurs pays le leur raconte, de trouver en Marseille une ville presque arabe, ils ne l'entendront pas parler... Au fil de la lecture du même chapitre, on apprend que « sur les demandeurs d'emploi se déclarant multilingues [leur nombre n'est évidemment pas précisé], 82,6 % pratiquent l'anglais en deuxième langue et 5 % en troisième langue ». Marseille, une ville où même les chômeurs parlent anglais...

La DGDE, qui rédige donc ce rapport, a déjà fait ses preuves dans le marketing urbain. Elle a notamment organisé le transfert de quelques entreprises dans le périmètre d'Euromed, dont celui du siège de l'armateur CMA/CGM. Son fondateur, Jacques Saadé [6], d'ordinaire très discret, figure en bonne place au comité de soutien. Dans les guerres d'influence qui se jouent à l'intérieur de ces mondes administratifs que sont les services municipaux, cette direction affirme son influence ou plus exactement son territoire. En confiant le travail à la DGDE, le maire a, de fait, écarté les services classiques, c'est-à-dire le petit monde des employés municipaux et de leurs cadres ordinaires, peu compétents techniquement, généralistes et bricoleurs, protégés

6 Que nous avons déjà croisé parmi les amis du maire (voir *supra*, chapitre 5).

par le « pacte salarial » avec FO [7] ; ces employés qui contribuent à donner à la ville l'aspect relâché qui passe si mal à l'aune des normes du marketing mondial. Du même coup, le maire marginalise aussi l'Agence d'urbanisme de l'agglomération marseillaise (AGAM), c'est-à-dire le monde des urbanistes et des architectes, monde d'intellos, le cœur à gauche – c'est ainsi du moins que les voient la plupart des élus –, acquis par culture professionnelle à une éthique de l'équilibre des fonctions dans l'espace ; et surtout convaincus de la nécessité de placer en priorité des équipements culturels au cœur de la rénovation du port comme de tous les lieux urbains centraux. Les architectes et urbanistes de l'agence rêvent de Bilbao et de son musée Guggenheim, plutôt que de ports de plaisance pour multimillionnaires retranchés dans leurs yachts.

Et justement, de musée, il est prévu qu'il s'en bâtisse un, sur l'emplacement exact que le projet de candidature réserve à l'installation des concurrents de la régate et de son staff technique. Le Musée des civilisations de l'Europe et de la Méditerranée (MUCEM [8]) doit en effet prendre place au pied du Fort Saint-Jean, à l'entrée sud de la grande jetée qui sépare l'entrée des ports industriels de celle du Vieux-Port. C'est là que l'affaire de l'America prend un tour nettement plus complexe, digne des intrigues de cour.

## *... un coup de poker de la municipalité*

D'ordinaire, dans ce type d'enjeux de pouvoir, la candidature à l'organisation d'un événement de taille mondiale est conçue comme un levier économique et politique pour l'aménagement d'espaces en déshérence (organiser les jeux Olympiques, pour Barcelone, c'est attirer une manne financière qui va permettre des investissements exceptionnels). Or là, sur les espaces concernés – la partie urbaine et centrale du port industriel –, un programme d'aménagement est donc en cours de réalisation, qui a justement été conçu comme porteur d'une manne exceptionnelle... Il y a comme un hic...

Euromed, on l'a dit, a été lancé en 1992, avec pour objectifs la rénovation et la revitalisation de ce front portuaire de trois kilomètres, des quartiers en déshérence qui le bordent jusqu'à la gare Saint-Charles et la Friche

7 Voir *supra*, chapitre 8.

8 De nature ethnologique, le MUCEM est prévu comme la décentralisation des collections du Musée des arts et traditions populaires de Paris, complété de collections originales en cours de constitution sur le thème méditerranéen.

de la Belle de Mai, elles-mêmes intégrées au projet d'ensemble. Après quelques atermoiements lors de son lancement sous le règne de Robert-Paul Vigouroux, qui l'a initié, ce projet, un temps déstabilisé par les alternances gouvernementales, est bien installé en 2003. L'État est le premier bailleur des financements engagés, en nomme le directeur, même si la mairie en prend la présidence. La conception de la partie proprement littorale d'Euromed a été confiée après concours à un urbaniste et architecte parisien de renom, Yves Lion. La « Cité de la Méditerranée » qu'il a conçue comprend des habitations au nord, des lieux de commerce greffés sur le port au centre, une grande avenue maritime reliant le tout [9]. Le fleuron de cette nouvelle façade maritime est le MUCEM, qui doit être entouré de bâtiments à vocation touristique ou de loisirs sur ce môle J4, dont les hangars ont été dynamités quelques années auparavant et sur lequel les organisateurs de l'America's Cup ont jeté leur dévolu [10].

Après les déclarations du maire, tous les acteurs engagés dans le réaménagement de ces espaces font assaut de bonne volonté pour s'engager dans la nouvelle voie que la candidature à la Coupe de l'America ouvre pour ce programme. Si des dents grincent, on ne les entend pas hors de cénacles privés. C'est néanmoins bel et bien une réinvention du programme qui se fait jour ici, avec des manières et des méthodes peu usuelles en la matière. Car la logique des « coups de poker », telle qu'elle est mise en pratique par l'initiative municipale, est peu usitée dans les cercles techniques qui organisent l'aménagement du territoire, où prévaut une rationalité du projet.

Le plus menacé dans l'affaire paraît bien être le projet du MUCEM, dont le principe du concours d'architecture vient d'être fixé quelques jours seulement avant l'annonce de la candidature de la Ville. Même si on assure que le site sera rendu en l'état à son affectation culturelle une fois les bateaux et leurs équipages partis, personne ne semble dupe dans le landernau urbanistique et culturel. D'autant que le Port autonome de Marseille, qui joue la carte America, propose – comme un dernier coup de sabre dans le dos du musée – l'aménagement d'un port de plaisance autour du Fort Saint-Jean : destiné à l'accueil des bateaux spectateurs d'une course qui passionne plus les riches yachtmen que les masses populaires, il aurait vocation à rester ensuite, afin d'accroître le nombre d'anneaux disponibles pour la plaisance.

9 La description du projet et un plan ont été publiés dans *Le Monde*, 15 novembre 2002.

10 Lors des premiers contacts officiels, la Ville et le Port autonome de Marseille avaient proposé que le QG de la régate soit installé au nord du port, face à l'Estaque. Les Suisses ont refusé, exigé et obtenu le J4.

L'essentiel de la polémique que soulève cette candidature, et dont ne filtrent alors que des échos feutrés, va se cristalliser dans un débat où s'opposent, d'un côté, ce qui serait le point de vue « mercantile » – celui du consortium suisse à qui se « vendrait » la municipalité – et, de l'autre, un point de vue que l'on dira « culturaliste », parce qu'il fait valoir une éthique de l'espace public rendu au peuple par des lieux dévolus à la culture. Toute la logique de l'affaire est précisément que, ramenée au cadre de cette controverse, la municipalité entre enfin en position d'arbitre dans un « tour de table » (celui d'Euromed) où elle faisait au mieux de la figuration... On va y venir, mais poursuivons le fil des événements. Car le coup de force et l'annonce du maire ont aussi pour effet de théâtraliser des institutions qui fonctionnaient plutôt selon des routines administratives et des jeux d'acteurs très cadrés techniquement.

Manifestant un soutien public de pure circonstance et des réserves en privé, le directeur de l'établissement public sera remercié le 31 décembre 2003, par un coup de fil aussi embarrassé que brutal d'un haut fonctionnaire du ministère de l'Équipement. Lui succédera un de ses subordonnés, sous-directeur jusque-là chargé de la commercialisation des produits Euromed. Le ministère de la Culture, alors très occupé par la fronde des intermittents du spectacle, bougonne mais accepte de surseoir au concours d'architecture prévu pour le MUCEM. L'urbaniste-architecte chargé du programme, Yves Lion, proteste, menace de démissionner, puis se tait [11]. Tout le monde attend le verdict, qui tombe finalement le 27 novembre 2003 : le consortium suisse responsable de l'épreuve a finalement choisi Valence, en Espagne. Les acteurs engagés déclarent certes leur déception et leur tristesse. Il perce néanmoins dans la déclaration du maire à la presse une certaine fierté d'avoir pu mettre en place un dispositif pour répondre au « défi ». Un maire enfin qui, comme d'autres [12], ne semble pas mécontent de la manière dont la candidature a fait évoluer les enjeux d'aménagement autour des espaces portuaires.

Le concours national pour choisir l'équipe chargée de construire le MUCEM – lequel doit voir le jour en 2009 – est organisé le 13 février 2004, avec cinq mois de retard. Le maire et son premier adjoint participent au jury

---

11 Voir ses déclarations dans *Le Monde*, 16 novembre 2003.

12 Dans le compte rendu de cet événement que fait *La Provence* le 27 novembre 2003, le maire insiste sur le fait que les aménagements programmés seront maintenus, notamment l'avant-port de plaisance. Celui-ci sera cependant très vite abandonné, après les protestations des « sociétés nautiques », concessionnaires des places disponibles dans le Vieux-Port.

qui doit remettre son verdict au ministre de la Culture, décideur en dernier ressort. Jean-Claude Gaudin y impose ses vues afin que le projet soit confié aux « régionaux de l'étape », les architectes Rudy Ricciotti et Roland Carta, qui ont imaginé un bâtiment dont la qualité essentielle pour le maire est qu'il n'est ni trop haut ni trop spectaculaire [13]. Malgré leur peu de sympathie pour ces candidats, les responsables techniques du futur musée laissent filer, peu désireux d'un nouveau conflit avec la municipalité et de nouveaux retards...

L'épisode ne vaudrait sans doute ici qu'une mention, s'il n'était révélateur de rapports de pouvoir entre des acteurs tous également notables, tous affectés d'indices de puissance qui les mettent à égalité de jeu avec les notables locaux. Car si les notables « gouvernent », ils ne le font désormais qu'intégrés à des dispositifs institutionnels dont ils ne sont qu'une pièce, parfois la plus dominée : culturellement, lorsque les enjeux requièrent la maîtrise de savoir-faire techniques ; économiquement, lorsque l'État et ses services sont les principaux financeurs des opérations. C'est donc tout l'intérêt de cette affaire de montrer comment, dans un dispositif de ce type, les notables jouent leur partition, mais surtout font revenir « par la fenêtre » des logiques et des registres d'intérêt qui étaient sortis par la porte technique. Développons.

## *Le Port autonome de Marseille, acteur majeur et... autonome*

Les réorganisations fonctionnelles, territoriales, politiques et économiques du port de Marseille depuis le milieu des années 1960 ont eu une conséquence évidente et tangible : une grande partie des bassins et espaces portuaires *intra muros* marseillais est sous-utilisée depuis que la grande majorité des activités portuaires ont été installées à Fos-sur-Mer. L'acteur majeur, c'est ici bien sûr le Port autonome de Marseille (PAM). Depuis 1962, il est devenu établissement public, géré et financé par l'État qui en nomme le directeur. Il n'a de compte à rendre aux communes dont il occupe une partie du territoire et à qui il paye rente que dans son propre conseil d'administration, dont il contrôle l'organisation et où elles figurent – au sens théâtral du terme, « faire de la figuration ».

13 Dans l'émission de France-Culture « Métropolitaines » du 25 février 2004, les membres du jury national, réunis sous la tutelle du ministère de la Culture, sont tous interrogés et disent les raisons de leurs préférences.

En devenant établissement public, le PAM a acquis des compétences en matière d'aménagement qui le mettent en position d'intervenir comme il l'entend à l'intérieur de son propre territoire. C'est ce qu'il a fait à Fos, où il a aménagé une gigantesque zone industrielle sur laquelle il a eu un temps la tentation d'édifier une ville nouvelle, en concurrence directe avec les communes environnantes de Fos, Port-de-Bouc et Martigues. Engagé dans une ronde concurrentielle avec les ports européens qui accueillent le commerce mondial, le PAM est un acteur international qui tutoie le monde. Rien là d'abstrait ou de théorique : son directeur passe plus de temps à Singapour ou Londres pour négocier en anglais avec des partenaires japonais, coréens ou américains, que dans les couloirs du pouvoir local. Acteurs locaux dont il est d'ailleurs assez enclin à se méfier, dans la mesure où le PAM est engagé dans un bras de fer de longue durée avec le syndicat majoritaire chez les dockers, la CGT, comme dans un rapport plutôt tendu avec les sociétés d'acconage, très marquées par la puissante Socoma [14], lesquels sont, dans le port, justement les acteurs le plus symboliquement et politiquement marqués par un ancrage local marseillais [15].

1986 marque une autre date charnière dans la vie des espaces portuaires : cette année-là, les deux grands mondiaux du transport de conteneurs, l'Américain US Lines et le Taïwanais Evergreen, décident de délaisser leurs escales sud, Gênes et Marseille, au profit du complexe de ports nordiques, Anvers et Rotterdam. 130 millions de francs d'investissements avaient été faits alors sur les quais de Fos pour séduire les transporteurs, en vain [16]. Il s'avère alors, dès la fin de cette décennie 1980, que des redéploiements d'activités sont nécessaires, sur toute la surface des espaces disponibles, dans le même temps où les espaces marseillais semblent désormais ouverts à de nouveaux investissements.

En 1988, sans que personne ne lui ait rien demandé, Henri Delauze, médiatique patron de la puissante Comex en train de devenir leader

---

14 Sur la Société coopérative de manutention, créée par les fidèles de Gaston Defferre et présidée par Charles-Émile Loo, voir *supra*, chapitre 2.

15 C'est là résumer en deux phrases cent ans de bras de fer entre direction du Port et syndicats des dockers. On peut lire sur ce thème : Jean-Louis BONILLO et René BORRUEY, *Marseille, ville et port*, Parenthèses, Marseille, 1991 ; Robert MENCHERINI, Jean-Marie GUILLON et Jean DOMENICHINO (dir.), *Dockers de la Méditerranée à la mer du Nord. Des quais et des hommes dans l'histoire*, Édisud, Aix-en-Provence, 1999. Sur les affrontements plus récents au sein du PAM, voir Michel SAMSON, « Le port de Marseille traverse une passe décisive », *Le Monde*, 18 mars 2005.

16 La presse nationale s'en était fait l'écho à l'époque (voir notamment le bel article de Jean ROLIN, *Libération*, 9 septembre 1986).

mondial du marché de la recherche sous-marine, s'associant les talents d'un cabinet d'architectes, Thétys, propose un vaste projet de modernisation de la partie la plus urbaine des espaces portuaires marseillais. Il est question d'y installer un terminal pour les croisières, des surfaces marchandes et un complexe touristique bâti autour d'un parc marin. Le projet est présenté en mairie avec force maquettes et petits fours devant Robert-Paul Vigouroux, alors maire, et Jean-Claude Gaudin, président du conseil régional, qui proclament l'un et l'autre leur intérêt [17]. Il serait fastidieux de relater par le menu les circonstances qui vont finalement faire capoter ce projet [18]... Il est bel et bien enterré, mais le message est désormais passé : cette partie des espaces portuaires a été en quelque sorte symboliquement restituée à de possibles fonctions urbaines, comme désacralisée de sa vocation industrielle.

Le PAM est une machine lente : c'est en 1998 seulement, bien après la mise en place d'Euromed, que l'État socialiste nomme à la tête du PAM un directeur qui, même s'il est bien du sérail du corps des Ponts, tranche cependant avec la discrétion et l'esprit de routine gestionnaire qu'on rencontre habituellement dans ce type de fonction. Éric Brassart est socialiste, militant, franc-maçon, et ne s'en cache pas. Il parle volontiers à la presse, ne déteste pas étonner et se montrer iconoclaste. À la direction départementale de l'équipement des Bouches-du-Rhône dont il assurait la direction, on se souvient de son Stetson texan et de ses coups de gueule. Au PAM, selon ses dires, il est là pour « faire le ménage » et rassurer les transporteurs internationaux qui boudent le port, régler définitivement la question des dockers ; enfin, il est là, avec une partie de son staff qu'il a ramené de la DDE, pour lancer le PAM dans le réaménagement fonctionnel des quais marseillais.

Avec le recul de presque sept années de direction, ses lignes directrices apparaissent clairement : Éric Brassart s'est engagé dans une clarification de la répartition des activités, en concentrant sur Fos l'essentiel des activités industrielles, en même temps qu'il les modernise techniquement et qu'il en

17 Celui-ci est évidemment longuement commenté par la presse, locale et nationale. Retenons seulement un long article, très documenté, paru dans *Libération*, le 8 avril 1988, qui mentionne cette réunion en mairie où le projet fut présenté.

18 Les témoins de l'époque se souviennent notamment que des contre-projets furent présentés par d'autres cabinets d'architectes, avec l'appui plus ou moins manifeste d'acteurs et entrepreneurs locaux. En juillet 1988, le quotidien *Le Méridional* organise par exemple un « référendum populaire » parmi ses propres lecteurs, qui préfèrent au projet Thétys un autre projet signé de l'architecte André Stern...

organise la privatisation [19]. Sur Marseille, il organise un mixage, encore en gestation, d'activités touristiques – c'est sous « son règne » que Marseille est devenue escale de croisière – et de « concessions » d'emplacements pour des activités non directement liées à l'activité portuaire *stricto sensu*. On en a vu un exemple avec la Fiesta des Suds, aujourd'hui stabilisée dans des locaux appartenant au PAM [20].

Le PAM a prévu pour 2007 la remise en état de sa gare maritime de La Joliette, qui assure chaque année le transit de 800 000 passagers vers la Corse, 500 000 vers le Maghreb et environ 400 000 croisiéristes. Cette gare sera couplée aux « terrasses du Port », vaste hall commercial dont la réalisation a été confiée à un promoteur hollandais, qui y propose l'installation de galeries marchandes, hôtels, restaurants, en surplomb des quais. Au-dessous, offert en spectacle aux visiteurs, le trafic traditionnel (passagers et marchandises hors containers) continuera d'être assuré.

Le PAM a opéré depuis le milieu des années 1990 quelque chose de l'ordre d'une révolution politique : il s'est mis en mesure de se passer de la médiation politique des notables, tant dans le règlement de ses affaires intérieures et de ses rapports avec les syndicats que dans l'aménagement urbain de ses propres espaces. La plupart des acteurs institutionnels, architectes, urbanistes et, avec eux, une partie des notables qui les soutenaient, pensaient au début des années 1990 que le réinvestissement urbain du port passait par l'abandon des prérogatives du PAM sur les espaces concernés. Le PAM a su déjouer ces desseins, en montrant simplement qu'il était un aménageur urbain capable de « faire de la ville » dans le port. C'est le sens qu'il faut donner à son engagement en 2003 aux côtés des « putschistes » de la municipalité dans la candidature à l'organisation de la Coupe de l'America : face à l'autre établissement public, Euromed, l'enjeu était autant de « tenter le coup » que de montrer la virtuosité d'ingénieurs capables, en une semaine, de redessiner l'entrée du port et de concevoir un port de plaisance.

---

19 Pour plus de détails sur ce processus, voir Michel Samson, « Le Port autonome de Marseille veut investir 540 millions d'euros pour rester "mondial" », *Le Monde*, 11 janvier 2005. Cette modernisation se joue largement autour de la construction d'un nouveau terminal baptisé « Fos 2XL ». La partie se joue aussi autour d'une société privée, Mediterraean Shipping Company (MSC), dont l'un des actionnaires stratégique n'est autre que la CMA/CGM de Jacques Saadé.

20 Voir *supra*, chapitre 13.

## Capitaines d'industrie

Euromed est un programme qui se veut à la fois de reconquête urbaine et de développement économique. Une sorte de Défense *bis* qui, sur fond de fantasme londonien [21], mixte espace public, immobilier de bureaux et monumentalité à vocation culturelle. Il faut évidemment la puissance publique pour porter un tel programme, et c'est l'État qui s'y colle, pour Euromed comme pour la Défense. André Masson, l'ingénieur chargé de diriger le programme, avance l'idée, lors de son lancement officiel en 1994, de « créer une ville nouvelle dans la ville ancienne [22] ».

Là encore, c'est de mondialisation dont il s'agit : « Euroméditerranée, c'est Marseille qui s'ouvre sur le monde. C'est un projet national et européen avant d'être local. C'est une révolution culturelle pour les Marseillais [23]. » Cette déclaration de l'ancien directeur de l'établissement, « remercié » en 1998, indique bien l'esprit dans lequel Euromed a été pensé, lui aussi en dialogue avec le monde – un dialogue qui laisse aux notables locaux un rôle décoratif. L'établissement public entend être l'interlocuteur d'entreprises qu'il ne peut concevoir qu'extérieures et mondiales ; et ce, qu'il s'agisse de celles qu'il compte accueillir dans ses immeubles de bureaux ou de celles à qui il entend donner les marchés de construction.

L'épisode CMA-CGM peut être un bon analyseur de cette représentation par laquelle on construit de façon extérieure, parfois de manière artificielle, la « grandeur » des acteurs impliqués sur le périmètre. Venant du Liban en guerre où ils dirigent déjà des sociétés d'affrètement maritime, les frères Saadé installent à Marseille la Compagnie maritime d'affrètement, qui se développe et prospère. En 1996, la CMA rachète pour une somme que l'on juge alors symbolique, 20 millions de francs (3 millions d'euros), la Compagnie générale maritime (CGM), armateur public qui assure pour l'essentiel le trafic maritime de marchandises entre les Antilles et la métropole [24]. On a vu plus haut que les mondes politiques et les amis de Jean-Claude Gaudin ne sont pas pour rien dans ce rachat. Les liens particuliers

---

21 Avec Bilbao et son musée, Londres et ses Docklands sur la Tamise constituent des modèles auxquels se réfèrent régulièrement les urbanistes d'Euromed.

22 Interview donnée à Michel Samson, *Le Monde*, supplément du 15 octobre 1999. Voir aussi : André Masson, *Marseille Euroméditerranée, un nouvel imaginaire pour la ville*, DAU, ministère de l'Équipement, des Transports et du Tourisme, Paris, 1994.

23 André Masson, *ibid.*

24 François Grosrichard, « La Compagnie maritime d'affrètement devrait emporter la privatisation de la CGM », *Le Monde*, 20-21 octobre 1996 ; et François Grosrichard, « L'armateur marseillais CMA rachète la CGM », *Le Monde*, 23 octobre 1996.

noués entre la droite française et les chrétiens libanais constituent bien l'un des réseaux qui soutiennent Jacques Saadé [25].

Apparemment, la nouvelle compagnie prospère, malgré des démêlés judiciaires entre les frères Saadé [26]. Jacques reste seul propriétaire du groupe et envisage alors le transfert des activités parisiennes de CGM à Marseille. Transfert logique, inéluctable, inscrit dans le différentiel entre les deux pôles du groupe, CMA, marseillaise et puissante, et CGM, parisienne et alanguie. C'est néanmoins tout le génie des acteurs impliqués dans les négociations d'alors que d'avoir réussi à faire passer ce qui est simplement la construction d'un nouveau siège pour un transfert d'entreprise. La presse y croit en tout cas, autant que l'établissement public Euromed, qui annonce, en septembre 2002, l'ouverture du nouveau siège comme une « délocalisation [27] ». Le patron de CMA-CGM a évidemment lui aussi tout à y gagner : primes européennes, aides de la région et du département, prime d'aménagement du territoire. La DGDE se charge de l'accompagnement social du transfert des 72 employés de CGM qui accepte le déménagement vers Marseille [28]. Son responsable estime ces aides à 30 millions de francs (un peu plus de 4,5 millions d'euros). Lors de la cérémonie que la municipalité organise à l'occasion de l'arrivée des employés au nouveau siège, le 12 septembre 2002, le maire déclare : « Le choix du président Saadé est ressenti par nous tous comme une marque d'estime et de considération, [...] qui témoigne de la confiance que notre ville a retrouvée auprès des investisseurs et des industriels [29]. »

---

25 Sur le monde des affaires au Liban et ses liens au politique, on lira avec intérêt Kamal Dib, *Warlords and Merchants. The Lebanese Business and Political Establishment*, Ithaca Press, Beyrouth, 2004.

26 Précisons que CMA-CGM est désormais le premier armateur français et le cinquième groupe mondial de transport maritime. En 2003, il comptait 290 agences dans le monde, affrétait 157 navires dont 31 en propriété, et réalisait 3 milliards d'euros de chiffre d'affaires et 200 millions d'euros de résultats nets (selon le dossier de presse de la société). C'est par ailleurs, malgré sa taille, une entreprise familiale, gérée par Jacques Saadé lui-même, ses fils et sa fille.

27 Voir *La Provence*, 13 septembre 2002. Il y a bien délocalisation de la CGM, mais ce sont seulement 72 des 196 salariés de l'entreprise qui sont effectivement transférés à Marseille (sur les plus de 6 000 personnes qu'emploie le groupe, 75 % sont répartis dans ses différentes agences en France et dans le monde).

28 Ces employés auront été particulièrement choyés par la Ville : la DGDE leur organise un premier voyage à Marseille quelques mois avant le transfert, s'occupe de l'inscription de leurs enfants à l'école, leur propose une gamme de logements...

29 *La Provence*, 13 septembre 2002.

Et le 2 décembre 2004, Jacques Saadé annonce à la presse réunie qu'il a retenu l'architecte anglaise d'origine irakienne Zaha Hadid pour édifier son nouveau siège, à quelques mètres de l'ancien, devenu, deux ans seulement après sa construction, trop étroit. L'architecte est connue pour ses réalisations futuristes à Cincinnati ou à Milan. Son projet pour le MUCEM avait les faveurs du ministère de la Culture, mais il n'a pas été retenu. Pour le siège de CMA-CGM, elle propose l'édification d'une tour de cent dix mètres de hauteur, saluée comme il se doit par le maire, présent aux côtés de Jacques Saadé lors de la conférence de presse [30].

L'établissement public a sa délocalisation, l'industriel son siège et le maire peut présenter, à coups de petites phrases distillées de cérémonie en cérémonie, ce transfert comme la conséquence d'amitiés personnelles et de jeux relationnels dont il est, évidemment, le centre. La présence de Jacques Saadé au comité de soutien pour la candidature à l'America's Cup couronne cette alliance par laquelle le « global » se fait « local ».

## *Ivresse spéculative*

Un autre acteur d'importance a fait son apparition bien plus tôt dans cette niche mondialisée que sont les espaces portuaires. À défaut de parler au monde, en ce début des années 1990, il tutoie un président de la République et nombre de ministres socialistes : il s'agit de Christian Pellerin, que l'on a déjà vu paraître dans un chapitre précédent, rachetant presque inopinément en 1992 un fleuron de l'architecture industrielle, le bâtiment des Docks, qu'il transforme en immeuble de bureaux [31]. Il est bien difficile encore aujourd'hui de décider, entre le réaménagement des Docks ou le programme Euromed, lequel est la poule et lequel est l'œuf. Peu importe, car le couplage des deux logiques d'acteurs qui se manifestent là est bien le moteur du tour que va prendre la rénovation des espaces portuaires marseillais. D'un côté, donc, l'État aménageur, ses urbanistes et leurs utopies. De l'autre, des grands groupes de promotion immobilière.

À l'image de Christian Pellerin, de grands promoteurs ou investisseurs fonciers s'intéressent de très près à Marseille au seuil des années 1990. Elle est alors l'une des villes les moins chères d'Europe, au creux d'une vague de reflux de sa population et de désarroi économique.

---

30 *Le Monde*, 4 décembre 2004.

31 Voir *supra*, chapitre 13.

En 1991, l'ancien se vend à Marseille de 500 euros environ le mètre carré pour les quartiers dégradés du centre-ville à 1 500 euros pour les très chics quartiers de la Corniche ou du Prado [32]. Il n'est alors pas rare de voir des appartements abandonnés par leurs propriétaires depuis des décennies, sans pour autant être vétustes, se vendre pour des bouchées de pain. Tel ami [33] achète en 1988 un appartement de 150 mètres carrés avec ascenseur et terrasse au dernier étage d'un superbe immeuble XIXᵉ siècle au pied de Notre-Dame de La Garde pour la somme dérisoire de 500 000 francs (76 500 euros). De petites et coquettes « maisons de ville » sises dans les quartiers d'Endoume et de Malmousque, parfois les pieds dans l'eau, se vendent elles aussi pour moins de 100 000 euros, tandis qu'un appartement de 100 mètres carrés dans une copropriété dégradée du 3ᵉ arrondissement nous aura été proposé à 25 000 francs (3 800 euros !) en 1992. À la même époque, l'immobilier ancien se vend entre 2 100 et 4 200 euros le mètre carré dans le très populaire 20ᵉ arrondissement de Paris.

À ce niveau d'effondrement des prix, il était inéluctable que de gros investisseurs commencent prudemment à s'intéresser à Marseille. Outre Pellerin donc, un groupe suédois et un groupe anglais d'investissement sont alors signalés pour avoir racheté de luxueux immeubles sur la Canebière [34]. L'une des sociétés immobilières propriétaires des immeubles de la rue de la République change de main et passe sous le contrôle du groupe Danone, qui le revend en 2000 à un autre groupe national, P2C. Des promoteurs capitalisent en périphérie des terrains propices à la construction d'ensembles pavillonnaires [35]. On a vu également que des franges des bourgeoisies marseillaises se réveillent prudemment, achètent elles aussi ou rénovent des fragments de leur patrimoine [36]. En 2001, la Sari, devenue entre-temps

---

32 Ces chiffres sont tirés d'un numéro que la revue *Capital* consacre au prix de l'immobilier en France en décembre 1991. Marseille y est signalée comme une ville où l'on peut faire des affaires...

33 Des deux auteurs, évidemment.

34 Ces faits sont rapportés par le magazine *Science et Vie Économie*, n° 59, mars 1990, qui lui aussi mène une enquête sur la crise du foncier à Marseille, signalant au passage les bonnes affaires...

35 Le groupe américain Kauffman and Broad par exemple. Il figure aujourd'hui parmi les promoteurs qui construisent le plus dans Marseille. Dès les années 1980, il achète quelques terrains dans les 10ᵉ, 11ᵉ et 12ᵉ arrondissements, dont ceux du château de la Buzine – qui n'est autre que la propriété de Marcel Pagnol, rachetée par lui dans les années 1950 lorsqu'il y reconnaît le lieu de son roman biographique *Le Château de ma mère*...

36 Voir *supra*, chapitre 13.

Nexity [37], revend les Docks à Topazinvest, filiale de la banque Lazare, qui va les revendre deux ans plus tard à un fonds de pension américain, Starwood, que l'on retrouvera candidat à l'édification d'un hôtel de luxe dans le périmètre d'Euromed. Nexity construit, directement, l'un des immeubles de bureaux que livre Euromed derrière les Docks, et *via* sa filiale Apollonia, le premier programme de logements implanté sur le site.

Sans grande surprise [38], Marseille est entrée au début des années 2000 dans une phase de remontée rapide des prix du foncier, qui a pris, dans la presse locale et nationale, les apparences légendaires d'une fièvre immobilière. « Tout flambe », titre *Le Nouvel Observateur* dans un dossier spécial immobilier sur Marseille paru en avril 2001 [39]. De fait, les prix montent, de 15 % par an en moyenne et assez régulièrement dès 1999, la construction neuve repart, les agents immobiliers se frottent les mains et les panneaux publicitaires vantant les mérites des grands promoteurs refleurissent : Kauffman and Broad, Eiffage, Nexity, Bouygues sont pour l'essentiel ceux qui construisent à Marseille. On construisait 1 742 logements à Marseille en 1991. La courbe s'infléchit lentement, marquant une augmentation significative en 1996, avec plus de 2 500 logements, chiffre à peu près stable jusqu'en 2004, où on atteint les 4 000 logements neufs construits dans l'année [40]. Fin 2004, les prix dans l'ancien variaient de 1 228 euros en moyenne le mètre carré dans le 15e arrondissement à 2 592 euros dans le 8e [41]. En quelques années, Marseille a donc rejoint le club des villes où le prix moyen du foncier est supérieur à 2 000 euros le mètre carré, telles Strasbourg, Reims, Montpellier ou Toulouse, très loin cependant de Nice et bien sûr de Paris *intra muros* ou même de la région parisienne [42].

---

37 Nexity est aujourd'hui le premier groupe français de promotion immobilière. Il est issu du démembrement de Vivendi, qui en était propriétaire jusqu'en 2000. La Sari est la filiale immobilière d'entreprise de ce groupe, qui revendiquait en 2003 7 % du marché immobilier français (*Le Monde*, 15 octobre 2004).

38 Si l'on admet en effet que Marseille « touche le fond » des seuils de prix, il est évident que l'intérêt des quelques pionniers promoteurs ne peut que relancer le marché à la hausse.

39 *Le Nouvel Observateur*, 29 mars-4 avril 2001. L'année 2001 marque en effet un tournant dans le marché immobilier marseillais, d'abord pour le nombre des dossiers et articles consacrés par la presse à la montée des prix... Fait hautement symbolique, on commence en ces années 2000 à voir parfois des maisons marseillaises proposées à la vente dans les très chics petites annonces du *Nouvel Observateur* ou d'autres journaux type *Côté Sud*.

40 Source : fichier des permis de construire, AGAM, octobre 2004.

41 Données de la chambre régionale des notaires au 31 décembre 2004.

42 Selon le Crédit foncier, le prix moyen du mètre carré à Marseille était de 2 200 euros en 2004 (contre 3 850 euros à Nice, et 4 000 à 7 000 euros dans Paris *intra muros*). Marseille était alors au prix de la Seine-Saint-Denis... (*Le Monde*, 20-21 mars 2004).

Lorsqu'il rappelle, fin 2003, que « Marseille est la ville de la petite propriété » et entend le rester[43], le maire entretient la représentation, commune dans l'opinion locale, que cette ivresse spéculative est une forme de développement économique dont la ville profite, ou du moins ceux de ses habitants qui ont eu l'opportunité de réaliser une opération immobilière, achat ou vente, dans les dix dernières années. Une vision patrimoniale et rentière de l'économie urbaine, qui n'a cessé de se confronter à la logique plus « industrialisante » des deux établissements publics, laquelle présente en effet le grand inconvénient de se passer des acteurs locaux pour se déployer...

Nul ne peut aujourd'hui dessiner clairement ce que seront les espaces portuaires lorsque les chantiers seront terminés. Le sort du MUCEM, même si sa création a été confirmée par le ministère de la Culture, n'est pas encore fixé (sa construction est prévue, mais pas son budget...). La tour Saadé va devenir, si elle est édifiée conformément au projet initial, le phare du nouveau quartier, éclipsant quelque peu les autres bâtiments de bureaux. Pour le reste, bien sûr, beaucoup de choses restent en suspens. Il est clair désormais que la vocation commerciale du port a été conquise contre les derniers récalcitrants. Marseille aura sa galerie marchande en bord de mer, comme Baltimore, Liverpool ou Gênes. On espère que les croisiéristes y feront leurs emplettes touristiques, si le port de Golfe Juan ne reprend pas la clientèle qui était la sienne. Peu d'espaces, à vrai dire, auront donc été rendus à la collectivité et c'est justement le sort de ces espaces – dont l'emplacement du MUCEM et la promenade du Fort Saint-Jean – qui est le plus incertain.

Politiquement, enfin, un cycle a été refermé, celui qui donnait la maîtrise des projets, leur style et leur philosophie, aux urbanistes d'État, aux promoteurs et architectes qu'ils soutenaient. Grâce au « coup » de l'America – qui pourrait rester dans les annales de l'école de la politique s'il y en avait une tant il est exemplaire de rouerie politique –, le maire a repris, même symboliquement, l'initiative. Il y a gagné la capacité de faire croire qu'il pouvait être, comme ceux qu'il a ainsi « réalignés », un interlocuteur du monde. Et il a mis un terme à la dominante culturaliste du projet de ville établi sur le port, et rétablit une dominante mercantile que la ville maîtrise ou domine infiniment mieux, y compris culturellement.

---

43 *La Tribune*, 9 décembre 2003.

# 16

# *Des communautés imaginaires et électorales*

## *« Marseille cosmopolite », la légende*

L'idée paraît absolument incontestable : Marseille est une « ville cosmopolite », où cohabitent plutôt mieux qu'ailleurs divers groupes culturels ou ethniques. Ce serait même sa principale singularité. La liste des formules sur ce thème est interminable [1]. Quelques-unes suffiront à rappeler l'antienne au lecteur.

En juin 2003, l'archevêque de Marseille, Mgr Bernard Panafieu, qui n'oublie jamais que la ville est consacrée au Sacré-Cœur de Jésus, évoque ainsi, dans une adresse aux hommes politiques, « l'extraordinaire diversité ethnique, culturelle, religieuse de [nos] populations ». Les grandes fêtes populaires parrainées par la mairie, de la Massalia (1999) à Quais du large (2005), se présentent toujours sous l'égide du multiculturalisme. Lors d'un meeting de la campagne municipale de 2001, le maire sortant et candidat Jean-Claude Gaudin le dit explicitement : « Marseille n'est jamais aussi belle que quand elle réunit toutes les communautés qui ont fait son histoire [...] autour d'immenses fêtes populaires comme la Massalia ou la Marscéleste. »

Quant à la littérature, qui fonde une partie de la légende urbaine, elle a produit des milliers de pages évoquant la cohabitation des étrangers, des

1 Un des signataires de ce livre, Michel Samson, en a d'ailleurs largement usé dans les différents journaux où il a travaillé, tant ce lieu commun politique peut être utile pour décrire la façon dont la vie locale se déroule.

immigrés et des autres. La syndicaliste et féministe Flora Tristan estimait déjà en 1844 que « cette ville n'est pas française. Il y a ici un ramas de toutes les nations [2] ». Un siècle plus tard, Jean-Marie Gustave Le Clézio promène son héroïne Lalla au milieu des « Nord-Africains, sombres, couverts de vieilles vestes, coiffés de bonnets de montagne ou des casquettes à oreilles ; des Turcs, des Espagnols, des Grecs, tous l'air inquiets et fatigués [3] ». Et les romans de Jean-Claude Izzo, qui ont lancé la mode du « néopolar marseillais », sont des odes désespérées à une cohabitation entre les enfants d'immigrés italiens, arabes ou gavots, que la dureté des temps semble rendre impossible [4].

Les travaux d'historiens confortent l'idée, surtout depuis la parution de l'incontournable *Migrance* d'Émile Témime [5]. Sous l'égide du même Émile Témime et de Pierre Milza, Autrement a publié une collection, « Français d'ailleurs, peuple d'ici », de portée nationale mais qui comprend cinq volumes marseillais : *Marseille transit : les passagers de Belsunce* ; *Les Comoriens de Marseille* ; *Le Camp du Grand Arénas, Marseille 1944-1966* ; *1962 : l'arrivée des pieds-noirs* et *Le Panier, village corse à Marseille*. Et un numéro consacré aux quartiers de la revue officielle d'histoire municipale, *Marseille*, rappelle avec complaisance qu'à la Belle de Mai, un habitant sur deux portait un nom italien au début du XXe siècle [6].

Les fondements imaginaires de cette légende sont assez évidents, si évidents même qu'ils se dissimulent sous les apparences d'un truisme : il y a à Marseille des populations d'origines diverses, migrantes, et donc des communautés « étrangères » qui se forment par cette seule présence. Ce petit « donc » est à lui tout seul une sacrée boîte noire. Car s'il est incontestable que Marseille a été, durant les deux derniers siècles, une ville de transit et d'immigration, cela ne signifie pas pour autant que se soient constituées des communautés organisées qui subsisteraient sur plusieurs générations et constitueraient les pièces d'un puzzle nommé Marseille, dont le secret serait d'assembler pacifiquement ces morceaux rapportés.

Pour s'arracher à ce mythe envahissant, on peut d'abord rappeler que l'immigration a au moins autant d'importance dans d'autres villes de

2 *In* Julie Agostini et Yannick Forno (dir.), *Les Écrivains et Marseille*, *op. cit.*

3 Jean-Marie Gustave Le Clézio, *Désert*, Gallimard, Paris, 1980.

4 Voir sa trilogie parue dans la « Série noire » (Gallimard) : *Total Khéops* (1995), *Chourmo* (1996) et *Solea* (1998).

5 Émile Témime (dir.), *Migrance. Histoire des migrations à Marseille*, 4 volumes, Édisud, Aix-en-Provence, 1989. Le néologisme « migrance » est forgé à partir des mots migration et errance.

6 *Marseille, revue culturelle*, n° 175, 1995.

France, comme Lyon, Paris ou Roubaix. Et on peut donner un tour concret à la contradiction entre des faits historiques avérés et la réalité sociale et politique de la ville actuelle en évoquant le télescopage entre le titre de la série marseillaise d'Autrement, *Le Panier, village corse à Marseille* [7], et la réalité de plusieurs rues de ce même quartier où ont vécu jusque naguère des générations de Comoriens logés dans des conditions indignes par un marchand de sommeil d'origine espagnole [8]. Dit plus simplement, il y a bien à Marseille des populations venues d'ailleurs dont les enfants ont fait souche ; il y a bien des réseaux d'affinités, de goûts et parfois de solidarité qui se perpétuent ; mais cela n'implique pas que des communautés, stables et organisées, subsistent ou même se soient jamais formées.

On ne niera pas non plus qu'on trouve dans plusieurs quartiers de la ville des traces d'une ancienne géographie communautaire dont chacun connaît les gammes : la Belle de Mai des Italiens, La Petite Arménie du boulevard des Grands-Pins [9], ou de Beaumont, le parc Kallisté des Comoriens ou les gitans du Petit-Séminaire. Mais ces traces relèvent plus souvent du mythe et de la nostalgie que d'une réalité sociologique : les populations marseillaises arrivées d'ailleurs se mêlent, se fondent et se cognent presque partout, dans les grandes cités des quartiers nord, dans les zones pavillonnaires de l'est ou dans les zones appauvries du centre-ville. Quant au prétendu réflexe communautaire qui saisirait les cités mystérieuses, il est d'autant plus improbable que les populations qui en sont prisonnières sont justement d'origines très variées : à Frais-Vallon, on compte des habitants d'au moins trente-huit nationalités d'origine. Et la principale ambivalence du mythe communautaire tient justement au fait qu'il présuppose quelque chose d'une nature « ethnique » collective qui se perpétuerait naturellement. Autrement dit, une fois déshabillé de sa rhétorique lénifiante, la légende marseillaise nous dit qu'ici, on arrive « étranger » et on le reste toujours un peu...

---

7 Marie-Françoise Attard-Maraninchi, *Le Panier, village corse à Marseille*, Autrement, Hors série n° 98, Paris, 1997.

8 Voir *supra*, chapitre 13 [centre-ville 2] (et aussi : *Le Monde*, 14 mars 2000).

9 Sur ce sujet, voir Lydie Belmonte, *De La Petite Arménie au boulevard des Grands-Pins*, Paul Tacussel éditeur, Marseille, 1999.

## *La gestion de la « symbolique communautaire »*

Pour enfoncer ce clou, il faut donc énoncer deux évidences, souvent oubliées. D'abord que les groupes de migrants évoluent : si les primo-arrivants fonctionnent souvent en groupe, leurs successeurs peuvent réagir autrement. Nombre d'enfants d'immigrés tendent à s'émanciper au plus vite des vieilles traditions. L'exemple est connu : si les descendants d'Italiens restés à Marseille continuent d'aimer la pizza, les pâtes et les Fiat, ils forment tout au plus une communauté de goûts, ils n'ont en rien des pratiques endogamiques, n'habitent pas les mêmes quartiers et s'ils soutiennent volontiers l'équipe d'Italie dans à peu près tous les sports où l'Italie figure, c'est en famille devant la télé.

Ensuite, ce n'est pas parce qu'un groupe dispose d'instances élues et reconnues formant une communauté organisée, que les autres font de même : il y a un consistoire juif et un comité représentatif des israélites de France, laïque ; il y une hiérarchie catholique, mais il n'y a rien de tel concernant les communautés musulmanes ou évangéliques, ou les chrétiens orthodoxes. Que dire enfin des instances introuvables qui représenteraient une mythique « communauté corse » ? Là encore, ni la présence de populations d'origines géographiques diverses ni même l'existence avérée de solidarités, de réseaux relationnels, de régimes de préférence ne suffisent à établir l'existence de communautés...

Si tous les élus se sont cassé les dents à propos de la grande mosquée [10], c'est peut-être parce qu'ils pensaient « communauté musulmane » au singulier quand il n'y a pas grand-chose de commun entre un Comorien pieux, un porte-parole de la bureaucratie d'État algérienne et Zoubida, animatrice d'une association d'insertion née dans l'effervescence de la « cause banlieusarde ».

Pourtant, la gestion de la ville reste conçue par les élites locales comme celle d'un fragile patchwork ethnique ou religieux auquel il faut prêter une attention sans faille. Le procureur Jacques Baume, responsable de la politique pénale de la circonscription, nous l'indique clairement : « L'organisation communautaire du monde arménien, du monde juif, comme certaines organisations communautaires du monde musulman ont un poids à Marseille que je n'ai pas connu à Bordeaux. Là-bas, on allait aux cérémonies du rabbin, par courtoisie républicaine et c'était tout. Ici, un dossier dans lequel est impliquée une personnalité juive ou d'une autre communauté

10 Voir chapitre suivant.

importante mérite une gestion adaptée. Il ne s'agit pas, pour la justice, de faire ce que demande la communauté concernée : il s'agit d'adopter une gestion adaptée de la publicité et de l'orientation qu'on donne à l'affaire. La mettre en émoi, c'est secouer l'ensemble de la ville, parce que cela active des contre-feux qui vont compliquer encore le dossier. » Et il précise : « Les communautés ont du poids, mais pas sur un mode ghettoïsé : on n'est pas dans le système communautaire américain où l'on se partage un territoire, il s'agit plutôt de groupes de pression et d'appartenances culturelles. »

Le maire de Marseille a son idée sur cette affaire, qui le préoccupe beaucoup : « Marseille a 2 600 ans d'existence, c'est un port, donc l'Étranger, avec un É majuscule, a toujours été très présent dans cette ville [...]. Mais autant, je ne souhaite pas que le centre-ville devienne un quartier exclusivement musulman, autant je ne souhaite pas non plus que tel ou tel autre quartier de la ville devienne un quartier spécifiquement communautariste. J'essaie de faire en sorte que, dans cette ville, les communautés se respectent, qu'elles se rencontrent à travers Marseille Espérance [11] et qu'elles ne soient pas antagonistes. Pour autant, si le Front national arrive à faire autant de voix qu'il en fait dans cette ville, vous savez bien que c'est à cause de cela. » Ces mots sont parfaitement en phase avec ceux du président du conseil général socialiste Jean-Noël Guérini (PS), élu du Panier qui, dans une interview au journal de la communauté juive *Communauté nouvelle*, expliquait en 2004 : « Lorsque je suis devenu président du conseil général, j'ai fait miennes [les] réflexions [de Gaston Defferre] me disant : "Jean-Noël, sois à la disposition des communautés, de la communauté juive, mais attention ne t'en sers jamais, bien au contraire, sois toujours à son écoute et lorsqu'il y a des enjeux politiques, ne lui demande rien, reste toi-même, ne mélange pas les genres" [12]. »

On le constate avec ces professions de foi politiques : ce n'est pas parce qu'il n'y a pas de communautés qu'il n'y a pas de « symbolique communautaire [13] » et, partant, de politique destinée à séduire les acteurs et électeurs issus des différents mondes ethniques de la ville. Vivant dans la fiction de communautés stables, les dirigeants politiques, pour les séduire, attirent donc des notables issus de la supposée communauté sur leurs listes, et offrent des faveurs, matérielles ou symboliques, à leur groupe d'origine.

---

11 Groupe de dialogue interreligieux créé en 1990 (voir chapitre suivant).

12 *Communauté nouvelle*, 2 mars 2004.

13 L'expression est employée par Vincent GEISSER et Schérazade KELFAOUI, « Marseille 2001, la communauté réinventée par les politiques », *Migrations et Société*, vol. 77, septembre-octobre 2001.

Travail de patience et de clientèle, travail classique sur des réseaux. Quant à la gestion organisée de la cohabitation entre lesdites communautés, elle passe le plus souvent par la religion, considérée comme le seul ciment possible de ces groupes insaisissables et supposés hostiles les uns aux autres. Avec la conséquence aussi implacable qu'invisible de maintenir un classement symbolique des populations. Car parler des communautés, c'est indiquer en creux que ces groupes communautaires sont les autres d'une population ordinaire, non communautaire, évidemment blanche et catholique. Le discours sur les communautés exclut en effet l'Église catholique de l'inventaire, alors même qu'elle est la communauté religieuse la plus hiérarchisée et la mieux organisée (c'est même la seule dont les élus municipaux écoutent officiellement les homélies) – nous y reviendrons dans le chapitre suivant.

## *Des noms sur des listes*

Première façon de séduire une communauté imaginée : faire figurer certains de ses membres sur les listes d'éligibles et, mieux encore, les faire élire. Cette pratique, courante depuis des décennies, présente un avantage pour l'observateur : elle désigne les communautés que les politiques nomment et reconnaissent – et donc celles qu'ils oublient.

Petit retour en arrière : quand il signe le livre *Si demain la gauche*, en 1977, Gaston Defferre n'utilise pas une seule fois, en 285 pages, le mot de « communauté ». Dans un chapitre où il parle des banlieues, voici comment il décrit ces populations qui seront plus tard désignées comme des communautés censées peupler les quartiers nord : « J'ai eu l'impression que je n'étais plus à Marseille, mais dans un pays lointain, étranger, comme au temps où les explorateurs partaient à l'aventure et découvraient les représentants des populations primitives [14]. » Quelques années plus tard, Jean-Claude Gaudin signe lui aussi un livre électoral, *Une passion nommée Marseille* [15]. Le mot « communauté » y figure une fois, dans un chapitre titré : « Comment rendre à Marseille la sécurité à laquelle elle aspire », qui met aussi en cause la jeunesse des banlieues. Après la génération des travailleurs solitaires, explique le candidat à la mairie, « une autre communauté peu à peu s'est constituée avec d'autres coutumes et d'autres manières de

---

14 Gaston Defferre, *Si demain la gauche. Réponses à Pierre Desgraupes*, Robert Laffont, Paris, 1977.

15 Jean-Claude Gaudin, *Une passion nommée Marseille*, Albin Michel, Paris, 1983.

vivre », dont les enfants « participe[nt] à l'augmentation de la délinquance », d'autant que « depuis le 10 mai 1981, plus un policier ne prend le risque d'arrêter un délinquant maghrébin ».

La « communauté » maghrébine, ou musulmane, pourtant présente dans la ville depuis le début du siècle, est donc à l'époque stigmatisée comme fauteuse de trouble et niée sur le plan politique. Mais ce n'est pas vrai d'autres groupes. Philippe Sanmarco, ex-dauphin de Defferre, explique par exemple dans le film *Marseille de père en fils* [16], comment Gaston Defferre constituait des listes où figuraient des représentants de différentes communautés de la ville : « Defferre avait un certain nombre de clefs de la ville [...]. Il avait les clefs de communautés : la communauté arménienne, la communauté juive. Avec les Corses, c'était un peu plus difficile, mais d'autres à côté de lui s'en chargeaient » – il désigne ainsi Bastien Leccia ou Jean-François Guérini, fidèles lieutenants de l'ancien maire.

Le pacte républicain fonctionne donc à cette époque avec des sous-entendus affichés : tous les citoyens sont égaux et sans appartenance, mais la liste du maire comprend des Corses, des Arméniens, des Juifs, qui apportent la caution de leur monde au candidat – lequel espère des voix en retour. Philippe Sanmarco résume d'une formule embarrassée le fonctionnement symbolique et presque implicite de ce genre d'affichage : « Il faut qu'on bâtisse une liste qui exprime... sans qu'on s'appesantisse... que les gens disent : "OK, il y a untel, il y a untel, OK..." Ils n'ont pas besoin de commentaires de textes [17]. »

Cette course au nom ethniquement connoté connaît d'ailleurs ses ratés tragi-comiques. Le président du consistoire juif régional, Zvi Amar, se souvient d'une élection récente : « Je ne veux pas citer de noms, mais je vous donne juste un exemple. On m'a contacté [...] et on me dit : "Qu'est-ce que vous pensez de cette personne, Mme Untel ?" J'ai dit : "Attendez ! Mais cette dame n'est pas juive !" On me dit : "Ça fait rien, son nom a une connotation juive..." Je vous assure que c'est vrai [...]. On m'a contacté parce que les gens connaissent mon influence un peu partout. Et j'ai dit : "Mais Monsieur, je vous répète que cette personne n'est pas juive !" "C'est pas grave, Monsieur Amar, son nom suffit..." Des fois, ça frise un peu le ridicule... »

Quelques exemples suffiront à montrer que cette pratique vient de loin, et perdure. Pour les Corses, Bastien Leccia siège au conseil municipal, dans le sillage de Gaston Defferre, de 1965 à 1983. Il est, depuis 1958,

16 *In* Jean-Louis Comolli et Michel Samson, *Marseille contre Marseille*, série documentaire citée.

17 *Ibid.*

président de la Fédération des associations corses de Marseille [18]. Quant à Jacques Rocca Serra, dont le nom fait un Corse, et qui vient représenter le maire au premier Salon de l'économie corse qui se tient à Marseille en 2003, il a intégré le conseil municipal dès 1977, dans la majorité defferriste. Il y siège encore en 2005, étant passé par la majorité vigouriste, avant de rejoindre celle de Jean-Claude Gaudin. Pour les Arméniens, Rafi Nazarian, premier élu marseillais dont le nom finit par « ian », intègre le conseil dirigé par Defferre en 1965. L'homme, de tendance socialiste, n'est pas très actif dans la communauté, mais son entrée est très favorablement saluée par les Arméniens de Marseille, qui se sentent alors représentés par un des leurs pour la première fois [19]. Il saute un mandat, revient en 1977, puis en 1989, toujours socialiste. Depuis cette époque, le conseil comprend toujours des membres dont les noms finissent par « ian », un record étant atteint sous la municipalité Vigouroux (1989-1995) avec cinq conseillers d'origine arménienne, dont quatre adjoints. Dans le premier mandat de la droite gaudiniste, deux conseillers arméniens sont membres de la majorité, Gilbert Kerkerian (RPR) et Jean-Pierre Berbérian (UDF, transfuge du FN), quand Garo Hovsépian fait son entrée pour la gauche. Pour ce qui concerne la communauté juive, Gaston Defferre s'est longtemps appuyé sur Roland Amsellem. Il est élu en 1971, en 1977, puis à nouveau en 1989 [20], où il devient adjoint de Vigouroux. Dans cette municipalité, entre 1989 et 1995, on repère au moins deux représentants de la communauté juive. On en compte trois dans la première mandature Gaudin (1995-2001) et un – ou deux suivant les décomptes – dans la seconde [21].

Lors de l'élection municipale de 2001, la question de la représentation de la « communauté musulmane » émerge pour la première fois dans l'espace public. Sur 2 217 candidats marseillais recensés (total de toutes les listes des huit secteurs), on compte « quatre-vingt-six noms de candidats issus de migrations maghrébines, machrékines, africaines et comoriennes »,

18 Voir Marie-Françoise Attard-Maraninchi, *Le Panier, village corse à Marseille*, *op. cit.*

19 Selon le témoignage du journaliste Jean Kehayan.

20 L'élection de 1983, la première et la seule que Defferre ait conduite dans le cadre de l'Union de la gauche avec le PCF, a forcé le maire sortant à ouvrir ses listes selon des critères strictement politiques, qui ont bousculé les équilibres symboliques ordinaires.

21 On n'a pas, ici, relevé la confession des élus, on a repéré avec l'aide d'un connaisseur des réseaux juifs de la ville ceux qui sont considérés comme plus ou moins représentatifs de la communauté. Que notre informateur soit ici remercié.

écrivent Vincent Geisser et Schérazade Kelfaoui, soit 3,8 %[22]. Les deux auteurs constatent d'ailleurs que parmi les postulants qui ont des chances d'être élus, on rencontre les catégories de « gérant de société, expert-comptable, patron pêcheur, journaliste, chargé de mission et fonctionnaire », c'est-à-dire le même monde social que celui de la majorité des autres conseillers municipaux. Finalement, treize de ces quatre-vingt-six candidats sont élus dans les conseils d'arrondissement, quatre au conseil municipal, dont trois à gauche (deux hommes, une femme) et une à droite. Mais la grande nouveauté, « c'est que la présence de candidats "musulmans" ou "maghrébins" a fait l'objet d'une concurrence et d'une surenchère entre les deux principales listes (Union de la droite et Gauche plurielle)[23] ».

Au-delà de son nom, l'élu communautaire doit pouvoir traiter quelques dossiers et au moins être un bon informateur sur ce qui se passe dans le monde qu'il est censé représenter. La difficulté, pour les têtes de liste, est donc de choisir le bon représentant parmi tous ceux qui se proposent. Lucien Weygand (PS), conseiller municipal et général de longue durée, nous l'explique : « Le rôle de l'élu, c'est aussi de savoir discerner dans la personne qui vous parle, si elle n'est pas représentative de la communauté, qu'elle exprime quand même ce que pense la majorité de sa communauté. » Il illustre la difficulté par un exemple : « Les Comoriens, c'est une histoire de fous, quoi ! En relation avec les Comores, les gens vous présentaient untel comme le futur président de la République, le lendemain ils demandent une place pour qu'il soit gardien dans les HLM. Il faut s'y reconnaître, hein ! »

Salah Bariki, enfant d'Algérie devenu français, ancien militant d'extrême gauche, militant associatif, fondateur de Marseille Espérance et rallié à Gaudin en 2001, nous décrit la tâche impossible de trouver des bons responsables : « Dans le cas des musulmans à Marseille, je pense que les types s'autodésignent... Par exemple, Slimani [boucher très connu] à un moment était au firmament, il était leader économique, mais il a touché un peu à la politique avec Tapie, avec Vigouroux. Qui sortait encore à l'époque ? Tahar Rahmani [militant associatif, élu divers gauches], Nasser Sabeur [commerçant en textile] : à l'époque, il y avait un truc très important, ce cours Belsunce, on en parlait beaucoup. Rien ne prédestinait quelqu'un comme Sabeur à devenir un leader, c'est simplement qu'à un moment les médias ont été le voir. Mais il y a des gens qui ont fait mieux

22 Vincent Geisser et Schérazade Kelfaoui, « Marseille 2001, la communauté réinventée par les politiques », *loc. cit.* (le taux de 3,8 % est proche du taux national de 4 % à 5 %, ce qui relativise encore la singularité marseillaise).

23 *Ibid.*

que lui et que personne n'a été voir, qui restent inconnus et ne sont jamais devenus leaders. Nous avons trois ou quatre vrais milliardaires maghrébins. Tu prends Bouod [boucher, puis fabricant de produits alimentaires], il était archi-inconnu quand il était au marché du Soleil. Après il est arrivé à la zone franche, il est monté un petit peu, après arrive l'histoire d'Omar Haddad [accusé de meurtre, gracié, puis embauché par M. Bouod]. Il y a toujours les médias... Alili [imam de la mosquée du Bon Pasteur], par exemple, a été très médiatique à une époque. Il était considéré par Defferre comme "le" représentant musulman. Parce qu'il était copain avec le mec des RG, il mangeait toujours chez lui, c'est lui qui l'a placé au CORIF [24], c'est lui qui l'imposait partout. Quand Joxe, ministre de l'Intérieur, demande au préfet : "Donnez-moi quelqu'un pour le CORIF", que fait le préfet ? Il demande à ses RG. Que font les RG ? Alili ! Il a hérité de son père la mosquée de la rue Pasteur et le restaurant. Et c'est important, parce que le téléphone de la mosquée est dans le restaurant. Alili recevait tout le monde au restaurant et il s'est autoproclamé recteur. Personne ne l'a nommé recteur. Alili a joué beaucoup de la politique. Les gens se forment d'eux-mêmes. Des *self made men.* »

Samia Ghali, élue au conseil municipal en 2001, renchérit, cruellement : « On met toujours en avant Bouod ou les bouchers. C'est comme si on disait que "Viandes à gogo" est l'homme de l'économie marseillaise. Soyons sérieux : Slimani gagne bien sa vie, c'est un commerçant, c'est tout. Bouod responsable de chevillards, cela ne veut rien dire. La mosquée, pour eux, c'est juste une question d'argent [...]. D'ailleurs, il ne peut pas y avoir de communauté arabe, parce que les Arabes, c'est d'abord des familles, des clans, il y a des racines, des liens partout. C'est aussi pour ça que, sur l'immigration, la droite a fait tout faux : elle n'a que des Marocains ou des Tunisiens, et à Marseille c'est les Algériens qui comptent. »

On comprend ici que la « représentation » n'est pas seulement affaire d'appartenance, mais aussi de désignation. Tel notable sera désigné en fonction de son apparition sur une scène médiatique, de son influence ou de son poids économique, jamais parce qu'il fait figure de modèle culturel ou ethnique. On pourrait même penser que c'est pour autant qu'il a fait preuve de sa capacité à être reconnu pour ses compétences ou ses performances qu'un notable en vient à représenter sur la scène politique une appartenance...

---

24 Comité représentatif de l'islam de France, créé en 1989 par le ministre de l'Intérieur Pierre Joxe, auquel succédera en 2002, sous le ministère Sarkozy, le Comité français du culte musulman (CFCM).

En réalité, la construction d'un leader politique reconnu de communauté est le résultat d'un processus interactif entre des notables et des élus. Militant dans les associations juives depuis son enfance, et directeur du Fonds social juif unifié, Xavier Nataf nous explique à propos d'un élu municipal : « X., c'est vraiment le type qui monte, parce qu'il va voir les politiques, il dit : "Les Juifs me reconnaissent" ; et il va voir les Juifs en disant : "Les hommes politiques me reconnaissent." Et effectivement, ça marche pour lui pour l'instant. Il était président du CRIF, il a même fait sa campagne électorale en étant encore président du CRIF. » Version plus policée de Zvi Amar, à qui on demande si certains de ses coreligionnaires se sont servis de leur intégration dans la politique pour faire une carrière dans les instances communautaires : « La communauté juive est méfiante... Si un président d'institution comme le consistoire a des ambitions politiques à l'échelle locale, régionale, il doit démissionner d'abord. Au CRIF aussi. Dans notre règlement intérieur, le président du CRIF, quand il finit son mandat, pendant un an, il n'a pas le droit d'avoir un poste politique. [...] Malheureusement, la règle n'a jamais été respectée par personne, malheureusement ! »

Dit plus crûment : pour accéder à la sphère des éligibles, occuper des postes dans un groupe communautaire organisé est un atout. En retour, être élu politique permet d'accéder à des postes communautaires. Précisant qu'il ne le fait pas du tout « de façon cynique », Xavier Nataf décrit le processus : « Quand des acteurs politiques prennent dans leur liste le Juif de service, ou le Corse de service, ils en mettent d'autres de côté. Les choses se nourrissent ensuite d'elles-mêmes, parce que la communauté se dit reconnaissante envers ces acteurs politiques qui, du coup, pensent qu'ils agissent bien. Ainsi le système s'autoalimente. Il ne s'agit pas de clientélisme : c'est plus profond, il s'agit d'une approche communautaire ou communautariste des acteurs principaux, de droite et de gauche. »

## *Des reconnaissances variables*

Une fois élus, les impétrants peuvent jouer le rôle d'interface entre les instances communautaires et l'organe dans lequel ils siègent [25]. Deux des élus d'origine musulmane de 2001, dont un membre de l'opposition, ont été immédiatement intégrés à la cellule chargée par le maire, sous la houlette précise de son directeur de cabinet, de suivre le dossier de la grande

25 Ce n'est toutefois pas systématique, et on observe que certain(e)s élu(e)s essaient au contraire de s'éloigner de cette assignation ethnique.

mosquée. Dans le même temps, Salah Bariki démissionnait du poste de conseiller d'arrondissement qu'il venait d'obtenir et intégrait le cabinet du maire pour suivre les affaires concernant les mondes musulmans. De son propre aveu, la tâche est redoutable : les divisions des mondes arabes et musulmans sont telles qu'il est souvent la cible d'une hostilité ouverte et il a bien du mal à tenir le rôle de médiateur efficace que le maire espérait lui voir jouer. Au moins aura-t-il servi d'éclaireur à une droite qui, à cause de son alliance régionale avec le Front national, a mis du temps à identifier comment et de qui se composent les mondes musulmans locaux.

S'agissant des mondes juifs, les demandes de subventions passent volontiers par un représentant de la communauté, qu'elles concernent la culture, le sport, l'éducation ou l'action sociale, plutôt que par le conseiller municipal compétent dans la matière considérée. Même chose d'ailleurs au conseil général, où l'influence du président du CRIF de 1998 à 2004, Clément Yana, est forte. Le président Guérini le reconnaît comme disposant d'une capacité d'expertise lui permettant de choisir telle association ou telle action, avant même l'intervention des services officiels chargés d'évaluer les demandes et besoins. Xavier Nataf a longtemps dirigé le Centre Fleg, qui abrite l'essentiel des associations culturelles juives de Marseille ; à ce titre, il s'est souvent adressé aux collectivités locales pour les activités du centre et voit les choses plus crûment : « Nos seuls interlocuteurs étaient le cabinet du maire ou du président du conseil général. Pourquoi, pour un dossier concernant l'action sociale, est-ce le cabinet du président ou du maire qui décide, et non pas l'adjoint aux affaires sociales ? Des Juifs qui demandent des subventions, c'est aussi de l'argent public, de l'argent de leurs impôts. Que ce soit redistribué avec une vision communautariste n'est pas sain. Ma seconde réflexion concerne les interlocuteurs politiques eux-mêmes. Ils cherchent des interlocuteurs bien sûr. Mais qu'en font-ils ? Des délégués aux affaires juives ? »

La façon la plus ordinaire de chercher l'appui d'une communauté reste quand même de montrer qu'on aide les associations qui en sont issues ou d'épouser une cause qui lui est chère, comme celle de la reconnaissance du génocide pour les Arméniens. L'affaire n'est pas neuve, même si les aides paraissent d'autant plus importantes que le nombre de votants inscrits issus de cette population devient significatif.

Prenons ici deux exemples, celui des Arméniens et celui des Comoriens, deux groupes d'importance démographique comparable dans la ville, dont les histoires migrantes et les destins sociaux sont cependant très différents. Sans qu'on puisse le déterminer avec précision, on estime que les populations d'origine comorienne et arménienne comprennent l'une et l'autre plusieurs dizaines de milliers de personnes à Marseille [26]. Leur présence dans la ville est aussi ancienne, même si le gros de la vague migrante comorienne à Marseille ne date que de la fin des années 1970. Leur mode de représentation et leur statut de visibilité politique sont pourtant très différents, voire très inégalitaires.

La Maison arménienne de la jeunesse a été créée en 1976, avec des fonds nationaux et municipaux [27], sous la houlette bienveillante de Gaston Defferre, en complicité avec Garo Hovsépian, militant de la culture arménienne et relais incontournable entre la gauche et les Arméniens organisés. M. Hovsépian est d'ailleurs devenu, en 2001, le premier maire (PS) arménien d'un secteur de Marseille. Le paradoxe est que cette reconnaissance intervient au moment même où les réseaux de solidarité et de sociabilité qui constituaient le ciment du groupe tendent à disparaître. Analysant dans le détail l'éparpillement des populations arméniennes du quartier des Grands-Pins, Lydie Belmonte décrit la multiplication des mariages mixtes, la disparition des commerces de proximité tenus par des Arméniens et en tire la conclusion qu'un processus d'assimilation a eu lieu, « de 1970 à nos jours [28] ». Ainsi, la Maison arménienne naît-elle quand la communauté tend à se dissoudre, lorsque son existence n'est plus la résultante de liens concrets de proximité, mais suppose au contraire la fondation d'un substitut symbolique.

Les Comoriens, de nationalité française pour beaucoup d'entre eux, sont installés dans les quartiers paupérisés du centre ou dans les grandes cités du nord depuis plusieurs décennies. Leur réseau associatif est dense, présent dans toutes les cités et quartiers où résident des Comoriens. Ces associations bénéficient certes de financements publics, souvent au titre des politiques de la ville plutôt que par tel ou tel service spécialisé, mais ils n'ont aucun élu municipal. La Fecom (Fédération des associations de Comoriens de France), qui fédère l'essentiel de ces associations, reçoit pour sa part

---

26 Par l'intermédiaire de Marseille Espérance, la mairie estime que les Arméniens sont 80 000, chiffre incontrôlable puisqu'on ne sait pas exactement qui il englobe. La Fédération des Comoriens de France estime qu'il y a entre 20 000 et 30 000 Comoriens dans les Bouches-du-Rhône, la plupart à Marseille – en précisant que ce décompte est également invérifiable (voir aussi le dossier « Les Comoriens de France », *Hommes et Migrations*, n° 1215, octobre 1998).

27 La construction et l'installation de la Maison ont coûté 3 millions de francs ; 500 000 francs sont venus du ministère de la Jeunesse et des Sports, dirigé à l'époque par le Marseillais Joseph Comiti, 100 000 francs du conseil général socialiste, la mairie offrant une garantie d'emprunt pour 400 000 francs. Les 2 millions restants ont été récoltés parmi les Arméniens de la ville.

28 Lydie Belmonte, *De La Petite Arménie au boulevard des Grands-Pins*, *op. cit.*

quelques aides municipales, départementales et régionales, sans avoir le statut de Maison commune.

Quant à la promesse du maire de Marseille faite à sa famille de nommer une rue Ibrahim Ali, en l'honneur du jeune Comorien tué le 21 février 1995 par des colleurs d'affiche du Front national, elle est restée lettre morte. La plaque qui commémore ce meurtre a été financée par la mairie communiste du 15e-16e arrondissement, mais elle n'a aucun caractère officiel et surtout pas le bleu république qui officialise la reconnaissance d'un être respecté ou aimé dans la mémoire officielle de la commune [29].

## *Les risques de l'assignation*

Cette prégnance d'une vision communautaire du monde, que les politiques nient en même temps qu'ils la pratiquent, crée une forte ambivalence chez les candidats porteurs d'une assignation, qu'ils assument et refusent dans le même mouvement. Un ami de Rebia Bénarioua, fils de supplétif algérien de l'armée française et candidat socialiste à la mairie en 2001, exprime cette délicate dualité : « Rebia a obtenu la double reconnaissance, celle de ce qu'on appelle la communauté – encore que je ne crois guère à une communauté – et la reconnaissance de la classe politique marseillaise. Voir un élu maghrébin nous fait plaisir, mais on ne veut pas qu'il soit uniquement représentatif des Maghrébins [30]. »

Le dilemme peut devenir difficile à gérer, en particulier quand se dissipe le halo vaguement honteux qui nimbe ces questions. Tahar Rahmani, directeur d'une association d'insertion économique, seul élu à nom arabe du groupe socialiste sortant, n'avait pas été reconduit par son parti sur les listes de candidats pour 2001. Son éviction, vécue aux marges du PS comme une mise à l'écart injuste, voire raciste, a donné lieu à un appel pour sa réintégration. On pouvait y lire : « Une chose est sûre, les représentants de notre cité doivent refléter la sociologie de Marseille. Mais derrière le masque des discours humanistes tenus à droite et à gauche, se cache la réalité de la discrimination. » Comme l'écrivent justement Vincent Geisser et Schérazade Kalfaoui à propos de cette affaire, Tahar Rahmani « a su jouer doublement

29 Il existe en revanche une rue Nicolas-Bourgat, du nom de ce jeune adolescent tué en octobre 1996 par un autre adolescent, meurtre qui avait soulevé une émotion considérable à Marseille.

30 Dans le film *Rêves de France à Marseille*, *in* Jean-Louis Comolli et Michel Samson, *Marseille contre Marseille*, série documentaire citée.

de son statut d'élite partisane classique et de celui d'élu communautaire » pour obtenir sa réintégration en position éligible sur la liste socialiste. Mais l'affrontement a produit des dégâts et des haines tenaces au sein du PS, que Tahar Rahmani, élu au conseil municipal, a finalement quitté [31].

Pied-noir, issu d'une famille de longue tradition maçonne et franc-maçon d'importance lui-même, Francis Allouch analyse le phénomène avec humour. Il est l'exemple même du Juif non pratiquant, connu pour ne pas vouloir être considéré comme porte-parole d'une communauté religieuse. Il a fait partie des équipes politiques de Robert Vigouroux, qui l'avait recruté parce qu'il le savait franc-maçon, et de Bernard Tapie. Il nous raconte : « Quand je rentre au PS et que tout le monde me dit : "Tu es juif, toi." Je ne peux pas nier ce qui existe. Le sentiment de l'appartenance est supposé le plus fort. Quoi qu'on puisse dire, il dépasse l'individu. » Conseiller régional socialiste jusqu'en 2004, il explique : « Au fond, aller casser les couilles à des gens qui sont là pour prier parce qu'ils ont une foi, et à qui, au moment de l'apéro, on montre le candidat de service pour le PS ou pour l'UMP, je trouve que c'est pas bien et pourtant ça se pratique – et ça se pratique depuis très longtemps. » Avec son langage cru, Francis Allouch dit regretter d'avoir sacrifié à cette coutume préélectorale quand il était candidat à la mairie de Marseille en 1995 sur les listes de la gauche. D'après lui, ce ne sont pas les fidèles qui sont demandeurs de ces visites de complaisance, c'est le postulant à l'élection qui force la porte de leur sanctuaire pour tenter de les séduire. L'amusant est que Francis Allouch avoue avoir été « lamentable » dans l'exercice et confesse qu'il est aussi vain qu'obligatoire.

Les autres élus ne semblent pas dupes non plus. À propos des Arméniens, Roland Blum, le député-maire (UMP) d'un quartier qui fut un des premiers lieux de leur implantation (Beaumont), « ne croit pas à l'existence d'un vote communautaire ». Son concurrent socialiste, Christophe Masse, dit la même chose [32]. Ce qui n'empêche pas le sénateur Gaudin de faire le forcing, en décembre 2000, pour obtenir du Sénat la reconnaissance du génocide arménien. Après quoi, il est invité, plus ou moins spontanément, à une grande célébration de la victoire par ses amis arméniens de droite. L'autre sénateur de Marseille, le communiste Robert Bret, fêtera la même victoire sénatoriale de son côté au cours d'une réunion des Arméniens de gauche, présidée bien sûr par Garo Hovsépian. Le jeu politico-communautaire se révèle

---

31 Le récit de ses démêlés avec le PS est au cœur du film *Rêves de France à Marseille*, *ibid.*

32 Dans *Marseille l'Hebdo*, 23 avril 2003.

donc à somme nulle, les Arméniens de gauche et de droite ayant chacun leurs héros.

Cette volonté tenace des leaders politiques de faire vivre des communautés a peut-être alors une autre fonction, moins avouable. L'examen de leur action vis-à-vis des cultes éclairera mieux la question.

# 17

## *La politique des communautés religieuses*

Les acteurs politiques cherchent à obtenir les voix de musulmans, des Arméniens ou des Juifs par quelques techniques politiques classiques, relevant de l'increvable clientélisme. Mais la façon la plus courante de saisir ces insaisissables communautés consiste à les ramener à une religion supposée dominante dans le groupe. Au risque de sérieuses entorses au pacte républicain officiel, et surtout au bénéfice d'un classement des populations, aussi implicite qu'implacable : sont désignés comme communautaires tous les groupes religieux, à l'exception du groupe catholique, qui n'est jamais mentionné justement comme « communauté ». De sorte que le terme de communauté prend le sens implicite de « minorités » dans un paysage politique où les catholiques jouent le rôle implicite d'une majorité de fait – que probablement, en termes de pratique religieuse, ils ne sont même plus.

Bref, sous les apparences d'une représentation œcuménique et égalitaire des « communautés religieuses », se profile, en fait sinon en droit, un dispositif paradoxal où, à force d'être rendues visibles, les « communautés » religieuses ne sont pas si représentées qu'il y paraît. On appuiera cette hypothèse en retraçant les interminables débats qui concluent de fait à l'impossibilité d'un ancrage public de l'islam dans la ville. Puis, avec la création de Marseille Espérance par Robert Vigouroux, et sa continuation par Jean-Claude Gaudin, on suivra la construction de cette architecture institutionnelle qui fabrique de la représentation minoritaire, pour terminer sur la force des liens qui arriment le pouvoir local à l'Église catholique.

## *L'impossible mosquée*

L'érection d'une grande mosquée dans la ville se discute depuis des décennies, puisqu'on trouve trace de ce débat dès 1937 [1]. On remontera seulement à la mort de Gaston Defferre en 1986 pour mettre en lumière le jeu des acteurs politiques dans ce dossier religieux. Car si cette affaire mobilise les courants et groupes qui constituent les islams locaux, aussi variés qu'hétéroclites, le dossier ne prend consistance que dans les moments où la mairie s'en mêle et semble au point mort quand la mairie l'ignore.

Lors de l'enterrement de Gaston Defferre le 12 mai 1986, on vient chercher en catastrophe l'imam de la mosquée du Bon Pasteur, derrière la place d'Aix, pour participer à l'office œcuménique. « Il a fallu attendre la mort du maire pour que nous soyons enfin reconnus », commente rétrospectivement Mohand Alili, l'imam présent à l'enterrement du maire, tandis que le journaliste du *Monde*, Henri Tincq, écrira : « Pour la première fois, une prière islamique avait été diffusée dans les principales artères de la ville [2]. » Élu en 1989, le nouveau maire Robert-Paul Vigouroux, dont on verra plus loin qu'il attache une grande importance au fait religieux, se prononce quelques mois après son arrivée au pouvoir pour l'édification d'une grande mosquée dans la ville. Selon lui, elle « favorisera l'integration et non l'intégrisme ».

Il reste cependant assez évasif lorsqu'on lui présente un premier projet architectural. Celui-ci est l'œuvre d'architectes payés par Mustapha Slimani [3], qui s'autoproclame le « Tapie de l'islam », *self made man* et boucher millionnaire. La mosquée qu'il imagine est surmontée d'un minaret de cinquante mètres. Elle peut recevoir 17 000 fidèles et inclut une école coranique, la maison de l'imam, un auditorium, un hôtel et des galeries marchandes où la boucherie trône en position centrale. M. Slimani est soutenu par la Fédération des musulmans du Sud, qui regroupe l'essentiel des associations musulmanes, par l'Amicale des Algériens en France, très puissante à l'époque et représentée par l'imam Dahmani, historique prêcheur

---

À cette époque, en effet, un certain nombre d'industriels locaux veulent attirer à Marseille une main-d'œuvre kabyle et proposent pour ce faire d'édifier une reproduction de village traditionnel et d'implanter en centre-ville une mosquée, identique à celle inaugurée en 1926 à Paris (sur cette affaire, voir Colette GRANET, « Les cafetiers maures, 1914-1940 », *Revue européenne des migrations internationales*, vol. 11, n° 1, 1995).

2 Henri TINCQ, « Marseille : une grande mosquée pour des musulmans divisés. Minaret de luxe ou lieu de foi », *Le Monde*, 15 novembre 1989.

3 Sur Mustapha Slimani, ses affaires et son ascension, voir MichelPERALDI, « Proximité spatiale et distance commerciale entre entrepreneurs étrangers », *in* Pierre FOURNIER et Sylvie MAZZELLA (dir.), *Marseille, entre ville et ports, op. cit.*

des ouvriers algériens qui officie à La Capelette. Mohand Alili est contre : il dit ne pas comprendre qu'on ne se contente pas d'agrandir son lieu de culte du Bon Pasteur, qui fait déjà office, par sa renommée et son public, de grande mosquée. Le Front national, en pleine ascension, en fait des tracts, l'UDF et le RPR accusent le maire de lancer ce débat pour favoriser le FN et faire battre le successeur de Jean-Claude Gaudin devenu sénateur. Divergences dans les mondes musulmans, effervescence politique de mauvais aloi. Il n'en faut pas plus pour que la « mosquée Slimani » disparaisse de l'avant-scène. Il n'en sera plus question durant les six ans du règne de Vigouroux, qui renonce discrètement à sa belle idée et se concentre sur le dialogue interreligieux au sein de Marseille Espérance – on y reviendra.

Le projet de mosquée renaît en 1997, réactivé par des militants musulmans. Soheib Bencheikh, fils d'un ancien recteur algérien de la Mosquée de Paris, est dépêché à Marseille. Il a créé en 1996 un Comité régional des affaires islamiques (Corai), espérant fédérer les vingt-trois lieux de culte et les innombrables dirigeants d'associations autour d'un projet, lui aussi mirifique. Il comporte une salle de 2 700 m$^2$, un institut culturel de même ampleur, le tout entouré d'espaces verts dans une architecture arabo-musulmane classique et contemporaine à la fois [4]. La mairie regarde le nouveau venu d'un œil méfiant et son projet d'un œil inquiet. À l'époque, Jean-Claude Gaudin plaisante à peine quand il dit ne vouloir entendre parler de mosquée que si l'édifice est coiffé d'un toit de tuiles provençales. La peur du FN le tétanise encore, et personne dans son camp, à l'exception de Jean-François Mattéi et de Miloud Boualem, président de Radio Gazelle, n'a vraiment pris conscience que nombre de musulmans sont aussi des électeurs.

Le projet reste donc vague et ne revient sur la scène qu'à l'approche des élections municipales de 2001. En novembre 1999, en effet, quelques militants politiques d'origine maghrébine, de gauche et de droite, tiennent une conférence de presse commune pour demander l'érection d'une grande mosquée et demandent aux candidats aux prochaines municipales de se prononcer sur le sujet. Ils font état de deux projets concurrents mais solides et d'une pétition signée par des personnalités qui manifestent la solidarité de populations non musulmanes envers leurs concitoyens musulmans. Quand arrive la campagne, l'affaire devient largement publique. Le candidat de gauche René Olmetta se prononce pour l'édification d'une grande mosquée. M. Gaudin déclare qu'il n'en parlera pas, manière de ne pas donner d'arguments au Front national. Mais il fait savoir discrètement à

4 Une photo de la maquette proposée par le Corai a été publiée dans *Le Monde*, 10 janvier 1997.

quelques militants arabes, comme aux journalistes, qu'il aidera à son installation durant l'« état de grâce » provoqué par son éventuelle réélection. Son colistier Jean-François Mattéi promet le grand monument lors d'une réunion publique tenue par un lobby communautaire musulman.

Réélu, M. Gaudin, tient la promesse qu'il n'avait pas officiellement faite. Lors d'un conseil municipal en juin 2001, il lance le processus qui permettrait l'installation d'un « grand centre culturel et cultuel musulman ». C'est là que les ennuis commencent. Le comité de pilotage présidé par le directeur de cabinet du maire, Claude Bertrand, auditionne des dizaines de personnalités, majoritairement issues des milieux et courants divers de la population réputée musulmane. Un consensus s'établit rapidement sur les modalités de l'intervention municipale. La mosquée doit être construite à Saint-Louis, dans les quartiers nord, sur le terrain municipal des anciens abattoirs avec bail emphytéotique. La partie culturelle du centre serait financée en partie par les pouvoirs publics, la partie cultuelle devrait être autofinancée par les fidèles, une association veillant au financement majoritairement français des lieux.

Mais qui gérerait le tout ? Sur ce point, aucun accord ne paraît possible entre les différents courants religieux, nationaux ou culturels qui s'affrontent. L'érection d'une grande mosquée en plus des quarante-sept lieux de culte déjà existants pour les 130 000 ou 200 000 musulmans officiellement annoncés par les protagonistes du dossier soulève des enjeux majeurs en termes d'influence religieuse, sociale et économique. Aucun imam, ni aucun de leurs sponsors, n'est prêt à perdre de son influence ou de ses revenus au profit des autres.

Trois courants se battent pour obtenir le leadership sur ce dossier : le courant historique de Bachir Dahmani, l'« imam ouvrier », qui a ouvert la première mosquée locale dans un cabanon en 1963. D'origine algérienne, parlant mal le français, il bénéficie de l'ancienneté et de la reconnaissance des pouvoirs publics : c'est dans sa mosquée-villa des quartiers de La Capelette que le maire et le préfet viennent chaque année célébrer l'Aïd. Il a le soutien de Soheib Benchiekh, revenu très en cour auprès de la mairie et des médias, mais sans implantation propre à Marseille. Deuxième courant, celui que l'imam Mohand Alili anime encore et toujours autour de sa mosquée du Bon Pasteur, au cœur du quartier arabe de la Porte d'Aix. Enfin, un « Conseil des imams de Marseille et des environs » (CIME) est créé *ex nihilo* : il représente l'essentiel des forces religieuses locales, parce qu'il regroupe vingt-neuf imams, dont celui du plus grand lieu de culte marseillais, la mosquée Al-Islah, installée au cœur du Marché aux puces ; celui de l'importante communauté comorienne (qui en a aussi placé un autre dans un autre groupe) ; et de jeunes musulmans pieux marseillais, dont l'animateur vedette de Radio Gazelle, le Sénégalais Ahmed N'Dieguene. Sans oublier la quasi-totalité des « petits imams », qui assurent les prières quotidiennes dans l'ensemble des lieux de culte dispersés dans la ville et surtout les cités HLM [5].

Devant ce choix impossible, le maire réunit le 4 octobre 2002 à la mairie, pour la première fois dans l'histoire de la ville, des responsables religieux et non religieux pour évoquer le « projet du centre cultuel et culturel de Marseille ». Choisies par la mairie, une centaine de personnes sont présentes : des acteurs économiques, et en premier lieu les bouchers, très écoutés car ils sont riches et intéressés par la manne du sacrifice de la viande hallal ; des architectes, des commerçants ; et des imams, autoproclamés ou non, représentants des différents courants religieux, dont les oppositions violentes apparaissent brutalement ; enfin des acteurs laïques, dont quelques femmes, beaucoup plus actives que reconnues, qui demandent qu'on n'oublie pas que « la communauté est aussi... laïque et féminine ». Le maire est étonné de la virulence des divergences, et agacé : il voulait boucler le dossier avant le début de la campagne pour les élections régionales, qui s'annoncent difficiles pour son camp, et le dossier s'enlise. De plus, les élections nationales pour les conseils régionaux du culte musulman, annoncées pour 2003 par Nicolas Sarkozy, viennent encore compliquer l'affaire : elles seront largement remportées en PACA par le CIME, allié à l'UOIF (Union des organisations islamiques de France), qui devient ainsi l'interlocuteur incontournable des pouvoirs publics. Le dossier de la mosquée disparaît donc une fois encore de l'agenda politique.

Oublié pendant la campagne des élections régionales, catastrophiques pour l'UMP dans Marseille ville, il réapparaît brusquement en juin 2004, sous la forme d'un communiqué de la mairie qui annonce une nouvelle donne « pour un nouveau panorama cultuel ». Quartier par quartier, la municipalité décrit les lieux de culte existants pour conclure que, « au regard de l'évolution du terrain, un seul grand équipement ne correspond pas aux demandes exprimées, même si le symbolique reste d'actualité ». En clair, l'idée d'une grande mosquée est abandonnée au profit d'un « islam de proximité », et la mairie précise ce qu'elle compte faire pour aider à la reconnaissance officielle ou à l'amélioration du confort de chaque lieu de culte.

Il n'y a donc toujours pas de grande mosquée à Marseille. Et l'actuelle majorité semble incapable et peu désireuse de relancer des consultations

5 Le film de Michèle Bourgeot, *La Grande Mosquée* (FR3, 9 avril 2005), offre quelques scènes saisissantes du conflit, virulent, entre ces différents protagonistes.

aussi épuisantes que vaines. En revanche, les amis du maire peuvent toujours faire état de leur bonne volonté et de l'engagement du maire lui-même en faveur des croyants musulmans. Le message que veulent faire passer les élus est clair : s'il n'y a pas de grande mosquée, les musulmans ne peuvent s'en prendre qu'à eux-mêmes, ou plutôt à leurs chefs. L'échec religieux n'est donc pas tout à fait un échec politique.

Les relations avec le conseil régional du culte musulman (CRCM), très tendues lors de sa première année d'existence, se normalisent peu à peu, en particulier quand la mairie comprend qu'elle ne pourra plus choisir ses interlocuteurs et moins encore peser sur les votes au sein des mosquées [6]. Faisant contre mauvaise fortune bon cœur, elle se vante donc d'être la « seule ville de France à avoir mis un local gratuitement à disposition du CRCM » et pense ainsi avoir réglé la question de ses rapports avec une « communauté » musulmane, que l'on croit, à tort ou à raison, normalisée. Grâce, peut-être, à l'étonnante expérience de Marseille Espérance.

## *Marseille Espérance : la politique œcuménique*

Créé par Robert-Paul Vigouroux en 1990, qui en est très fier encore en 2005, Marseille Espérance est un groupement informel rassemblant les chefs des religions majeures de la ville sous l'égide du maire qui, à lui seul, est censé représenter les laïcs. Cet organisme hybride est financé et logé par la mairie. Arrivé au pouvoir, Jean-Claude Gaudin l'a conservé.

La première réunion officielle de Marseille Espérance se tient le 15 février 1990, quelques mois après l'élection triomphale de Robert-Paul Vigouroux, dans la salle des mariages de l'Hôtel de ville. En présence des principaux dignitaires religieux de la ville [7], le maire entre dans la salle, escorté de Bruno Étienne, professeur à l'Institut d'études politiques

6 Xavier Ternisien, « À Marseille, le culte musulman s'est trouvé une représentativité », *Le Monde*, 19 juin 2005.

7 Sont présents : Mgr Robert Coffy, archevêque de l'Église catholique, le pasteur Raymond Dodré, président du Consistoire de l'Église réformée de France, Mgr Hagop Vartanian, évêque de l'Église apostolique arménienne, le cheikh Bachir Dahmani, président de la Fédération des musulmans du sud de la France, Seck Boughouma, imam sénégalais, le père Cyrille, évêque de l'Église orthodoxe, Jacques Ouaknin, grand rabbin de Marseille, et des laïcs – dont Salah Bariki, président de Radio Gazelle, et Louis Tailhandier, président de l'Association des Vietnamiens de Marseille.

d'Aix-en-Provence [8], qui l'a conseillé sur ce dossier. M. Vigouroux annonce solennellement ses intentions : « Ensemble, rechercher des points d'accord entre les représentants de toutes les religions pratiquées dans notre ville et œuvrer pour le respect de l'autre, la tolérance et la fraternité. [...] L'avenir de Marseille, son dynamisme et sa prospérité, le bien-être de chacun, dépendent de la revitalisation de l'économie, mais en même temps de la qualité des rapports entre les communautés. C'est donc avec gravité que je souhaite à cette réunion le succès. »

Le programme est là, et l'idéal en partie implicite qui le sous-tend : les religieux sont finalement les mieux placés pour réaliser l'entente entre les communautés qui composent cette ville. Lors d'une conférence en juin 2005, Robert Vigouroux revient sur Marseille Espérance et confirme son idée : « Il s'agissait de créer un dialogue interreligieux sans qu'on parle de religion, que ce soit un dialogue d'action sociale dans la ville. »

Robert Vigouroux a eu cette idée dès avant son élection, comme en témoigne un de ses anciens colistiers, Francis Allouch. Salah Bariki nous raconte les débuts de la mise en œuvre du projet par un réseau universitaire et militant : « L'équipe de base, c'était Bruno Étienne, professeur à Sciences Po Aix, Jocelyne Césari, sociologue, Michel Archer, sociologue, et moi. En même temps, Vigouroux avait demandé à quelqu'un comme Victor Abbou du côté juif, et à Charles Haddad, un peu la même chose. On lui a proposé de voir si, peut-être, à travers la religion... [...] Mais on savait pas où on allait. Vigouroux nous a suivis. Il n'était pas obligé du tout de le faire, mais il l'a fait, et ça a marché, puisque les chefs religieux sont venus. Alors, s'est posé le problème des musulmans : on ne savait pas qui inviter. On s'est dit : ils ne sont pas trente-six, il y a cinq ou six imams archi-connus. [...] On les invite et puis on verra bien. Donc, on en a invité cinq ou six. Alili a répondu par fax : "Moi, je suis membre du CORIF, je me fous du local" ; il n'est pas venu. Doudi est venu (il est sur la première photo de Marseille Espérance, il venait d'être rejeté par Alili, il venait de fonder les puces). Il y avait aussi Seck Boughouma, qui est sénégalais, le costaud, le seul Noir qui a yeux bleus. [...] On les a invités, ils étaient trois, Doudi ne parlait pas le français, il s'est emmerdé, il n'est pas revenu. Sont restés Dahmani et Seck Boughouma. Après on s'est dit : "Comment on fait pour les Jaunes, les Vietnamiens, les Asiatiques ? Est-ce que le bouddhisme est vraiment une religion ?" On a dit : "On va pas entrer dans les détails", et Jocelyne Césari a dit : "Moi, je connais quelqu'un qui est

---

8 Spécialiste reconnu de l'islam et des mondes musulmans, Bruno Étienne ne se cache pas d'être lui-même franc-maçon et d'origine protestante. Parmi ses nombreux ouvrages, on peut lire : *Islam, les questions qui fâchent*, Bayard, Paris, 2003.

vachement bien, qui a une association d'entraide sur Aix-Marseille : Louis Tailhandier. Il n'y a qu'à l'appeler." Donc on l'a appelé, il est venu, ça a très bien marché. Bon, on avait les Asiatiques. Et pour nous, Tailhandier, il était bouddhiste. Au bout d'un moment, il nous a dit : "Puisque c'est un truc religieux, je vais vous ramener le Grand Vénérable de la pagode de La Savine." On ne savait pas trop ce que c'était un Grand Vénérable, donc il nous en a ramené un de la pagode de La Savine. On se retrouve avec un Grand Vénérable en jaune, ça faisait couleur locale. Et au bout de quelques réunions, le Vénérable dit : "Attendez, lui, Tailhandier, il est peut-être asiatique, mais il est pas bouddhiste, il est catholique, donc il faut le virer. Sauf si l'archevêque veut bien le désigner comme catholique, mais moi, je veux désigner mon propre délégué." Frottement ! »

Mise malgré tout sur les rails, l'association n'a pas de statut officiel qui impliquerait une hiérarchie. Elle ne peut évidemment pas avoir de chef, même limité à un rôle administratif. Elle fonctionne donc sur la base d'une charte, dont la première phrase stipule : « Les représentants des différentes familles spirituelles et communautaires sont convaincus qu'il faut instaurer un dialogue et une meilleure compréhension entre tous les Marseillais, chrétiens, juifs, musulmans et hommes de bonne volonté. » Et comme le dit explicitement le rabbin Ouaknin : « Marseille Espérance ne peut exister qu'à l'initiative et par la volonté du maire en exercice, mais aussi par l'adhésion des chefs spirituels en exercice dans les différentes communautés [9]. »

L'affaire est lancée spectaculairement par une première photo du groupe, en janvier 1991. Jacques Ouaknin continue : « On était là pour la photo et, brusquement, le père Cyrille a eu une idée géniale : qu'on se tienne la main. On l'a fait, et la photo a eu un impact extraordinaire. »

Essentiellement symboliques, les décisions de Marseille Espérance sont toujours prises à l'unanimité. Le principe de ces interventions, simple à comprendre, est délicat à appliquer : les hommes de foi, réunis autour du maire, s'interdisent de prendre position sur ce qui se passe dans le monde, mais ils se préoccupent de tout ce qui peut avoir des répercussions sur leur ville. Marseille Espérance est donc une machine de pacification politique qui réagit dès que ses membres craignent, à tort ou à raison, que la ville soit traversée de conflits ou de haines intercommunautaires ou interreligieuses. C'est le cas quand Marseille Espérance, encore en gestation, prend la parole au moment de la profanation du cimetière de Carpentras, en 1990, ou lors de la première guerre du Golfe, en 1991.

9 Robert-Paul VIGOUROUX et Jacques OUAKNIN, *Laïcité + religion. Marseille Espérance*, Transbordeurs éditions, Marseille, 2004.

Cette médaille a un revers, que souligne Francis Allouch, très attaché à la laïcité. Il se souvient d'une discussion avec M. Vigouroux : « Tu es en train de mettre en œuvre quelque chose qui va en contradiction avec ce que je suis, c'est-à-dire le communautarisme. [...] On met le doigt dans un engrenage qui, à mon sens, est dangereux : c'est l'abandon d'un principe fondamental, la liberté absolue de conscience. Il m'a envoyé ch... », se souvient-il.

Sans nier les convictions de son ancien chef, il en décrypte les arrière-pensées tactiques : pour lui, Robert-Paul Vigouroux, en délicatesse avec le PS, les autres partis de gauche et le tissu associatif qui en dépendait, imaginait que, « à partir du moment où il avait les communautés, il touchait toutes les couches sociétales de la ville, tous les réseaux, et il se faisait réélire dans le cadre de Marseille Espérance, où il y avait les cathos, les juifs, les Arméniens... » Fidèle à la tactique qui l'a servi, Vigouroux veut les représentants « communautaires », mais pas la puissance des réseaux. D'où l'idée tactique d'une sorte d'assemblée des sages, sans pouvoir mais affectée d'une grande visibilité, très décorative.

Tant qu'il était dans l'opposition municipale, Jean-Claude Gaudin n'a rien dit sur le sujet. Après son élection en 1995, les membres de Marseille Espérance attendent donc de savoir s'il reconduira l'expérience. Inquiets d'un silence qui dure plusieurs semaines, ils prennent discrètement contact avec la nouvelle équipe par l'intermédiaire du prêtre catholique Jean-Michel Passenal, une des chevilles ouvrières du groupe. Jean-Claude Gaudin annonce qu'il a décidé de perpétuer l'expérience, et désigne son adjoint Jean-François Mattéi pour s'en occuper. Marseille Espérance est alors rattachée au service communication de la mairie, ce qui le met hors d'atteinte des lourds services administratifs, et lui épargne les soucis d'intendance ; on lui affecte des locaux et un secrétariat bien équipé. Un comité de coordination régulier vient remplacer les contacts informels et une réunion mensuelle est fixée. Les séances plénières se tiennent à l'Hôtel de ville sous la présidence du maire qui, finalement, utilise largement Marseille Espérance pour faire valoir sa largeur d'esprit et le cite régulièrement comme outil principal de cohabitation pacifique entre les communautés. Le 14 décembre 2000, par exemple, un « Arbre de l'espérance », qui exalte le cosmopolitisme de la ville, est installé en présence des membres de Marseille Espérance devant le Jardin du vingt-sixième centenaire de la ville, fierté du nouveau maire.

Marseille Espérance fait surtout entendre sa voix lors d'un épisode tragique que nous avons déjà évoqué [10], qui a vu une vague de ressentiment

10 Voir *supra*, chapitre 2.

raciste secouer la ville. En septembre 1996, le jeune Nicolas Bourgat est tué d'un coup de couteau en pleine rue. Agissant apparemment sans motif, son assassin, lui aussi jeune adolescent, porte un nom arabe. Une campagne raciste et sécuritaire est aussitôt lancée par le Front national, relayée par certaines fractions des comités d'intérêt de quartier. Ce mouvement de haine est contrecarré par les déclarations du père du jeune homme, Michel Bourgat, derrière lequel les élus de la ville, de la droite à l'extrême gauche, font bloc. Marseille Espérance apparaît alors opportunément comme l'expression de cet œcuménisme, politique cette fois. Le groupe envoie le 13 septembre une déclaration à la presse locale. Les onze fondateurs, qui signent chacun de leur nom, se disent « bouleversés par le meurtre du jeune Nicolas par un garçon de son âge ». Et ils précisent qu'ils « considèrent qu'il est indécent d'utiliser de tels drames pour mener quelque combat que ce soit hormis celui de bâtir la paix entre les hommes de Marseille ».

Enfin, le maire réunit encore le groupe des religieux en grand apparat au lendemain des attentats contre le World Trade Center. Le 14 septembre 2001, trois jours après les attentats de New York, ils sont tous dans la salle des délibérations de la mairie, autour de Jean-Claude Gaudin et de son adjoint, Jean-François Mattéi : l'archevêque Bernard Panafieu, croix épiscopale sur costume noir, l'imam Bachir Dahmani, col boutonné sous son mince collier de barbe, le grand rabbin Charles Bismuth, kippa noire et grande barbe blanche, le pasteur Jean-Marie de Bourqueney, en costume civil, le vénérable Thich-Tâm Truon, vêtu de l'*ao ong thay* (la robe d'un vénérable, chez les bouddhistes), le père Joachim Tsopanoglou, orthodoxe grec dans son éternelle soutane noire, Daron Géréjian, vicaire général des Arméniens avec son immense collier doré. Tous sont serrés derrière Mgr Panafieu, qui lit leur déclaration commune condamnant le « fanatisme religieux, d'où qu'il vienne », et concluant ainsi : « Membres de Marseille Espérance, avec les communautés que nous représentons, nous entendons unir nos forces pour éradiquer toute intolérance et construire ensemble une cité fraternelle. Nous prions le Dieu auquel nous croyons pour qu'Il fasse de nous des semeurs de concorde et de paix. »

La solennité de la manifestation, très largement médiatisée dans une ambiance consensuelle, où tout le monde – journalistes, acteurs politiques, religieux, laïcs – se réjouit de la paix annoncée, dit assez la force politique d'un tel regroupement. Mais cela indique aussi combien les instances religieuses, quelles qu'elles soient, trouvent un intérêt politique à participer à Marseille Espérance. L'imam Dahmani affirme que ses coreligionnaires y ont gagné des « bonnes relations avec le maire », que ce soit avec le fondateur, M. Vigouroux, ou avec M. Gaudin. Et puis, 20 000 protestants,

80 000 Arméniens, 70 000 Juifs, 3 000 bouddhistes, 140 000 musulmans – chiffres très approximatifs et sujets à caution –, c'est toujours peu face à l'Église catholique et à ses 500 000 enfants revendiqués, proches ou lointains. Or, au sein de Marseille Espérance, chacun compte pour un, ce qui est appréciable quand on est petit ou qu'on souffre de mauvaise réputation.

La force de Marseille Espérance relève donc bien aussi d'un rapport de réciprocité entre notables religieux et élus. Le maire s'y forge une image d'ouverture égale face aux différentes communautés de la ville, si petites soient-elles, sans avoir à leur concéder un peu de puissance, ni surtout devoir intégrer dans l'équipe municipale un « représentant communautaire » nouveau. Les Églises, protestante, orthodoxe ou autres, y gagnent un statut de représentant officiel, sans avoir à faire état de leur impact réel sur des populations qui sont loin d'être toutes unanimement pratiquantes.

Les catholiques, quant à eux, s'y forgent une image d'ouverture que leur domination numérique et historique tend parfois à ternir [11]. Ils se fondent en quelque sorte dans le paysage, simulacre de minorité dans une fiction de mosaïque à la libanaise. Ils y masquent alors leur influence sur les élites de la ville, qui, si elle a décru au long du XXᵉ siècle, reste bien plus prégnante que ne l'exigent les normes implicites du « bon goût » culturel des milieux politiques.

## *Une ville consacrée au Sacré-Cœur*

On l'a dit plus haut, l'Église catholique et ses fidèles ne sont jamais cités à Marseille comme communauté au même titre que les autres groupes religieux. Pourtant, le monument le plus célèbre de la ville est une église qui la domine physiquement : Notre-Dame de la Garde, la « Bonne Mère », qui protège les marins, accueille les pèlerins de toutes confessions ou les footballeurs olympiens à la veille d'une échéance majeure. Cette basilique néobyzantine surplombée d'une vierge dorée sulpicienne a été érigée au milieu du XIXᵉ siècle, dominant le chantier urbain qu'était le Marseille de l'époque. Sous l'impulsion des évêques Mazenod, oncle et neveu qui se succédèrent dans le poste de 1823 à 1861, la ville se couvrit en même temps de nombreuses églises de quartier et d'une cathédrale monumentale de même style, la « Major » qui, elle, commande l'entrée du port de commerce. Le tout largement financé par le conseil municipal. Ces symboles monumentaux de la

11 Michel SAMSON, « Si tous les hommes de Dieu... », *Le Monde*, 25 décembre 2001.

puissance catholique ont leur envers : la ville dispose d'une synagogue et d'un temple protestant bâtis au même siècle, mais beaucoup plus discrets et qui relèvent, eux, de financements privés. Enfin, on vient de le voir, il n'y a toujours pas à Marseille de grande mosquée à minaret.

Cette inégalité crève tellement les yeux qu'elle en devient presque invisible. Pourtant, même le protocole républicain, que personne ne se risque jamais à négliger, confirme l'imprégnation catholique de la cité : aucun préfet ne peut arriver à Marseille sans rendre une visite à l'Évêché, dont la résidence et les bureaux, installés au pied de Notre-Dame de la Garde, dominent la baie et la ville. Mgr Bernard Panafieu (« créé cardinal » en octobre 2003) a ainsi reçu quatre préfets différents, tous demandant audience. Quand il prend ses fonctions en 1994, l'archevêque métropolitain de Marseille reçoit toutes les autorités politiques : le maire, les présidents du conseil général et du conseil régional, entre autres, ont réalisé l'ascension. Les chefs militaires, les préfets de police, les sous-préfets à la ville ou ceux qui s'occupent plus particulièrement de l'immigration viennent aussi : « Ils savent que nous avons une connaissance de la ville et une appréhension des choses un peu différentes de celle des autres responsables », nous explique Mgr Panafieu, comme pour justifier techniquement ces visites et euphémiser les rapports de puissance qu'elles mettent en évidence. Lui-même qualifie le catholicisme local de « méditerranéen, c'est-à-dire ponctuel, saisonnier, de coups de cœur qui font qu'on peut rassembler une foule pour une célébration, un temps fort ».

Mais ces flambées, qui remplissent les églises à Noël ou à Pâques, ne suffisent pas à dire le poids de cette religion dans la ville. Un très ancien rituel le dit mieux, qui lie officiellement l'Église à la ville de Marseille, « consacrée au Sacré-Cœur » depuis le début du XVIII^e^ siècle. En 1722, en effet, lors d'une épidémie de peste qui avait ravagé la ville deux ans auparavant, Mgr de Belsunce, évêque de la ville de 1709 à 1755, obtient des échevins qu'ils fassent le vœu d'assister chaque année à la messe du Sacré-Cœur. Jusqu'à la fin du XIX^e^ siècle, une procession se déroulera annuellement dans tout le centre-ville, tandis que la tradition de la messe et de l'offrande des échevins s'est perpétuée, elle, jusqu'à nos jours. Seul le maire communiste Jean Christofol, élu en 1947, s'y est soustrait, demandant à la chambre de commerce de prendre le relais des élus ; depuis lors, c'est l'institution consulaire qui offre le cierge aux autorités religieuses lors de la cérémonie annuelle tenue dans l'église du Sacré-Cœur du Prado, vaste bâtisse néobaroque sans grâce, située dans le très chic 8^e^ arrondissement. Sont présents : le préfet de région, le maire – Gaston Defferre le protestant n'a jamais manqué le rite –, le président du conseil général et celui du conseil régional, le président du tribunal de commerce, le général commandant la place, l'amiral, celui des marins pompiers, et les grands élus, à quelque bord qu'ils appartiennent.

On aurait tort de minimiser le poids de ce rite, même s'il paraît presque confidentiel : lors de la célébration, l'évêque prononce un discours de circonstance concernant un aspect de la vie publique. Depuis qu'il est en poste, Mgr Panafieu a traité de la crise économique, des médias, de l'urbanisme ou de l'immigration. En 2003, il s'est interrogé sur les rapports entre religion et violence, plaidant pour une « laïcité ouverte », définie comme une « manière de vivre ensemble dans le respect d'une histoire marquée à la fois par la tradition judéo-chrétienne et la philosophie des Lumières » et opposée « au communautarisme, qui n'est d'ailleurs pas dans notre culture ». Tous sujets d'actualité sur lesquels il livre aux élus l'analyse et le sentiment de la confession majoritaire dans la ville, comme lorsqu'il a fait connaître aux élus la position de l'Église catholique, favorable à l'inscription de la référence chrétienne dans la Constitution européenne.

Institution reconnue, mais soucieuse de conserver son influence dans un monde qui bouge, l'Église s'est dotée de moyens de l'analyser et de faire connaître ses réflexions. À l'instar du conseil général et du conseil régional, elle s'est dotée en 1991 d'un « comité diocésain économique et social » (CDES). Il rassemble, en 2005, dix-neuf personnes : six viennent du monde des entreprises, six d'institutions locales comme la chambre de commerce, trois de secteurs divers et quatre sont des responsables de l'Église, dont le cardinal Bernard Panafieu. Pas de syndicaliste et un seul acteur du monde associatif dans cet aréopage de cadres supérieurs discrets, au sein duquel on repère un militant socialiste connu, même s'il fait peu de doute que l'atmosphère politique globale est plutôt à droite qu'à gauche, du côté en tout cas de l'omniprésente et non officielle démocratie-chrétienne.

Instance « d'information, de réflexion et de proposition sur la situation économique et ses incidences sur la pastorale chrétienne », le CDES a le souci « de rappeler aux chrétiens que l'économie est une réalité positive, [...] un moyen très noble de travailler au développement de la création que Dieu nous a confiée ». Il doit aussi permettre « aux divers partenaires et acteurs (patrons, syndicalistes, hommes politiques, fonctionnaires), souvent critiqués, de se sentir concernés et encouragés dans leur responsabilité ». Avec l'aide de personnalités extérieures qu'il invite, il produit donc des analyses et « étudie les moyens d'accroître l'information sur les questions économiques et sociales et la diffusion de la pensée de l'Église sur ces problèmes ». Le logement social, la politique familiale, l'école ou encore la situation des immigrés ont fait l'objet de ses travaux dans la dernière décennie et l'homélie de l'archevêque aux hommes politiques est souvent inspirée de ses travaux. En 2005, le comité s'est longuement penché sur les « questions de solidarité », proposant une analyse statistique et sociologique des inégalités dans la cité et les réponses chrétiennes à y apporter, qu'elles soient individuelles ou collectives. Sous la forme d'une lettre personnelle, parfois publiée dans la lettre diocésaine, le comité livre aussi ses analyses aux élus. Cette lettre appelle une réponse, qui vient régulièrement en période électorale.

Les vues et propositions du comité diocésain ont vocation à descendre vers les cent seize paroisses et les cent quatre-vingts prêtres de l'Église catholique, qui, même affaiblie, dispose encore de moyens de se faire entendre et de faire circuler ses idées [12]. On mesure d'ailleurs son poids en relevant que les écoles catholiques scolarisent 30 % des élèves du second degré à Marseille dans des établissements sous contrat [13]. Proportion non négligeable et plus grande encore dans les arrondissements du centre, où elle atteint 40 %, avec une pointe de 79,8 % dans le 6e. Et ces chiffres sont en hausse constante : dès son ouverture à la rentrée 2004-2005, le Lycée de l'Olivier, cinq cents places dans le 12e arrondissement, affichait complet. On se doute d'ailleurs que le maire de la ville, dont la seule profession non politique a été d'enseigner dans le privé, manque rarement les célébrations officielles de ces établissements, comme le centenaire de l'École Sévigné en juin 2005 [14]. Par goût et nostalgie probablement, mais aussi parce qu'il sait le poids de cet enseignement dans la ville et plus particulièrement dans son électorat.

## *La discrète influence de l'Église catholique*

Les liens institutionnels entre les élites de la ville et l'Église se doublent de liens personnels car, de l'aveu même de Mgr Panafieu, les visites protocolaires des élus peuvent se transformer en rencontres plus engagées : les hommes publics ont parfois besoin d'une oreille confiante, qu'ils ne trouvent pas facilement quand ils gouvernent. L'archevêque nous a affirmé qu'il lui est arrivé, lors de ces face-à-face, de dire son désaccord avec une

12 *L'Église aujourd'hui à Marseille : regards sur notre histoire*, Marseille, 1er août 1997.

13 Soit 25 519 élèves sur 84 035 en 2004 (les écoles catholiques comptent au total quelque 32 000 élèves). Ces chiffres et ceux qui suivent proviennent de *Marseille l'Hebdo*, 29 juin 2005. Par ailleurs, Marseille est la seule ville de France où des établissements catholiques ont été classés en ZEP.

14 *La Provence*, 1er juillet 2005.

politique. Nul ne doute qu'il a rencontré des interlocuteurs attentifs, d'autant que la foi, privée mais connue, de responsables comme Jean-Claude Gaudin et Jean-Noël Guérini facilite la sympathie et le respect.

Jean-Claude Gaudin, qui se targue lui-même d'être « mangeur d'hostie », ne cache d'ailleurs pas qu'il est très sensible aux conseils de la hiérarchie catholique dans ses choix politiques. Il raconte volontiers que celle-ci a joué un rôle décisif pour lui faire rompre l'alliance qu'il avait nouée entre 1986 et 1992 avec le Front national au conseil régional. « On déjeunait, tous les deux, chez Mgr Coffy », nous raconte-t-il. « Et il me dit : "Jean-Claude, je vous aime bien, mais cette affaire du Front national, il faut en sortir. On dit que Le Pen et Maigret vont venir ici, j'espère que vous n'avez pas l'intention de faire quelque chose avec eux ?" Je réponds : "Non." Et puis, je me ressaisis un peu, et je lui dis : "Non... Mais entre nous, Monseigneur, j'aimerais quand même bien qu'on m'encourage !" Il me dit alors : "Écoutez, si vous ne devez pas refaire quelque chose avec Le Pen et Maigret, je l'écrirai dans *Le Monde*." Et il a fait un papier. » La caution publique de l'épiscopat semblait donc indispensable à M. Gaudin pour justifier sa rupture avec le Front national, ce qui dit assez le poids de l'Église dans le virage pris par l'ancien président de région.

Cela étonne finalement assez peu de la part d'un homme si imprégné de la tradition catholique de la ville et qui a passé sa vie et sa carrière dans ces réseaux. Élève et enseignant du privé, il émaille volontiers son propos de métaphores religieuses un rien surannées (l'« onction du suffrage universel », « Si Dieu me prête vie », « mon sacrement municipal »). Par ailleurs grand spécialiste de l'histoire religieuse de Marseille, qu'il invoque souvent, le maire s'est découvert une vocation politique, comme on l'a vu, en assistant au début des années 1950 à un meeting public de la ministre démocrate-chrétienne Germaine Poinso-Chapuis [15]. Révélation qui s'inscrit dans une forte tradition locale : à la sortie de la Seconde Guerre mondiale, trois des députés de Marseille étaient des militants chrétiens convaincus (les MRP Alexandre Chazeaux, Raymond Caillol et Germaine Poinso-Chapuis). Comme on peut le lire dans la brochure de l'Église marseillaise *Regards sur notre histoire*, publiée en 1997 : « Le catholicisme social [...] avait pénétré dans l'aristocratie et la bourgeoisie marseillaises pendant l'épiscopat de Mgr Place (1866-1878), sous des formes paternalistes. [...] Les milieux catholiques traditionnels continuaient d'exister : pêcheurs, portefaix, artisans petit peuple de Saint-Jean. La partie catholique de la bourgeoisie

15 Voir *supra*, chapitre 3.

développait des œuvres de protection et d'assistance sociale. » L'hôpital Saint-Joseph, dont les premiers locaux ont ouvert en 1919, et qui reste en 2005 une fondation et un établissement très actifs, en est l'exemple le plus connu.

Et puisque la bourgeoisie traditionnelle avait fait alliance avec le parpaillot Gaston Defferre, on trouvait nombre de fervents catholiques dans son entourage : Jacques Rastoin, qui fut son premier adjoint, et son fils Pierre qui lui succéda au conseil municipal ; Théo Lombard, premier adjoint lui aussi et mentor de Jean-Claude Gaudin ; la continuité des influences et des réseaux se donne, là encore, facilement à voir. Et si les obsèques du maire socialiste et protestant ont résonné de prêches protestants, juifs ou musulmans, elles se sont quand même déroulées dans la cathédrale très catholique de la Major.

Naturellement, la garde rapprochée de M. Gaudin, qui compte certes quelques francs-maçons, est imbibée de catholicisme : le député Roland Blum, par exemple, un des fils de la bourgeoisie portuaire qui a toujours accompagné le maire, et dont la mère a présidé durant des décennies le Secours catholique ; le suppléant puis successeur du député Gaudin, Jean-François Mattéi, « profondément catholique » (pour citer l'expression d'un pasteur qui a souvent discuté avec lui, puisqu'il était en charge de Marseille Espérance) ; et les « gaudinettes » – selon le terme utilisé par le maire lui-même pour désigner ces femmes de la bourgeoisie locale –, fortement marquées par la religion dominante de la ville, et qui sont ses plus actifs soutiens depuis la fin des années 1970. Cette influence cultuelle s'inscrit donc dans des réseaux qui ont profondément et continûment imprégné les classes dirigeantes traditionnelles de Marseille.

On peut conclure sur ce point avec un sourire, en évoquant un magnifique acte manqué du maire et de sa majorité [16]. Quand, le 2 avril 2005, le pape Jean-Paul II meurt filmé en *direct dead* par les télévisions du monde entier, Jean-Claude Gaudin, qui l'avait souvent rencontré, offre dans l'instant une demi-journée de congé aux employés de la ville et de la communauté urbaine pour célébrer le deuil. Sans aucune consultation et sans même se rendre compte que la mise en congé des personnels des crèches et des écoles primaires risque de poser de graves problèmes aux parents marseillais, dont tous ne sont évidemment pas de fervents catholiques. Il est attaqué, sans grande conviction, par les Verts et certains socialistes au nom du principe de laïcité.

---

16 « Un acte manqué, donc parfaitement réussi » serait une expression du psychanalyste Jacques Lacan. C'est en tout cas en ce sens que nous l'employons ici.

Se rendant compte qu'il a pris sa décision un peu vite, M. Gaudin revient à moitié dessus, mais sans le dire tout à fait : il annonce l'installation d'un écran géant pour que les employés puissent assister aux obsèques du pape, tout en affirmant que la continuité du service public sera assurée. Volant à son secours, le député et maire de secteur Bruno Gilles, secrétaire départemental adjoint de l'UMP, s'indigne des critiques portées à son sénateur-maire. Son communiqué officiel est ainsi libellé : « La France, fille aînée de l'Église, se devait de rendre un hommage officiel à Jean-Paul II. [...] La polémique politique engagée par ces chantres de la tolérance est particulièrement mal venue en ces temps de deuil pour des dizaines de millions de nos compatriotes. »

On ne saurait mieux rappeler aux membres des « communautés » qu'il y a d'un côté des religions minoritaires qu'on respecte, qu'on aide aussi, car il y va du salut de son âme, de sa réélection et de la cohabitation politique au sein de la cité. Et qu'il y a de l'autre coté, l'Église, qu'en général on ne nomme pas « religion », et dont le pays et la ville sont les enfants légitimes...

# Épilogue

L'intensité des prochaines élections municipales, en 2008, dépendra autant du climat politique national que de la chance qu'auront les adversaires du maire actuel, Jean-Claude Gaudin, de le renverser. Si cette éventualité se fait jour, la campagne sera sauvage et ravivera les discours habituels sur les travers de la vie politique marseillaise. Nous ne nous risquerons pas ici au jeu des pronostics qui fait pourtant tout le sel des discussions préélectorales. Mais, au terme de ce parcours dans les arcanes du système politique local, nous savons cependant déjà deux ou trois choses de cette élection.

D'abord, nous savons qu'elle se jouera forcément entre des personnages qui figurent dans ce livre. Quels que soient les coups fourrés, les violences verbales et les crises de nerfs qui animeront la bataille, on ne conquiert pas la mairie de Marseille en y sautant en parachute. Les fantassins, de quelque bord qu'ils soient, sont prêts à abattre tout postulant qui viendrait, sourire aux lèvres ou mitraillette à la main, jouer dans leur bac à sable – on n'est pas localiste pour rien. De droite ou de gauche, les candidats aux postes de conseiller, d'adjoint, et le maire lui-même seront issus de ces sérails dynastiques qui filtrent les candidats et fondent leur éligibilité. Certes, il n'y a pas que des héritiers qui accèdent aux charges politiques locales. On compte aussi un certain nombre de conquérants plus ou moins valeureux. Mais ceux-là n'y parviennent qu'au terme de parcours lents et difficiles, au cours desquels ils doivent multiplier les serments d'allégeance et de fidélité aux héritiers justement, qui tiennent le système, en vivent et en assurent la perpétuation.

Nous pouvons également annoncer sans grand risque d'erreur que le futur conseil municipal comptera une sérieuse proportion de permanents politiques, de membres de la fonction publique et des professionnels de la santé. Il comprendra aussi un très petit nombre de noms d'origine étrangère, plus vraisemblablement d'origine arménienne qu'algérienne ou comorienne. Ces derniers seront peut-être discrètement présents dans les équipes techniques, entamant silencieusement la longue marche qui pourrait les conduire, un jour lointain, vers l'éligibilité. Car les filtres invisibles de la bienséance sociale sont encore plus efficaces que ceux des commissions de candidature des partis. Un dernier exemple vient d'ailleurs d'illustrer l'ordinaire de ces cycles de reproduction. Jeudi 9 juin 2005, le « tout quartier nord » est réuni pour écouter l'annonce du programme du prochain « Festival de l'Estaque ». Un conseiller général fait évidemment partie des personnalités invitées et doit prononcer un discours inaugural. Or voici qu'il est absent et qu'il s'est fait remplacer par son fils, employé du même conseil général mais qui n'a aucun mandat électif à ce jour. Lequel prononce donc un discours de bienvenue, « au nom de son père »... Devant une foule « médusée », dit la presse locale qui rapporte l'événement [1].

Voici donc *grosso modo*, ce que sera très probablement, en chair et en os, cette future distribution des places : MM. Gaudin et Muselier, sauf accident, seront là, inamovibles, escortés de ceux de leurs très proches amis qui ne partent pas à la retraite, Jean Roatta, Roland Blum et autres Bruno Gilles. En face, le président du conseil général Jean-Noël Guérini ira vraisemblablement à la bataille. Il y consacre toute son énergie, déploie ses réseaux, multiplie les signes de bonne volonté aux milieux qui comptent, se démultiplie dans les loges et les salons. Il ira... si son leadership sur les autres enfants du sérail socialiste, les Sylvie Andrieux, Christophe Masse ou Patrick Mennucci, tient encore – et s'il ne risque pas une défaite trop lourde dans cette bagarre, ce qui affaiblirait trop sa position. La vraie fausse surprise de la campagne pourrait être que l'éternel marginal de la gauche, Philippe Sanmarco, rallie le candidat Gaudin. Il a en tout cas menacé de le faire...

Rien ne permet de penser, donc, que la prochaine bataille pourrait se jouer hors des limites invisibles et infranchissables de cette démocratie-chrétienne qui dirige cette ville depuis que Gaston Defferre et Germaine Poinso-Chapuis en ont installé le principe de reproduction. On peut le dire autrement : quels que soient les discours vantant les mérites du cosmopolitisme et du « creuset marseillais », le maire de la ville, outre qu'il ne sera

1 *Marseille l'Hebdo*, 15 juin 2005.

pas communiste, n'aura ni un nom arabe ni un nom arménien. Il continuera d'honorer Notre-Dame de la Garde et de craindre l'OM. Quelles que soient ses convictions religieuses, il assistera fidèlement à la messe qui rappelle que la ville est consacrée à Sacré-Cœur de Jésus comme aux matches de football au Vélodrome.

Ce système semble finalement convenir assez bien pour défendre les intérêts des petites bourgeoisies et classes moyennes dominant la ville depuis l'après-guerre. Il leur aura en tout cas permis de passer sans trop d'encombre le maelström de la fin du cycle industriel. Il aura aussi autorisé la relance de l'ivresse spéculative, tenu les pauvres à l'écart de la vie publique en protégeant les entre-soi domestiques dont l'assemblage forme, plus que celui des « communautés », la mosaïque sociale de cette ville.

Nous serions satisfaits de ce long travail si nous avions, en ces matières, donné quelques clefs pour les comprendre.

# Annexe

## *Liste des personnes interviewées citées dans le livre*

José Allégrini, 6 novembre 2003.
Francis Allouch, 5 mars 2003.
Zvi Amar, 27 avril 2004.
Claude Argy, 22 février 2005.
Bernard Aubert, 7 décembre 2004
Salah Bariki, 18 mars 2003.
Jacques Baume, 19 mai 2003.
Annick Boët, 2 mars 2004.
Christophe Bouchet, 16 juin 2004.
Éric Brassart, 10 décembre 2002, 9 avril 2003.
Damien Brochier, 8 juin 2004.
Florence Chastagnet, 7 décembre 2004.
Jean-Claude Gaudin, 31 juillet 2003.
Samia Ghali, 15 avril 2004.
Pierre Godard, 15 octobre 2002.
Michel Kester, 20 janvier 2004.
Olivier Latil d'Albertas, 22 mai 2003.
Charles-Émile Loo, 25 juin 2003.
Patrick Menucci, 11 juillet 2002.
Henry Mercier, 25 mars 2003.
Renaud Muselier, 20 octobre 2003.
Xavier Nataf, 17 février 2003.
Bernard Panafieu, 24 juin 2003.
Michel Pezet, 20 mai 2003.
Christian Poitevin, 9 avril 2003.
Jean Roatta, 18 décembre 2003.
Christian Rodat, 18 mars 2003.
Denis Rossi, 9 avril 2004.
Roger Ruzé, 6 juin 2003.
Jacques Saadé, 4 juin 2003.
Pierre Sauvageot, 16 novembre 2004.
Claude Valette, 12 mai 2004.
Philippe Vouland, 24 septembre 2003.
Lucien Weygand, 26 mai 2003
Rachid Zéroual, 21 mai 2004.

**Autres entretiens :** Michel-Philippe Baret, Claude Barral, Serge Botey, Monique Cordier, André Fortin, Jérôme Idélovici, Gilbert Jean, André Jolivet, Luc Leroux, Olivier Latil d'Albertas, Laurent Samson.

Que toutes ces personnes soient remerciées ainsi que celles qui, pour quelque raison que ce soit, ont préféré nous recevoir anonymement.

# Index

## A



## B

## C



## D



## E



## F



## G

H



I



J



K



L



M

## N



## O



## P



## R



## S

## T



## V



## W



## Y



## Z

# Table

## II

## Les acteurs de la ville

BUSSIÈRE
GROUPE CPI

Composition Facompo, Lisieux
Impression réalisée par Bussière
à Saint-Amand-Montrond (Cher)
en septembre 2005.
Dépôt légal : octobre 2005.
N° d'impression : 053412/1.
*Imprimé en France*